ମୋ ଜୀବନ : ମୋ ସମୟ
My Life : My Time

ମୋ ଜୀବନ : ମୋ ସମୟ

My Life : My Time

ଅତନୁ ସବ୍ୟସାଚୀ

ବ୍ଲାକ୍ ଈଗଲ୍ ବୁକ୍ସ
ଭୁବନେଶ୍ୱର, ଓଡ଼ିଶା

BLACK EAGLE BOOKS
Dublin, USA

ମୋ ଜୀବନ : ମୋ ସମୟ / ଅତନୁ ସବ୍ୟସାଚୀ

ବ୍ଲାକ୍ ଇଗଲ୍ ବୁକ୍ସ : ଭୁବନେଶ୍ୱର, ଓଡ଼ିଶା ● ଡବ୍ଲିନ୍, ଯୁକ୍ତରାଷ୍ଟ୍ର ଆମେରିକା

 BLACK EAGLE BOOKS

USA address:
7464 Wisdom Lane
Dublin, OH 43016

India address:
E/312, Trident Galaxy, Kalinga Nagar,
Bhubaneswar-751003, Odisha, India

E-mail: info@blackeaglebooks.org
Website: www.blackeaglebooks.org

First International Edition Published by
BLACK EAGLE BOOKS, 2024

MO JEEVANA : MO SAMAYA
(My Life : My Time)
by **Atanu Sabyasachi**

Copyright © **Atanu Sabyasachi**

All rights reserved. No part of this publication may be reproduced, stored in a retrieval system, or transmitted, in any form or by any means, electronic, mechanical, photocopying, recording or otherwise without the prior permission of the publisher.

Cover & Interior Design: Ezy's Publication

ISBN- 978-1-64560-522-5 (Paperback)

Printed in the United States of America

ଏ ଜାତିର ଆଗତ ଦୂର-ଭବିଷ୍ୟତର ଦାୟାଦମାନେ ଯଦି ଦୀର୍ଘବର୍ଷ ଧରି ଓଡ଼ିଶାର ରାଜନୀତିକ ପରିମଣ୍ଡଳର ଅଧିନାୟକତ୍ୱ କରିଥିବା ଅତୁଳନୀୟ ଜନନେତା ନବୀନ ପଟ୍ଟନାୟକଙ୍କ ଅଦ୍ୱିତୀୟତାକୁ ନେଇ ଚର୍ଚ୍ଚା କରିବେ, ତେବେ ହୁଏତ ସେମାନେ ଏମିତି ଜଣେ ନିରଳସ-ନିର୍ବିଶଙ୍କ-ନିର୍ବିକାର ପୁଣି ଅତି ସାଧାରଣ ଦିଶୁଥିବା ମଣିଷର ଏକାଗ୍ର କର୍ମଦ୍ୟୋତନାକୁ କଦାପି ବିଶ୍ୱାସ କରିପାରିବେ ନାହିଁ। ନବୀନଙ୍କ ସାଧାରଣପଣ ହିଁ ତାଙ୍କ ଅସାଧାରଣତ୍ୱର କାଉଁରୀ କାଠି। ମୋର ଏହି ସ୍ମୃତିଲିପି ସେହି ମହାନ ଜନନେତାଙ୍କୁ ନିବେଦିତ।

ଭୂମିକା

ଗତିମାନ କାଳଖଣ୍ଡ ଏବଂ ସ୍ମୃତିଧାରାକୁ ବାନ୍ଧିବା ସମ୍ଭବ ହୁଏ କେବଳ ଆତ୍ମାରେ ଓ ଶବ୍ଦରେ। ବୌଦ୍ଧଧର୍ମର 'କ୍ଷଣାଭିସମ୍ବୋଧି' ଉପରେ ମୁଁ ଖୁବ୍ ବିଶ୍ୱାସୀ। ସମୟର ବାଲୁକା ଶେଯରେ ମୁହୂର୍ତ୍ତମାନଙ୍କ ପାଦଚିହ୍ନକୁ ଅକ୍ଷତ ରଖିବାର ନିରୀହ ପ୍ରୟାସ ଭିତରେ କେତେବେଳେ ଯେ ମୋ ସମୟ ଓ ଜୀବନର ମୌହର୍ତ୍ତିକ ରୂପ ମୋ ଆତ୍ମାକୁ ସ୍ମୃତିଚାରଣର ଅଦ୍ଭୁତ ଭାବାଳୁତାରେ ଆବଦ୍ଧ କରିଦେଇଛି ଆଉ ମୁଁ ସେସବୁକୁ ଲେଖିବାକୁ ସମର୍ଥ ହୋଇଛି – ଭାବିଲେ ଆଶ୍ଚର୍ଯ୍ୟ ଲାଗେ। ମୋ ସମୟ ଘଟଣାବହୁଳ ଥିଲାବେଳେ ମୋ ଜୀବନ ଥିଲା ଗତାନୁଗତିକ। କିନ୍ତୁ ଆକସ୍ମିକ ଭାବରେ ଘଟଣାର ପ୍ରାବଲ୍ୟରେ ମୋ ସମୟ ଓ ଜୀବନର ଗତିପଥ କର୍ମମୟ ହୋଇଉଠିଲା। ବିଚାରର ବିନ୍ଦୁ ବଦଳିଲେ କର୍ମର ସୂତ୍ର ପୁଣି ଜୀବନର ଆହ୍ୱାନ ମଧ୍ୟ ସ୍ୱତନ୍ତ୍ର ହୋଇଯାଏ ବୋଲି ବୁଝିଲି।

ମୋ ପାଇଁ ବିଜୁ ଜନତା ଦଳ ସହିତ ରାଜନୈତିକ ବନ୍ଧନର ବାର୍ତ୍ତମାନିକ ରୂପ ୨୪ ବର୍ଷ ତଳେ ଖୁବ୍ ସାଧାରଣ ଥିଲା। ତା' ବି ପାଟକୁରାର ଗାନ୍ଧୀ – ମୋ ଦିବଂଗତ ବାପା ରାଜକିଶୋର ନାୟକ ଏବଂ ବୋଉଙ୍କ ଯୋଗୁଁ। ଷାଠିଏ ଦଶକରେ ବିଜୁବାବୁଙ୍କ ସହିତ ମୋ ବାପାଙ୍କ ସଂପର୍କ ଓ ଘନିଷ୍ଠତା ମୋତେ ସଂଯୋଗ କରିଥିଲା ଓଡ଼ିଶାର ରାଜନୀତିକ ପରିବେଶ ସହିତ। ଅଜାଣତରେ ମୁଁ ମୋ ଚିନ୍ତା, କର୍ମ, ବିଚାର ଏବଂ ଆଦର୍ଶରେ ପରିବର୍ତ୍ତିତ ହୋଇଥିଲି। ଯଦି ମୁଁ ରାଜନୀତିକୁ ଆସି ନଥାନ୍ତି,

ତେବେ ମୁଁ ସାମ୍ବାଦିକତା କରିଥାନ୍ତି ବୋଲି କହିବା ଉଚିତ ମନେ କରୁଛି। ତେବେ ଜୀବନ କ'ଣ ହିସାବ ଅବା ଯୋଜନାରେ ଚାଲେ ? ସମୟର ସ୍ରୋତରେ ମୋ ଜୀବନର ଗତି ସଂପୂର୍ଣ୍ଣ ଥିଲା ବିଧିନିର୍ଦ୍ଦିଷ୍ଟ। ସମୟ ଓ ଜୀବନର ପର୍ଯ୍ୟାୟ ସବୁ କ୍ଷଣ-ମୁହୂର୍ତ୍ତ-ଦିନ-ମାସ-ବର୍ଷ ମଧ୍ୟଦେଇ ଉତ୍ତୀର୍ଣ୍ଣ ହୁଅନ୍ତି। ଅନେକ ଅନୁଭବ ଏବଂ ଉପଲବ୍ଧିକୁ ନେଇ ମଣିଷ ଜୀବନ ସତରେ କେତେ ମୁହୂର୍ତ୍ତସର୍ବସ୍ୱ ! ଜୀବନ ବଞ୍ଚିବାର କେବଳ ନାମ ନୁହେଁ; ବରଂ ସଂପର୍କ ଓ ସ୍ମୃତିର ଉତ୍ତୀର୍ଣ୍ଣତା ହିଁ ଏହାର ଲକ୍ଷ୍ୟ। କିଏ କ'ଣ ଜାଣିଥାଏ ଯେ ଜୀବନର ପ୍ରଲମ୍ବିତ ଚଲାପଥରେ କେଉଁସବୁ ଅବସ୍ଥାଚକ୍ର, ପର୍ଯ୍ୟାୟୀଭୂତ ସୋପାନ ଏବଂ କେଉଁ ମହାର୍ଘ ଅନୁଭବ ସବୁ ଆମକୁ ଭାବିବାକୁ ବାଧ କରିବ ? ହୃଦୟର ଆହ୍ୱାନ ସହିତ ନିଧାର୍ଯ୍ୟ କର୍ମପନ୍ଥା ଆମକୁ କେଉଁ ପଥରେ ପରିଚାଳିତ କରିବ କିଏ ଅବା ଜାଣିଥାଏ ?

ଦୀର୍ଘବର୍ଷର ଜୀବନଧାରଣ ନୁହେଁ, ବରଂ କର୍ମମୁଖର ଜୀବନଚର୍ଯ୍ୟା ହିଁ ତ ପ୍ରତ୍ୟେକ ମଣିଷର ପୁରୁଷାର୍ଥକୁ ସାକାର କରେ। ମୋ ଜୀବନ, କର୍ମ ଓ ଉପଲବ୍ଧିର ତ୍ରିମୁଖୀ ସ୍ଥିତିକୁ ଯେତେବେଳେ ମୁଁ ଆଜି ଆକଳନ କରୁଛି, ସେତେବେଳେ ମୋ କର୍ମଦ୍ୟୋତନାର ସେଇ ଅଦ୍ଭୁତ ସ୍ଫୁଲିଙ୍ଗ ପ୍ରଦାନକାରୀ ଦୀର୍ଘକାୟ ବଳିଷ୍ଠ କର୍ମବୀର ବିଜୁବାବୁ ମନେପଡ଼ନ୍ତି ଏବଂ ମନେପଡ଼େ ତାଙ୍କର ସେଇ ଭାବନିବିଷ୍ଟ ଗଭୀର ମୁଦ୍ରା ଯାହା - ମୋତେ ଆଜିର 'ମୁଁ' ସହିତ ପରିଚୟ କରାଇବାରେ ମାର୍ଗଦର୍ଶୀ ହୋଇଛି।

କଳିଙ୍ଗପୁତ୍ର - ମହାକର୍ମବୀର ବିଜୁବାବୁଙ୍କ ଯୋଗ୍ୟତମ ଉତ୍ତରଦାୟାଦ ନବୀନ ପଟ୍ଟନାୟକ ଓଡ଼ିଶାର ସମର୍ଥ-ରାଜନୀତିର ପୃଷ୍ଠପୋଷକ। ମୋ ବାପାଙ୍କ ସହିତ ବିଜୁବାବୁଙ୍କ ଦୀର୍ଘ ୨୫ ବର୍ଷର ବ୍ୟକ୍ତିଗତ ସଂପର୍କ ଏବଂ ଆମ ପରିବାରର ତାଙ୍କ ପ୍ରତି ଘନିଷ୍ଠତା ଏବଂ ସମୟାନୁକ୍ରମେ ସେହି ମହାନ ଜନନେତାଙ୍କ ଦ୍ୱାରା ଅନୁପ୍ରାଣିତ ହୋଇ ରାଜନୀତିକ ମଞ୍ଚକୁ ମୋର ପ୍ରବେଶ ଏବଂ ସମକାଳୀନ ଓଡ଼ିଶାର ରାଜନୀତି ଓ ସାମାଜିକ-ସାଂସ୍କୃତିକ ପରିମଣ୍ଡଳର ସମର୍ଥ ଚିତ୍ରକର ମାନ୍ୟବର ମୁଖ୍ୟମନ୍ତ୍ରୀ ନବୀନ ପଟ୍ଟନାୟକଙ୍କ ସହିତ ମୋର ଆତ୍ମିକ ସଂପୃକ୍ତିର ମର୍ମାଭିବ୍ୟକ୍ତି ହିଁ ମୋର ଏହି ପୁସ୍ତକର ଲକ୍ଷ୍ୟ।

ପାଠକମାନଙ୍କ ଉଦ୍ଦେଶ୍ୟରେ ଏତିକି କହିବାକୁ ଚାହୁଁଛି ଯେ, ଏ ପୁସ୍ତକ ନବୀନବାବୁଙ୍କ ସହିତ ମୋର ଆବେଗିକ ସଂପର୍କ ତଥା ପ୍ରତ୍ୟକ୍ଷ ରାଜନୀତିରେ ମୋର ସ୍ଥିତିକୁ ନେଇ କେବଳ ନୁହେଁ, ଓଡ଼ିଆ ସାମ୍ବାଦିକତା କ୍ଷେତ୍ରରେ ତତ୍କାଳୀନ ବହୁ ପରିବେଶ, ବହୁ ଘଟଣା ତଥା ମୋ ଜୀବନ ସଂଘର୍ଷର ସେହି ଦୀର୍ଘ ବର୍ଷଗୁଡ଼ିକର ସ୍ମୃତିଚାରଣ ମଧ୍ୟ। ସାମ୍ବାଦିକତାର ବୃତ୍ତିଗତ ଆତ୍ମସନ୍ତୋଷ ଭିତରେ ମୋ ବାପାଙ୍କ ସୂକ୍ଷ୍ମ ରାଜନୀତିକ ପ୍ରଭାବ ହେତୁ ଅନିର୍ଦ୍ଦିଷ୍ଟ ମୋ ଜୀବନ, ବୃତ୍ତିଗତ ମୋ କର୍ମ ଏବଂ ବିଧିନିର୍ଦ୍ଦିଷ୍ଟ ମୋ ନିୟତିକୁ ଏକପ୍ରକାର ସ୍ୱପ୍ରବାହରେ ପ୍ରବାହିତ କରିନେଇଥିବା ପରି ମୋର ମନେହୁଏ।

ପ୍ରତି ମଣିଷର ଜୀବନ ଦୁଇଟି ସ୍ଥିତିରେ ବନ୍ଧା ପଡ଼ିଥାଏ, ଗୋଟିଏ ଅତୀତ ଆଉ ଗୋଟିଏ ତା'ର ବର୍ତ୍ତମାନ। ଅତୀତ ମାନେ ହିଁ ତ ସ୍ମୃତି। ଅତୀତ ଯାହାକୁ ଦିନେ ମଣିଷ ମୁହୂର୍ତ୍ତ ଆଉ କ୍ଷଣମାନଙ୍କ ମଧ୍ୟରେ ଭୋଗିଥାଏ, ଅଙ୍ଗେ ନିଭେଇଥାଏ ଏବଂ ବର୍ତ୍ତମାନରେ ପହଞ୍ଚିଥାଏ। ବର୍ତ୍ତମାନର ମୁହୂର୍ତ୍ତସବୁ ପୁଣି ପ୍ରସ୍ତୁତ ହେଉଥାନ୍ତି ଅତୀତ ହେବାକୁ। କାଳଖଣ୍ଡର ଏଇ ପ୍ରହେଳିକା ଭିତରେ ସଭ୍ୟତାର ଗତି ଓ ପରିଣତି ଖୁବ୍ ବିସ୍ମୟକର ସତରେ! ସ୍ମୃତିମଖା ଅତୀତରୁ ତେଣୁ ମଣିଷଟିଏ କେବେହେଲେ ମୁକ୍ତ ହୋଇପାରେ ନାହିଁ।

ଆଜି ଯେତେବେଳେ 'ମୁଁ' ଏକ ସାମାଜିକ ପରିଚିତି ନେଇ ବଞ୍ଚୁଛି, ମୋର ସ୍ଥିତି, ପ୍ରତିଷ୍ଠା, ଅସ୍ତିତ୍ୱର ବିସ୍ତାର ପଛରେ ମୋ ସ୍ମୃତିମାନଙ୍କର ସେଇ ନିବିଡ଼ ଭୂମିକା ମୋତେ ବାରମ୍ବାର ମନେପକେଇ ଦେଉଛି ମୋ ପିଲାଦିନଗୁଡ଼ିକୁ। କେହି କ'ଣ ଅତୀତକୁ ଭୁଲି କେବଳ ବର୍ତ୍ତମାନକୁ ନେଇ ନିଜ ଅସ୍ତିତ୍ୱର ଆକଳନ କରିପାରେ ? ଏହି ମର୍ମରେ ମନେପଡୁଛି ମୋର ହେତୁପାଇବା ପରବର୍ତ୍ତୀ ସମୟରୁ ଏଯାବତ୍ ଦୀର୍ଘପଥ ଅତିକ୍ରମଣ ଏବଂ ଏହି ବର୍ତ୍ତମାନରେ ମୋ ଆତ୍ମପ୍ରତିଷ୍ଠାର ବିବିଧ କ୍ରିୟା-କାରଣର ପ୍ରସଙ୍ଗ।

ମୋ ଜୀବନକଥା ହୁଏତ ଏ ଜାତି ଓ ସମାଜ ପାଇଁ ଉଲ୍ଲେଖନୀୟ ପ୍ରତୀତ ହୋଇ ନ ଥାଆନ୍ତା, କିନ୍ତୁ ମୋ ଜୀବନର ଆଧାରବୃତ୍ତ ସାଜିଥିବା କିଛି ବିଶେଷ ସମୟର କଥା ଓ ବ୍ୟକ୍ତିସତ୍ତାଙ୍କ ଯୋଗୁଁ ହିଁ ମୋ ଜୀବନକଥା

ପାଠକମାନଙ୍କୁ ମୂଲ୍ୟବାନ ମନେହେବ ବୋଲି ଆଶା କରୁଛି । ମୋ ଜୀବନ ଯଦିଓ ଶୃଙ୍ଖଳିତ ପରିବେଶ ମଧ୍ୟଦେଇ ଗତିଶୀଳ ଥିଲା, ତଥାପି ମୋ ଜୀବନକଥାକୁ ସେତିକି ବିଧିବଦ୍ଧ ଓ କ୍ରମିକ ଭାବରେ ମୁଁ କହିପାରିବି ବୋଲି ବିଶ୍ୱାସ ରଖିପାରୁନି । ମାତ୍ର ମୋ ସ୍ମୃତିସବୁ ଏବେଯାଏ ସଜଳ ଓ ଛନ୍ଦମଗ୍ନ ଅଛନ୍ତି । ଏଇଠି ମୁଁ ସ୍ପଷ୍ଟ କରିବାକୁ ଚାହେଁ ଯେ, ଭବିଷ୍ୟତରେ ଜଣେ କିପରି ହେବ, ସେଥିପାଇଁ ତା'ର ବର୍ତ୍ତମାନରେ ଥିବା ପରିବେଶ ହିଁ ଦାୟୀ ଥାଏ । ଯଦିଓ ମଣିଷ ବର୍ତ୍ତମାନରେ ଥିଲାବେଳେ ଦୂରନ୍ତ ଭବିଷ୍ୟତ ତା' ପାଖରେ ସଂପୂର୍ଣ୍ଣ ଅଦୃଶ୍ୟ ଥାଏ । ମୋ ଜୀବନସ୍ମୃତି କାହା ପାଇଁ କ'ଣ ଉପଯୋଗୀ ହେବ ମୁଁ ଜାଣେନି, ମାତ୍ର ଏତିକି ନିଶ୍ଚିତ କହିପାରିବି ମୋ ସ୍ମୃତିମଖା ପାହାନ୍ତି ଜୀବନକୁ ଯେଉଁ ବ୍ୟକ୍ତିବିଶେଷମାନେ ସେମାନଙ୍କ ଛତ୍ରଛାୟା ତଳେ ପୂର୍ଣ୍ଣତାରେ ଭରିଛନ୍ତି, ସେମାନଙ୍କ କଥା ନିଶ୍ଚୟ ଏ ସମୟ, ଜାତି ଓ ସଭ୍ୟତା ପାଇଁ ଉପଯୋଗୀ ଓ ମୂଲ୍ୟବାନ ମନେହେବ ।

୨୦୦୦ ମସିହାରେ ଜୀବନ ଜୀବିକାର ଆହ୍ୱାନକୁ ସମ୍ମାନ ଜଣାଇ ଏକଦା ସାମ୍ବାଦିକ ସାଜିଥିବା 'ମୁଁ'ଟି ଆଜିର ରାଜନୀତିକ ପରିମଣ୍ଡଳର ଜଣେ ରାଜନେତାର ଭୂମିକା ନିର୍ବାହ କରିବା ପଶ୍ଚାତଭାଗରେ ଅଧିଷ୍ଠିତ ମୋ ଅଣାୟତ୍ତ ଭାଗ୍ୟଚକ୍ରର ନିୟନ୍ତା ଅଦୃଶ୍ୟ ଈଶ୍ୱରଙ୍କ ନିକଟରେ କୃତଜ୍ଞତା ଜଣାଉଛି ।

ବିନମ୍ର

ସୂଚୀ

୧.	**ଭୂମିକା**	**୦୭**
୨.	**ସ୍ମୃତିମଖା ଆଦ୍ୟକାଳ**	**୧୫**
	• ମୋର ଜନ୍ମକଥା ଓ ପିଲାଦିନ	୧୮
	• ମୋ ବାପା ରାଜକିଶୋର ନାୟକ	୧୯
	• ଓଡ଼ିଶା ରାଜନୀତି ରଙ୍ଗମଞ୍ଚର ଦଧୀଚି	୨୨
	• ମୋ ବୋଉ ନିର୍ମଳପ୍ରଭା ନାୟକ	୨୭
	• ଗୌତମରୁ ଅତନୁ	୩୩
	• ଅରିଲୋ ପ୍ରାଇମେରୀ ସ୍କୁଲ୍ ଓ ମୋର ଶିକ୍ଷା-ଦୀକ୍ଷା	୩୭
	• ମିନାମଣ୍ଡଳୀ ସଂଗଠନ ଓ ଆଲୋକ ଭାଇ	୩୯
	• ଗାନ୍ଧୀବାଦୀ ବାପାଙ୍କ କର୍ମନିଷ୍ଠା ଓ ରାଜନୀତି	୪୧
	• ମୋ ଅସୁସ୍ଥତା ଓ ମାଉସୀ ତିଳଦେଇ	୪୬
	• ମୋ ସାହିତ୍ୟ ରୁଚି ଓ ପ୍ରଥମ କବିତା	୪୭
	• ପଣ୍ଡିଚେରୀର ସାଧକ ମନୋଜ ଦାସ ଏବଂ ମୁଁ	୫୦
	• ସନ୍ଧ୍ୟା ପ୍ରାର୍ଥନା ଓ ଆଧ୍ୟାତ୍ମିକତାର ଆବେଗ	୫୬
	• ଠାକୁର ନିଗମାନନ୍ଦଙ୍କ ସାନ୍ନିଧ୍ୟରେ ବାୟାବାବା	୫୮
	• ଶହେ ମା'ଙ୍କ ଆଶୀର୍ବାଦର ତପୋଭୂମି	୬୧
	• ବାପାଙ୍କର ମୋତେ 'ଗଣତନ୍ତ୍ର'ର ଦୀକ୍ଷା	୬୫
	• ବିଜୁବାବୁଙ୍କର ଆମ ପରିବାର ସହିତ ସଂପର୍କ	୬୬
	• ବାପାଙ୍କ ସହିତ ବିଜୁବାବୁଙ୍କ ସଂପର୍କ	୬୮

● ବିଜୁବାବୁଙ୍କ ସହାୟତାରେ ଦିଲ୍ଲୀରେ ଚିକିତ୍ସା	୭୩
● ମୋ ଚାକିରି ଓ ବିଜୁବାବୁଙ୍କ ଆଶୀର୍ବାଦ	୭୪
● ସାୟାଦିକତାରୁ ରାଜନୀତି	୭୫
● ଜଡ଼ଭରତରୁ ରାଜନୀତି	୭୯
● ବାରିପଦା ଧର୍ମସଭା ଓ ବିଜୁବାବୁ	୮୧
● ବିଜୁ-ନବୀନଙ୍କ ସ୍ନେହର ବଳୟରେ ଅଟନୁ	୮୨
● ବିଜୁବାବୁଙ୍କ ସହିତ ଅଭୁଲା ସ୍ମୃତି	୮୩
● ବିଜୁବାବୁଙ୍କ ତିରୋଧାନ ଓ ନବୀନବାବୁଙ୍କ ସହିତ ସମ୍ପର୍କ	୮୫
● ଜାନକୀବଲ୍ଲଭଙ୍କ ସହିତ ମୋର ଅନୁଭୂତି	୮୬
୩. କର୍ମମୁଖର ମଧ୍ୟକାଳ	**୯୧**
● ନବୀନ ନିବାସରେ ନବୀନଙ୍କ ଆବିର୍ଭାବ	୯୪
● ସରଳ ସାଦାସିଧା ମଣିଷ	୯୭
● ଆରମ୍ଭରୁ ଅପ୍ରତିମ, ଅସାଧାରଣ	୯୮
● ସାହସୀ ନବୀନ	୧୦୦
● ଏଷ୍ଟିମ୍ ଗାଡ଼ି ଓ ନବୀନ	୧୦୩
● ରାଜନୀତିରେ ମୋର ପ୍ରବେଶ	୧୦୪
● ଅରିଲୋ ଶିଶୁ ସମାଜରୁ ମନ୍ତ୍ରୀପଦ	୧୦୭
● ମୋର ପ୍ରଥମ ନିର୍ବାଚନ (୨୦୦୦)	୧୦୯
● ନବୀନଙ୍କ ପାଖରେ କାନ୍ଦିଥିଲି	୧୧୧
● ବାପାଙ୍କର ପାଟକୁରାବାସୀଙ୍କୁ ଚିଠି	୧୧୪
● ଦୁଇଯୋଡ଼ା କୁର୍ତ୍ତା ପଞ୍ଜାବି ଓ କୋହ୍ଲାପୁରୀ ଚପଲ	୧୧୫
● ନବୀନ ଅନୁଶାସନର ମଣିଷ	୧୧୭
● ଜିପ୍‌ରେ ନବୀନଙ୍କ ଗସ୍ତ	୧୧୯
● ଆମ ଗାଁ ଘରେ ନବୀନ	୧୨୦
● ନବୀନବାବୁ ଓ ୨୦୦୨ର ନୂତନ ସୂର୍ଯ୍ୟୋଦୟ	୧୨୧
● ଐତିହ୍ୟ ଓ ଐତିହାସିକ ସ୍ଥଳୀ ମୋ କେନ୍ଦ୍ରାପଡ଼ା	୧୨୩

- ପୂବଂଶ ସେତୁ - ମେ ଆପ୍‌ ଲୋଗୋଁ କେ ତରଫ୍‌ ସେ ଓକାଲତ୍‌ କରୁଙ୍ଗା। ୧୨୮
- ମୋ ଦୃଷ୍ଟିରେ ବିଜୁବାବୁ ୧୩୧
- ନବୀନ ଉଦାରତାର ମହାସିନ୍ଧୁ - ଜୀବନବିନ୍ଦୁ ୧୩୫
- ବିଜୁ ଜନତା ଦଳର ଶୀର୍ଷାରୋହଣ ୧୩୮
- ବେଲ୍‌ଜିୟମ୍‌ରେ ନବୀନ ଓ ଓଡ଼ିଶା କଥା ୧୩୯
- ରୂପାନ୍ତରିତ ଓଡ଼ିଶା ୧୪୨

୪. ମୁହୂର୍ତ୍ତସର୍ବସ୍ୱ ବର୍ତ୍ତମାନ ୧୪୭

- ମୋ ଦୃଷ୍ଟିରେ 'ନବୀନ ଏକ ଅନୁଷ୍ଠାନ' ୧୪୯
- ନବୀନଙ୍କ ଦୃଷ୍ଟି-ଦର୍ଶନ-ଦୀକ୍ଷା ୧୫୦
- ନାରୀପ୍ରତି ସମ୍ମାନବୋଧ ଓ ରୋଶନୀ ସିଂହ ୧୫୧
- ନିରପେକ୍ଷ କର୍ମଯୋଗୀ ୧୫୩
- ଚବିଶ ବର୍ଷର ରାଜନୀତିକ ଯାତ୍ରା ୧୫୩
- ଆଗକୁ ପଡ଼ିଛି ପଥ ବହୁ ଦୂର ୧୫୭

୫. ପରିଶିଷ୍ଟ । ଫଟୋଚିତ୍ର ୧୭୧

ସ୍ମୃତିମଞ୍ଜା ଆଦ୍ୟକାଳ

ମଣିଷ ଚାହିଁଲେ ବି ତା' ଅତୀତର ଗତାୟୁ ମୁହୂର୍ତ୍ତମାନଙ୍କଠାରୁ ନିଜକୁ ମୁକ୍ତ କରିପାରେନି। ଯେଉଁ ମୁହୂର୍ତ୍ତରେ ସେ ଅତୀତକୁ ହେଜୁଥାଏ, ସେଇ ଭାବନା ଭିତରେ ହିଁ ତା' ଅଲକ୍ଷ୍ୟରେ ସ୍ମୃତି ପାଲଟି ଯାଉଥାଏ ତା'ର ବର୍ତ୍ତମାନ। ସୃଷ୍ଟିର ଏଇ ରହସ୍ୟ ମଣିଷ ପାଇଁ ଅମୀମାସିଂତ ହୋଇ ରହିଥିଲା, ରହିଛି ଓ ରହିବ। ଆଜି ଯେତେବେଳେ ଜୀବନକୁ ଏକ ନିର୍ଦ୍ଦିଷ୍ଟ ପର୍ଯ୍ୟାୟରେ ମୁଁ ବିଚାରୁଛି, ସେତେବେଳେ ମନେପଡୁଛି ମୋର ସ୍ମୃତିମଖା ପିଲାବେଳ। ପ୍ରାତଃକାଳର ନବାରୁଣ ଭଳି କୋମଳ ସେଇ ମୋର ପିଲାଦିନ। ମୋ ଜୀବନର ପରିଧି ମୋ ବାପା-ବୋଉ, ମୋ ବଡ଼ଭାଇ, ଚାରି ଭଉଣୀଙ୍କୁ ନେଇ ସୀମିତ ଥିଲା। ବାପାଙ୍କର ରାଜନୀତିକ ଜୀବନ, ବୋଉର ଶିକ୍ଷକତା, ଘରର ଆଧ୍ୟାତ୍ମିକ ପରିବେଶ, ଆମ ଭାଇ-ଭଉଣୀଙ୍କ ମଧ୍ୟରେ ବିଭିନ୍ନ ବହି ଓ ପତ୍ରପତ୍ରିକା ପଢ଼ିବାର ପ୍ରତିଯୋଗିତା ମଧ୍ୟରେ କେତେବେଳେ ଯେ ପିଲାଦିନ ଅତୀତ ପାଲଟିଗଲା, ଭାବିଲେ ଆଶ୍ଚର୍ଯ୍ୟ ଲାଗେ। କିନ୍ତୁ ତାହାହିଁ ତ ପ୍ରତି ମଣିଷର ସତ୍ୟତା ଓ ବାସ୍ତବତା।

ଜୀବନ ଏକ ପ୍ରଲମ୍ବିତ ଧାରା, କେତେ କେତେ ଅନୁଭବଙ୍କର ଗଡ୍ଡାଳିକା ମଧ୍ୟଦେଇ ଗତିଶୀଳ ହୁଏ। ମୁଁ ଯେତେବେଳେ ପଛକୁ ଫେରି ଚାହେଁ, ସେତେବେଳେ ମୋର ସମଗ୍ର ଅତୀତ ମୋ ଆଖି ଆଗରେ ଜୀବନ୍ତ ଭାବରେ ଛିଡ଼ା ହୋଇଥିବା ମୁଁ ଦେଖେ। ସମୟର ଗତିପଥରେ ଅନେକ କଥା ଅତୀତ ପାଲଟିଛି, କିଛି କଥା ସ୍ମୃତିପଟରୁ ଲିଭିଯାଇଛି ମଧ୍ୟ। କେତେ ଶୀଘ୍ର ସତରେ ସମୟ ଗଡ଼ିଯାଏ ! ମଣିଷର ହାତମୁଠାରେ ମୁଠାମୁଠା ଶୂନ୍ୟତା ଓ ପ୍ରିୟ ମଣିଷମାନଙ୍କର ଅବର୍ତ୍ତମାନ ହେବାର ଚରମ ବେଦନାବୋଧକୁ ହାତରେ ଧରେଇ ଦିଏ। ବର୍ତ୍ତମାନର ସୁନ୍ଦର ରଙ୍ଗିନ ସ୍ଥିତିଟି ପୁଣି ଆମକୁ ସେସବୁ ଅନୁଶୋଚନା ଓ ଅତୀତର ମାୟାରୁ ମୁକ୍ତ କରି ଆଗକୁ ଆଗକୁ ବଢ଼ିବାକୁ ଆମ ଭିତରେ ଆଶା - ସ୍ୱପ୍ନ ଏବଂ ମାୟାରେ

ପୂର୍ଣ୍ଣ କରେ। ଆମେ ଦୁଃଖ ଭୁଲି ଆଗକୁ ବଢ଼ିଚାଲୁ। ଦୀର୍ଘବର୍ଷଗୁଡ଼ିକୁ ମୋ'ଠୁ ଅତୀତ ହୁଏତ ଗ୍ରାସ କରିଛି, ମାତ୍ର ମୋ ବୋଉ ଓ ବାପାଙ୍କ ସ୍ମୃତି ଆଜି ବି ମୋ ଛାତି ଭିତରେ ଅକ୍ଷତ-ସୁରକ୍ଷିତ ହୋଇ ରହିଛି। ସଜଫୁଟା ଫୁଲ ପରି ସେସବୁ ସ୍ମୃତି ଏବେ ମଧ୍ୟ ମୋ ଜୀବନର ଏକାନ୍ତ କ୍ଷଣକୁ ସୁରଭି ଛିଞ୍ଚି ମହକେଇ ଦିଅନ୍ତି। ମନେହୁଏ ଯେମିତି ମୁଁ ମୋ ବାପା-ବୋଉଙ୍କ ସହିତ ଏଇମାତ୍ର କିଛି ସମୟ ଆଗରୁ ଗପିଛି।

ବୋଉ ନ ଥିଲେ ବୋଧେ ମୋ ଭଳି ଜିଦଖୋର ବଦରାଗୀ ଚଞ୍ଚଳ ପିଲାଟି ଆଜି 'ଟୁଲୁ'ରୁ ଅତନୁ ସବ୍ୟସାଚୀ ପାଲଟି ନ ଥାନ୍ତା। ବୋଉ ମୋ ଜୀବନର ସେଇ ଆର୍ଦ୍ର ମାଟିର ଚିତ୍ରକର ଥିଲା, ଯାହାର ସ୍ପର୍ଶରେ ମୋ ପରି ସାଧାରଣ ଚରିତ୍ରଟେ ଆତ୍ମପ୍ରତିଷ୍ଠା ପାଇପାରିଲା। ମୋର ଯେତିକି ମନେପଡୁଛି ମୋ ପିଲାଦିନ, ମୁଁ ସେତିକି ଭାବପ୍ରବଣ ହୋଇପଡୁଛି।

ମୋର ଜନ୍ମକଥା ଓ ପିଲାଦିନ :

ପାରିପାର୍ଶ୍ୱିକ ସଂଘାତ, ମାନବିକ ସମ୍ବେଗ ସହିତ ନବଜାତକର ରହସ୍ୟମୟ ଅଦୃଶ୍ୟ ସମ୍ବନ୍ଧ ଥିବା କଥା ଯାହା କୁହାଯାଏ, ତାହାକୁ ବିଶ୍ୱାସ କରାଗଲେ - ଅନନ୍ତ ପରି ପ୍ରତୀତ ହେଉଥିବା ଅସ୍ଥିର ଉଦ୍‌ବେଗର ଅଦୃଶ୍ୟ ଅନ୍ତକାଳରେ ହିଁ ମୁଁ ଭୂମିଷ୍ଠ ହୋଇଥିଲି। ଭାରତ-ଚାଇନା ଯୁଦ୍ଧ, ଆମେରିକା-ଭିଏତନାମ ଯୁଦ୍ଧକୁ ନେଇ ଯୁକ୍ତରାଷ୍ଟ୍ରର ସାଧାରଣ ଜନତାଙ୍କର ପେଣ୍ଟାଗନ ଅଭିଯାନ ଓ ସେଥିରେ ମାର୍ଶାଲମାନଙ୍କର ଭୂମିକା ଏବଂ ଓଡ଼ିଶାରେ ଚତୁର୍ଥତମ ବିଧାନସଭା ନିର୍ବାଚନ ସମୟକାଳୀନ ରାଜନୈତିକ ପରିବେଶରେ ଉପକୂଳବର୍ତ୍ତୀ କେନ୍ଦ୍ରାପଡ଼ା ଜିଲ୍ଲାରେ ପୁଣ୍ୟନଦୀ ଚିତ୍ରୋତ୍ପଳା କୂଳ ଅରିଲୋ ଗ୍ରାମରେ ମୋର ଜନ୍ମ, ସଂଯୋଗବଶତଃ ମୋର ଜନ୍ମ ପରେ ହିଁ ସବୁକିଛି ହୋଇଯାଇଥିଲା ଶାନ୍ତ ସମାହିତ। ପରେ ଏକଥା ଜାଣି, ତାହା ଯେ ମୋ ଭିତରେ ମୋ ନିଜ ସଂପର୍କରେ ଏକ ପ୍ରକାର ଆଧିଭୌତିକ ଭରସା ସୃଷ୍ଟି କରିଥିଲା, ତାହା ସ୍ୱୀକାର କରିବାରେ ମୋର ତିଳାର୍ଦ୍ଧ କୁଣ୍ଠା ନାହିଁ। ପିତା ଗାନ୍ଧୀପ୍ରାଣ ରାଜକିଶୋର ନାୟକ ଓ ମାତା ସୁସାହିତ୍ୟିକା ନିର୍ମଳପ୍ରଭାଙ୍କ

ଦୁଇ ପୁଅ ଓ ଚାରି ଝିଅଙ୍କ ମଧ୍ୟରେ ମୁଁ ଥିଲି ପଞ୍ଚମ ସନ୍ତାନ। ଆଶ୍ୱିନ ଶୁକ୍ଳ ଦଶମୀ ଶୁକ୍ରବାର ଦିନ ମୋର ଜନ୍ମ। ଆମ ପରିବାର ଓ ଜ୍ଞାତିକୁଟୁମ୍ବର ଲୋକେ ମୋତେ ଆଦରରେ ପଞ୍ଚମ ବୃହସ୍ପତି ବୋଲି କହୁଥିଲେ।

ବୃତ୍ତିଗତ କ୍ଷେତ୍ର ଓ ସାମାଜିକ ଜୀବନରେ ମୋର ସବୁ ଭାଇ ଭଉଣୀ ବିଶେଷ ପ୍ରତିଷ୍ଠା ଅର୍ଜନ କରିଛନ୍ତି। ବଡ଼ ଭଉଣୀ ନିବେଦିତା କୃଷିବିଜ୍ଞାନୀ, ଦ୍ୱିତୀୟା ସଂଘମିତ୍ରା ସମାଜ ବିଜ୍ଞାନ ଅଧ୍ୟାପିକା, ତୃତୀୟା ସୁଜାତା ବାସ୍ତୁକଳାବିଦ୍ ଓ ସବା ସାନ ଭଉଣୀ ସୁବ୍ରତା ଡାକ୍ତରାଣୀ। ମୋର ବଡ଼ ଭାଇ ଶାନ୍ତନୁ ଓଡ଼ିଶା ଅର୍ଥସେବା ପ୍ରଶାସନିକ ଅଧିକାରୀ। ଏମାନେ ମୋ ପରିବାର। ଏମାନେ ମୋତେ ଜୀବନକୁ ବଞ୍ଚିବା ଶିଖେଇଛନ୍ତି। ମୋ ବାପାଙ୍କ ଦେହାନ୍ତ ପରେ ମୋ ବଡ଼ଭାଇଙ୍କ ଅସୀମ ଭଲପାଇବା ଓ ଯତ୍ନ ମୋତେ ମୋ ବାପାଙ୍କ ବିଦାୟର ଶୂନ୍ୟତା ଓ ଯନ୍ତ୍ରଣାର କ୍ଷତକୁ କେତେବେଳେ ଯେ ଭରିଦେଲା ତାହା ମୁଁ ଜାଣିପାରିଲି ନାହିଁ। ଯେତେବେଳେ ଯେଉଁ ପରିସ୍ଥିତିରେ ମୁଁ ତାଙ୍କର ଉପସ୍ଥିତି ଓ ସାନ୍ନିଧ ଲୋଡ଼ିଛି, ସେ ଛାଇ ଭଳି ମୋ ପାଖେ ପାଖେ ରହି ତାଙ୍କର ସବୁ ସ୍ନେହ ମୋ ପ୍ରତି ଅଜାଡ଼ି ଦେଇଛନ୍ତି। ମୋର ସଫଳତା ପଛରେ ମୋ ବଡ଼ ଭାଇଙ୍କର ଅଭୟଦାୟୀ ଆଶୀର୍ବାଦକୁ ହିଁ ମୁଁ ଅନୁଭବ କରିଛି। ମୋ ଭାଇ, ଭଉଣୀ ଓ ପରିବାର ସଦସ୍ୟଙ୍କ ଭଲପାଇବା, ଆକଟ ଓ ସ୍ନେହ ନିକଟରେ ମୁଁ ଚିର ଋଣୀ।

ମୋ ବାପା ରାଜକିଶୋର ନାୟକ :

'ବାପା' ମୋ ପାଇଁ ଏକ ବିଶାଳ ବଟବୃକ୍ଷର ଛାୟାଭଳି ଥିଲେ। ମୋ ହେତୁପାଇବା ପରଠାରୁ ମୁଁ ଯେବେବି ତାଙ୍କୁ ଦେଖିଛି ଓ ଶୁଣିଛି, ତାଙ୍କ ଭିତରେ ଅଦ୍ଭୁତ ଆତ୍ମଶକ୍ତିକୁ ଅନୁଭବ କରିଛି। ଶରୀର ଆତ୍ମାରୁ ବିଦାୟ ମାଗୁଥିବ, ଅଥଚ ସେଇ ନିଃଶେଷ ହେଉଥିବା ଶରୀରକୁ ବାରମ୍ବାର ଆତ୍ମଶକ୍ତିର ସଂଜୀବନୀ ଦ୍ୱାରା ଜିଆଁଇ ରଖି ଶେଷଯାଏ କର୍ମତତ୍ପର ରହିଥିବା ବିରଳ ମଣିଷ ଥିଲେ ମୋ ବାପା।

୧୯୨୫ ମସିହା ନଭେମ୍ବର ୧୨ ତାରିଖରେ କାର୍ତ୍ତିକ ପୂର୍ଣ୍ଣିମା ଦିନ ଅବିଭକ୍ତ କଟକ ଜିଲ୍ଲାର ପାଟକୁରା ଅନ୍ତର୍ଗତ ଅରିଲୋ ଗ୍ରାମରେ

ମୋର ପିତା ରାଜକିଶୋର ନାୟକଙ୍କ ଜନ୍ମ। ସେ ଥିଲେ ଯୋଗଜନ୍ମା। ସେ ଗାନ୍ଧୀଜୀଙ୍କ ଆଦର୍ଶରେ ଅନୁପ୍ରାଣିତ ଥିଲେ। ସାତବର୍ଷ ବୟସରେ ସେ ଅରିଲୋର ରାମକୃଷ୍ଣ ରଥଙ୍କ ଚାହାଳିରୁ ପ୍ରଥମେ ପାଠପଢ଼ା ଆରମ୍ଭ କରିଥିଲେ। ମାତ୍ର ତାଙ୍କର ଆନୁଷ୍ଠାନିକ ଶିକ୍ଷା ଆରମ୍ଭ ହୋଇଥିଲା ଅରିଲୋ ନିକଟବର୍ତ୍ତୀ ସାନ ଅଢ଼ଙ୍ଗା ସ୍କୁଲ୍‌ରୁ ୧୯୪୧ ବର୍ଷର ବୃତ୍ତି ଛାତ୍ର ଭାବେ। ୧୯୪୨ ଜାନୁଆରୀରେ କଟକ କଲିଜିଏଟ୍‌ରେ ସେ ନାମ ଲେଖାଇ ପଢ଼ିଥିଲେ ଏବଂ ମହାତ୍ମା ଗାନ୍ଧୀଙ୍କ ନେତୃତ୍ୱରେ କଂଗ୍ରେସ ପକ୍ଷରୁ ଇଂରେଜମାନଙ୍କୁ 'ଭାରତଛାଡ଼' ଆଉ ତା' ସାଙ୍ଗରେ ଭାରତୀୟମାନଙ୍କୁ 'କର ବା ମର' ଡାକରା ଦିଆଯାଇଥାଏ। ବାପା କଟକରେ ପଢୁଥିବାବେଳେ, ଗାନ୍ଧୀଜୀଙ୍କ ସ୍ୱାଧୀନତା ସଂଗ୍ରାମରେ ଯୋଗ ଦେଇଥିଲେ। ସେ ସମୟର ବିଶିଷ୍ଟ ସ୍ୱାଧୀନତା ସଂଗ୍ରାମୀ ମା' ରମାଦେବୀ ଚୌଧୁରୀ, ଯଦୁମଣି ମଙ୍ଗରାଜ, ସଚ୍ଚିଦାନନ୍ଦ ମହାନ୍ତି, ଲୋକନାଥ ମିଶ୍ର, ବାମନଚରଣ ପରିଡ଼ା, ସଚ୍ଚିଦାନନ୍ଦ ମିଶ୍ର, ସୁରେନ୍ଦ୍ର ନାଥ ପଟ୍ଟନାୟକ ଓ ବିରଜା ରାୟ ପ୍ରମୁଖଙ୍କ ସହିତ ସେ ଜାତୀୟ ଆନ୍ଦୋଳନରେ ଅଂଶଗ୍ରହଣ କରିଥିଲେ। ବିନୋବା ଭାବେଙ୍କ ରଚନାତ୍ମକ ସର୍ବୋଦୟ କାର୍ଯ୍ୟକ୍ରମରେ ସେ ଥିଲେ ମୁଖ୍ୟ ପ୍ରତିନିଧିତ୍ୱକାରୀ ସାରଥୀ।

ରେଭେନ୍‌ସା କଲେଜରୁ ସ୍ନାତକ ଶିକ୍ଷାପ୍ରାପ୍ତି ପରେ ଶିକ୍ଷକତାର ଜୀବନକୁ ସେ ଗ୍ରହଣ କରି ନେଇଥିଲେ। ମୋ ବାପା ୧୯୫୦ ପରବର୍ତ୍ତୀ ସମୟରେ ପାଟକୁରାସ୍ଥ କୋରୁଆ ସରକାରୀ ହାଇସ୍କୁଲ୍‌ର ଶିକ୍ଷକ ଥିଲେ। ସେ ସମୟରେ ସେ ରେଭେନ୍‌ସା କଲେଜରୁ ବି.ଏ. ପାସ୍ କରିଥାନ୍ତି। କଟକର ରାମକୃଷ୍ଣ କଟେଜ୍‌ରେ ରହି ପାଠ ପଢୁଥିବାରୁ ଏକ ଶୃଙ୍ଖଳିତ, କଠୋର ଜୀବନଚର୍ଯ୍ୟା, ନୈତିକ ଓ ଆଧାତ୍ମିକ ବାତାବରଣ ମଧ୍ୟରେ ରହି ତାଙ୍କର ଚରିତ୍ର ନିର୍ମାଣ ହୋଇଥାଏ। ଗାନ୍ଧୀଜୀ, ବିନୋବା ଭାବେ ଏବଂ ବିବେକାନନ୍ଦ ଥିଲେ ରାମକୃଷ୍ଣ କଟେଜ ଅନ୍ତେବାସୀମାନଙ୍କର ଆଦର୍ଶ। ଶ୍ରୀଅରବିନ୍ଦ ଏବଂ ବିଶ୍ୱଗୁରୁ ରବୀନ୍ଦ୍ରନାଥ ଠାକୁର ମଧ୍ୟ ଯୁବପିଢ଼ିଙ୍କୁ ବହୁମାତ୍ରାରେ ପ୍ରଭାବିତ କରୁଥିଲେ। ତରୁଣ ରାଜକିଶୋର ଏହି ପଞ୍ଚ ମହାମନୀଷୀଙ୍କ ଦ୍ୱାରା ଅନୁପ୍ରାଣିତ ହୋଇ ନିରାଡ଼ମ୍ବର, ସରଳ ଜୀବନଚର୍ଯ୍ୟା

ଓ ଉଚ୍ଚ ଚିନ୍ତନର ମହତ୍ତର ଦର୍ଶନକୁ ଧାରଣ କରିଥିଲେ। ୧୯୫୬ ମସିହାରେ ଖଣ୍ଡସାହିର ଜଗନ୍ନାଥ ବିଦ୍ୟାପୀଠର ସଚ୍ଚିଦାନନ୍ଦ ମିଶ୍ର, ନେମ୍ଭରା ମଧୁ ସାଗର ବିଦ୍ୟାପୀଠର ଚିନ୍ତାମଣି ସ୍ୱାଇଁ ଓ କରିଲୋ ପାଟଣା ଜୟରାମ ହାଇସ୍କୁଲ୍‌ର ପୀତାମ୍ବର ପ୍ରଧାନଙ୍କ ସହଯୋଗକ୍ରମେ ବାପା ଶିକ୍ଷାରେ ସଂସ୍କାରାତ୍ମକ ମୂଲ୍ୟବୋଧକୁ ପ୍ରତିଷ୍ଠା କରିବା ନିମନ୍ତେ ଅଭିଯାନ ଆରମ୍ଭ କରିଥିଲେ। ଖଣ୍ଡସାହି, କୋରୁଆ ଓ ଆଶ୍ରମ ବାଲିକୁଦାରେ ଶିକ୍ଷକତା କରିବା କାଳରେ ଶିକ୍ଷାକୁ ସେ ଏକ ଉଚ୍ଚତର ସୋପାନକୁ ନେଇଯାଇଥିଲେ। ତେବେ କେବଳ ନିଜର ବୃତ୍ତିଗତ ଶିକ୍ଷକତା ମଧ୍ୟରେ ସେ ସୀମିତ ନ ଥିଲେ, ସେ ଥିଲେ ଛାତ୍ରଛାତ୍ରୀଙ୍କ ଭିତରେ ରାଷ୍ଟ୍ରୀୟ ଚେତନାର ନିର୍ମାଣ, ଦେଶ ଓ ଜାତି ପ୍ରତି ସମର୍ପିତ ଭାବ ଉଦ୍ରେକକାରୀ ଆଚାର୍ଯ୍ୟ!

ଷାଠିଏ ଦଶକର ପ୍ରାରମ୍ଭରେ ବିଜୁ ପଟ୍ଟନାୟକ ବାପାଙ୍କୁ ଭୁବନେଶ୍ୱର ଡକାଇ ରାଜନୀତିରେ ଯୋଗଦେବା ନିମନ୍ତେ ନିର୍ଦ୍ଦେଶ ଦେଇଥିଲେ। ବିଜୁବାବୁଙ୍କ ଆଗ୍ରହକୁ ସମ୍ମାନ ଜଣାଇ ସେ ୧୯୬୬ ମସିହା ଅକ୍‌ଟୋବର ୧୦ରେ ସରକାରୀ ଶିକ୍ଷକ ପଦବିରୁ ଇସ୍ତଫା ଦେଇ ଜନସେବା ଓ ରାଜନୀତିରେ ଯୋଗ ଦେଇଥିଲେ। ୧୯୭୦ ମସିହାରେ କେନ୍ଦ୍ରାପଡ଼ା ଜିଲ୍ଲା ପାଟକୁରା ବ୍ଲକ୍‌ର ଅଧ୍ୟକ୍ଷ ଭାବରେ ପ୍ରତିଦ୍ୱନ୍ଦ୍ୱିତା କରି ବାପା ନିର୍ବାଚିତ ହୋଇଥିଲେ। ପରେ ସେ ବିଜୁବାବୁଙ୍କ ନିର୍ଦ୍ଦେଶରେ ୧୯୭୧ ଏବଂ ୧୯୭୪ ମସିହା ସାଧାରଣ ନିର୍ବାଚନରେ ପାଟକୁରା ବିଧାନସଭା ଆସନରୁ ନିର୍ବାଚିତ ହୋଇ ବିଧାୟକ ହୋଇଥିଲେ। ବାପା ଥିଲେ ବିଶାଳ ହୃଦୟର ଅଧିକାରୀ। ଜରୁରୀକାଳୀନ ପରିସ୍ଥିତି ପରେ ୧୯୭୭ ମସିହାର ଜନତା ଦଳ ସପକ୍ଷରେ ପ୍ରବଳ ହାୱା ଥିଲା ଏବଂ ବାପା ପାଟକୁରା ନିର୍ବାଚନ ମଣ୍ଡଳୀର ପ୍ରାର୍ଥୀ ଭାବେ ଘୋଷିତ ହୋଇଥିଲେ। କିନ୍ତୁ ଶେଷ ମୁହୂର୍ତ୍ତରେ ନାଟକୀୟ ଢଙ୍ଗରେ ପ୍ରାର୍ଥୀପତ୍ର ଦାଖଲରୁ ଓହରିଥିଲେ ଓ ପ୍ରହ୍ଲାଦ ମଲ୍ଲିକ ପାଟକୁରା ନିର୍ବାଚନ ମଣ୍ଡଳୀର ପ୍ରାର୍ଥୀ ହୋଇଥିଲେ। ତତ୍କାଳୀନ ରାଜନୈତିକ ପରିସ୍ଥିତିରେ ବାପା ଜନତା ଦଳ ଟିକଟ ନିଜେ ଛାଡ଼ିବା ସଂପର୍କରେ ସେତେବେଳର ଜନତା ଦଳ ନେତା ଅଶୋକ ଦାସଙ୍କ ସଢୁ ହେମନ୍ତ କୁମାର ଦାସଙ୍କ ଲିଖିତ ଓ 'ମାଟିର ଗାନ୍ଧୀ' ପୁସ୍ତକରେ ପ୍ରକାଶିତ 'ଓଡ଼ିଶା ରାଜନୀତି

ରଙ୍ଗମଞ୍ଚର ଦଧୀଚି' ଶୀର୍ଷକ ଲେଖାଟି ଏଠାରେ ସ୍ଥାନିତ କରିବା ପାଇଁ ମୁଁ ଉଚିତ ମନେ କରୁଛି।

ଓଡ଼ିଶା ରାଜନୀତି ରଙ୍ଗମଞ୍ଚର ଦଧୀଚି :

"ପ୍ରଥମରୁ କହିରଖେ, ସ୍ୱର୍ଗତ ରାଜକିଶୋର ନାୟକଙ୍କ ସହିତ ମୋ ବ୍ୟକ୍ତିଗତ ପରିଚୟ ପରିସର ଏକେ ତ ସୀମିତ, ସେଥିରେ ପୁଣି ଏମିତି କିଛି ନିବିଡ଼ତା ମଧ୍ୟ ନଥିଲା। ଏହା ସତ୍ତ୍ୱେ ଗୋଟିଏ ଦିନର ଏକ ତ ଅପାସୋରା ଘଟଣାକୁ ପ୍ରତ୍ୟକ୍ଷ କରି ରାଜୁବାବୁଙ୍କୁ ମୁଁ ଜଣେ ଆଦରଣୀୟ ଓ ପ୍ରଣମ୍ୟ ପୁରୁଷର ମର୍ଯ୍ୟାଦା ଦେଇଆସିଛି। ସେହିଦିନୁ ଏହି ସରଳ, ନିରୀହ, ନିରହଂକାର, ସ୍ୱଚ୍ଛଭାଷୀ ଓ ନୀତିନିଷ୍ଠ ମଣିଷଟି ମୋ ପାଇଁ ଏକ ଅନବଦ୍ୟ ସ୍ମୃତି ପାଲଟି ଯାଇଥିଲେ। ଏହି ଆଣ୍ଠୁଲୁଚା ଖଦୀପିନ୍ଧା, ଖର୍ବକାୟ, ବିନୟୀ ଓ ମିଷ୍ଟଭାଷୀ ରାଜୁବାବୁଙ୍କ ଦେହାବସାନ ସମ୍ବାଦ କାହାରି ପାଇଁ ଅପ୍ରତ୍ୟାଶିତ ନଥିଲେ ମଧ୍ୟ ମୋ ପାଇଁ ବ୍ୟକ୍ତିଗତ ଭାବେ ବ୍ୟଥାଦାୟକ ଥିଲା। ଭାବିଥିଲି ଔପଚାରିକତା ରକ୍ଷା କରିବାକୁ ତାଙ୍କ ସୁଯୋଗ୍ୟ କନିଷ୍ଠ ପୁତ୍ର ଶ୍ରଦ୍ଧେୟ ଅତନୁଙ୍କୁ ଫୋନ୍ ମଧ୍ୟରେ ସମ୍ବେଦନା ଜଣାଇ କର୍ତ୍ତବ୍ୟ ଶେଷ କରିଦେବି। ମନ ବୁଝିଲା ନାହିଁ। ଭାବିଲି, ନା, ବରଂ ଆଜି ସୁଦ୍ଧା ମନର କେଉଁ କୋଣରେ ସାଇତା ହୋଇ ରହିଥିବା ସେହି ଅଭୁଲା ସ୍ମୃତିଟିକୁ ବ୍ୟକ୍ତ କରିପାରିଲେ ସେହି ଅଭୁଲା ଆତ୍ମା ପ୍ରତି ଯଥାର୍ଥ ଶ୍ରଦ୍ଧାଞ୍ଜଳି ହେବ। ଏହି ସ୍ମୃତି ଲେଖାଟି ହେଉଛି ସେହି ସ୍ମୃତିର ଏକ ରୋମନ୍ଥନ।

୧୯୭୬ ମସିହା ଶେଷ ଚଉଠର କଥା। ଜରୁରୀକାଳୀନ ପରିସ୍ଥିତିର ଅପ୍ରତ୍ୟାଶିତ ଅବସାନ ଦେଶର କୋଣ ଅନୁକୋଣରେ ଝଡ଼ ଶେଷର ଏକ ବିମୂଢ଼ ଭାବ ଖେଳାଇ ଦେଇଥାଏ। ବହୁଧା ବିଭକ୍ତ ବିରୋଧୀ ଅଣକଂଗ୍ରେସ ଏବଂ ଅଣବାମପନ୍ଥୀ ଦଳଗୁଡ଼ିକ ଏକତ୍ର ସଂଗଠିତ ହୋଇନଥାନ୍ତି। ପରିସ୍ଥିତିର ଫାଇଦା ନେବାକୁ ପ୍ରଧାନମନ୍ତ୍ରୀ ଇନ୍ଦିରା ଗାନ୍ଧୀ ଅତର୍କିତ ଭାବେ ସାଧାରଣ ନିର୍ବାଚନ କାର୍ଯ୍ୟସୂଚୀ ଘୋଷଣା କରିଦେଲେ। ସର୍ବତ୍ର ରାଜନୈତିକ କ୍ରିୟାକଳାପ ଆରମ୍ଭ ହୋଇଗଲା। ଲୋକନାୟକ ଜୟପ୍ରକାଶଙ୍କ ପରାମର୍ଶକୁ କେନ୍ଦ୍ରକରି ଗଢ଼ାହେଲା ଜନତା ପାର୍ଟି। ଜନତା

ପାର୍ଟିର ଅନ୍ୟତମ ମୁଖ୍ୟ ବିନ୍ଧାଣୀ ବିଜୁ ପଟ୍ଟନାୟକ ଓଡ଼ିଶା ଶାଖାର ପାର୍ଟି ସଭାପତି ଏବଂ ଦଳର ସର୍ବୋଚ୍ଚ ସର୍ବମାନ୍ୟ କର୍ଣ୍ଣଧାର ହେଲେ। ଜନତା ପାର୍ଟି ନୀତି ନିର୍ଦ୍ଧାରଣ କରିଥାଏ। ପୁରୁଖା ଅଭିଜ୍ଞ ଏବଂ ଲୋକପ୍ରିୟ ଦକ୍ଷ ରାଜନେତାଙ୍କ ସହିତ ଆବଶ୍ୟକ ଯୋଗ୍ୟତା ରହିଥିବା ମିସା ବନ୍ଦୀଙ୍କୁ ମଧ୍ୟ ବିବେଚନା ପରିସରରେ ରଖି ଦଳୀୟ ଟିକେଟ୍ ଦିଆଯିବ। ଦୁଇ ଦୁଇ ଥର ମିସାବନ୍ଦୀ ହୋଇ ଅଶେଷ ଯାତନା ଭୋଗିଥିବା ଯାଜପୁରର ଦୁର୍ଦ୍ଦମନୀୟ ଯୁବନେତା ଅଶୋକ ଦାସ ସେତେବେଳକୁ ଓଡ଼ିଶା ଯୁବଶକ୍ତିର ପ୍ରତୀକ ପାଲଟି ଯାଇଥାନ୍ତି। ପ୍ରଥମ ଦଫାରେ ତାଙ୍କୁ କୋରେଇ ନିର୍ବାଚନ ମଣ୍ଡଳୀ ପାଇଁ ଟିକେଟ୍ ଦିଆ ସରିଥାଏ। ସିଏ ମୋର ଅତି ଅନ୍ତରଙ୍ଗ ଅନୁଜୋପମ ସାନ ସଢୁଭାଇ। ୟୁନିଟ୍-୧ରେ ୨୮/୧ ସରକାରୀ କ୍ୱାର୍ଟରରେ ମୁଁ ଏବଂ ମୋ ପରିବାର ରହୁଥିଲେ। ସେହି କ୍ୱାର୍ଟର ଜାଫ୍ରିଦିଆ ବାହାର ବାରଣ୍ଡା ଖଣ୍ଡକ ଥିଲା ଅଶୋକ ବାବୁଙ୍କ ବାସସ୍ଥାନ ଓ ରାଜନୀତିର ଖୋଲା ଆଖଡ଼ାଘର। ତାଙ୍କ ସାହାଯ୍ୟରେ ଟିକେଟ୍ ଯୋଗାଡ଼ କରିବାକୁ ନୂଆ ପୁରୁଣା ଯୁବକ, ପ୍ରୌଢ଼ ଏବଂ ବୃଦ୍ଧ ନେତାମାନେ ସେହି ସ୍ଥାନକୁ ଦିନରାତି ଧାଡ଼ି ଲଗାଉଥାନ୍ତି। ସତେ ଯେମିତି ସଭାପତି ବିଜୁବାବୁ ନୁହଁନ୍ତି, ଅଶୋକ ଦାସ ହିଁ ଟିକେଟ୍ ବାଣ୍ଟୁଛନ୍ତି। ମୋ ସରକାରୀ ଫୋନ୍‌ଟିକୁ ବିଶ୍ରାମ ମିଳୁ ନଥାଏ। ସେଦିନ ଛୁଟି ଦିନ ଥିଲା ନା ମୁଁ ଅଫିସ୍‌ରୁ ଛୁଟି ନେଇଥିଲି, ମୋର ମନେ ନାହିଁ। ଦିନ ପ୍ରାୟ ସାଢ଼େ ବାରଟା ହେବ। ଅଶୋକ ବାବୁ ଓ ମୁଁ ଦୁହେଁ ଭିତରପଟ ବାରଣ୍ଡାରେ ଖାଇ ବସିଛୁ। ଦୁଇ ଚାରି ଗୁଣ୍ଡା ପାଟିକୁ ନେଇଛୁ କି ନାହିଁ, ବାହାରେ କିଛି ଲୋକଙ୍କର ଅନୁଚ୍ଚ ସ୍ୱର ଶୁଭିଲା। କେହି ଜଣେ କାନ୍ଦୁଥିବାରୁ ଅନ୍ୟମାନେ ତାଙ୍କୁ ପ୍ରବୋଧନା ଦେଉଥିଲେ। ଖାଇବା ଛାଡ଼ି ହାତ ନ ଧୋଇ ଅଶୋକ ବାବୁ ବାହାରକୁ ଚାଲିଗଲେ। ଧମକାଇବା ସ୍ୱରରେ ପଚାରିଲେ, କଣ ହେଲା ଆରେ କହ। ମାଇଚିଆଙ୍କ ପରି କାନ୍ଦୁଛୁ କାହିଁକି ? କୌତୂହଳବଶତଃ ମୁଁ ମଧ୍ୟ ଖାଇବା ଛାଡ଼ି ଉଠିଗଲି। ଶ୍ରୀକାନ୍ତ ଜେନା କଇଁକଇଁ ହୋଇ କାନ୍ଦୁଥାଆନ୍ତି। କୋହ ଉଠୁଥିବାରୁ କିଛି କହିପାରୁ ନଥାନ୍ତି। ଅଶୋକବାବୁଙ୍କ

ଗୋଟିଏ ଧମକରେ କାନ୍ଧ ବନ୍ଦ କରି କହିଲେ, ମୋର ଟିକେଟ୍ ହେଲା ନାହିଁ। ପହଲି ମଲ୍ଲିକ ପାଇଲେ।

"ତୁ ବିଜୁବାବୁଙ୍କୁ ଦେଖା କରିଥିଲୁ ?"

"ହଁ, କରିଥିଲି। କହିଲେ ଏଥର ନୁହେଁ, ଅପେକ୍ଷା କର ଆରଥରକୁ।"

ଅଶୋକଙ୍କ ଧୈର୍ଯ୍ୟଚ୍ୟୁତିର ଲକ୍ଷଣ ପ୍ରକାଶ ପାଇଲା, "ଆଚ୍ଛା ତତେ ନ ଦେଇ ପହଲି ମଲ୍ଲିକକୁ ଦେଲେ। ଠିକ୍ ଅଛି।"

ଘର ଭିତରକୁ ଧାଇଁଯାଇ ହାତ ପାଟି ଧୋଇ ବାହାରି ପଡ଼ିଲେ। ଏହାପରେ ପୁରୁଣା ଜିପ୍‌ରେ ବସିପଡ଼ି ଶ୍ରୀକାନ୍ତଙ୍କୁ ବସିବାକୁ କହିଲେ। ଗାଡ଼ି ବାହାରିଗଲା ପରେ ଆମେ ସବୁ ଅପେକ୍ଷା କରି ରହିଲୁ ପରିଣାମକୁ।

ପ୍ରାୟ ଦୁଇ ଘଣ୍ଟା ପରେ ଫେରିଆସି ଅପେକ୍ଷାରତ ସମସ୍ତଙ୍କୁ ବିଜୁ ବାବୁଙ୍କ ସହିତ ଯାହା କଥା କଟାକଟି ହେଲା, ତାହା ଉତ୍ତେଜନାଭରା ସ୍ୱରରେ ଶୁଣାଇଲେ। ଅଶୋକଙ୍କୁ ଦେଖି ବିଜୁବାବୁ ଧମକାଇବା ସ୍ୱରରେ ପଚାରିଲେ, "ତୁମେ ଟିକେଟ୍ ପାଇଛ, କୋରେଇ ନ ଯାଇ ଏଠି କ'ଣ କରୁଛ ?"

ଅଶୋକବାବୁ ବିଜୁବାବୁଙ୍କ କଥାରେ ଉତ୍ତର ନଦେଇ ଉଚ୍ଚସ୍ୱରରେ ପ୍ରଶ୍ନ କଲେ, "ଶ୍ରୀକାନ୍ତ କାହିଁକି ଟିକେଟ୍ ପାଇଲା ନାହିଁ ?"

"ବରୀ ଡେରାବିଶିରୁ ପହଲି ଲଢ଼ିବ।"

ଅଧୈର୍ଯ୍ୟ ହୋଇ ଅଶୋକ ବାବୁ ଚିତ୍କାର କଲେ, "ଆପଣଙ୍କ ପାଇଁ ଆମେ ଲାଠିମାଡ଼ ସହିବୁ, ଜେଲ୍ ଯିବୁ। ଆଉ ଗୋଟିଏ ପରେ ଗୋଟିଏ ଦଳର ମନ୍ତ୍ରୀ ହେଉଥିବା ପ୍ରହଲ୍ଲାଦ ମଲ୍ଲିକକୁ ଆପଣ କୋଳରେ ବସାଇବେ। ଏହା ଅନ୍ୟାୟ।"

ବିଜୁଙ୍କ ଉତ୍ତର- "ଅନ୍ୟାୟ ନୁହେଁ। ଶ୍ରୀକାନ୍ତ ଅନଭିଜ୍ଞ ଯୁବକ। ସେ କାମ କରିଚାଲୁ, ଆର ଥରକୁ ନିଶ୍ଚୟ ଟିକଟ ପାଇବ।"

ଏତିକିରେ ଅଶୋକ କ୍ରୋଧିତ ହୋଇ କହିଲେ, "ସାର୍ ଆପଣଙ୍କୁ ମୁଁ କୋରେଇ ଟିକେଟ୍ ଫେରାଇ ଦେଉଛି। ଶ୍ରୀକାନ୍ତକୁ କୋରେଇ ଦିଅନ୍ତୁ।

ସେ ନିଶ୍ଚୟ ଜିତିବ। ଏଥର ଯିଏ ବି ଟିକେଟ୍ ପାଇବ, ସିଏ ଜିତିବ। ମୁଁ ଏଥର ଲଢ଼ିବି ନାହିଁ।"

ବିଜୁବାବୁ ଏବଂ ଅଶୋକ ଦାସଙ୍କ ମଧ୍ୟରେ ସମ୍ପର୍କ ସେତେବେଳ ସୁଦ୍ଧା ଦାନା ବାନ୍ଧି ନଥାଏ। ବିଜୁବାବୁ ଜାଣିଥାନ୍ତି ଯେ, ଅଶୋକ ହେଉଚି ଦୁର୍ଦ୍ଦମନୀୟ ଏକ ଅବୁଝା ଯୁବକ। ଭାବପ୍ରବଣତାରେ ଭାସିଯାଏ। ଏପରିସ୍ଥଳେ ଅଶୋକଙ୍କୁ ଅଧିକ ଅସନ୍ତୁଷ୍ଟ ଓ ଉତ୍ତ୍ୟକ୍ତ କଲେ ହୁଏତ ଘରେ ନ ପଶୁଣୁ ମୁଣ୍ଡରେ ଚାଳ ବାଜିବା ପରି ଅଘଟଣ ଘଟିଯାଇପାରେ। ତେଣୁ ସ୍ୱର ନରମ କରି କହିଲେ, "ପାଟକୁରା ପାଇଁ ରାଜକିଶୋର ନାୟକଙ୍କୁ ଟିକେଟ୍ ଦେଇଛି। ସେ ଏବେ ଅସୁସ୍ଥ ଅଛନ୍ତି। ଯଦି ତାଙ୍କୁ ମଙ୍ଗେଇ ପାରିବ ଏବଂ ସେ ନିର୍ବାଚନ ଲଢ଼ି ନ ପାରନ୍ତି, ତେବେ ମୁଁ ପହଲିକୁ ପାଟକୁରା ଆଣି ଶ୍ରୀକାନ୍ତକୁ ବରୀ ଡେରାବିଶି ଦେବି। ମୁଁ କିନ୍ତୁ ରାଜୁକୁ ଏ କଥା କରିବାକୁ ବାଧ୍ୟ କରିବି ନାହିଁ।"

ଆଶାର ଏହି କ୍ଷୀଣ ଆଲୋକ ଶ୍ରୀକାନ୍ତ ଆଖିରୁ ଲୁହଧାର ବନ୍ଦ କରିଦେଲା, ହେଲେ ନିରାଶାର କଳାମେଘ ତଥାପି ତାଙ୍କ ମୁଖମଣ୍ଡଳରେ ଢାଙ୍କି ରହିଥାଏ। ସନ୍ଧ୍ୟା ହୋଇ ଆସୁଥାଏ ଚା' କପେ ଖାଇସାରିବା ପରେ କହିଲେ, "ଭାଇ ଆସନ୍ତୁ ଗୋଟିଏ ଜାଗାକୁ ଯିବା।" କେଉଁଆଡ଼େ ଯିବା ବୋଲି ପ୍ରଶ୍ନ ନ କରି ମୁଁ ଆଉ ଦୁଇ ତିନିଜଣ ତାଙ୍କ ସଙ୍ଗେ ଚାଲିଲୁ। ସ୍ଥାନଟି ବିଷୟରେ ଠିକ୍ ମନେ ପଡୁନାହିଁ। କିନ୍ତୁ ଜିପ୍‌ଟି ରହିବା ସଙ୍ଗେ ସଙ୍ଗେ ଜଣେ ଖଦଡ଼ ପିନ୍ଧା ଭଦ୍ରବ୍ୟକ୍ତି ହାତଯୋଡ଼ି ଅଶୋକ ବାବୁଙ୍କ ପାଖକୁ ଚାଲିଆସିଲେ। ସେତେବେଳ ପର୍ଯ୍ୟନ୍ତ ମୁଁ ଜାଣିନଥାଏ ସେ କିଏ। ଭିତରକୁ ଯାଇ ଆମେ ତିନିଜଣ ଗୋଟିଏ କାଠ ବେଞ୍ଚରେ ବସିଲୁ। ଭଦ୍ରବ୍ୟକ୍ତି ନିଜେ ବସିଥିବା ପୁରୁଣା କାଠ ଚୌକିଟିକୁ ଅଶୋକଙ୍କୁ ଛାଡ଼ିଦେଇ ଖଣ୍ଡେ ଟୁଲ୍ ଉପରେ ବସିଲେ। ଅତି ବିନମ୍ର ଭଙ୍ଗୀରେ କହିଲେ, "ମତେ ଆପଣମାନେ କ୍ଷମା କରିବେ, ଚା' ଟିକେ ଦେଇପାରୁନାହିଁ।"

କଥାବାର୍ତ୍ତାରୁ ଠଉରେଇଲି, ସେ ହିଁ ହେଉଛନ୍ତି ପାଟକୁରାର ଜନତା ପାର୍ଟି ପ୍ରାର୍ଥୀ ରାଜକିଶୋର ନାୟକ। ମନେହେଲା, ସେତେବେଳକୁ ଅଶୋକ ବାବୁଙ୍କ ଆସିବାର ଉଦ୍ଦେଶ୍ୟ ରାଜୁବାବୁ ଜାଣିସାରିଥିଲେ। ଅଶୋକବାବୁ

କହିଲେ, "ସାର୍ କହୁଥିଲେ ଆପଣଙ୍କ ଦେହ ଭଲ ରହୁନାହିଁ। ଆପଣ ଯଦି ନିର୍ବାଚନ ଲଢ଼ନ୍ତି, ଆପଣଙ୍କ ସ୍ୱାସ୍ଥ୍ୟ ଅଧିକ ଖରାପ ହେବ ନାହିଁ କି? ଚିକିତ୍ସା କେଉଁଠି କାହା ପାଖରେ କରୁଛନ୍ତି ?"

ମ୍ଳାନ ହସ ହସି ରାଜୁବାବୁ କହିଲେ, "ଅଶୋକ ବାବୁ, ଡାକ୍ତର କହୁଛନ୍ତି ବମ୍ବେ ଯିବାକୁ। ଆମଭଳି ଲୋକ ରୋଗ ଚିକିତ୍ସା ପାଇଁ କାହୁଁ ଏତେ ଟଙ୍କା ପାଇବ ? ବମ୍ବେ କିଏ ଆମେ କିଏ ? ଆମ ଭଳି ଅରକ୍ଷିତଙ୍କୁ କେବଳ ଦଇବ ସାହା।" କହୁ କହୁ ମନଖୋଲା ହସ ହସୁଥାଆନ୍ତି। ଏହାପରେ ଅଶୋକ କହିଲେ, "ରାଜୁଭାଇ, ମୁଁ ଜାଣେ ଆପଣ ହେଉଛନ୍ତି ବିଜୁବାବୁଙ୍କର ଜଣେ ଏକନିଷ୍ଠ ନିର୍ଭରଯୋଗ୍ୟ ଅନୁଗାମୀ। ସାର୍‌ଙ୍କର ଆପଣଙ୍କ ଉପରେ ଖୁବ୍ ଦୁର୍ବଳତା। ମୁଁ ଆପଣଙ୍କୁ ବାଧ କରିବି ନାହିଁ। କିନ୍ତୁ ଯଦି ଆପଣ ନିର୍ବାଚନ ନ ଲଢ଼ିବା ପାଇଁ ସ୍ଥିର କରନ୍ତି, କଥା ଦେଉଛି, କେବଳ ଆପଣଙ୍କର ତୁରନ୍ତ ଚିକିତ୍ସା ଭାର ନୁହେଁ, ଆମ ସରକାର ଗଢ଼ାହେଲା ପରେ ଆପଣଙ୍କୁ ଏକ କର୍ପୋରେସନ୍ କିମ୍ବା ବୋର୍ଡର ଅଧ୍ୟକ୍ଷ ପଦ ନିଶ୍ଚୟ ଦିଆଯିବ। ମୋ ଉପରେ ବିଶ୍ୱାସ ରଖି ପାରନ୍ତି।"

ପ୍ରାପ୍ତ ଐଶ୍ୱର୍ଯ୍ୟ ଭୋଗ ନ ହେବାର ଦୁଃଖ ମୁଖମଣ୍ଡଳରୁ ଉକୁଟି ଆସୁଥିଲା। ତଥାପି ସେ ହସି ହସି କହିଲେ, "ଅଶୋକବାବୁ ଆପଣ ମୋ ସାନଭାଇ ଭଳି। ଆପଣଙ୍କ କଥାକୁ ଅବିଶ୍ୱାସ କରିବି ? ଆପଣଙ୍କ କହିବାମତେ ଯଦି ତାହା ଦଳରେ ଯୁବଶକ୍ତିକୁ ପ୍ରୋତ୍ସାହନ ଦେବ ଏବଂ ଦଳରେ ଅଧିକ ସଂହତି ରକ୍ଷା ହେବ, ତେବେ ମୁଁ ମୋର ଏଇ ସାମାନ୍ୟ ବ୍ୟକ୍ତିଗତ ସ୍ୱାର୍ଥ ଛାଡ଼ିଦେବା ପାଇଁ ପ୍ରସ୍ତୁତ।" ଏହାପରେ ଧନ୍ୟବାଦ ଦେବା ସହିତ ଅଶୋକବାବୁ କହିଲେ, "ମୁଁ କାଲି ଶ୍ରୀକାନ୍ତଙ୍କୁ ଧରି ଆପଣଙ୍କ ପାଖକୁ ଆସିବି।"

ନିର୍ବାଚନ ସରିଲା। ବରୀ ଡେରାବିଶିରୁ ଶ୍ରୀକାନ୍ତ ବାବୁ ଏବଂ ପାଟକୁରାରୁ ପ୍ରହଲ୍ଲାଦ ମଲ୍ଲିକ ବିଜୟୀ ହେଲେ। ବିଜୁବାବୁ କେନ୍ଦ୍ରମନ୍ତ୍ରୀ ହେବା ସହିତ ନୀଳମଣି ରାଉତରାୟଙ୍କୁ ଓଡ଼ିଶାର ମୁଖ୍ୟମନ୍ତ୍ରୀ ଗାଦିରେ ବସାଇଲେ। ଈଶ୍ୱର କୃପାରୁ ରାଜୁବାବୁ ଓଡ଼ିଶା ଖଦି ବୋର୍ଡର ଅଧ୍ୟକ୍ଷ ପଦରେ ଅବସ୍ଥାପିତ ହେଲେ। ସେଦିନ ଫେରିଲାବେଳେ ଭାବୁଥାଏ, ଇନ୍ଦ୍ରଙ୍କ ସ୍ୱାର୍ଥ ପାଇଁ ଦିନେ ମୁନି ଦଧୀଚି ନିଜର ଅସ୍ଥିଦାନ କରିଥିଲେ। ଦିନେ

ବିଶ୍ୱବିଖ୍ୟାତ ଗ୍ରୀକ୍ ଦାର୍ଶନିକ ସକ୍ରେଟିସ୍ ନିଜ ହାତରେ ହେମଲକ୍ (ହଳାହଳ ବିଷ) ପାତ୍ର ଓଠକୁ ନେବାବେଳେ କାଟୋଙ୍କୁ କହିଥିଲେ, "I to die, you to live, which is better is known to God"।

ସେଦିନ ଅଭିନୀତ ହୋଇଥିବା ସେହି ଦୁଃଖ ରାଜନୈତିକ ନାଟକର ଅନ୍ୟସବୁ ଅଭିନେତାଙ୍କ ମଧ୍ୟରୁ କେବଳ ଶ୍ରୀକାନ୍ତ ବାବୁଙ୍କୁ ଛାଡ଼ି ସମସ୍ତ ନାୟକ, ଉପନାୟକ ଭବ ରଙ୍ଗମଞ୍ଚରୁ ବିଦାୟ ନେଇ ସାରିଥିଲେ। ଦଧୀଚି ଭୂମିକାରେ ସଫଳ ଅଭିନୟ କରିଥିବା ରାଜୁବାବୁ ଏବେ ନାହାନ୍ତି। ତାଙ୍କର ଉନ୍ନତ ଆତ୍ମା ଊର୍ଦ୍ଧ୍ୱରୁ ଊର୍ଦ୍ଧ୍ୱକୁ ଯାଇ ବିଭୁ ପଦାରବିନ୍ଦରେ ଲୀନ ହେବ।"

ମୋ ବାପା ନିଜ ବିଜୟର ସମସ୍ତ ସମ୍ଭାବନା ସତ୍ତ୍ୱେ ପ୍ରହ୍ଲାଦ ବାବୁଙ୍କ ପ୍ରଚାର କରି ତାଙ୍କୁ ବିଜୟୀ କରାଇଥିଲେ। ଏପରିକି ୧୯୮୦ରୁ ୧୯୯୫ ମସିହା ପର୍ଯ୍ୟନ୍ତ ଜନତାଦଳର ପାଟକୁରା ପ୍ରାର୍ଥୀ ଥିବା ବିଜୟ ମହାପାତ୍ରଙ୍କୁ ନିର୍ବାଚନରେ ସେ ସହାୟତା ଦେଇ ଆସିଥିଲେ। ବିଜୁ ବାବୁଙ୍କ ସହ ରାଜନୀତିକ ଜୀବନ ଆରମ୍ଭ କରିଥିବା ବାପା କୌଣସି ପରିସ୍ଥିତିରେ ବିଜୁବାବୁଙ୍କ ଠାରୁ ଦୂରେଇ ଯାଇ ନଥିଲେ। ବାପାଙ୍କ ଦୃଷ୍ଟିରେ ଶତ୍ରୁ-ମିତ୍ରର ଊର୍ଦ୍ଧ୍ୱରେ ଦେଶସେବା ଓ ଜାତିଭାଇଙ୍କ ବିକାଶ ଥିଲା ମୁଖ୍ୟ ଲକ୍ଷ୍ୟ। ୧୯୭୭ରେ ମର୍ଯ୍ୟାଦାଜନକ ଓଡ଼ିଶା ଖଦି ଓ ଗ୍ରାମୋଦ୍ୟୋଗ ବୋର୍ଡର ସଭାପତି, ୧୯୯୨ରେ କେନ୍ଦ୍ରୀୟ ଖଦି ପ୍ରମାଣନ କମିଟିର ପୂର୍ବାଞ୍ଚଳ ଅଧ୍ୟକ୍ଷ, ୧୯୯୩ରେ ଦ୍ୱିତୀୟ ଥର ପାଇଁ ଓଡ଼ିଶା ଖଦି ବୋର୍ଡର ସଭାପତି ହୋଇଥିଲେ ସେ। ୧୯୯୫ ମସିହାରେ ରାଜନୀତିରୁ ସଂପୂର୍ଣ୍ଣ ଭାବେ ସନ୍ନ୍ୟାସ ନେଇ ଅସୁରେଶ୍ୱର ଗୋରକ୍ଷଣୀର ଅବୈତନିକ ସଂପାଦକ ଭାବରେ ଗୋସେବାରେ ନିଜକୁ ନିୟୋଜିତ ରଖିଥିଲେ। ସେ ତାଙ୍କର ଜୀବନବ୍ୟାପୀ ସାଧନା ପାଇଁ ବିଶିଷ୍ଟ ପରିବେଶବିତ୍ ଶ୍ରୀମତୀ ମାନେକା ଗାନ୍ଧୀଙ୍କ ଦ୍ୱାରା ସମ୍ମାନିତ ଏବଂ ରାଜ୍ୟପାଳ ଶ୍ରୀ ମୁରଲୀଧର ଚନ୍ଦ୍ରକାନ୍ତ ଭଣ୍ଡାରେଙ୍କ ଉପସ୍ଥିତିରେ 'ପିପୁଲ୍‌ସ ଫର୍ ଆନିମଲ୍' ଅନୁଷ୍ଠାନ ତରଫରୁ ତତ୍କାଳୀନ ମୁଖ୍ୟମନ୍ତ୍ରୀ ନବୀନ ପଟ୍ଟନାୟକଙ୍କ ଦ୍ୱାରା ଲାଇଫ୍ ଟାଇମ୍ ଆଚିଭ୍‌ମେଣ୍ଟ ପୁରସ୍କାର ତଥା ସାରଳା ସମ୍ମାନରେ ସମ୍ମାନିତ ହୋଇଥିଲେ।

୨୦୧୦ ମସିହା ଜାନୁଆରି ୪ ତାରିଖରେ ମୋ ବାପାଙ୍କର ତିରୋଧାନ ହୋଇଥିଲା ଏବଂ ବାପାଙ୍କ ଅବର୍ତ୍ତମାନତା ମୋତେ ଦୀର୍ଘ ସମୟ ଧରି ଭାଙ୍ଗି ଦେଇଥିଲା ।

ମୋ ବୋଉ ନିର୍ମଳପ୍ରଭା ନାୟକ :

ଅସୁରେଶ୍ୱର ନିକଟବର୍ତ୍ତୀ ରାମଚନ୍ଦ୍ରପୁର - ଖଣ୍ଡସାହିର ଏକ ଉନ୍ନତ ଶିକ୍ଷିତ ଗାଁର କିଶୋରୀ ଶିକ୍ଷିତା-ଗୁଣବତୀ ଏବଂ ଠାକୁର ନିଗମାନନ୍ଦଙ୍କ ଆଶ୍ରିତା ନିର୍ମଳପ୍ରଭା ନାୟକ ମୋ ବୋଉ । ୧୯୫୫ ମସିହରେ ତା'ର ବିବାହ ପରେ ସେ ରାଜକିଶୋରଙ୍କ ସହଧର୍ମିଣୀ କେବଳ ହୋଇ ନ ଥିଲା, ସେ ମଧ୍ୟ 'ପାଟକୁରା ଗାନ୍ଧୀଙ୍କ କସ୍ତୁରବା' ଭଳି ବାପାଙ୍କ ଆଦର୍ଶରେ ଅନୁପ୍ରାଣିତା ହୋଇ ସମାଜସେବା କରିଥିଲା ।

ମୋ ମାମୁଘର ଖଣ୍ଡସାହି ନିକଟରେ । ମୋ ବୋଉ ଖଣ୍ଡସାହି ଭଳି ଏକ ରାଜନୀତିକ କ୍ଷେତ୍ରର ଝିଅ ଥିଲା । ଏହା ଓଡ଼ିଶାର ଏକ ଉନ୍ନତ ଶିକ୍ଷିତ ଗାଁ । ପ୍ରଖ୍ୟାତ ବିପ୍ଳବୀ ସମାଜବାଦୀ ନେତା ଏବଂ ଅରୁଣାଚଳ ରାଜ୍ୟର ରାଜ୍ୟପାଳ ସୁରେନ୍ଦ୍ରନାଥ ଦ୍ୱିବେଦୀଙ୍କ ଗାଁ । ଏଇଟି ମଧ୍ୟ ପ୍ରଫେସର ଶ୍ରୀନିବାସ ମିଶ୍ର, ରେଭେନ୍‌ସା କଲେଜର ପଦାର୍ଥ ବିଜ୍ଞାନ ପ୍ରଫେସର ବ୍ରହ୍ମାନନ୍ଦ ମିଶ୍ରଙ୍କର ଗାଁ । ଓଡ଼ିଶାର ପ୍ରଖ୍ୟାତ ଆଇନଜୀବୀ ଉତ୍କଳ ବିଶ୍ୱବିଦ୍ୟାଳୟର କୁଳପତି ଚିନ୍ତାମଣି ଆଚାର୍ଯ୍ୟଙ୍କ ଶ୍ୱଶୁର ଜମିଦାର ଜଗନ୍ନାଥ ମିଶ୍ର, ଲୋକପ୍ରିୟ ଡାକ୍ତର କୁଳମଣି ମିଶ୍ର, ରାୟ ସାହେବ ଗୋପବନ୍ଧୁ ମିଶ୍ର, ସ୍ୱାଧୀନତା ସଂଗ୍ରାମୀ ସଚ୍ଚିଦାନନ୍ଦ ମିଶ୍ର ପ୍ରଭୃତିଙ୍କ ଅଞ୍ଚଳ। ମୋ ବାପା ଏହି ଗାଁର ଜଗନ୍ନାଥ ବିଦ୍ୟାପୀଠରେ ଶିକ୍ଷକତା କରିଥିଲେ । ଭାରତରେ ଏକଦା ଚହଳ ସୃଷ୍ଟି କରିଥିବା ସୁରତଅଲ୍ଲୀ, ଖଣ୍ଡସାହିର ଛଦ୍ମନାମଧାରୀ ବଂଶୀଧର ମିଶ୍ର ଇଂଲଣ୍ଡରେ ଚବିଶ ବର୍ଷର ରହଣି ସାରି ଗାଁକୁ ଫେରିଥିଲେ ଏବଂ ମୋ ବାପାଙ୍କ ସହ ସ୍ୱାଧୀନତା ସଂଗ୍ରାମରେ ଯୋଗଦାନ କରିଥିଲେ । ବୋଉର ଶିକ୍ଷାଗୁରୁ ସଚ୍ଚିଦାନନ୍ଦ ମିଶ୍ରଙ୍କ ନିଷ୍ପତ୍ତି କ୍ରମେ ବାପାଙ୍କ ସହିତ ତା'ର ବାହାଘର ହୋଇଥିଲା ।

ବୋଉ ଠିକ୍ ବାପାଙ୍କ ଭଳି ସଂସାରରେ ଥାଇ ମଧ୍ୟ ତପସ୍ୱାରିଣୀ ଥିଲା। ତା'ର ବ୍ୟକ୍ତିତ୍ୱ ଅତ୍ୟନ୍ତ ପ୍ରଭାବଶାଳୀ ଥିଲା। ତା'ର ଦ୍ୟୁତି ଥିଲା ଅଦ୍ଭୁତ। ଘରକାମ ବ୍ୟତୀତ ହିନ୍ଦୀରେ ଉଚ୍ଚଶିକ୍ଷା ଲାଭ କରିଥିବା ମୋ ବୋଉ ବୃତ୍ତିରେ ଜଣେ ଶିକ୍ଷୟିତ୍ରୀ, ସୁଲେଖିକା, ହୋମିଓପାଥି ଦ୍ୱାରା ଦୁଃସ୍ଥ-ରୋଗୀ ଓ ଅସହାୟଙ୍କ ସେବାକାରିଣୀ ମଧ୍ୟ ଥିଲା। ବାପାଙ୍କ ସହିତ ଦୀର୍ଘ ୫୫ ବର୍ଷର ଦାମ୍ପତ୍ୟ ଜୀବନରେ ତା' ଭିତର ନାରୀକୁ ମୁଁ ଅନେକ ରୂପରେ ଖୁବ୍ ପାଖରୁ ଦେଖିଛି। ଯେତେଥର ଦେଖିଛି ତା'ର ଅସୀମ ତ୍ୟାଗ, ପ୍ରେମ, ସମର୍ପଣ, ଆଧ୍ୟାତ୍ମିକତା ଓ କଳାପ୍ରିୟତା ମୋତେ ଅଭିଭୂତ କରିଛି। ମୋ ବୋଉ ସୁନ୍ଦର ଫୁଲ ଗୁନ୍ଥେ, ଗୀତ ଗାଏ, ହାରମୋନିୟମ, ଏସ୍‌ରାଜ, ବେଞ୍ଜୋ ଆଉ ତାବ୍‌ଲା ବଜାଇବା ଜାଣିଥିଲା। ମୋ ବୋଉ ବେଶ-ପରିଧାନରେ ସାଧାରଣ ଗୃହିଣୀ ଭଳି ନିରାଡ଼ମ୍ବରା ଥିଲା। ସ୍ୱାଦିଷ୍ଟ ବ୍ୟଞ୍ଜନ ପ୍ରସ୍ତୁତି, ଘରର ସୁନ୍ଦର ସାଜସଜ୍ଜା ସହିତ ଆମ ଭାଇ-ଭଉଣୀଙ୍କ ଶିକ୍ଷା-ଦୀକ୍ଷା ପ୍ରତି ସେ ଥିଲା ଖୁବ୍ ଯତ୍ନଶୀଳା। ସେମିତି ନ ହୋଇଥିଲେ ଆଜି ଆମର ସ୍ଥିତି ଓ ସାମାଜିକ ସ୍ୱୀକୃତି ଅସମ୍ଭବ ହୋଇଯାଇଥାନ୍ତା। ମାନବୀୟ ସଦ୍‌ଗୁଣର ଆଧାର ଓ ସ୍ୱାମୀ ଆଦର୍ଶ ଅନୁପ୍ରାଣିତା ମୋ ବୋଉ ବାହାରକୁ ଖୁବ୍ ସାଧାରଣ ଦିଶୁଥିଲେ ହେଁ ସେ ଅସାଧାରଣ ଥିଲା। ତା' ଭିତରେ ଲୁକ୍‌କାୟିତ ତା'ର ଅସୀମ ଅନୁଭବକୁ ସେ ସାରସ୍ୱତ ରୂପ ଦେଇଛି ତା'ର ଆତ୍ମଜୀବନୀ 'ସାୟାହ୍ନର ସ୍ମୃତି' ଗ୍ରନ୍ଥରେ। ବାପାଙ୍କ ସହିତ ତା'ର ଦୀର୍ଘ ପଞ୍ଚାବନ ବର୍ଷ ଜୀବନର ସ୍ମୃତିଲିପି ହିଁ 'ସାୟାହ୍ନର ସ୍ମୃତି'ରେ ସୁବିନ୍ୟସ୍ତ ହୋଇଛି। ସବୁ ପୁଅଙ୍କ ଭଳି ମୋ ପାଇଁ ମଧ୍ୟ ମୋ ବୋଉ 'ସୁପର୍ ଉଇମ୍ୟାନ୍' ଥିଲା।

ବୋଉ ଆଉ ନାହିଁ - ଏ କଥା ମୁଁ କଳ୍ପନା କରିପାରୁନାହିଁ, ଆମେ ଦୁଇ ଭାଇ, ଚାରି ଭଉଣୀ, ଜ୍ୱାଇଁ, ବୋହୂ ଓ ତା'ର ସବୁ ନାତି ନାତୁଣୀଙ୍କ ସବୁ ସ୍ୱପ୍ନ, ସଂସ୍କାର ଓ ସଂକଳ୍ପର ସେ ଓ ବାପା ହିଁ ହେଉଛନ୍ତି ଏକାତ୍ମ ମୂଳସୂତ୍ର। ପ୍ରତ୍ୟେକ ମଣିଷ କ୍ଷେତ୍ରରେ ନିଜର ମାଆ ବା ବୋଉ ଏକ ସ୍ୱତନ୍ତ୍ର ସ୍ଥାନ ଅଧିକାର କରିଥାଏ। ମୁଁ ବା ସେଥିରୁ ବାଦ୍ ଯିବି କିପରି !

ଏକାନ୍ନବର୍ତ୍ତୀ ପରିବାରରେ ମୋ ବୋଉର ବଡ଼ବାପା ଜଳଧର ନାୟକ ଥିଲେ ସ୍ୱାଧୀନତା ସଂଗ୍ରାମୀ, ଅସୁରେଶ୍ୱର ଗୋରକ୍ଷଣୀର ପ୍ରତିଷ୍ଠାତା ଓ ବିଶିଷ୍ଟ ହୋମିଓପାଥିକ୍ ଚିକିତ୍ସକ। ସମାଜ ସେବା ହିଁ ଥିଲା ତାଙ୍କର ମୂଳମନ୍ତ୍ର। ଗାଁଠାରୁ ଟିକେ ଦୂରରେ ଜମିବାଡ଼ି ମଝିରେ ଏବେର ଫାର୍ମ ହାଉସ୍ ଭଳି ମାମୁଘର ଶୋଭାପାଏ। ଠାକୁରଙ୍କ ମନ୍ଦିର, ବଡ଼ ଗୁହାଳ ଘର, ଦୁଇ ତିନୋଟି ମାଛ ପୋଖରୀ, ବିରାଟ ଆମ୍ବ, ନଡ଼ିଆ ଓ ଗୁଆ ଗଛର ବାଡ଼ି, ସବାରୀ, ପାଲିଙ୍କି, ଶଗଡ଼ଗାଡ଼ି, ତେଲଘଣା, ଲୁଗାବୁଣା ତନ୍ତ ଇତ୍ୟାଦି ସେ ସମୟର ଆଭିଜାତ୍ୟ ପରିବାରର ସଙ୍କେତ ଦେଇଥାଏ। ମାମୁଘରେ ବୋଉ ଥିଲା ସମସ୍ତଙ୍କ ଆଦରର ଓ ଦେଖିବାକୁ ଅତି ସୁନ୍ଦର। ମାତ୍ର ୧୫ ବର୍ଷ ବୟସରେ ତା'ର ବାହାଘର ହୁଏ। ମୋ ବାପା ସ୍ୱର୍ଗତ ରାଜକିଶୋର ନାୟକ, ପାଟକୁରାର ପୂର୍ବତନ ବିଧାୟକ ସେ ସମୟର ଆଦର୍ଶବାଦୀ ଶିକ୍ଷକ। ପଣ୍ଡିଚେରୀର ଶ୍ରୀଅରବିନ୍ଦ ଆଶ୍ରମ ଓ ସ୍ୱାମୀ ଶିବାନନ୍ଦଙ୍କ ଆଶ୍ରମରେ କିଛିଦିନ କାଟିବା ପରେ ଶିକ୍ଷକତା କରୁଥାନ୍ତି ଖଣ୍ଡସାହିସ୍ଥିତ ଉଚ୍ଚ ବିଦ୍ୟାଳୟରେ। ବର ହୋଇ ଚାଲି ଚାଲି ଆସିଥିଲେ ମାମୁଘରକୁ। ଆମ ଗାଁ ପାଟକୁରା ନିର୍ବାଚନ ମଣ୍ଡଳୀର ଅରିଲୋ ସେ ସମୟରେ ବନ୍ୟାପ୍ଳାବିତ ଧୋଇଆ ଅଞ୍ଚଳ ଭାବେ ଜଣାଶୁଣା ଥିଲା। ଏପଟର ଥିଲାବାଲା ଲୋକମାନେ ସାଧାରଣତଃ ଧୋଇଆ ଅଞ୍ଚଳରେ ବନ୍ଧୁ ବାନ୍ଧନ୍ତି ନାହିଁ। ବୋଉର ବିଭାଘରକୁ ନେଇ ମାମୁଘରର ଅନେକଙ୍କ ମନରେ ଦୁଃଖ ରହିଥିବା ଶୁଣିଛି।

ଭାତମାଛ ଖାଇ, ଆମ୍ବ ବଗିଚାରେ ବୁଲୁଥିବା ସମସ୍ତଙ୍କର ଗେହ୍ଲାଝିଅ ମାତ୍ର ୧୫ ବର୍ଷ ବୟସରେ ଯେ ନୀତିନିୟମରେ ବନ୍ଧା ହୋଇ ପଡ଼ିବ ଓ ଅଭାବ ଅନଟନକୁ ସାମ୍ନା କରିବ; ଏସବୁ ପରିକଳ୍ପନା କାହା ମନରେ ନଥିଲା।

ବିଭାଘରର ଦିନ କେତେଟା ପରେ ବାପା ବୋଉକୁ ପ୍ରଶ୍ନ କରିଥିଲେ- ତୁମେ ଘରୁ ଏତେ ସୁନାଗହଣା ଆଣିଛ କାହିଁକି ? କ'ଣ କରିବ ? ଗରିବ ପିଲା ପାଠ ପଢ଼ିବା ପାଇଁ ପଇସାଟିଏ ପାଉନାହାନ୍ତି !

ବୋଉ ତତ୍‌କ୍ଷଣାତ୍ ଚୁଡ଼ି କେଇପଟକୁ ଛାଡ଼ିଦେଲେ ନିଜ ଦେହରେ ଥିବା ଏବଂ ଟ୍ରଙ୍କରେ ସାଇତା ହୋଇଥିବା ସୁନାଗହଣାକୁ ବାପାଙ୍କୁ ଦେଇଦେଲା। ନିର୍ବିକାର ଚିତ୍ତରେ ବୋଉ ଦେଲା ଆଉ ବାପା ମଧ୍ୟ ଅତି ସାଧାରଣ ଭାବେ ତାକୁ ନେଇ ଚାଲିଗଲେ। ମୁଁ ଶୁଣିଛି ଅନେକ ମହିଳାଙ୍କର ସୁନାଗହଣା ପ୍ରତି ବହୁତ ଦୁର୍ବଳତା ଥାଏ। କିନ୍ତୁ ମୋ ବୋଉ ଥିଲା ଏ ସବୁରୁ ବହୁ ଦୂରରେ। ସେ କେବେ ସୁନା ଦୋକାନକୁ ଯିବା କିମ୍ବା ସୁନାଦ୍ରବ୍ୟ ବ୍ୟବହାର କରିବା ମୁଁ ଦେଖିନି। ତା' ପାଇଁ ଅଳଙ୍କାର ଥିଲା ମଣିଷୋଚିତ ବ୍ୟବହାରର ସୌନ୍ଦର୍ଯ୍ୟ।

ବୋଉଠାରୁ ଶୁଣିଛି ତା' ବାହାଘରର ଦିନ କେତେଟା ପରେ ବାପା ଏକ ଚିଠି ଲେଖି ତକିଆ ପାଖରେ ରଖି ସ୍କୁଲ୍ ଯାଇଥିଲେ। ଉକ୍ତ ଚିଠିରେ ଲେଖାଥିଲା- "ବାପା ଦାଦା ଗୋଶାଳା ତିଆରି କରି ଗୋ-ସେବା କରୁଛନ୍ତି ଅଥଚ ଆମ ଘରେ ବୁଢ଼ୀ ଲୋକଟିଏ ଗୁହାଳ ପୋଛୁଛି।"

ବାସ୍ ଏତିକି। ଏହାପରେ ବୋଉ ଆମ ଗାଁ ଘରର ଗୁହାଳ ସଫା କରିବା ଆରମ୍ଭ କରିଥିଲା।

ମୋ ବୋଉ ହେଉଛି ଏକ ନିଆରା ମଣିଷ। ଗାଁରେ ଥିବାବେଳେ ଆମ ଭାଇ-ଭଉଣୀଙ୍କ ସମେତ ଏକାନ୍ନବର୍ତ୍ତୀ ପରିବାରର ସବୁ ପିଲା ଥିଲେ ତା'ର ନିଜ ପୁଅଝିଅ ଭଳି। ଗାଁରେ ଥିବା ଅବହେଳିତ ମହିଳାମାନେ ସବୁବେଳେ ବୋଉ ପାଖରେ ଭିଡ଼ ଜମାନ୍ତି। ହୋମିଓପାଥି ଚିକିତ୍ସା ସହିତ ଅନେକଙ୍କର ଆର୍ଥିକ ସମସ୍ୟା ମଧ୍ଯ ସେ ବୁଝିଥାଏ। ବାପା ରାଜନୈତିକ କାର୍ଯ୍ୟରେ ବ୍ୟସ୍ତ ରହୁଥିବା ଦୃଷ୍ଟିରୁ ଆମକୁ ଗଢ଼ିବାର ପୂରା ଦାୟିତ୍ୱ ଥିଲା ବୋଉର। କେବଳ ପାଠପଢ଼ା ନୁହେଁ, ଆମେ କେମିତି ଭଲ ଚରିତ୍ରର ମଣିଷ ହେବୁ ତା'ର ଥଲା ଆମ ପ୍ରତି କଡ଼ା ନିର୍ଦ୍ଦେଶ। ଘରର ସାହାଯ୍ୟକାରୀ ମୂଲିଆ କିମ୍ବା ଗ୍ରାମର ସାଧାରଣ ମଣିଷକୁ ଯଦି ଠିକଣା ବ୍ୟବହାର ନ କଲୁ, ଅନେକ ଥର ସେ ଆମକୁ ଉପାସରେ ରଖିଦିଏ। ଆର୍ଥିକ ସମସ୍ୟା ଦେଖାଦେଲେ ମଧ୍ଯ କେବେ ସେ ଭାଙ୍ଗି ପଡ଼ିନି। ପୂଜା ପାର୍ବଣରେ ଆମ ପିଲାମାନଙ୍କ ପାଇଁ ନୂଆ ଡ୍ରେସ୍ କରିବାର ପରମ୍ପରା ଆମଘରେ ନ ଥିଲା।

ବାପାବୋଉଙ୍କ ଯୁକ୍ତି ଥିଲା, ତମ ସାଙ୍ଗର ସବୁପିଲା ଯେଉଁଦିନ ନୂଆ ଡ୍ରେସ୍ ପିନ୍ଧିବେ, ତୁମେ ସେଦିନ ପିନ୍ଧିବ। ଈଶ୍ୱରଙ୍କ ଉପରେ ଥିଲା ବୋଉର ପ୍ରଗାଢ଼ ବିଶ୍ୱାସ। ବାପାଙ୍କ ରାଜନୈତିକ ଜୀବନ ଓ ମୋର ରାଜନୈତିକ ଜୀବନର ଯେଉଁ ସାପ ଶିଡ଼ି ଖେଳ ସେ ଦେଖି ଆସିଛି, ସେଥିରେ ସେ କେବେ ଆତ୍ମହରା ହୋଇନି କିମ୍ବା ଭାଙ୍ଗିପଡ଼ିନି, ସବୁଥିରେ ସ୍ୱାଭାବିକତା ରଖିଥାଏ। ଏ ଗୁଣ କ୍ୱଚିତ୍ ମହିଳାଙ୍କ ଭିତରେ ଦେଖାଯାଏ।

ବୋଉ ଥିଲା ଜଣେ ଆଦର୍ଶ ଶିକ୍ଷୟିତ୍ରୀ। ଗାଁ ଓ ଭୁବନେଶ୍ୱରରେ ଯେଭଳି ଶିକ୍ଷକତା କରିଛି, ତା' ପ୍ରତି ସମସ୍ତଙ୍କର ଆଦର ଓ ସମ୍ମାନବୋଧ ରହିଥିଲା। ଆମେ ଭାଇଭଉଣୀ ପାଠ ପଢ଼ିଲା ବେଳୁ ତା'ଠାରୁ ଶିଖିଛୁ ସୂର୍ଯ୍ୟୋଦୟ ପୂର୍ବରୁ ଉଠିବାକୁ। ସକାଳେ ଘରର ପୂଜା, ସୁସ୍ଥ ରହିବା ପାଇଁ ଯୋଗ ପ୍ରାଣାୟାମ କରିବା, ଆମ ସମସ୍ତଙ୍କ ପାଇଁ ରୋଷେଇ, ରବିବାର ଓ ଛୁଟି ଦିନରେ ବାପା ଓ ଆମ ସମସ୍ତଙ୍କର ସେ ହିଁ ବାଳ କାଟିଥାଏ ଓ ଲୁଗାପଟା ସଫା କରେ। କଲେଜ ପଢ଼ା ଶେଷ ହେବା ପର୍ଯ୍ୟନ୍ତ ଆମେ କେହି ସେଲୁନ୍ ଯାଇନାହୁଁ। ଏତେ କାମ ମଧ୍ୟରେ ସେ ଭଲ ଗୀତ ବୋଲିଥାଏ। ତବଲା, ଭାୟୋଲିନ୍, ଏସରାଜ, ହାରମୋନିୟମ୍ ସେ ବଜାଇ ପାରେ। ଏକଦା ମ୍ୟୁଜିକ୍ କଲେଜରେ ତବଲା ପାଇଁ ଏକ ପାର୍ଟଟାଇମ୍ କୋର୍ସ ମଧ୍ୟ କରିଛି। ବୋଉ ହିନ୍ଦୀ ଓ ଓଡ଼ିଆରେ ଭଲ କହିପାରେ ଓ ଲେଖିପାରେ। ବିଶିଷ୍ଟ ଲେଖିକା ଅମ୍ରିତା ପ୍ରିତମ୍‌ଙ୍କର ଲେଖାକୁ ସେ ଅନୁବାଦ କରି ପ୍ରକାଶ କରିଛି। ପରିଣତ ବୟସରେ ବି ସେ ପ୍ରଚୁର ବହି ପଢ଼ିବା ଓ ଲେଖିବା ମୁଁ ଦେଖିଛି। କେବେବି ସେ ପ୍ରଚାରପ୍ରବଣତାର ବଶବର୍ତ୍ତୀ ହୋଇନାହିଁ। ବିଜୁବାବୁଙ୍କ ସହଧର୍ମିଣୀ ଜ୍ଞାନଦେବୀଙ୍କ ସହିତ ନିର୍ମଳ ଆତ୍ମୀୟତାର ନିବିଡ଼ ସମ୍ପର୍କ ଥିବା ସତ୍ତ୍ୱେ, ସେ କେବେହେଲେ ସେକଥା କାହାକୁ କହିନାହିଁ ଅଥବା ସେହି ସମ୍ପର୍କକୁ ନେଇ କେବେ କିଛି ସୁବିଧାର ସୁଯୋଗ ନେଇ ନାହିଁ! ତା' ପାଇଁ ସମସ୍ତେ ଥିଲେ ଗୋଟିଏ ଗୋଟିଏ ମଣିଷ ଅନ୍ତର।

ବାପା ଥିଲେ ଗାନ୍ଧୀ ବିଚାରର ମଣିଷ। ବୋଉ ସେ ଚିନ୍ତାଧାରାକୁ କାମରେ ପରିଣତ କରିବା ପାଇଁ ଉଦ୍ୟମ କରିଆସିଛି। ବିଶିଷ୍ଟ ନେତା

ଜୟପ୍ରକାଶ ନାରାୟଣ ଓ ଡକ୍ଟର ସୁବାରାଓଙ୍କ ମୋରେନା ଟ୍ରେନିଂ କ୍ୟାମ୍ପ୍‌ରେ ଯୋଗଦେବାଠାରୁ ଆରମ୍ଭ କରି ବିଶିଷ୍ଟ ସ୍ୱାଧୀନତା ସଂଗ୍ରାମୀ ମାଆ ରମାଦେବୀ, ଅନ୍ନପୂର୍ଣ୍ଣା ମହାରଣା, ଶରତ ମହାରଣା, ସଚ୍ଚିଦାନନ୍ଦ ମିଶ୍ର ଇତ୍ୟାଦିଙ୍କ ସାନ୍ନିଧ ଲାଭ କରିଥିଲା ସେ। ଜୀବନରେ ୨/୩ଟି ଖଦଡ଼ ଶାଢ଼ୀକୁ ଛାଡ଼ିଦେଲେ, ତା'ର ସାମାଜିକ ସମ୍ପତ୍ତି ପ୍ରାୟ କିଛି ନଥିଲା। ଆମେ ଭାଇଭଉଣୀ କିଭଳି ବାପାଙ୍କ ଆଦର୍ଶରେ ଜୀବନ ବିତାଇବୁ ଓ ଆଧ୍ୟାତ୍ମିକ ଦ୍ୟୋତନା ମଧ୍ୟରେ କାଳାତିପାତ କରିବୁ; ତାହା ହିଁ ସର୍ବଦା ଥିଲା ବୋଉର ଆନ୍ତରିକ ଇଚ୍ଛା। ମୋ ଜାଣିବାରେ ଚାଲିଚଳଣ, ପୋଷାକ ପରିଚ୍ଛଦ ଓ କଥାବାର୍ତ୍ତାରେ ମୋ ବୋଉ ଏକ ସାଧାରଣ ମଣିଷଟିଏ ପରି ପ୍ରତୀତ ହେଉଥିଲେ ମଧ୍ୟ ସେ ଥିଲା ବହୁ ଅସାଧାରଣ ଗୁଣର ଅଧିକାରିଣୀ।

ଗୌତମରୁ ଅତନୁ :

ଗୌତମରୁ ଅତନୁ ସବ୍ୟସାଚୀର ଏଇ ମୋ ନାମ ଭିତରେ ମୁଁ ମୋ ଅଲକ୍ଷ୍ୟରେ ଭଗବାନ ଗୌତମ ବୁଦ୍ଧଙ୍କ ପ୍ରତି ମଧ୍ୟ ଅନୁରକ୍ତ ହୋଇଯାଇଛି। ବୁଦ୍ଧଙ୍କର ନିଜ ପିତା ଶୁଦ୍ଧୋଦନଙ୍କ ପ୍ରୟାଣକାଳୀନ କର୍ତ୍ତବ୍ୟପରାୟଣତାର କଥା ମୋତେ ଖୁବ୍ ବିସ୍ମିତ ଏବଂ ତାଙ୍କ ପ୍ରତି ଖୁବ୍ ଆକର୍ଷିତ କରିଛି। ସାରନାଥରେ ଥାଇ ଯେତେବେଳେ ସେ ତାଙ୍କ ପିତାଙ୍କ ମୃତ୍ୟୁଖବର ପାଇଥିଲେ, ସେତେବେଳେ ଶ୍ରମଣ-ସନ୍ନ୍ୟାସୀ ବୁଦ୍ଧ ନିଜ ପିତାଙ୍କ ଅନ୍ତ୍ୟେଷ୍ଟିକର୍ମ କରିବାକୁ କପିଳାବସ୍ତୁ ଆସିଥିଲେ। ଆଜିର ପିଢ଼ି ଏହି କର୍ତ୍ତବ୍ୟବୋଧକୁ ଉପଲବ୍ଧି କରିବା ଉଚିତ। ମୋ ନାମ ଭିତରେ ମୁଁ ଗୌତମଙ୍କୁ ନିରୀକ୍ଷଣ କରେ। ତାଙ୍କ ପାଇଁ ମୁଁ ଭାବପ୍ରବଣ ହୋଇ 'ସାରନାଥ ଓ ବୁଦ୍ଧ' କବିତା ଲେଖିଥିଲି। ତା'ର ଶେଷ ପଦ ଏମିତି ଥିଲା-

"ହେ ବୁଦ୍ଧ !
କି ପ୍ରକାର ଅନୁଭବ ତୁମ
ଅଭିମାନ ସ୍ତର ଲଂଘି
ଅଜ୍ଞତା ଓ ମୃତ୍ୟୁର ଅନ୍ଧକାର

ଅତିକ୍ରମିବାର
କି ଅଦ୍ଭୁତ ସନ୍ଦେଶ ତମର !
ଜନ୍ମ, ବ୍ୟାଧି, ଜରା, ମୃତ୍ୟୁଭଳି
ସଂସାରର ଚକ୍ରାକାର ଗତି
ତା' ଭିତରେ ତୃଷ୍ଣା ପୁଣି କାମନାର ସ୍ଥିତି
ଛିନ୍ନ କରିବାର ମହତ ଉପାୟ
କୁହତ କେମିତି
ସଂସାର ଫାଶକୁ ନିଜ ହସ୍ତେ ଛିନ୍ନ କରି,
ଉର୍ଦ୍ଧ୍ୱଗାମୀ ଚେତନାର ପ୍ରବକ୍ତା ସାଜିଚ
ପିତା ଶୁଦ୍ଧୋଦନଙ୍କର ମରଶରୀରକୁ
ଅନାସକ୍ତେ ସ୍ୱଚକ୍ଷୁରେ
ମଉନରେ ନିରେଖି ଦେଖିଚ !
ଯୁଗେ ଯୁଗେ ବୁଦ୍ଧ ତୁମେ
ରହିଚ - ରହିବ
ଆଜିର ଏ ପିଢ଼ି ପାଇଁ
ଆଗାମୀର ପ୍ରତିକ୍ଷଣ ପାଇଁ
ଗୌତମ - ସିଦ୍ଧାର୍ଥଙ୍କର
ଦର୍ଶନର ଆଲୋକ ଜଳିବ।"

ସମସ୍ତଙ୍କ ପିଲାବେଳ ଭାବାଲୁତାର କୋମଳ ସ୍ପର୍ଶରେ ଛାୟାଛନ୍ନ ଥିଲା ପରି ମୋର ବି ସେମିତି ରହିଛି। ବିଶେଷ ଭାବରେ ମୋର ନାମ 'ଅତନୁ' କାହିଁକି ରଖାଯାଇଥିଲା, ସେଥିପ୍ରତି ମୋର ଯେଉଁ କୌତୂହଳ ଥିଲା, ତାହା ମୁଁ ଜାଣି ଜାଣି ମୋ ବୋଉକୁ ପଚାରିଛି। ଆଉ ସେ ଯାହା କହିଛି ସେଥିରୁ ଏତିକି ବୁଝିପାରିଛି ଯେ, ମୋର ଶିଶୁ ଅବସ୍ଥାର କ୍ଷୀଣକାୟ-ସ୍ୱାସ୍ଥ୍ୟହୀନ ଅବସ୍ଥା ହିଁ ଏ ନାମ ପାଇଁ ଦାୟୀ ଥିଲା। ଜାତକରେ କିନ୍ତୁ ମୋ ଶ୍ରଦ୍ଧା ନାମ ଥିଲା ଗୌତମ। ପୁଣି ମଧ୍ୟ ବୋଉ କହେ ମୋ ବଡ଼ ଭାଇ ଗୌତମଙ୍କୁ ନେଇ ଏକ ବହି ପଢୁଥିବାବେଳେ ମୁଁ ଜନ୍ମ ହୋଇଥିଲି। ତେଣୁ ଭାଇ କହିଥିଲେ ତା'ର ନାମ ଗୌତମ ରଖାଯାଉ। କିନ୍ତୁ ପରବର୍ତ୍ତୀ

ପର୍ଯ୍ୟାୟରେ ବଡ଼ଭାଇଙ୍କ ନାମ ଯେହେତୁ ଶାନ୍ତନୁ ଥିଲା, ତେଣୁ ହୁଏତ ମୋ ନାମ 'ଅତନୁ' ଦିଆଯାଇଥିଲା। ପରେ ଯେତେବେଳେ ମୁଁ ଅଷ୍ଟମ ଶ୍ରେଣୀରେ ପାଠ ପଢ଼ିଲି ଓ ନାମ ଲେଖେଇଲି ସେତେବେଳେ ବାପା ଦେଇଥିବା ସବ୍ୟସାଚୀ ନାୟକ ହିଁ ନାମ ଭାବରେ ଥିଲା। ପରେ ଦୁଇଟି ନାମକୁ ଯୋଡ଼ି 'ଅତନୁ ସବ୍ୟସାଚୀ' ନାମ ଦିଆଯାଇଥିଲା। ମୋ ମାଟ୍ରିକ୍ ସାର୍ଟିଫିକେଟ୍‌ରେ 'ନାୟକ' ସାଂଜ୍ଞା ମଧ୍ୟ ନ ଥିଲା। ଯେତେବେଳେ ରାଜନୀତିରେ ପାଦଦେଲି ସେତେବେଳେ ଆଫିଡାଭିଟ୍ କରି ସଂପୂର୍ଣ୍ଣ ଏଇ ନାମ ଦିଆଯାଇଥିଲା। ପ୍ରଥମେ ଗୌତମ ପରେ ଅତନୁ ସବ୍ୟସାଚୀ। ମୋ ବୋଉ ତା'ର 'ସାୟାହ୍ନର ସ୍ମୃତି' ପୁସ୍ତକରେ ଆହୁରି କେତେ କଥା ପ୍ରସଙ୍ଗରେ ଉଲ୍ଲେଖ କରିଛି –

"ଆଜିର ଅନର୍ଗଳ ବକ୍ତା ଅତନୁ ଛଅବର୍ଷ ବୟସ ପର୍ଯ୍ୟନ୍ତ ସମ୍ପୂର୍ଣ୍ଣ ମୌନମୂର୍ତ୍ତି ହୋଇଥିଲା। ମୋ ବାପା, ଦାଦା ମୋତେ କହନ୍ତି, 'ନୀର, ତୋ ପୁଅ ଜଡ଼ ଭରତ ହେବ।' ସତରେ ବି ଜଡ଼ ଭରତଙ୍କ ଭିତରେ ସବୁ ଜ୍ଞାନ ଏବଂ କଥା କହିବାର ଶକ୍ତି ଥିଲେ ମଧ୍ୟ ଯେପରି କିଛି କଥା କହୁନଥିଲେ, ଅତନୁ ସେହିପରି ଛଅବର୍ଷ ପର୍ଯ୍ୟନ୍ତ ନିରବ ଥିଲା। ଆମ ଗୁରୁଦେବଙ୍କ ଆଶୀର୍ବାଦ ସିଦ୍ଧି ପାଇବା ପରେ ଏକାବେଳକେ ପ୍ରଗଲ୍‌ଭ ପରି କଥା କହିଲା।

ତା'ର ଜନ୍ମ ପୂର୍ବରୁ ତୁମେ କର୍ମକ୍ଷେତ୍ରରୁ ବିଦାୟ ନେଇ ରାଜନୀତି ନିଶାରେ ଏଣେତେଣେ ବୁଲୁଥିଲ। ଜନ୍ମ ସମୟ ପାଖେଇ ଆସିବାରୁ ମୋତେ କଟକ ଡାକ୍ତରଖାନା ନେବାକୁ ବସିଲ। ତୁମର ନିଃସ୍ୱ ଅବସ୍ଥା ମୋତେ ଅଜଣା ନଥିଲା। ସେହି ଗର୍ଭ ଅବସ୍ଥାରେ ମଧ୍ୟ ଘରର ଖଟଣି ଭିତରେ ପାଠପଢ଼ି ପରୀକ୍ଷା ଦେବାକୁ ପ୍ରସ୍ତୁତ ହେଉଥିଲି। ତେଣୁ ତୁମକୁ ସିଧାସିଧା ମନା କରି ଦେଇଥିଲି କଟକ ଯିବାକୁ। ଭାବିଲେ ଆଶ୍ଚର୍ଯ୍ୟ ଲାଗେ, ହାତରେ ଗୋଟିଏ ପଇସା ନଥାଇ କେମିତି ବଡ଼ ବଡ଼ କାମ କରିବାକୁ ସାହସ କର ତୁମେ ? ସେଥିରେ ପୁଣି ନଈନାଳ ପାର ହୋଇ ଦାନପୁର ଘାଟ ପର୍ଯ୍ୟନ୍ତ ସବାରିରେ ଯିବି। ଡାକ୍ତର କିମ୍ବା ଡାକ୍ତରଖାନା ବିହୀନ ସେଇ ନିପଟ ତଳମାଳ ଅଞ୍ଚଳରେ କେତେ ଯେ ପ୍ରସୂତିଙ୍କର ମୃତ୍ୟୁ ହୁଏ ! ସେଇ ଭୟରେ

ପ୍ରତିଥର ମୋତେ ତୁମେ କଟକ ଆଣିଥାଅ। ସେଥର ମୁଁ ରାଜି ନହେବାରୁ ମୋ ଦାଦାଙ୍କୁ କହି ମୋତେ ରାଜି କରାଇଲ ସିନା, ମୋର ମାନସିକ ଯନ୍ତ୍ରଣା କେହି ବୁଝିଲ ନାହିଁ। ସେ ଯାହାହେଉ ମୋତେ କଟକ ନେଇ ମୋ ସାନ ଭଉଣୀର ଶ୍ୱଶୁର ବିପିନ ଭୂୟାଁଙ୍କ ଘରେ ଛାଡ଼ି ତୁମେ କୁଆଡ଼େ ଗଲ ଯେ ଆଉ ଦେଖାଦର୍ଶନ ନାହିଁ। ମୋତେ ଆଠଦିନ ପ୍ରବଳ ଜ୍ୱର ହେବା ଭିତରେ ପୁଅର ଜନ୍ମ। ସେମାନେ ମୋତେ ହସ୍‌ପିଟାଲରେ ଆଡ୍‌ମିଶନ କରିଦେଲେ। ହେଲେ ମୋ ପାଖରେ ରହିବାକୁ କେହିନାହିଁ। କାରଣ ତାଙ୍କର ମଧ୍ୟ କେହି ସ୍ତ୍ରୀ ଲୋକ ସେଠାରେ ରହନ୍ତି ନାହିଁ। କେବଳ ଠାକୁର ମୋର ଭରସା। ମୋର କଷ୍ଟ, ମୋର ମନ ବେଦନା କାହାକୁ କହିବି ? ସେତେବେଳେ ଫୋନ୍ ନଥିଲା ଯେ ତମେ କେଉଁଠି ଅଛ ବୋଲି କାହାକୁ ପଚାରିବି। ଅତନୁ ଜନ୍ମରୁ ଅତି ରୋଗିଣା। ଜ୍ୱର ଭୋଗି ଭୋଗି ମୋର କ୍ଷୀର ହେଉନି, ସେ ଖାଇବ କଅଣ ? ସେତେବେଳେ ହସ୍‌ପିଟାଲ ତରଫରୁ ପ୍ରସୂତିମାନଙ୍କୁ ବଡ଼ ବଡ଼ କମଳା (ଯାହାକୁ କହନ୍ତି 'ସିଲହଟ କମଳା') ଚାରିଟା ଲେଖାଏଁ ଦିଆଯାଉଥିଲା। ସେହି କମଳା ରସ ଖୁଆଇ ତାକୁ ବଞ୍ଚାଇଲି। ତାକୁ ବଞ୍ଚାଇବା ପାଇଁ ସବୁବେଳେ ଠାକୁରଙ୍କୁ ଡାକୁଥାଏ। ମୁଁ ଜାଣିଥାଏ, ଗୁରୁନାମର ଅମାପ ଶକ୍ତି। ମୋର ମଧ୍ୟ ଦୃଢ଼ ବିଶ୍ୱାସ ଥାଏ। ଏହି ନାମ ବଳରେ ହନୁମାନ ସାତ ସମୁଦ୍ର ପାର ହେବାକୁ ଶକ୍ତି ପାଇଥିଲେ। ତେଣୁ ଜନ୍ମ ହେବା ଦିନରୁ ତୁମର ପୁଅ ଅତନୁ କେବଳ ଗୁରୁନାମର ବଳୟ ଭିତରେ ବଞ୍ଚି ରହିଥିଲା। ହେଲେ ପ୍ରାୟ ୧୦ ବର୍ଷ ପର୍ଯ୍ୟନ୍ତ ସେ ରୋଗିଣା ରହିଲା।

ହଁ, ସେ ଜନ୍ମ ହେବାର ଦୁଇଦିନ ପରେ ତୁମେ ଆସି ହସ୍‌ପିଟାଲରେ ପହଞ୍ଚିଲ। ଅଭିମାନରେ ଚାହିଁଲିନି ତୁମକୁ। ହେଲେ ଯିବି କୁଆଡ଼େ ? ସେଠାରେ ମୋର ଅଛି ବା କିଏ ? ସାତଦିନ ପରେ ଆମେ ଗାଆଁକୁ ଆସିଲେ, ତା'ପରେ ପୁଣି ତୁମେ ଉଭାନ୍। ଏକୋଇଶା ପୂଜାରେ ମୋ ଶାଶୂ ପୁଅର ନାଁ ଦେଲେ, 'ଅତନୁ'। କାରଣ ବଡ଼ପୁଅ ନାଆଁ ଥିଲା ଶାନ୍ତନୁ। ଦୁଇ ଚାରି ଦିନ ପରେ ତୁମେ ଆସି ଘରେ ପହଞ୍ଚିଲ। ତୁମର ପ୍ରଥମ ପ୍ରଶ୍ନ ଥିଲା, "ପୁଅର ନାଁ କଅଣ ଦିଆଗଲା ?"

ମୁଁ କହିଲି, "ଆଉ କଅଣ ? ଶାନ୍ତନୁ ସାଙ୍ଗକୁ ତ ଅତନୁ ଯୋଡ଼ିହୋଇ ରହିଛି। ତେଣୁ ପୁରୋହିତ ତାହାହିଁ ଦେଲେ।"

ତୁମେ ବିଗିଡ଼ିଯାଇ କହିଲ, "ଅତନୁ ଦେଲ କାହିଁକି ? ମୁଁ ନାମ ବାଛି ରଖିଥିଲି ୟା' ନାଁ ସବ୍ୟସାଚୀ ଦିଆଯିବ।"

ଏମିତି କଥା କଟାକଟି ଭିତରେ ଶାଶୂ ଆସିବାରୁ ଦୁହେଁ ଚୁପ୍ ରହିଲୁ। କିନ୍ତୁ ଶେଷରେ ତୁମେ କହିଲ, "ତୁ ଯେତେ ନାମ ଦେଉଛୁ ଦେଉଥା, ପାଠପଢ଼ା ବେଳ ହେଲେ ମୁଁ ସବ୍ୟସାଚୀ ନାମଟା ସ୍କୁଲ୍‌ରେ ଲେଖାଇଦେବି।"

ମୁଁ କହିଲି, "ସତ୍ୟପୀର ଠାକୁରଙ୍କୁ ସାକ୍ଷୀ ରଖି ତା' ନାମ ଦିଆଯାଇଛି, ତୁମେ ତାହା ବଦଳାଇ ପାରିବ ନାହିଁ।"

ସେତେବେଳେ ତୁମେ କହିଥିଲ ସିନା, ସତରେ କିନ୍ତୁ ନାମ ବଦଳାଇ ନଥିଲ। ମାତ୍ର ଅତନୁ ବଡ଼ ହେବା ପରେ ଯେତେବେଳେ ଏକଥା ଅନ୍ୟ ଭାଇଭଉଣୀଙ୍କଠାରୁ ଶୁଣିଲା ତ ମାଟ୍ରିକ୍ ପରୀକ୍ଷା ବେଳେ ଆମ ଉଭୟଙ୍କ ମର୍ଯ୍ୟାଦା ରଖିବାକୁ ନିଜ ନାମ ଲେଖିଲା, 'ଅତନୁ ସବ୍ୟସାଚୀ'। ବହୁ ପରେ ସେ ରାଜନୀତି କ୍ଷେତ୍ରକୁ ଓହ୍ଲାଇବା ସମୟରେ 'ନାୟକ'ଟା ଯୋଡ଼ାହେଲା।"

ଅରିଲୋ ପ୍ରାଇମେରୀ ସ୍କୁଲ୍ ଓ ମୋର ଶିକ୍ଷା-ଦୀକ୍ଷା :

ମୋର ବିଦ୍ୟାଳୟ ଶିକ୍ଷା ଆରମ୍ଭ ହୁଏ ଆମ ଗାଁ ପ୍ରାଇମେରୀ ସ୍କୁଲ୍ ଅରିଲୋ ପ୍ରାଥମିକ ସ୍କୁଲ୍‌ରୁ। ସେ ସମୟରେ ଆମ ଗାଁର ଠାକୁରାଣୀ ଘର ନିକଟରେ ଗୋଟିଏ ଚାଳ ଛପର ଘରେ ପ୍ରାଥମିକ ସ୍କୁଲ୍ ଥିଲା। ମୋର ବଡ଼ ଭଉଣୀଙ୍କଠାରୁ ଆରମ୍ଭ କରି ପ୍ରାୟ ସବୁ ଭାଇ ଭଉଣୀ ସେହି ସ୍କୁଲ୍‌ରେ ହିଁ ପ୍ରାଥମିକ ଶିକ୍ଷା ସମାପ୍ତ କରିଥିଲେ। ସେ ସମୟରେ ସେହି ଚାଳଘର ଭଲକରି ଛପର ହୋଇ ନ ଥାଏ, ତଳଟି ପକ୍କା ମଧ୍ୟ ନ ଥାଏ, ମାଟି ଥାଏ ଏବଂ ଆମ ଗାଁର ଶିକ୍ଷକ ବ୍ରହ୍ମାନନ୍ଦ ଭୂୟାଁ ପ୍ରାୟ ଶେଷ ପର୍ଯ୍ୟନ୍ତ ସେହିଠାରେ ହିଁ ଶିକ୍ଷକତା କରୁଥିଲେ, ଆଉ ଜଣେ ଅଧେ ଶିକ୍ଷକ ବାହାରୁ ଆସୁଥାନ୍ତି କିନ୍ତୁ ବ୍ରହ୍ମାନନ୍ଦ ଭୂୟାଁ ବା ଆମେ ବରମୁ ଭାଇ ବୋଲି ଯାହାଙ୍କୁ ଡାକୁ ସେ ଥିଲେ ଅତି ଭଲ ମଣିଷ ଏବଂ ପାଠଶାଠରେ ବେଶ୍ ଦକ୍ଷ। ତେଣୁ ମୋର ପ୍ରାଥମିକ

ଶିକ୍ଷା ସମୟରେ ଆଜିର ଚକାଚକ ଘର ଭଳି ଘର ନ ଥିଲା ବା ସେହି ପରିମାଣରେ ଶିକ୍ଷକ ମଧ୍ୟ ନ ଥିଲେ, କିନ୍ତୁ ଯେତିକି ପାଠ ପଢ଼ାଯାଉଥିଲା ସେ ସମସ୍ତ ଗୁଣାତ୍ମକ ଶିକ୍ଷା ଦିଆଯାଉଥିଲା ବୋଲି ମୁଁ ଅନୁଭବ କରେ। ସେ ଯାହାବି ହେଉ, ମୁଁ ଚତୁର୍ଥ ଶ୍ରେଣୀ ପର୍ଯ୍ୟନ୍ତ ଗାଁ ସ୍କୁଲ୍‌ରେ ପାଠ ପଢ଼ିଥିଲି ଏବଂ ପଞ୍ଚମ ଶ୍ରେଣୀ ଭୁବନେଶ୍ୱରରେ ପଢ଼ିଥିଲି। ବୋଉ ଯେହେତୁ ସେ ସମୟରେ ଗୋଟିଏ ବର୍ଷରୁ ଅଧିକ ସମୟ ଭୁବନେଶ୍ୱରରେ ଶିକ୍ଷକ ଟ୍ରେନିଂ ନେଉଥିଲା, ତେଣୁ ଆମେ ସାନଭଉଣୀ ଏବଂ ମୁଁ ଭୁବନେଶ୍ୱରକୁ ଯାଇ ରହୁଥିଲୁ। ବର୍ତ୍ତମାନର ରିଜର୍ଭ ବ୍ୟାଙ୍କର ପଛପଟେ ୟୁନିଟ୍-୩ରେ ଥିବା ପ୍ରାଇମେରୀ ସ୍କୁଲ୍‌ରେ ମୁଁ ଗୋଟିଏ ବର୍ଷ ପଞ୍ଚମ ଶ୍ରେଣୀରେ ପଢ଼ିଥିଲି। ପରବର୍ତ୍ତୀ ସମୟରେ ଷଷ୍ଠ ଏବଂ ସପ୍ତମ ମାଇନର ଶିକ୍ଷା ମୋର ଗାଁରେ ହିଁ କଟିଥିଲା। ସାନଅଢ଼ଙ୍ଗା ଗାଁରେ ଥିବା ଏମ୍.ଇ. ସ୍କୁଲ୍‌ରେ ମୁଁ ଷଷ୍ଠ ଏବଂ ସପ୍ତମ ଶ୍ରେଣୀ ଯାଏ ପାଠ ପଢ଼ିଥିଲି।

ସାନଅଢ଼ଙ୍ଗା ଗାଁ ବିଭିନ୍ନ ଦୃଷ୍ଟିକୋଣରୁ ବେଶ୍ ଗୁରୁତ୍ୱପୂର୍ଣ୍ଣ ଗାଁଟିଏ। ଏହା ବିଶିଷ୍ଟ ସ୍ୱାଧୀନତା ସଂଗ୍ରାମୀ ପୂର୍ବତନ ବିଧାୟକ ଲୋକନାଥ ମିଶ୍ରଙ୍କ ଗାଁ, ମିଶ୍ର ପରିବାର ବେଶ୍ ପ୍ରଭାବଶାଳୀ ଓ ଶିକ୍ଷିତ ଥିଲେ। ସେ ସମୟରେ ବାପାଙ୍କର ମିଶ୍ର ପରିବାର ସହିତ ଅତି ନିବିଡ଼ ସଂପର୍କ ଥିଲା। ମିଶ୍ର ପରିବାରରେ ଅନେକ ଶିକ୍ଷିତ ଏବଂ ଯୋଗ୍ୟ ବ୍ୟକ୍ତି ଥିଲେ। ଆମ ଅଞ୍ଚଳରେ ଶିକ୍ଷାର ପ୍ରସାର ପାଇଁ ସେ ପରିବାରର ଅନେକ ଭୂମିକା ଥିଲା। ଲୋକନାଥ ମିଶ୍ରଙ୍କ ଭଳି ଜଣେ ରାଜନେତା ଯେ କି ଉପ-ବାଚସ୍ପତି ଥିଲେ ତାଙ୍କୁ ନେଇ ମଧ୍ୟ ଆମ ଅଞ୍ଚଳ ବେଶ୍ ପ୍ରସିଦ୍ଧ ଥିଲା। ସେହି ସ୍କୁଲ୍‌ର ପ୍ରଧାନ ଶିକ୍ଷକ ଥିଲେ ଭାବଗ୍ରାହୀ ଆଚାର୍ଯ୍ୟ, ଜଣେ ଅତ୍ୟନ୍ତ ଉତ୍ତମ ଶିକ୍ଷକ ହୋଇଥିବା ସହିତ, ସେ ଜଣେ ଭଲ ଲେଖକ ମଧ୍ୟ ଥିଲେ। ସେହି ସମୟରେ ଯାତ୍ରାପାର୍ଟି ଗୁଡ଼ିକରେ ପରିବେଷିତ ହେଉଥିବା ନାଟକଗୁଡ଼ିକ ମଧ୍ୟରୁ ଅନେକ ଥିଲା ତାଙ୍କ ଦ୍ୱାରା ରଚିତ। ସାନଅଢ଼ଙ୍ଗାର ସେହି ଟାଇଲ ଛପର ଘରେ ମୁଁ ପ୍ରାଇମେରି ଓ ମାଇନର ପାଠ ପଢ଼ିଥିଲି। ବର୍ଷା-ପବନ ଟିକେ ଅଧିକା ହେଲେ ସ୍କୁଲ୍ ଛୁଟି ହୋଇଯାଏ। ସେତେବେଳେ ଆମର ତିନିଜଣ ଶିକ୍ଷକ ଥାଆନ୍ତି। ଧାନମଣ୍ଡଳ ଗାଁର ସୁରେଶ ଚନ୍ଦ୍ର ସ୍ୱାଇଁ, ସାନଅଢ଼ଙ୍ଗା ଗାଁର ସୁନାକର

ପାଣି ଏବଂ ଭାବଗ୍ରାହୀ ଆଚାର୍ଯ୍ୟଙ୍କ ଭଳି ତିନିଜଣ ଶିକ୍ଷକଙ୍କୁ ନେଇ ଏ ସ୍କୁଲ୍ ଚାଲିଥିଲା । ଷଷ୍ଠ, ସପ୍ତମ ପାଠ ପଢ଼ିବା ପରେ ମୁଁ ପୁଣି ଭୁବନେଶ୍ୱରକୁ ଆସିଥିଲି । ସେ ସମୟରେ ଆମ ପରିବାର ସଂପୂର୍ଣ୍ଣ ଭୁବନେଶ୍ୱରରେ ଅବସ୍ଥାପିତ ହୋଇସାରିଥିଲା । ବୋଉ ଭୁବନେଶ୍ୱରରେ ୟୁନିଟ୍-୯ରେ ଥିବା ଏକ ସ୍କୁଲ୍‌ରେ ଶିକ୍ଷକତା କରୁଥାଏ । ବାପା ମଧ୍ୟ ଖଦି ବୋର୍ଡର ଅଧ୍ୟକ୍ଷ ଥାନ୍ତି ଏବଂ ଭଉଣୀ ଦୁଇଜଣ ଭୁବନେଶ୍ୱରରେ ପାଠ ପଢୁଥାନ୍ତି । ସାନ ଭଉଣୀ ୯ ନମ୍ବର ସ୍ଥିତ ଡି.ଏମ୍. ସ୍କୁଲ୍‌ରେ ଭଲ ପାଠ ପଢୁଥିଲା । ସେହି ୯ ନମ୍ବର ବାଳକ ବିଦ୍ୟାଳୟରେ ମୋର ହାଇସ୍କୁଲ୍ ଶିକ୍ଷା ସମାପ୍ତ ହୋଇଥିଲା । ହାଇସ୍କୁଲ୍ ଶିକ୍ଷା ପରେ ମୁଁ ମହର୍ଷି କଲେଜରେ ନାମ ଲେଖାଇଥିଲି । ସେ ସମୟରେ ମହର୍ଷି କଲେଜ ନୂଆକରି ଆରମ୍ଭ ହୋଇଥାଏ । ବିଶିଷ୍ଟ ବୈଜ୍ଞାନିକ ଡକ୍ଟର ଗୋକୁଳାନନ୍ଦ ମହାପାତ୍ର ପ୍ରିନ୍‌ସିପାଲ୍ ଥାଆନ୍ତି ଏବଂ ବହୁ ଜ୍ଞାନୀ ଗୁଣୀ ବ୍ୟକ୍ତି ସେ ସମୟରେ ମହର୍ଷି କଲେଜ ଭଳି ଗୋଟିଏ ବେସରକାରୀ କଲେଜରେ ଅଧ୍ୟାପନା କରିବା ପାଇଁ ଆଗ୍ରହ ପ୍ରକାଶ କରୁଥାନ୍ତି । ମହର୍ଷି କଲେଜରୁ ଶିକ୍ଷା ସମାପ୍ତ କରି ମୁଁ ବି.ଜେ.ବି କଲେଜରେ ଯଦିଓ ଭର୍ତ୍ତି ହୋଇଥିଲି, ପୁଣି ଏକ ପରିବର୍ତ୍ତିତ ପରିସ୍ଥିତି ଯୋଗୁଁ ଏକାମ୍ର କଲେଜରେ ମୋର ଗ୍ରାଜୁଏସନ୍ ଶେଷ କରିଥିଲି । ଏକାମ୍ର କଲେଜରେ ପାଠ ସରିବା ପରେ କ୍ୟାପିଟାଲ୍ ଲ' କଲେଜରେ ଆଇନ ଶିକ୍ଷା ସମାପ୍ତ କରି ମୁଁ ଦୁଇବର୍ଷ ପାଇଁ ଦିଲ୍ଲୀରେ ମ୍ୟାନେଜମେଣ୍ଟ୍ ଶିକ୍ଷା ସମାପ୍ତ କରିଥିଲି ।

ମିନାମଣ୍ଡଳୀ ସଂଗଠନ ଓ ଆଲୋକ ଭାଇ :

ଅନେକ ମୋତେ ପଚାରନ୍ତି ଯେ ଆପଣ ରାଜନୀତିକ ପରିବାରରୁ ଆସିଛନ୍ତି, କିନ୍ତୁ ସାଂଗଠନିକ କାର୍ଯ୍ୟକ୍ରମ କେବେଠୁ ଆରମ୍ଭ ହୋଇଥିଲା ? ମୁଁ ତ ସ୍ପଷ୍ଟ କରିଛି ଯେ ରାଜନୀତିକୁ ବୃତ୍ତି କରିବା ପାଇଁ କୌଣସି ପ୍ରସ୍ତୁତି ମୋର ନ ଥିଲା କି ଯୋଜନା ନ ଥିଲା । ପିଲାଦିନୁ ନ ଥିଲା କି ଛାତ୍ର ଅବସ୍ଥାରୁ ନ ଥିଲା । ସ୍ୱଭାବତଃ ମୁଁ ଲାଜକୁଳା ଥିଲି । ଲୋକଙ୍କ ସହିତ ମିଶିବା ପାଇଁ ମୋର ସେମିତି ମାନସିକତା ନ ଥିଲା । ଆଜି ମନେପଡୁଛି ପିଲାଦିନର କଥା, ଯେଉଁ ସମୟରେ ଗାଁରେ ରହୁଥିଲୁ । ବର୍ତ୍ତମାନ ଭଳି

ମୋବାଇଲ୍ ଫୋନ୍ ବା ଟିଭି ବ୍ୟବହାର ନ ଥିଲା। ସେ ସମୟରେ କିଛି ପିଲାଙ୍କୁ ଏକାଠି କରି ଆମ ଗାଁରେ ମୋ ବଡ଼ଭାଇ ଅରିଲୋ ଶିଶୁ ସମାଜ ଗଠନ କରିଥିଲେ। ସେଥିରେ ମୁଁ ବିଶେଷ ଆଗ୍ରହ ଦେଇଥିଲି। ଚିତ୍ରୋତ୍ପଳା ନଦୀକୂଳରେ ଆମ ଗାଁ, ନଈର ଗୋଟିଏ ପଟରେ ଆମର ଘର, କୋଇଁଆ ବାଳିକା ବିଦ୍ୟାଳୟ ଏବଂ ଆରପଟରେ ଚିତ୍ରୋତ୍ପଳାକୁ ନେଇ ଅନେକ ମନୋଜ୍ଞ କବିତା ଲେଖିଥିବା ବିଶିଷ୍ଟ ଲେଖକ, କବି, ଜ୍ଞାନପୀଠ ବିଜେତା, ପ୍ରଶାସନିକ ଅଧିକାରୀ ଶ୍ରୀ ସୀତାକାନ୍ତ ମହାପାତ୍ରଙ୍କ ଘର ମାହାଙ୍ଗା ବୋଲି ଗୋଟେ ଗାଁରେ। ସେ ମୋର ଜଣେ ପ୍ରିୟ କବି। 'ଅରିଲୋ ଶିଶୁ ସମାଜ' ସଂପର୍କରେ ମୁଁ ପୂର୍ବରୁ କହିଛି। ଛୋଟ ଦୁଇଟି ସାଂଗଠନିକ ବ୍ୟବସ୍ଥା ଭିତରେ କିଛି ପିଲାଙ୍କୁ ନେଇ ପିଲାଦିନ ମୋର ଆନନ୍ଦ ଉତ୍ସାହରେ କଟିଥିଲା।

ରେଡିଓରେ ସେ ସମୟରେ ପ୍ରତି ରବିବାର ଦିନ 'ଶିଶୁସଂସାର' କାର୍ଯ୍ୟକ୍ରମ ହେଉଥିଲା। ସେ 'ଶିଶୁସଂସାର' କାର୍ଯ୍ୟକ୍ରମର ମୁଁ ଜଣେ ନିତିଦିନିଆ ଶ୍ରୋତା ଥିଲି। ମୁଁ କେବଳ ନ ଥିଲି, ଆମେ କିଛି ଛୋଟପିଲା ମିଶି ଶୁଣୁଥିଲୁ। ଆମ ଗାଁରେ ସେ ସମୟରେ ଜଣେ ଦି' ଜଣଙ୍କ ଘରେ ରେଡିଓ ଥାଏ। 'ଶିଶୁସଂସାର' କାର୍ଯ୍ୟକ୍ରମ ଆରମ୍ଭ ହେଲେ, ଆମେ ରେଡିଓଟି ଖୋଲି ଶୁଣୁ। ସେଥିରେ ଯେଉଁ ବ୍ୟବସ୍ଥା ଥିଲା, କିଛି ପିଲାଙ୍କୁ ନେଇ ଗୋଟେ ଶିଶୁମଣ୍ଡଳୀ ଗଠନ କରାଯାଉଥିଲା। ତେଣୁ ଆମେ 'ଅରିଲୋ ଶିଶୁମଣ୍ଡଳୀ' ଗଠନ କରିଥିଲୁ। ଜଣେ ପୁଅପିଲା 'ଆଲୋକ ଭାଇ' ଏବଂ ଝିଅପିଲା 'ଜ୍ୟୋତି ଅପା' ବୋଲି ନାମ ଦିଆଯାଉଥିଲା। ମୁଁ ଥିଲି ସେହି 'ଶିଶୁସଂସାର'ର 'ଆଲୋକ ଭାଇ'। ଆମେ ପ୍ରତି ରବିବାର ସେଇ କାର୍ଯ୍ୟକ୍ରମ ଶୁଣୁଥିଲୁ ଏବଂ ଆମେ ଯେଉଁ ଚିଠିପତ୍ର ଦେଉଥିଲୁ ସେ ଚିଠି ରେଡିଓରେ ପଢ଼ା ହେଉଥିଲା। ଯେତେବେଳେ ସେସବୁ ପଢ଼ାହୁଏ ଯେ ଅରିଲୋ 'ଶିଶୁସଂସାର'ର ଆଲୋକ ଭାଇ 'ଅତନୁ', ମୁଁ ଖୁବ୍ ଖୁସି ହୋଇଯାଏ।

ଆମେ ଯାହା ଗପ ଦେଉ କି ଅନୁରୋଧ କରୁ, ତାହା ସେତେବେଳେ ବାଜେ। ସେତେବେଳେ ଟିଭି କ'ଣ ଆମେ ଜାଣି ନ ଥିଲୁ। ରେଡିଓ ହିଁ ପ୍ରମୁଖ ମାଧ୍ୟମ ଥିଲା ମନୋବିନୋଦର। ଶିଶୁ ଅବସ୍ଥାରେ ଏହା ଥିଲା ମୋର ପ୍ରଥମ ସାଂଗଠନିକ କାର୍ଯ୍ୟ। ମୁଁ ପୂର୍ବରୁ କହିଛି, ପିଲାଦିନେ ବାପା

ଗାଁକୁ ଆସୁଥିବା ଖବରକାଗଜ 'ସମାଜ' ଏବଂ କିଛି ପିଲାଙ୍କ ମ୍ୟାଗାଜିନ୍ ଆମକୁ ସବୁବେଳେ ଦେଉଥିଲେ। ସେତେବେଳେ 'ମୀନାବଜାର' ବୋଲି 'ପ୍ରଜାତନ୍ତ୍ର' ତରଫରୁ ଏକ ପିଲାଙ୍କ ମ୍ୟାଗାଜିନ୍ ବାହାରୁଥାଏ, ଡକ୍ଟର ହରେକୃଷ୍ଣ ମହତାବ ବଞ୍ଚିଥାନ୍ତି ଏବଂ ମହେଶ୍ୱର ମୂଳିଆ ସେ ସମୟରେ ଏହି 'ମୀନାବଜାର' ସଂପାଦନା କରୁଥାନ୍ତି।

ପିଲାଙ୍କ ପାଇଁ ଉଦ୍ଦିଷ୍ଟ ଥିବା 'ମୀନାବଜାର', 'ମନପବନ' ଓ ପରେ ଆସିଥିବା 'ଜହ୍ନମାମୁଁ'ର ଆମେ ନିୟମିତ ପାଠକ ଥିଲୁ। 'ମୀନାବଜାର'ରେ ମିନାମଣ୍ଡଳୀ ଗଠନ କରିବାର ଗୋଟିଏ ବ୍ୟବସ୍ଥା ଥିଲା। ସେଥିପାଇଁ ଆମେ ସେହି ସମୟରେ ମିନାମଣ୍ଡଳୀ ଗଠନ କରିଥିଲୁ - 'ଲୋକନାୟକ ଜୟପ୍ରକାଶ ମିନାମଣ୍ଡଳୀ'। ସେ ସମୟରେ ସତୁରି ଦଶକର ଶେଷ ଭାଗରେ ଜୟପ୍ରକାଶ ନାରାୟଣଙ୍କ ସଂପର୍କରେ ବହୁ ଆଲୋଚନା-ପର୍ଯ୍ୟାଲୋଚନା ହେଉଥିଲା। ଆମ ଘରେ ବାପା ଯେହେତୁ ବିଧାୟକ ଥିଲେ, ଜୟପ୍ରକାଶଙ୍କ ଡାକରାରେ ଜରୁରୀ ପରିସ୍ଥିତି ସମୟରେ ସେହି ଆନ୍ଦୋଳନାତ୍ମକ କାର୍ଯ୍ୟକ୍ରମରେ ଯୋଗ ଦେଇଥିଲେ, ଜୟପ୍ରକାଶଙ୍କ ପ୍ରତି ମନ ଭିତରେ ଗୋଟେ ସମ୍ମାନବୋଧ ସୃଷ୍ଟି ହୋଇଥିଲା। ତେଣୁ ତାଙ୍କ ନାଁକୁ ନେଇ 'ମିନାମଣ୍ଡଳୀ' ଗଠନ କରିଥିଲୁ। ମୁଁ ଲେଖିକି ପଠେଇଥିବା ଗୋଟିଏ ପ୍ରଶ୍ନ 'ମୀନାବଜାର'ରେ ବାହାରିଥିଲା। ସେଥିନେଇ ମୁଁ ଖୁସି ହୋଇଥିଲି ଏବଂ ସେ ପତ୍ରିକାଟିକୁ ବାପାଙ୍କୁ ଦେଖେଇବି ବୋଲି ମୁଁ ଅନେଇ ବସିଥିଲି। ଏହିଭଳି ଭାବରେ ଏକ ଅଜଣା ଇଚ୍ଛାରେ ସାଂଗଠନିକ ବ୍ୟବସ୍ଥା ଭିତରେ ମୋ ପିଲାଦିନ କଟିଥିଲା।

ଗାନ୍ଧୀବାଦୀ ବାପାଙ୍କ କର୍ମନିଷ୍ଠା ଓ ରାଜନୀତି :

ବାପାଙ୍କୁ କେବଳ 'ବାପା' ବ୍ୟତୀତ ଆଉ କେବେ କୌଣସି ରୂପରେ ଦେଖି ହୋଇ ନାହିଁ। ବାପାଙ୍କ ଅବର୍ତ୍ତମାନରେ ଏବେ ତାଙ୍କ କଥା ମନେପକେଇଲେ- ସେ କେତେ ବିବିଧ ଓ ବିଶାଳ ଥିଲେ, ସେକଥା ଭାବିଲେ ଆଶ୍ଚର୍ଯ୍ୟ ଲାଗୁଛି। ମୋର ସେଦିନର କଥା ସବୁ ଏବେ ବି ସ୍ପଷ୍ଟ ମନେଅଛି।

ମୁଁ ନବମ ଶ୍ରେଣୀରେ ପଢୁଥାଏ। ବାପା ଖଦିବୋର୍ଡର ଅଧ୍ୟକ୍ଷ ହେଲେ। ହଠାତ୍ ଦିନେ ମାମୁ ଆସି ପହଞ୍ଚିଲେ ଏବଂ ବାପାଙ୍କୁ କହିଲେ- "ଭାଇ! ଆପଣ ରାଜ୍ୟ ଖଦିବୋର୍ଡର ଚେୟାରମ୍ୟାନ୍ ହେଲେ- ଆମକୁ ଖାଇବାକୁ ଦେବେ ନାହିଁ ?"

ବାପା ତତ୍‌କ୍ଷଣାତ୍ ତାଙ୍କ ଡାଏରୀ ପକେଟ୍‌ରୁ କିଛି ଟଙ୍କା ବାହାର କରି ଦେଲେ। ତା'ପରେ ମାମୁ, ମୁଁ ସାଙ୍ଗରେ ଆଉଜଣଙ୍କୁ ଧରି ବାପାଙ୍କ ସରକାରୀ ଗାଡ଼ିନେଇ ବଜାରକୁ ଚାଲିଗଲୁ। ବଜାରରୁ ଫେରି ଦୁଆରମୁହଁରେ ଥାଇ ଶୁଣିଲୁ- ବାପାଙ୍କ ପାଟି, ସେ ରାଗରେ ନିଆଁବାଣ ହୋଇ ଗର୍ଜନ କରି ପାଟି କରୁଥାନ୍ତି- ଏମାନେ ମୋ ମୁଣ୍ଡ ତଳକୁ କରିଦେଲେ, ସରକାରୀ ଗାଡ଼ିନେଇ ବଜାର ଚାଲିଗଲେ। ଏମାନଙ୍କୁ କିଏ ଅନୁମତି ଦେଲା ?

ଆମେ ସ୍ତବ୍ଧ ହୋଇ ବାହାରେ ଠିଆ ହେଇଥାଉ। କିନ୍ତୁ ବାପାଙ୍କର ରାଗ ଶାନ୍ତ ହେଉନଥାଏ। ମାମୁ ଭୋଜି ଖାଇବେ କ'ଣ, ଅଭିମାନରେ ଆମ ଘରୁ ଫେରିଗଲେ। ମୁଁ ମଧ୍ୟ ସେଦିନ ରୁଷିକି କିଛି ଖାଇଲି ନାହିଁ। ବାପା, କିନ୍ତୁ ସେଥିପାଇଁ ବିଚଳିତ ନଥିଲେ। ସେଦିନ ସେ ସ୍ପଷ୍ଟ ଭାବେ କହିଥିଲେ, "ସରକାରୀ ଗାଡ଼ିରେ ପରିବାର ଲୋକ ମଉଜ ମଜଲିସ୍‌ରେ ବୁଲିବା ଅପରାଧ।"

ସେତେବେଳେ ମୁଁ ନବମ ଶ୍ରେଣୀରେ ପଢୁଥିବାବେଳେ ବାପାଙ୍କର ମନୋବୃତ୍ତି ଯାହା ଥିଲା, ମୁଁ ମନ୍ତ୍ରୀ ହେବା ପରେ ମଧ୍ୟ ତାହା ବଦଳି ନଥିଲା। ମୁଁ ମନ୍ତ୍ରୀ ଭାବେ ଦାୟିତ୍ୱ ନେବା ପରେ ମୋ ସରକାରୀ ଗାଡ଼ି କିପରି ବ୍ୟବହାର କରୁଛି, ମୋ ଗାଡ଼ିରେ ମୋ ପରିବାର ଲୋକ ବୁଲାବୁଲି କରୁଛନ୍ତି କି ନାହିଁ, ମୁଁ ନଥିବାବେଳେ ସେ ଅନ୍ୟମାନଙ୍କଠାରୁ ପଚାରି ବୁଝୁଥିଲେ। ଯେତେବେଳେ ସେ ଖଦିବୋର୍ଡର ଅଧ୍ୟକ୍ଷ ଥିଲେ, ତାଙ୍କ ପାଖରେ ସରକାରୀ ଗାଡ଼ି ଥିଲା। ଅଥଚ ମୋ ବୋଉ ସରକାରୀ କ୍ୱାର୍ଟର୍ସରୁ ୨ କି.ମି. ପ୍ରତିଦିନ ଚାଲି ଚାଲି ସ୍କୁଲ୍‌କୁ ଶିକ୍ଷକତା ପାଇଁ ଯାଉଥିଲା। ସେତେବେଳେ ଆମେ ସାଧାରଣ ବାପା ଭାବେ ବାପାଙ୍କୁ ଦେଖୁଥିବାରୁ ମୋତେ ଏକଥା ଭଲ ଲାଗୁ ନଥିଲା। କିନ୍ତୁ ଏବେ ଅନୁଭବ କରୁଛି, ନିଜ ନୀତି ଓ ଆଦର୍ଶରେ

ସେ କେତେ ଅଟଳ ଥିଲେ। ସେଥିପାଇଁ ନିଜ ସ୍ତ୍ରୀ-ପୁଅ ବା ଆତ୍ମୀୟଙ୍କୁ ସେ ସହଜରେ ଉପେକ୍ଷା କରିଯାଉଥିଲେ।

ସେହି ସମୟର ଆଉ ଏକ ଘଟଣା ଆଜି ମନେପଡୁଛି। ଦିନେ ସକାଳୁ ସକାଳୁ ଜଣେ ଭଦ୍ରବ୍ୟକ୍ତି ଆମ ଘରେ ଆଣି କିଛି ପରିବାପତ୍ର ଓ ମାଛ ଦେଇ ପଳେଇଗଲେ। ବାପା ଯେତେବେଳେ ଜାଣିଲେ ଯେ, କିଏ ଜଣେ ଆଣି ମାଛ ଓ ପରିବା ଦେଇଯାଇଛନ୍ତି ଓ ଆମେ ତାଙ୍କୁ ତାହା ନମ୍ରତାର ସହ ଫେରେଇ ନଦେଇ ରଖିଛୁ, ସେ ରାଗରେ ନିଆଁବାଣ ହୋଇଗଲେ ଏବଂ ଘରେ ସମସ୍ତଙ୍କୁ ମନଇଚ୍ଛା ଗାଳିଦେଲେ। ମୋତେ ଡାକି କହିଲେ, ତୁରନ୍ତ ଯାକୁ ନେଇ ତାଙ୍କ ଘରେ ଫେରେଇକି ଆ। ତା'ପରେ ନିଳୟ ଭାଇ (ଖଦିବୋର୍ଡର ତତ୍କାଳୀନ ଲୋକ ସମ୍ପର୍କ ଅଧିକାରୀ) ଓ ମୁଁ ସେ ଭଦ୍ରବ୍ୟକ୍ତିଙ୍କ ଘରକୁ ଏସବୁ ଫେରାଇବାକୁ ଗଲୁ। ବାପାଙ୍କର ଏପରି ପ୍ରତିକ୍ରିୟାକୁ ମୁଁ ସହଜରେ ଗ୍ରହଣ କରିପାରୁନଥାଏ। ତେଣୁ ବାଟରେ ନିଳୟ ଭାଇଙ୍କୁ କହିଲି "ଏ ମାଛ ଓ ପରିବାର ଦାମ୍ ଯେତିକି ହେବ ତା'ଠୁ ଅଧିକା ଟଙ୍କାର ତେଲ ପୋଡ଼ି ଆମେ କାହିଁକି ସ୍କୁଟରରେ ଯିବା, ବରଂ ଖାଇବା ପାଇଁ ଆଉ କାହାକୁ ଦେଇଦେବା କିମ୍ବା ବାହାରେ ଫୋପାଡ଼ି ଦେବା।" ସେଦିନ ନିଳୟ ଭାଇ ମୋତେ କହିଥିଲେ, "ନା' ତାଙ୍କର ଏ କାମ ଭିତରେ ଅହଂକାର ନାହିଁ କି ଅନ୍ୟକୁ ନ୍ୟୁନ କରିବାର ମନୋଭାବ ନାହିଁ, ଏହି କାମ ଭିତରେ ଯେଉଁ ବିରାଟ ତତ୍ତ୍ୱ ନିହିତ ରହିଛି, ତମେ ଏବେ ନୁହେଁ ପରେ ସେକଥା ବୁଝିବ। ଦ୍ୟାଟ୍ ଇଜ୍ ଦି ବିଉଟି ଅଫ୍ ରାଜକିଶୋର ନାୟକ।"

ସେମିତି ମହାବାତ୍ୟା ସମୟର କଥା। ବାପା ଶୁଣାଇଦେଲେ- ୩ ମାସ ପର୍ଯ୍ୟନ୍ତ କେବଳ ଭାତ-ଡାଲମା ବ୍ୟତୀତ ଘରେ ଆଉ କିଛି ରନ୍ଧା ହେବନାହିଁ। ଆମେ ଭାଇ-ଭଉଣୀମାନେ ବାପାଙ୍କ ଏ ନିଷ୍ପତ୍ତିକୁ ସହଜରେ ଗ୍ରହଣ କରିପାରିଲୁ ନାହିଁ। କିନ୍ତୁ ବାପା ସାମ୍ନାରେ ଠିଆହୋଇ ଏ ଅସନ୍ତୋଷ ଜଣାଇବ ବା କିଏ ? ତେଣୁ ବୋଉକୁ ଜଣାଇଲୁ ଯେ, ଆମେ ଘରେ କିଛି ନଖାଇଲେ କ'ଣ ବାତ୍ୟାକ୍ଲିଷ୍ଟଙ୍କ ଦୁଃଖ ଘୁଞ୍ଚିଯିବ ! ବୋଉ ଆମକୁ ବୁଝାଇଦେଲା ଯେ, ବାତ୍ୟାକ୍ଲିଷ୍ଟଙ୍କ ପାଇଁ ସମବେଦନା ଜଣାଇବାକୁ ବାପା,

ଏହା କହୁଛନ୍ତି, ତମର ଯଦି ସମବେଦନା ଜଣାଇବାର ଆଗ୍ରହ ନାହିଁ, ତମେ ବାପାଙ୍କ କଥା ନ ମାନିପାର। ସେ କିନ୍ତୁ ଭାତଡାଲମା ବ୍ୟତୀତ ଆଉ କିଛି ଖାଇବେ ନାହିଁ।

ତା'ପରେ ଆମେ ସମସ୍ତେ ବାପାଙ୍କ ନିଷ୍ପତ୍ତି ମାନିନେଲୁ।

ବାପାଙ୍କଠାରୁ ଆମେ ଶିଖିଥିଲୁ କିଛି ନଥାଇ ମଧ୍ୟ ସବୁଥିବାର ଆନନ୍ଦ ଅନୁଭବ କରିବା। ମୋର ମନେପଡୁଛି, ଆମର ଚାରିଭଉଣୀ ଦୁଇଭାଇ ସମସ୍ତେ ବିଭିନ୍ନ ଜାଗାରେ ପଢୁଥାଉ। ବଡ଼ ଭଉଣୀ ବନାରସ ହିନ୍ଦୁ ବିଶ୍ୱବିଦ୍ୟାଳୟରେ, ତା'ତଳ ଭଉଣୀ ରାଉରକେଲାରେ, ଭାଇ ବାଲେଶ୍ୱରରେ, ଅନ୍ୟମାନେ କଟକ-ଭୁବନେଶ୍ୱରରେ। ସମସ୍ତଙ୍କୁ ଉଚ୍ଚଶିକ୍ଷା ଦେବାବେଳେ ଅନେକ ଆର୍ଥିକ ଅଭାବର ସମ୍ମୁଖୀନ ହୋଇଛୁ। ଘରେ ନିହାତି ଅଭାବ ଥିବାବେଳେ, ବାପା ଯଦି କୌଣସି ଗରିବ ଅସହାୟଙ୍କୁ ଦେଖନ୍ତି, ତେବେ ତାଙ୍କୁ ଘରକୁ ଡାକି ଆଣନ୍ତି, ଘରେ ଯାହା ଥିବ, ସେଥିରୁ ତାଙ୍କୁ ଖାଇବାକୁ ଦିଅନ୍ତି, ତାଙ୍କୁ ସାହାଯ୍ୟ କରିବାକୁ ଆଗେଇଯାଆନ୍ତି। ସତେ ଯେମିତି ସେ ଧନରତ୍ନରେ ଭରପୂର ଅଛନ୍ତି। କେବେ ସେ ଅଭାବରେ ଭାଙ୍ଗିପଡ଼ିନାହାନ୍ତି କି କାହାକୁ ହାତପାତି ନାହାନ୍ତି।

ପୂଜା ପାର୍ବଣରେ ଯେତେବେଳେ ଆମେ ଆମ ପାଇଁ ନୂଆ ପୋଷାକ କଥା କହୁ, ବାପା ସେତେବେଳେ କହନ୍ତି- "ଗାଁରେ ସବୁ ଘରର ପିଲା ଯୋଉଦିନ ନୂଆ ପିନ୍ଧିପାରିବେ, ତମେ ସେଦିନ ପିନ୍ଧିବ। ତମେ ନୂଆ ପିନ୍ଧିବ, ଅଥଚ ଗରିବ ପିଲାଟିଏ ଚିରା-ଫଟା ପିନ୍ଧିଥିବ, ତମକୁ ଭଲ ଲାଗିବ ?"

ସେଥିପାଇଁ ବୋଧେ ସାରା ଜୀବନ ସେ କେବଳ ଧୋତି ଓ ଖଣ୍ଡେ ଚାଦର ବ୍ୟବହାର କରୁଥିଲେ। ସବୁବେଳେ ସେ କହୁଥିଲେ "ତମ ନିଜଠୁ ତଳେ ଥିବା ଲୋକଟିକୁ ଚାହଁ, ଦେଖିବ ଭଗବାନ ତମକୁ କେତେ ସୁଖରେ ରଖିଛନ୍ତି !"

ଜୀବନରେ ବୋଧହୁଏ, ତାଙ୍କର କେହି ଶତ୍ରୁ ନଥିଲେ। ତାଙ୍କର କାହା ସହ ରାଜନୈତିକ ମତଭେଦ ଥାଇପାରେ, କିନ୍ତୁ ସେ କେବେ ବି କାହାକୁ ପର ଭାବୁନଥିଲେ।

ଥରେ ମୋ ପାଖରେ ଥିବା ଗୋଟେ ପିଲା ବ୍ୟସ୍ତ ହୋଇ ମତେ କହିଲା, ଜେଜେ (ମୋ ବାପା) ପ୍ରତ୍ୟେକ ମାସରେ ଗାଁର କିଛି ଲୋକଙ୍କ ପାଖକୁ ମୋ ହାତରେ ଟଙ୍କା ପଠାଉଛନ୍ତି। ସେଥିରୁ ଅଧିକାଂଶ ଲୋକ ଆମ ଦଳର ନୁହନ୍ତି। ମୁଁ ଜାଣିଥିଲି, ସେ ତାଙ୍କ ପେନ୍‌ସନ୍ ଟଙ୍କାରୁ ଅଧା ଅସୁରେଶ୍ୱର ଗୋରକ୍ଷଣୀକୁ ଗୋସେବା ପାଇଁ ଦେଉଥିଲେ ଏବଂ ଆଉ ଗାଁର କିଛି ଲୋକଙ୍କୁ ଦେଉଥିଲେ। କିନ୍ତୁ ମୋର ବିରୋଧୀ ରାଜନୈତିକ ଲୋକ ଯେ ତାଙ୍କ ଦ୍ୱାରା ଉପକୃତ ହେଉଥିବେ ଏକଥା ମୁଁ ଜାଣିନଥିଲି। ଜାଣିଲେ ବି ମୋର ପ୍ରତିବାଦ କରିବାର ସାହସ ନଥିଲା। କାରଣ ସେ କହନ୍ତି, ମଣିଷ ମଣିଷର ଶତ୍ରୁ ନୁହେଁ। ମଣିଷ ଜନ୍ମ ହେଇଚି ମଣିଷର ଉପକାର ପାଇଁ। ସଂକୀର୍ଣ୍ଣ ରାଜନୀତିରେ ଶତ୍ରୁମିତ୍ର ଥାଇପାରନ୍ତି- କିନ୍ତୁ ତା'ଠାରୁ ଉର୍ଦ୍ଧ୍ୱକୁ ଗଲେ- ସାରା ଜଗତ ଗୋଟିଏ ପରିବାର। ତେଣୁ ଆଜିର କଳୁଷିତ ରାଜନୈତିକ ପଶାପାଲିରେ ମୋତେ ଅସହଯୋଗ ବା ବିରୋଧ କରିଥିବା ଲୋକଙ୍କୁ ବି ସେ କେବେ ତାଙ୍କ ଶତ୍ରୁ ଭାବିନାହାନ୍ତି, ବରଂ ତାଙ୍କ ପେନ୍‌ସନ୍ ଟଙ୍କା ଦେଇ ସାହାଯ୍ୟ କରିଛନ୍ତି। ଯାହାର କେହି ନାହିଁ ତାଙ୍କୁ ସାହାଯ୍ୟ କରିବାରେ ସେ ଯେତିକି ଆନନ୍ଦ ପାଉଥିଲେ, ସେକଥା ତାଙ୍କର ଏ ସାଂସାରିକ ଆନନ୍ଦ ତୁଳନାରେ କେତେ ତୁଚ୍ଛ! ମୋ ଭାଇ ଭଉଣୀମାନଙ୍କୁ ବି ସେ ଅନେକ ପିଲାଙ୍କୁ ସାହାଯ୍ୟ କରିବାର ଦାୟିତ୍ୱ ନ୍ୟସ୍ତ କରିଥିଲେ।

ପାଟକୁରା ଅଞ୍ଚଳରେ ଆମ୍ବୁଲ ବିକୁଥିବା ଜଣେ ବ୍ୟକ୍ତିଙ୍କ ପୁଅ ଇଂଜିନିୟର ଭାବେ ଚାକିରି ପାଇଲା ପରେ ସେ ଯେତେବେଳେ ଜାଣିଲେ ଯେ ସେହି ପିଲାର ପାଠପଢ଼ାରେ ମୋର ସାମାନ୍ୟ ସହଯୋଗ ଅଛି, ସେଦିନ ଏତେ ଖୁସି ହୋଇଥିଲେ ଯେ, ମୁଁ ମନ୍ତ୍ରୀ ହେବାଦିନ ବି ସେତିକି ଖୁସି ସେ ହୋଇନାହାନ୍ତି।

ତେଣୁ ତାଙ୍କ ଖୁସି ଓ ଆନନ୍ଦର କାରଣ ଏବେ ଖୋଜିଲା ବେଳେ ସେ ଜୀବନକୁ କେମିତି ଚିହ୍ନିଥିଲେ, ତାହା ହିଁ ମୋତେ ଆଶ୍ଚର୍ଯ୍ୟାନ୍ୱିତ କରୁଛି। ସେଦିନ ସେ ପରିବା ଓ ମାଛ ଫେରାଇ ଦେବା ମୂଳରେ ବୋଧହୁଏ, ତାଙ୍କର ଉଦ୍ଦେଶ୍ୟ ଥିଲା ଅନ୍ତତଃ ଗୋଟିଏ ଲୋକ ଚିନ୍ତାରେ ସେ ଦିନକ ପାଇଁ କଳୁଷିତ ହୋଇନଯାନ୍ତୁ।

ଏବେ ବାପା ନାହାନ୍ତି, ତାଙ୍କ ଆଦର୍ଶକୁ ଅଣଦେଖା କଲେ ସେକଥା ଦେଖିବାକୁ, ବାରିବାକୁ ବା ମନଉଣା କରିବାକୁ ପ୍ରତ୍ୟକ୍ଷରେ ଅବଶ୍ୟ ସେ ନାହାନ୍ତି। କିନ୍ତୁ ସେ ଥିବାବେଳେ ହୁଏତ ଭୁଲ୍‌କରି ତାଙ୍କୁ କ୍ଷମା ମାଗିବାର ଅବକାଶ ଥିଲା, ସେ ନଥିଲାବେଳେ ଯଦି କ୍ଷମା ମାଗିବାର ବା କ୍ଷମା ପାଇବାର ଅବକାଶ ନାହିଁ; ତେବେ ଭୁଲ୍ କରିବାକୁ ଆଉ ସାହସ ଆସିବ କୁଆଡୁ ?

ମୋ ଅସୁସ୍ଥତା ଓ ମାଉସୀ ତିଳଦେଇ :

ମୋର ଆଉ ଏକ କଥା ମନେପଡ଼େ ଯାହା ମୁଁ ମୋ ବୋଉଠାରୁ ଶୁଣିଥିଲି। ମୋତେ ଚାରି ପାଞ୍ଚ ମାସ ହୋଇଥାଏ। ମୁଁ ମାମୁଘର ଅସୁରେଶ୍ୱରରେ ଥାଏ। ପୂର୍ବରୁ ବି କହିଛି ଯେ, ମୋ ମାମୁଘର ବେଶ୍ ସଂଭ୍ରାନ୍ତଶ୍ରେଣୀୟ-ଏକାନ୍ନବର୍ତ୍ତୀ ପରିବାର ଥିଲା, ସେ ସମୟରେ ତାଙ୍କର ବେଶ୍ ପ୍ରସିଦ୍ଧି ଥିଲା ଏବଂ ମୋ ଜେଜେ ସ୍ୱର୍ଗତ ଜଳଧର ନାୟକଙ୍କ ଦ୍ୱାରା ଅସୁରେଶ୍ୱର-ଗୋରକ୍ଷଣୀ ନିର୍ମିତ ହୋଇଛି। ମାମୁଘର ସମସ୍ତେ ଠାକୁର ନିଗମାନନ୍ଦଙ୍କ ଆଶ୍ରିତ ଥିଲେ ଓ ସମସ୍ତେ ମିଳିମିଶି ରହୁଥିଲେ। ଆମେ ପ୍ରତ୍ୟେକ ବର୍ଷ କିଛିଦିନ ମାମୁଘରେ ହିଁ ଅତିବାହିତ କରୁଥିଲୁ। ମୋ ବୋଉ ଘରର ବଡ଼ ଝିଅ ହୋଇଥିବାରୁ ମାମୁଘରେ ତାକୁ ଖୁବ୍ ଭଲପାଉଥିଲେ। ତା' ଯୋଗୁଁ ଆମେ ମଧ୍ୟ ସମସ୍ତଙ୍କ ଆଦରର ପାତ୍ର ଥିଲୁ।

ହଠାତ୍ ଥରେ ମୋର ଦେହ ଖୁବ୍ ଖରାପ ହୋଇଗଲା। ମୋ ବୋଉ ସେଠାରେ ନ ଥାଏ। କାରଣ ସେତେବେଳେ ମାମୁଘରୁ କାହାରି ଜଣକର ଦେହ ଖରାପ ଥାଏ ଓ ବୋଉ କଟକରେ ରହୁଥାଏ। ସେତେବେଳେ ଆଜିପରି ଟେଲିଫୋନ୍ କିମ୍ବା କୌଣସି ଯୋଗାଯୋଗର ସୁବିଧା ନଥିଲା। କଟକ କିମ୍ବା ଗାଁ ଭିତରେ ଯଦି କୌଣସି ଲୋକକୁ ଖବର ଦେବାକୁ ହେଉଥିଲା ତେବେ ଦୁଇଦିନ ଲାଗୁଥିଲା ବସ୍‌ରେ ଯାଇ ତାକୁ ଖବରଦେଇ ଆସିବା ପାଇଁ। ଯିବା ପାଇଁ ବସ୍ ନିୟମିତ ଭାବରେ ମଧ୍ୟ ଚାଲୁ ନ ଥିଲା। ମୋ ଦେହ ଏପରି ଅସୁସ୍ଥ ହେଲା ଯେ ସମସ୍ତେ ଧରିନେଲେ ଯେ ମୁଁ ବୋଧେ ଆଉ ବଞ୍ଚିବି ନାହିଁ। ଛୋଟ ପିଲା ଥିବାରୁ ମୋ ଦାୟିତ୍ୱ ମାଉସୀ ତିଳଦେଇ ଉପରେ ନ୍ୟସ୍ତ ଥାଏ। ସେ ସମୟରେ ଅସୁରେଶ୍ୱର

ଗୋରକ୍ଷଣୀର ଟ୍ରଷ୍ଟି ସବିର ମହମ୍ମଦ ଯାହାଙ୍କୁ ସମସ୍ତେ ଶ୍ରଦ୍ଧାରେ ଶାନ୍ତିବାବୁ ବୋଲି ଡାକନ୍ତି, ତାଙ୍କର ଗୋଟେ ଜିପ୍ ଥିଲା। ମାଉସୀ ଓ ମାମୁ ମୋତେ ସେହି ଜିପ୍‌ରେ ନେଇଗଲେ କଟକ ମେଡିକାଲ୍। ମାଉସୀ କହନ୍ତି ମୋ ସଂପୂର୍ଣ୍ଣ ଦେହ ଉପରେ ଠାକୁରଙ୍କ ଛଡ଼ା ତୁଳସୀକୁ ବିଞ୍ଚି ଦିଆଯାଇଥାଏ। ଠାକୁରଙ୍କ ନାମ ନେଇ ନେଇ ସେମାନେ କଟକ ପହଞ୍ଚିଥିଲେ ଏବଂ କଟକରେ ପହଞ୍ଚିଲାବେଳକୁ ମୁଁ ବଞ୍ଚିଥିବି କି ନାହିଁର ଆଶା ମଧ୍ୟ ସେ ରଖି ନ ଥିଲେ। ସନ୍ଧ୍ୟା ସମୟରେ ଗାଡ଼ି ଆଗକୁ ଯାଉଥିବାବେଳେ, ରାସ୍ତାରେ ଯେଉଁଠି ଝାପ୍‌ସା ଆଲୁଅ ଦିଶିଯାଉଥିଲା, ସେହି ଆଲୁଅରେ ମାଉସୀ ମୋତେ ଚାହିଁ ଦେଖୁଥିଲେ ଓ ମୋ ନାକରେ ବାରବାର ହାତ ମାରୁଥିଲେ, ମୁଁ ବଞ୍ଚିଛି କି ନାହିଁ ଜାଣିବାକୁ। ତା'ପରେ ହସ୍‌ପିଟାଲ୍‌ରେ ମୁଁ ଆଡ୍‌ମିଟ୍ ହୋଇଥିଲି ଓ ଭଲ ହୋଇ ଫେରିଥିଲି। ପିଲାଦିନେ ମୁଁ ଖୁବ୍ ଅସୁସ୍ଥ ଥିଲି। ମାଉସୀ କହନ୍ତି ଠାକୁର ନିଗମାନନ୍ଦଙ୍କ କୃପାରୁ ହିଁ ସେ ସମୟରେ ମୋ ଜୀବନ ରହିଲା। ଗୁରୁକୃପା ହିଁ କେବଳମ୍।

ମୋ ସାହିତ୍ୟ ରୁଚି ଓ ପ୍ରଥମ କବିତା :

ନିରବ ରହୁଥିବା ମଣିଷମାନଙ୍କୁ ସମାଜ ଦୁଇ ପ୍ରକାରେ ଗ୍ରହଣ କରେ। କିଛି ଜଣେ ଜାଣିନି ବୋଲି କିମ୍ବା ମହାଜ୍ଞାନୀ ଭାବରେ। ମୋ କ୍ଷେତ୍ରରେ ମୁଁ ପ୍ରଥମ ପର୍ଯ୍ୟାୟଭୁକ୍ତ। 'ଜଡ଼ଭରତ' ନାଁରେ ମୁଁ ବେଶ୍ ପରିଚିତ ଥିଲି। ତେବେ ସେ ନାମକୁ ନେଇ ମୋ ଅନୁଭବ ସଂପର୍କରେ ମୁଁ ପରେ ଅବଶ୍ୟ କହିବି। ଏବେ କିନ୍ତୁ ମୋ ନିରବତା ପଛରେ ଥିବା ଆବେଗବତ୍ତୁରା ମୋର ଭାବପ୍ରବଣତା କଥା କହିବାକୁ ଚାହୁଁଛି। ଆଜି ଯେହେତୁ ଲେଖିବାର ସୁଯୋଗ ମିଳିଛି ତେଣୁ ମୋର ନିରବତାକୁ ଶବ୍ଦରେ ମୁଖରିତ କରିଦେବାକୁ ଚାହୁଁଛି, ଯାହା ବହୁ ବର୍ଷରୁ ଅକୁହା ହୋଇ ରହିଛି।

କହିପାରୁ ନ ଥିବା ମଣିଷମାନେ କେବେହେଲେ ଦୁର୍ବଳ ନୁହନ୍ତି - ଏକଥା କେଉଁମାନଙ୍କୁ ବୁଝେଇଥାଆନ୍ତି। ନିରବତା ଭିତରେ ମୋ ଆବେଗମାନଙ୍କର ସ୍ପନ୍ଦନକୁ ମୁଁ ଶୁଣିଛି, ସେଇ ଆବେଗରେ ଥିଲା ମୋ ବାପାଙ୍କ ପାଇଁ ଗୋଟେ ପୁଅର ପ୍ରଗାଢ଼ ଭଲପାଇବା, ମୋ ବୋଉ ପାଇଁ

ନିବିଡ଼ ଅନ୍ତରଙ୍ଗପଣ, ମୋ ଭାଇ-ଭଉଣୀଙ୍କ ପାଇଁ ଆନ୍ତରିକ ସ୍ନେହ-ସୌହାର୍ଦ୍ଦ୍ୟ, ମୋ ମାଉସୀ ପାଇଁ ହୃଦୟଭରା କୃତଜ୍ଞତା, ଜୀବ-ଜନ୍ତୁ, ମାଟି-ଗୋଡ଼ି, ସମାଜ, ଓଡ଼ିଆ ଜାତି, ଭାଷା ପାଇଁ ସୀମାହୀନ ପ୍ରେମ ! ଗଭୀର ପ୍ରେମ ସବୁବେଳେ ଅବ୍ୟକ୍ତ । ପ୍ରେମ କେବେହେଲେ ବିଜ୍ଞପିତ ହୁଏନାହିଁ । ମୋ ବାଲ୍ୟ-କୈଶୋର-ତାରୁଣ୍ୟ ଏବଂ ଯୁବାବସ୍ଥାର ଏମାନେ ଥିଲେ ନିଚ୍ଛକ ଆବେଗ ପ୍ରଦାନକାରୀ ସୁନ୍ଦର ସଂପର୍କ । ଏମାନେ ମୋତେ ସେମାନଙ୍କ ଏକାନ୍ତ ଆତ୍ମୀୟତାରେ ବାନ୍ଧି ରଖିଥିଲେ । କିନ୍ତୁ ଯେମିତି କି, ମୁଁ ପୂର୍ବରୁ ମଧ୍ୟ କହିଛି ଯେ ମୁହଁଖୋଲି କହିବା ମୋ ପାଇଁ କାଠିକରପାଠ ଥିଲା । କେବଳ ଜଣକ ପାଖରେ ମୋ ଅଳି, ଜିଗର, ଇଚ୍ଛା-ଅନିଚ୍ଛାର ଠିକଣା ଥିଲା । ଆଉ ସେ ଥିଲା ମୋ ବୋଉ । ମୋ ଜୀବନରେ ସେ ନ ଥିଲେ ମୁଁ ବୋଧେ ଆଜି 'ମୁଁ' ହୋଇପାରି ନ ଥାନ୍ତି । ପିଲାବେଳୁ ମୋ ଭିତରେ ସାହିତ୍ୟ ରୁଚି ଗଭୀର ଭାବରେ ରହିଥିଲା । ସେ ସମୟରେ ଆମ ଘରକୁ ଅନେକ ପତ୍ର-ପତ୍ରିକା ଆସୁଥିଲା । ବିଶେଷକରି 'ଜହ୍ନମାମୁଁ', 'ମୀନାବଜାର', 'ମନପବନ' ଭଳି ପତ୍ରିକା ଆମ ଭାଇ-ଭଉଣୀଙ୍କର ଅତି ପ୍ରିୟ ଥିଲା । ପତ୍ରିକା ପାଇବାକ୍ଷଣି କିଏ ପ୍ରଥମେ ତାକୁ ପଢ଼ିବ ବୋଲି ଏକପ୍ରକାର ପ୍ରତିଯୋଗିତା ଚାଲେ ଆମ ଭାଇ-ଭଉଣୀଙ୍କ ମଧ୍ୟରେ । ଦିନେ ପ୍ରଥମେ 'ଜହ୍ନମାମୁଁ'ରୁ ଖଣ୍ଡେ ମୋ ହାତରେ ପଡ଼ିଥିଲା । ମୁଁ ତାକୁ ଗୋଟେ ଥାକ ତଳେ ଲୁଚେଇଦେଇ ସ୍କୁଲ୍ ଚାଲିଯାଇଥିଲି । ମୋ ସାନ ଭଉଣୀ ସୁବ୍ରତା 'ଜହ୍ନମାମୁଁ' ଆସିଥିବାର ଖବର ପାଇ ଘର ଗୋଟାଯାକ ଖୋଜି ଯେତେବେଳେ ପାଇ ନ ଥିଲା, ମୁଁ ରଖିଥିବି ବୋଲି ସନ୍ଦେହ କରି ମୋତେ ଟେଲିଫୋନ୍ କରିଥିଲା । ସେତେବେଳେ ନୂଆକରି ଲ୍ୟାଣ୍ଡଲାଇନ୍ ଫୋନ୍ ଥାଏ । ସେ ଆମ ସ୍କୁଲ୍ ହେଡ୍‌ମାଷ୍ଟରଙ୍କ ପାଖକୁ ଫୋନ୍ କରି ମୋତେ ଡକାଇଥିଲା । ତା'ର ପ୍ରଥମ ପ୍ରଶ୍ନ ଥିଲା- "ଜହ୍ନମାମୁଁ କେଉଁଠି ଲୁଚେଇଛୁ କହ ?" 'ଜହ୍ନମାମୁଁ' ବିଷୟରେ ମୁଁ କିଛି ଜାଣିନି ବୋଲି କହିଲା ପରେ ଘର ଗୋଟାଯାକ ଖୋଜା ପଡ଼ିଥିଲା । ଶେଷରେ ନିର୍ଦ୍ଦିଷ୍ଟ ସ୍ଥାନରେ ବାପା 'ଜହ୍ନମାମୁଁ' ପାଇଥିଲେ । ସେସବୁ ଦିନ କେତେ ସ୍ନେହଭରା ଥିଲା ଭାବିଲେ ଏବେ ବି ମୋ ଛାତି ଭିତର ଉଲ୍ଲସିତ ହୋଇଉଠେ ।

ସାହିତ୍ୟ ପ୍ରତି ମୋର ଥିଲା ଗଭୀର ଆନ୍ତରିକତା। କିଛି ନା କିଛି ପଢ଼ିବା ମୋର ଅଭ୍ୟାସ ଥିଲା। ମୁଁ ଲୁଚେଇ ଲୁଚେଇ ବହୁ କବିତା ଲେଖିଥିଲି। ଚିତ୍ରୋତ୍ପଳାକୁ ନେଇ ମୋ କବିତା ଏବେ ବି ମୋର ମନେଅଛି -

"ଛୋଟ ସିନା ଗାଁଟି ମୋ 'ଅରିଲୋ'
କୁଳୁକୁଳୁ ଶବ୍ଦ କରି ତା' ପାଖେ ବହିଥିବା
ପୁଣ୍ୟତୋୟା 'ଚିତ୍ରୋତ୍ପଳା'
କରିଦିଏ ମୋ ମନକୁ ଅତି ଯେ ବିଭୋର।"

ସେ କବିତା ସହିତ ଆହୁରି ଅନେକ କବିତା ଅପ୍ରକାଶିତ ଅବସ୍ଥାରେ ଅଛି। ସେଇସବୁ ମୋ ଆବେଗ ଓ ଭାବପ୍ରବଣତାର ନିରବ ସାକ୍ଷୀ।

ଏଯାଏ ଗୋଟେ କଥା ମୁଁ ଭୁଲିନି। ଯେବେ ମୋର ଗୋଟିଏ ଲେଖାକୁ ଛାପିବାର ପ୍ରତିଶ୍ରୁତି ଦେଇ ମୋର ସାଙ୍ଗ ଜଣେ ମୋ'ଠାରୁ ନେଇଥିଲା। ତା' କହିବା ଅନୁସାରେ ଏକ ନିର୍ଦ୍ଦିଷ୍ଟ ସମୟରେ ଲେଖାଟି ବାହାରିବାକୁ ଥାଏ ବୋଲି ମୁଁ ଭିତରେ ଭିତରେ ଉଲ୍ଲସିତ ହୋଇଉଠୁଥାଏ ଏବଂ ପ୍ରକାଶ ପାଇଲା ପରେ ବାପାଙ୍କୁ ଦେଖେଇ ଆଶ୍ଚର୍ଯ୍ୟଚକିତ କରିଦେବି ବୋଲି ମନେ ମନେ ଆହ୍ଲାଦିତ ହେଉଥାଏ। ସେ ମାଗାଜିନ୍‌ର ନାଁ ଏବେ ଆଉ ମନେ ନାହିଁ, ଯେଉଁଥିରେ ଲେଖାଟି ପ୍ରକାଶ ପାଇଥିଲା। କିନ୍ତୁ ସେ ଲେଖାଟି ମୋ ନାଁରେ ନୁହେଁ, ମୋର ସେଇ ପ୍ରିୟ ବନ୍ଧୁ ନାଁରେ ବାହାରିଥିଲା, ଯାହା ସେଇ ସମୟର କିଶୋର ଅବସ୍ଥାରେ ମୋ କୋମଳ ହୃଦୟକୁ ଆଘାତ ଦେଇଥିଲା। ମୁଁ ପିଲାଟିବେଳୁ ହିଁ ନିରବ ଓ ଶାନ୍ତ। ମୁହଁ ଖୋଲି କିଛି କହିପାରେନି। ସେ ଲେଖାଟି ମୋ ନାମରେ ପ୍ରକାଶ ନ ପାଇଥିବାର ଦୁଃଖ ଏବେ ବି ମୋ ହୃଦୟରେ ତାଜା ଅଛି। କାହିଁକି କେଜାଣି ଭୁଲିପାରିନି।

ସେଇଟି 'ମୋ ଲେଖା' - 'ତା'ର ନୁହେଁ' ବୋଲି ଯଦି ଚିତ୍କାର କରି କହିଥାନ୍ତି ତେବେ ବି କ'ଣ ଲୋକେ ବିଶ୍ୱାସ କରିଥାନ୍ତେ ? ସାହିତ୍ୟକୁ ନେଇ ମୋ ଅଭିରୁଚି ଓ ଦୁର୍ବଳତା ଏତେ ଯେ ମୁଁ ଓଡ଼ିଶାର ପ୍ରଥିତଯଶା ସାହିତ୍ୟିକ ସୁରେନ୍ଦ୍ର ମହାନ୍ତିଙ୍କ ଠାରୁ ମନୋଜ ଦାସଙ୍କ ପର୍ଯ୍ୟନ୍ତ ଅନେକଙ୍କ ଲେଖାକୁ ଏକାଗ୍ର ଭାବରେ ପଢ଼ିଛି। କବିତାରେ ସଚ୍ଚି ରାଉତରାୟଙ୍କ ପାଣ୍ଡୁଲିପି, ରମାକାନ୍ତ ରଥଙ୍କ 'ଶ୍ରୀରାଧା'ର ଶବ୍ଦସବୁ ମୋତେ ଦୀର୍ଘ ସମୟ

ଧରି ଭାବମଗ୍ନ କରିଦେଇଛି । ମୋର ପ୍ରିୟ ଲେଖକମାନଙ୍କ ମଧ୍ୟରେ ଅଛନ୍ତି ବହୁ ସ୍ୱନାମଧନ୍ୟ ବିଶିଷ୍ଟ କବି ଓ ଲେଖକ । ସେମାନଙ୍କର ତାଲିକା ଏଠାରେ ଉଲ୍ଲେଖ କରିବାର ଅବସର ନାହିଁ ।

ମୋ ବୋଉ ଥିଲା ସର୍ବଗୁଣସଂପନ୍ନା ଦେବୀସ୍ୱରୂପା ନାରୀଟିଏ । ତା'ର କଳାତ୍ମକତା ତା'ର ସ୍ୱାତନ୍ତ୍ର୍ୟ ଥିଲା । ବୋଉ କହେ- "କଳା, ସାହିତ୍ୟ, ସଂଗୀତ ମଣିଷ ଆତ୍ମାର ସୌନ୍ଦର୍ଯ୍ୟ, ଯାହା ସମସ୍ତଙ୍କ ପାଖରେ ନ ଥାଏ ।" ବୋଧହୁଏ ମୋ ବୋଉର ଆତ୍ମାର ସୌନ୍ଦର୍ଯ୍ୟର ପ୍ରଭାବ ସାମାନ୍ୟ ମୋ ପାଖକୁ ଆସିଯାଇଛି, ଯାହା ଆଜିର ଏଇ ପୁସ୍ତକରେ ତା' ହାତଅଙ୍କା ଚିତା-ଝୋଟି ଭଳି ମୋ ଦ୍ୱାରା ଚିତ୍ରିତ ଓ ଅଙ୍କିତ ହୋଇଛି । ମୋ ବୋଉର ସାହିତ୍ୟିକ ସତ୍ତା ମୋତେ ବାନ୍ଧି ରଖିଛି ତା'ରି ସହିତ । 'ସାୟାହ୍ନର ସ୍ମୃତି'ର ଲେଖିକା ଭାବରେ ସେ ବାଣ୍ଟିଥିବା ତା'ର ଅନୁଭବ ଓ ଉପଲବ୍ଧିର କଥାସବୁ ମୋତେ ବି ଲେଖିବାକୁ ଅନୁପ୍ରେରିତ କରିଛି । ଦିନେ ମୁଁ ତାକୁ ବାପାଙ୍କ କଥା ଲେଖିବା ପାଇଁ କହିଥିଲି ଆଉ ଆଜି ମୁଁ ତା' ଦ୍ୱାରା ପ୍ରଭାବିତ ହୋଇ ମୋ ଅଙ୍ଗେନିଭା କଥାସବୁ ଲେଖୁଛି ।

ପଣ୍ଡିଚେରୀର ସାଧକ ମନୋଜ ଦାସ ଏବଂ ମୁଁ :

ସାହିତ୍ୟକୁ ନେଇ ମୋ ଭିତରେ ଥିବା ଗଭୀର ଅନୁରାଗକୁ ହୁଏତ ମୁଁ କାହାରି ପାଖରେ ପ୍ରକାଶ କରିପାରିବି ନାହିଁ କିନ୍ତୁ ଏତିକି କହିବି ଯେ, ସବୁ ଯନ୍ତ୍ରଣା ଉପରେ ସାହିତ୍ୟ ମହୌଷଧି ଭଳି କାମ କରେ । ସ୍ରଷ୍ଟାର ଜୀବନକୁ ସମାଜ ଏବଂ ସମୟ ସହିତ ସଂଯୋଗ କରିବାରେ ସାହିତ୍ୟର ଭୂମିକା ରହିଛି । ସେଇ ସାହିତ୍ୟର ପରିସରଟିଏ ପାଇବା ପାଇଁ ତ ମୋ କର୍ମମୟ-ବୃତ୍ତିଗତ ଜୀବନରେ ମୁଁ ଭୁବନେଶ୍ୱରରେ ରହିବାର ବାହାନା ଖୋଜିଛି । ନିର୍ଦ୍ଦିଷ୍ଟ ବ୍ୟବଧାନରେ ମୁଁ ଓଡ଼ିଶାର ବିଶିଷ୍ଟ ସାହିତ୍ୟିକମାନଙ୍କ ସହିତ ସାକ୍ଷାତ କରିବାର ଲୋଭନୀୟ ସୁଯୋଗରୁ ନିଜକୁ ଦୂରେଇ ରଖିପାରି ନାହିଁ ।

ତେବେ ମୁଁ ପୂର୍ବରୁ ସୂଚନା ଦେଇଛି ମୋର ସାହିତ୍ୟ ପ୍ରତି ରୁଚି ଥିଲା ଏବଂ ଧାର୍ମିକ ଭାବନା ପ୍ରତି ମୋର ପିଲାଟିଦିନରୁ ସମ୍ମାନବୋଧ

ରହିଆସିଛି। ସେହି ମର୍ମରେ ହେଉ କିମ୍ବା ଯାହାବି କିଛି ହେଉ, ମନୋଜ ଦାସଙ୍କ ରଚିତ ଲେଖାଗୁଡ଼ିକ ପଢ଼ିବା ପରେ ପିଲାଟିଦିନରୁ ତାଙ୍କ ପ୍ରତି ସ୍ୱତଃ ମୋର ସମ୍ମାନବୋଧ ରହିଥାଏ; ତା' ସହିତ ଆଉ ଗୋଟେ ସଂପର୍କ ମଧ୍ୟ ମୁଁ ଯୋଡ଼ିଦେବି ଯେ ମନୋଜ ଦାସଙ୍କ ଶ୍ୱଶୁର କୁଜଙ୍ଗର ରାଜା ନାରାୟଣ ବୀରବର ସାମନ୍ତ ମୋ ବାପାଙ୍କର ଅତ୍ୟନ୍ତ ଘନିଷ୍ଠ ବନ୍ଧୁ ଥିଲେ। ସତୁରି ଦଶକରେ ବାପା ବିଧାୟକ ଥିବାବେଳେ ନାରାୟଣ ବୀରବର ସାମନ୍ତ ମଧ୍ୟ ପାରାଦୀପ (କୁଜଙ୍ଗ)ର ବିଧାୟକ ଥିଲେ। ସେ ଜମିଦାର ପରିବାରର। ତାଙ୍କର କେବଳ କୁଜଙ୍ଗ ନୁହେଁ, କେନ୍ଦ୍ରାପଡ଼ା ଓ ଜଗତସିଂହପୁର ଜିଲ୍ଲାରେ ବେଶ୍ ଖ୍ୟାତି ଥିଲା। ଜଣେ ଭଲ ମଣିଷ ହିସାବରେ ତାଙ୍କର ବେଶ୍ ସୁନାମ ରହିଥିଲା। ବିଧାନସଭାର ଉପବାଚସ୍ପତି କିଛିଦିନ ପର୍ଯ୍ୟନ୍ତ ଥିଲେ ଏବଂ ନାରାୟଣ ବୀରବର ସାମନ୍ତଙ୍କ ଚେହେରା ଏବଂ ବାପାଙ୍କ ଚେହେରା ପ୍ରାୟ ମିଶୁଥିଲା। ସେ ଦାଢ଼ି ରଖିଥିଲେ, ବାପାଙ୍କର ମଧ୍ୟ ଦାଢ଼ି ଥିଲା। ତେଣୁ ସେ ସମୟରେ ଅନେକ ଲୋକ ସେହି ଦୁଇ ରାଜନେତାଙ୍କୁ ଦୁଇଦାଢ଼ିଆ ବୋଲି ସମ୍ବୋଧନ କରୁଥିଲେ। ଏହି ପୃଷ୍ଠଭୂମିରେ ମୁଁ ମନୋଜ ଦାସ ତାଙ୍କ ଜ୍ୱାଇଁ ହୋଇଥିବାରୁ ତାଙ୍କ ସହିତ ମୋର ଏକ ପ୍ରକାର ଭାବର ସଂପର୍କ ଥିଲା। ୨୦୦୪ ମସିହାରେ ମୁଁ ପ୍ରଥମ ଥର ପାଇଁ ଯାଇଥିଲି ପଣ୍ଡିଚେରୀ। ପଣ୍ଡିଚେରୀ ଶ୍ରୀଅରବିନ୍ଦ, ଶ୍ରୀମା'ଙ୍କ ସାଧନାର କ୍ଷେତ୍ର। ପଣ୍ଡିଚେରୀ ସଂପର୍କରେ ଏଠି କିଛି ଅଧିକ ସୂଚନା ଦେବାର ଆବଶ୍ୟକତା ନାହିଁ। ମୋ ବାପା ଯୁବକ ଅବସ୍ଥାରେ ପାଠପଢ଼ା ସରିବା ପରେ କିଛି ବର୍ଷ ପାଇଁ ପଣ୍ଡିଚେରୀରେ ରହିଥିଲେ, ମା'ଙ୍କ ଆଶୀର୍ବାଦ ନେଇ, ଶ୍ରୀଅରବିନ୍ଦଙ୍କ ମାର୍ଗରେ ରହିବା ପାଇଁ ମୋଟାମୋଟି ଭାବରେ ସେ ନିଷ୍ପତ୍ତି ଗ୍ରହଣ କରିଥିଲେ ଯେ ଜୀବନସାରା ଅବିବାହିତ ରହି ପଣ୍ଡିଚେରୀରେ ଶ୍ରୀଅରବିନ୍ଦଙ୍କ ସାଧନା କ୍ଷେତ୍ରରେ ଜୀବନ ବିତାଇବେ। ତେଣୁ ବାପାଙ୍କର ପ୍ରଚଣ୍ଡ ଭଲପାଇବା ଏବଂ ଯୋଗାଯୋଗ ପଣ୍ଡିଚେରୀ ସହିତ ଥିଲା, ଶ୍ରୀଅରବିନ୍ଦଙ୍କ ଦର୍ଶନ ଏବଂ ଶ୍ରୀମା'ଙ୍କ ଦର୍ଶନ ସଂପର୍କରେ ଅନେକ ପୁସ୍ତକ ଆମ ଘରେ ରହିଛି ଆଜି ପର୍ଯ୍ୟନ୍ତ। 'ସାବିତ୍ରୀ'ଠାରୁ ଆରମ୍ଭ କରି ଅନେକ କିଛି ଏବଂ ପଣ୍ଡିଚେରୀର ସାଧକ

ଅଧ୍ୟାପକ ପ୍ରପତ୍ତିଙ୍କ ହାତଲେଖା ପୋଷ୍ଟକାର୍ଡ ଚିଠିଗୁଡ଼ିକ ମଧ୍ୟ ଆମ ଘରେ ମୋ ପାଖରେ ଏଯାବତ୍ ସାଇତା ହୋଇ ରହିଛି। ୨୦୦୪ରେ ମୁଁ ଯେତେବେଳେ ପଣ୍ଡିଚେରୀକୁ ଗଲି, ସର୍ବପ୍ରଥମେ ମୋର ସେତେବେଳେ ଦୁଇଟି ଆକର୍ଷଣ ଥିଲା। ଗୋଟିଏ ଆକର୍ଷଣ ଥିଲା ଯେ ସମାଧିସ୍ଥଳରେ ମୁଁ ପ୍ରଣାମ କରିବି, ଆଶୀର୍ବାଦ ନେବି, ନିର୍ବାଚନ ଲଢ଼ିବି ଏବଂ ଦ୍ୱିତୀୟ ଥିଲା ପଣ୍ଡିଚେରୀରେ ରହୁଥିବା ମୋ ଦୃଷ୍ଟିରେ ପଣ୍ଡିଚେରୀର ସନ୍ଥ ମନୋଜ ଦାସଙ୍କୁ ଭେଟିବି। ମନୋଜ ବାବୁଙ୍କୁ ଟେଲିଫୋନ୍ କଲି ଏବଂ ମୁଁ ମୋ ବାପାଙ୍କ ପରିଚୟ ଦେଲି। ସେ ବାପାଙ୍କୁ ଭଲ ଭାବରେ ଜାଣନ୍ତି। ମୋତେ ସମୟ ଦେଇଥିଲେ। ତାଙ୍କ ସହିତ କଫି ପିଇଥିଲି ଏବଂ ତାଙ୍କ ସହିତ ଦୀର୍ଘ ସମୟ ପର୍ଯ୍ୟନ୍ତ ଆଲୋଚନା କରିଥିଲି। ସେଦିନ ଆଲୋଚନା ରାଜନୀତି କିମ୍ବା ଅନ୍ୟ ବିଷୟରେ ତାଙ୍କ ସହିତ ହୋଇ ନ ଥିଲା। ଶ୍ରୀଅରବିନ୍ଦଙ୍କ ସାଧନା ଏବଂ ତାଙ୍କ ବିଚାରଧାରା ସଂପର୍କରେ ଅତି ସରଳ ଭାଷାରେ ମୋତେ ସେଦିନ ସେ ସବୁକିଛି ବୁଝାଇ ଦେଇଥିଲେ। ତା'ପରଠାରୁ ପ୍ରତ୍ୟେକ ବର୍ଷ ପ୍ରାୟ ଥରେ କିମ୍ବା ଦୁଇଥର ମୁଁ ପଣ୍ଡିଚେରୀ ଯାଏ। ସବୁଥର ମୋତେ ସେ ୪୦ରୁ ୫୦ ମିନିଟ୍ ସମୟ ଦେଇଥାନ୍ତି। ବିଧାୟକ ହେବା ପରେ ମନ୍ତ୍ରୀ ଭାବରେ ସେ ଅତ୍ୟନ୍ତ ଖୁସି ହୋଇଥିଲେ ଏବଂ ମୋ ସହିତ ଗୋଟେ ଆଲୋଚନାରେ ସେ ମୋତେ ପଚାରିଥିଲେ, "ପଣ୍ଡିଚେରୀକୁ ମୁଁ ଭଲପାଇବାର କାରଣ କ'ଣ!"

ମୁଁ ତାଙ୍କୁ ଗୋଟିଏ କଥା କହିଥିଲି, "ଭଲପାଇବା ଗୋଟେ ବ୍ୟକ୍ତିକୁ କେବଳ କ'ଣ କିଏ ଦେଲା ନ ଦେଲା ସେଇଟା ବଡ଼ କଥା ନୁହେଁ, କିଛି ଲୋକଙ୍କ ସାଙ୍ଗରେ କଥାବାର୍ତ୍ତା କଲେ, ମିଶିଲେ ମନରେ ଆନନ୍ଦ ଆସେ ଏବଂ ଭଲ ଲାଗେ – ଏକପ୍ରକାର ସକାରାତ୍ମକ ମନୋଭାବ ସୃଷ୍ଟି ହୁଏ। ସେହିଭଳି ବ୍ୟକ୍ତିବିଶେଷ ମୁଁ ଯେତେଜଣଙ୍କୁ ଭେଟିଛି ତାଙ୍କ ଭିତରେ ମନୋଜ ଦାସ ଅନ୍ୟତମ ବୋଲି ମୁଁ କହିବି।"

ସ୍ମିତହସି ସେ ପଚାରିଲେ- "ମୋ ଲେଖା ପଢ଼ିଛନ୍ତି ?"

ମୁଁ କହିଲି- "ହଁ, ପଢ଼ିଛି। ଆପଣଙ୍କର ଅନେକ ଲେଖା ମୁଁ ପଢ଼େ ଏବଂ ମୋତେ ଭଲ ଲାଗେ। ସେ ଲେଖାଗୁଡ଼ିକ ଭିତରେ ମୁଁ ମୋ ନିଜ

ଚରିତ୍ର ଓ ଆତ୍ମିକ ଆବେଗକୁ ଅନୁଭବ କରିପାରେ, ମୋତେ ଲାଗିଛି- ଯେପରି ସେସବୁ ଲେଖା ମୋ ପାଇଁ ଲେଖାଯାଇଛି !"

ମନ୍ତ୍ରୀ ହେବା ପରେ ମୋତେ ପଚାରିଥିଲେ- ମୋର କେଉଁ ଉପନ୍ୟାସ ଆପଣଙ୍କୁ ଭଲ ଲାଗେ ? ମୁଁ ତାଙ୍କୁ କହିଥିଲି, 'ଶେଷ ବସନ୍ତର ଚିଠି' ହିଁ ମୋର ପ୍ରଥମ ସବୁଠୁ ପ୍ରିୟ ବହି ଓ ଦ୍ୱିତୀୟଟି ହେଉଛି 'ଅପହୃତ ଟୋପିର ରହସ୍ୟ' ! ମନ୍ତ୍ରୀଙ୍କୁ ସାଧାରଣ ଜନତା କିଭଳି ଦୃଷ୍ଟିରେ ଦେଖନ୍ତି ତାହାର କରୁଣ ଚିତ୍ର ରହିଛି ଏଥିରେ। ସ୍ୱାଧୀନତା ପରବର୍ତ୍ତୀ ସମୟରେ ଯେଉଁ ମନ୍ତ୍ରୀ ଜିପ୍‌ରେ ଯିବା କଥାକୁ ନେଇ ଗଳ୍ପରେ ଯାହା ଅବତାରଣା କରାଯାଇଛି ସେଗୁଡ଼ିକ ଅତି ନିଖୁଣ ଏବଂ ମୋର ମନଛୁଆଁ ହୋଇଛି ସେ ଗଳ୍ପ।

ସେ ହସି ହସି ବେଦମ୍ ହୋଇଯାଇଥିଲେ ମୁଁ ଯେତେବେଳେ କହିଥିଲି 'ଅପହୃତ ଟୋପିର ରହସ୍ୟ'। ସେଥିରେ ମନ୍ତ୍ରୀଙ୍କ ଟୋପି ହଜିଯିବା ଓ ତାହାକୁ ଏକ ମାଙ୍କଡ଼ ନେଇଯାଇଥିବା ଘଟଣାକୁ ନେଇ ଆଲୋଚନା, ପର୍ଯ୍ୟାଲୋଚନା ଓ ସଭାରେ ଭାଷଣ ପରେ ମାଙ୍କଡ଼ଟି ସେହି ଟୋପିକୁ ପାଟିରେ କାମୁଡ଼ି ଧରି ଆସିବାର ଯେଉଁ ବର୍ଣ୍ଣନା ସେଥିରେ ରହିଛି ତାହା ଅତ୍ୟନ୍ତ ମନୋରମ ବୋଲି ମୁଁ ତାଙ୍କୁ କହିଥିଲି। ମୋ କଥା ଶୁଣି ସେ ସେଦିନ ମନଖୋଲା ହସ ହସିଥିଲେ।

ଯେତେବେଳେ ସେ ଭୁବନେଶ୍ୱରକୁ ଆସନ୍ତି, ସେତେବେଳେ ମୁଁ ତାଙ୍କୁ ସାକ୍ଷାତ କରେ ଏବଂ ମୋର ସୌଭାଗ୍ୟ ଆମେ ସତ୍ୟନଗରରେ ଯେଉଁଠି ରହୁଛୁ, ତା'ର ଅନତିଦୂରରେ ତାଙ୍କ ଭାଇ ମନ୍ମଥ ଦାସଙ୍କ ବାସଭବନ ମଧ୍ୟ ସେହି ସତ୍ୟନଗରରେ। ତାଙ୍କୁ ଅନେକବାର ସେଠି ଭେଟିଛି। କେଉଁ କାର୍ଯ୍ୟକ୍ରମକୁ ଆସିଲେ ମୁଁ ଯଦି ଟେଲିଫୋନ୍ କରେ କିମ୍ବା ପହଞ୍ଚିଯାଏ, ତେବେ ସେ ମୋତେ ଯଥେଷ୍ଟ ସମୟ ଦିଅନ୍ତି। ଆଜି ମନୋଜ ଦାସ ନାହାନ୍ତି, କିନ୍ତୁ ମୁଁ କହିବି ମନୋଜ ଦାସଙ୍କ ଲେଖା, ମନୋଜ ଦାସଙ୍କ ଦର୍ଶନ, ମନୋଜ ଦାସଙ୍କ କଥା ଆଜି ବି ବଞ୍ଚିରହିଛି ଆମ ପାଠକଙ୍କ ପାଖରେ, ଆମ ଶ୍ରୋତାଙ୍କ ପାଖରେ। କେବଳ ମନୋଜ ଦାସ ନୁହନ୍ତି, ମୋ ବିଚାରରେ ମୁଁ ଅନେକ ଲେଖା, ଲେଖକ ଏବଂ ବିଶିଷ୍ଟ

ବ୍ୟକ୍ତିଙ୍କ ସହିତ ମିଶିଛି । ମୋ ଜୀବନ ଓ ଭାବାବେଗକୁ ବିଶେଷ ଭାବେ ପ୍ରଭାବିତ କରିଥିବା ଲେଖକମାନଙ୍କ ମଧ୍ୟରେ କଥାକାର ସୁରେନ୍ଦ୍ର ମହାନ୍ତିଙ୍କ ନାମ ବିଶେଷ ଭାବେ ଉଲ୍ଲେଖନୀୟ । ତାଙ୍କର 'ପଥ ଓ ପୃଥିବୀ' ଠାରୁ ଆରମ୍ଭ କରି 'କୃଷ୍ଣାବେଣୀରେ ସନ୍ଧ୍ୟା' ପର୍ଯ୍ୟନ୍ତ ପୁସ୍ତକଗୁଡ଼ିକୁ ମୁଁ ପଢ଼ିଛି । ତାଙ୍କର ଜୀବନସ୍ମୃତି ପୁସ୍ତକ 'ପଥ ଓ ପୃଥିବୀ'ରେ ତତ୍କାଳୀନ ରାଜନୀତିକ ବ୍ୟବସ୍ଥା, ବିଜୁବାବୁ ଓ ରାଜେନ୍ଦ୍ର ନାରାୟଣ ସିଂହଦେଓଙ୍କ ଦୁର୍ବାର ରାଜନୈତିକ ବ୍ୟକ୍ତିତ୍ଵର ନିଦର୍ଶନ ଦେଖିବାକୁ ମିଳେ । ରାଜନୀତିର ବିବିଧତାର ବସ୍ତୁନିଷ୍ଠ ବର୍ଣ୍ଣନା ଯାହା ଏହି ପୁସ୍ତକରେ ରହିଛି, ତାହା ମୋତେ ବିଶେଷ ଭାବେ ଉଦ୍‌ବୁଦ୍ଧ କରିଛି । ରାଜନୀତିରେ ତାଙ୍କର ସଂଗ୍ରାମର ଛବି ମଧ୍ୟ ଏଥିରୁ ଦେଖିହୁଏ ।

ସୁରେନ୍ଦ୍ର ବାବୁ ଲେଖିଲାବେଳେ ନିଜ ସଂପର୍କରେ ବର୍ଣ୍ଣନା ବାହୁଲ୍ୟକୁ ପ୍ରଶ୍ରୟ ଦେଇନାହାନ୍ତି । ତାହା ହିଁ ତାଙ୍କର ଲେଖକୀୟ ବିଶେଷତ୍ଵ । ସୁରେନ୍ଦ୍ର ମହାନ୍ତିଙ୍କ ପ୍ରତି ମୋର ଆକର୍ଷଣ ସୃଷ୍ଟି ହେବାର ଅନ୍ୟ ଏକ କାରଣ ହେଉଛି ମୋ ବାପାଙ୍କ ସହିତ ସେ ସଂପର୍କିତ ଥିଲେ । ବାପା ଷାଠିଏ ଦଶକର ଶେଷଭାଗରେ ରାଜନୀତି ଆରମ୍ଭ କରିଥିଲେ ଏବଂ ସୁରେନ୍ଦ୍ର ମହାନ୍ତି ମଧ୍ୟ କେନ୍ଦ୍ରାପଡ଼ାର ସାଂସଦ ଭାବରେ ୧୯୬୭ ମସିହା ନିର୍ବାଚନରେ ପ୍ରାର୍ଥୀ ହୋଇଥିଲେ ଏବଂ ୧୯୭୧ ମସିହା ନିର୍ବାଚନରେ ସେ କେନ୍ଦ୍ରାପଡ଼ାର ସାଂସଦ ହୋଇଥିଲେ ଓ ବାପା ପାଟକୁରାର ବିଧାୟକ ନିର୍ବାଚିତ ହୋଇଥିଲେ । ସେହି ପୃଷ୍ଠଭୂମିରେ ତାଙ୍କ ପରିବାର ସହିତ ତଥା ତାଙ୍କ କନ୍ୟା ଲୋପାମୁଦ୍ରା ମହାନ୍ତିଙ୍କ ସହିତ ମଧ୍ୟ ଆମ ପରିବାରର ସଂପର୍କ ରହିଛି । ପ୍ରଥିତଯଶା କବି ସୀତାକାନ୍ତ ମହାପାତ୍ର ମୋର ଅନ୍ୟତମ ପ୍ରିୟ ଲେଖକ । ସଂଯୋଗବଶତଃ ସେ ବାପାଙ୍କର ଛାତ୍ର, ଚିତ୍ରୋତ୍ପଳା ନଦୀର ଗୋଟିଏ ପାର୍ଶ୍ଵରେ ମୋ ଗାଁ ହୋଇଥିବା ବେଳେ ଅପରପାର୍ଶ୍ଵରେ ତାଙ୍କ ଗାଁ । ସତ୍ୟନଗରରେ ଆମ ଘର ପାଖରୁ ତାଙ୍କ ଘର କୋଡ଼ିଏ ପଚିଶ ଖୋଜ ଦୂର । ତାଙ୍କର 'ଚିତ୍ରନଦୀ' କବିତା ବହି ମୋର ଅତ୍ୟନ୍ତ ପ୍ରିୟ, ଚିତ୍ରୋତ୍ପଳା ନଦୀକୁ ନେଇ କବିତା ଲେଖିବାର ପ୍ରେରଣା ମୁଁ 'ଚିତ୍ରନଦୀ' ବହିରୁ ହିଁ ପାଇଛି ।

ମୁଁ ପଢ଼ିଥିବା ଅନେକ ବହି ମଧ୍ୟରୁ ଅନ୍ୟ ଯେଉଁ କେତୋଟି ବହି ମୋତେ ଆଲୋଡ଼ିତ କରିଛି ସେଗୁଡ଼ିକ ମଧ୍ୟରୁ ଅଳ୍ପ କେତୋଟିର ନାମୋଲ୍ଲେଖ ଏଠାରେ ଅବଶ୍ୟ କରିବି। ସେଗୁଡ଼ିକ ମଧ୍ୟରେ ରହିଛି ଏ.ପି.ଜେ. ଅବଦୁଲ କାଲାମ୍‌ଙ୍କ ଲିଖିତ 'ଇଗ୍‌ନାଇଟେଡ୍ ମାଇଣ୍ଡ', 'ଟୁ ଜିରୋ ଟୁ ଜିରୋ' ଏବଂ ତାଙ୍କର ଅନ୍ୟ ପ୍ରାୟ ସବୁ ପୁସ୍ତକ। ବିଶିଷ୍ଟ ଲେଖକ ନୀରଦ ସି. ଚୌଧୁରୀଙ୍କ 'ଅଟୋବାୟୋଗ୍ରାଫି ଅଫ୍ ଆନ୍ ଅନ୍‌ନୋନ୍ ଇଣ୍ଡିଆନ୍' ପୁସ୍ତକଟିର ପ୍ରଭାବ ମୋ ଉପରେ ବିଶେଷ ଭାବରେ ପଡ଼ିଛି। ସେହି ପୁସ୍ତକରେ ତାଙ୍କ ବାପା, ମା' ଏବଂ ପରିବାର ବିଷୟରେ ଯେଉଁ ଉଦାହରଣ ଦେଇଛନ୍ତି ଠିକ୍ ସେହିଭଳି ଭାବରେ ମୋ ବୋଉର ପ୍ରଭାବ ମୋ ଉପରେ ପଡ଼ିଛି। ସେହିଭଳି ପି. ଭି. ନରସିଂହ ରାଓଙ୍କ ସଂପର୍କରେ ବିନୟ ସୀତାପତିଙ୍କ ଦ୍ୱାରା ଲିଖିତ 'ହାଫ୍ ଲାୟନ୍' ମୋର ପ୍ରିୟ ପୁସ୍ତକ। ଏହାକୁ ଯେ କେହି ରାଜନେତା ପଢ଼ିବାର ଆବଶ୍ୟକତା ରହିଛି। ଅନ୍ୟ ଯେଉଁ ପୁସ୍ତକଗୁଡ଼ିକୁ ମୁଁ ଭଲପାଏ, ସେଗୁଡ଼ିକ ମଧ୍ୟରେ ରହିଛି ବୁଦ୍ଧଦେବଙ୍କ ସଂପର୍କିତ ପୁସ୍ତକଗୁଡ଼ିକ। ବୁଦ୍ଧଙ୍କ ଜୀବନୀ ସଂପର୍କିତ THICH NHAT HANHଙ୍କ ଲିଖିତ 'Old Path White Clouds' ପୁସ୍ତକ ମୋତେ ଗଭୀର ଭାବେ ପ୍ରଭାବିତ କରିଛି। ଗୌତମ ବୁଦ୍ଧଙ୍କ ଜୀବନୀ ଏବଂ ବୌଦ୍ଧଧର୍ମର ବିଚାରଧାରା ମୋତେ ଉଦ୍‌ବୁଦ୍ଧ କରିଛି। ବୁଦ୍ଧଦେବଙ୍କ ସଂପର୍କରେ ଲେଖା, ଗଳ୍ପ, ଉପନ୍ୟାସ କିମ୍ବା ପରିକ୍ରମା ଦେଖିଲେ, ମୁଁ ସେସବୁକୁ ଆଗ୍ରହର ସହିତ ପଢ଼େ। ପୂର୍ବତନ ମୁଖ୍ୟମନ୍ତ୍ରୀ ଜାନକୀ ବଲ୍ଲଭ ପଟ୍ଟନାୟକଙ୍କ ସେହି କ୍ଷୁଦ୍ର ପୁସ୍ତକ 'ଗୌତମ ବୁଦ୍ଧ' ମତେ ମଧ୍ୟ ବହୁତ ଆକର୍ଷିତ କରିଥିଲା, ବୁଦ୍ଧଦେବଙ୍କୁ ନେଇ ସୁରେନ୍ଦ୍ର ମହାନ୍ତିଙ୍କ କାହାଣୀ ମଧ୍ୟ ମୋର ଅତି ପ୍ରିୟ। ମୋ ବାପା ଓ ବୋଉ ଦୁହେଁ ଥିଲେ ଅବିରାମ ପାଠକପାଠିକା, ଯାହାକୁ ଇଂରାଜୀରେ କହନ୍ତି 'ଭୋରାସିଅସ୍ ରିଡର'। ୧୯୪୭-୧୯୫୦ ମସିହାରେ ବାପା କିଣିଥିବା ଓଡ଼ିଆ ଓ ଇଂରାଜୀ ବହିଗୁଡ଼ିକରେ ଅଣ୍ଡରଲାଇନ୍ ହୋଇଥିବାର ମୁଁ ଦେଖିଛି। ପ୍ରଚୁର ବହି ସେ ପଢୁଥିଲେ ଏବଂ ବିଭିନ୍ନ ଲାଇବ୍ରେରୀରୁ ବହି କିଣି ଓ ସଂଗ୍ରହ କରି ପଢୁଥିଲେ। ମୋ ବୋଉ ମଧ୍ୟ ହିନ୍ଦୀ, ବଙ୍ଗଳା ଏବଂ ଓଡ଼ିଆ ଏହି ତିନିଟି ଭାଷାର ବହି ପ୍ରାୟ ପଢୁଥିଲା।

ସନ୍ଧ୍ୟା ପ୍ରାର୍ଥନା ଓ ଆଧ୍ୟାତ୍ମିକତାର ଆବେଗ :

ସାହିତ୍ୟ ଭଳି ଆଧ୍ୟାତ୍ମିକତାର ଅନୁଭବ ମୋ ମନରେ ଚିଦାନନ୍ଦର ରସ ସଞ୍ଚାର କରିଛି। ସାହିତ୍ୟ ମୋ ପାଇଁ ପ୍ରେମ ଓ କରୁଣାର ଅନନ୍ୟ ନାନ୍ଦନିକତା ହୋଇଥିବା ବେଳେ, ଆଧ୍ୟାତ୍ମିକତା ଭରସା ଓ ବିଶ୍ୱାସବୋଧର ଅଟଳତା ହୋଇ ରହିଛି। ଏହି ଜୀବନ ସ୍ମୃତିରେ ମୋ ଅନ୍ତରରେ ଆଧ୍ୟାତ୍ମିକତାର ଉନ୍ମେଷ ଓ ଏହାର ସ୍ନିଗ୍ଧ ମଧୁର ଆବେଶର କଥା ଏଠାରେ ଅବଶ୍ୟ ଅବତାରଣା କରିବି।

ଆମ ଭିତରେ ଆଜନ୍ମ ଈଶ୍ୱର ଭକ୍ତି ଓ ଆଧ୍ୟାତ୍ମିକତାର ପ୍ରଭାବ ଥିଲା, ତାହା ନିରବଧି ଅତୁଟ ରହିଛି। ଜୀବନର ଘାତ-ପ୍ରତିଘାତ ମଧ୍ୟ ଦେଇ ବିବିଧ ସ୍ଥିତିରେ ଗତିଶୀଳ ହେଉଥିବା ମଣିଷ ପାଇଁ ଈଶ୍ୱର ବିଶ୍ୱାସ ଏକ ଶକ୍ତି ବୋଲି ବୋଉ କହେ। ତା'ଠାରୁ ଆମେ ଗୀତା, ଭାଗବତ, ବେଦ, ସ୍ତୋତ୍ର, ସ୍ତୁତି ଶିଖୁଥିଲୁ। ଆମ ଘରେ ପିଲାଦିନରୁ ବାପା ଓ ବୋଉଠାରୁ ଗୌତମ ବୁଦ୍ଧ, ଠାକୁର ଶ୍ରୀ ଶ୍ରୀ ନିଗମାନନ୍ଦ ସରସ୍ୱତୀ, ସ୍ୱାମୀ ଶିବାନନ୍ଦ, ରାମକୃଷ୍ଣ ପରମହଂସ, ଶ୍ରୀମା, ଅରବିନ୍ଦଙ୍କ ସଂପର୍କରେ ଆମେ ଶୁଣୁଥିଲୁ। ସେହିସବୁ ଦିବ୍ୟାତ୍ମାମାନଙ୍କର କଥା ଓ କାହାଣୀ ମନରେ ଆଧ୍ୟାତ୍ମିକତାର ଭାବକୁ କିପରି ପଲ୍ଲବିତ କରିଥାଏ ତାହାର ଉପର୍ଯ୍ୟୁପରି ଉଦାହରଣ ରହିଛି, ସେ ସମ୍ପର୍କରେ ବ୍ୟାଖ୍ୟାନର କିଛି ଆବଶ୍ୟକତା ନାହିଁ। ବିଶେଷକରି ମୁଁ ବୁଦ୍ଧଦେବ ଏବଂ ମହାଗୁରୁ ଠାକୁର ଶ୍ରୀ ଶ୍ରୀ ନିଗମାନନ୍ଦଙ୍କ ନୀତି, ଜ୍ଞାନ ଏବଂ ଦର୍ଶନ ଦ୍ୱାରା ପ୍ରଭାବିତ ହୋଇଥିଲି।

'ବୋଉ' ମୋ ଚିନ୍ତା-ଚେତନାର ଉଦ୍ଦୀପ୍ତ ମଶାଲ ଥିଲା। ଆମ ଘରେ ସନ୍ଧ୍ୟା ପ୍ରାର୍ଥନା ନିୟମିତ ଭାବରେ ହେଉଥିଲା। ମୋ ଭାଇ, ଭଉଣୀ, ବୋଉ ଆମେ ସମସ୍ତେ ମିଶି ପ୍ରାର୍ଥନା କରୁ। ପ୍ରାର୍ଥନା କଲାବେଳେ ମୋର ମନେପଡ଼ନ୍ତି କବିଚନ୍ଦ୍ର କାଳୀଚରଣ ପଟ୍ଟନାୟକ। ତାଙ୍କର କବିତା ମୋତେ ବହୁମାତ୍ରାରେ ପ୍ରଭାବିତ କରିଛି। କାଳୀଚରଣଙ୍କ ପ୍ରାର୍ଥନା ପୁସ୍ତିକା 'ନିରାଜନା'ରେ ସେ ଲେଖିଛନ୍ତି-

"ଗୁରୁସେବା ପଣେ ଅଯୋଗୀ ଜଣେ ମୁଁ
ଘେନିବେ ମୋ ଅନୁନୟ

ଗୁରୁସେବକର ଅଧମ ଦାସ ମୁଁ
ଏହି ମୋର ପରିଚୟ।"

ଉପର୍ଯ୍ୟୁକ୍ତ ପଦଟି କବି କାଳୀଚରଣ ପଟ୍ଟନାୟକ ଶ୍ରୀ ଶ୍ରୀ ନିଗମାନନ୍ଦଙ୍କ ଉଦ୍ଦେଶ୍ୟରେ ଲେଖିଥିଲେ। ୩୦ରୁ ଊର୍ଦ୍ଧ୍ୱ ଭଜନରେ କାଳୀଚରଣ ପଟ୍ଟନାୟକ ତାଙ୍କର ଗୁରୁଙ୍କ ପ୍ରତି ଅସୀମ ଶ୍ରଦ୍ଧା ଓ କୃତଜ୍ଞତା ପ୍ରଦର୍ଶନ କରିଛନ୍ତି ଏବଂ ସେଥିରେ ତାଙ୍କ ନାମ ପରିବର୍ତ୍ତେ 'ଗୁରୁଦାସ' ଉଲ୍ଲେଖ ରହିଛି। ସେ ନିଜେ ହିଁ ନିଜର ନାମୋଲ୍ଲେଖ ନ କରି ଏପରି ଲେଖିଥିଲେ। 'ଭଣିତା'ରେ 'ଗୁରୁଦାସ କହେ' ବୋଲି ପାଠକମାନଙ୍କୁ ଜଣାଇଲେ। ଏ ସମସ୍ତ କଥା ମୋତେ ଖୁବ୍ ପ୍ରଭାବିତ କରିଛି। ଗୁରୁଙ୍କ ପ୍ରତି ସମର୍ପଣର ଏତାଦୃଶ ଭକ୍ତି ମୋତେ କାଳୀଚରଣଙ୍କ ପ୍ରତି ନତମସ୍ତକ କରିଦିଏ। ତାଙ୍କ କହିବା କଥା ଥିଲା କବି କାଳୀଚରଣ ଭାବରେ ସେ ଅନେକ କବିତା ଲେଖିଛନ୍ତି, ମାତ୍ର ଅଦୃଶ୍ୟ ଶକ୍ତି ଭାବରେ ଗୁରୁ ଠାକୁର ନିଗମାନନ୍ଦ ସରସ୍ୱତୀଙ୍କ ଶକ୍ତି ତାଙ୍କୁ କଲମ ଚଳାଇବାରେ ସହାୟକ ହୋଇଥିବାରୁ ସେ ନିଜ ନାମ ପରିବର୍ତ୍ତେ 'ଗୁରୁଦାସ' ଉଲ୍ଲେଖ କରିଛନ୍ତି। 'କୁମ୍ଭାରଚକ' ଭଳି ଆତ୍ମଜୀବନୀର ସ୍ରଷ୍ଟା କାଳୀଚରଣ ପଟ୍ଟନାୟକ ଏତେବଡ଼ କବି ଓ ସାହିତ୍ୟିକ ହୋଇ ମଧ୍ୟ ଗୁରୁଙ୍କ ପ୍ରତି ତାଙ୍କର ବିନମ୍ର-ନିରହଙ୍କାରିତା ମୋତେ ଉଦ୍‌ବୁଦ୍ଧ କରିଛି। କବିଚନ୍ଦ୍ରଙ୍କର ଏହି ଭାବାବେଗ ମଧ୍ୟରେ ଗୁରୁତତ୍ତ୍ୱର ବିଶେଷତା ମୁଁ ହୃଦୟଙ୍ଗମ କରିଥିଲି, ଏହା ନିଜର ନିରହଙ୍କାରପଣକୁ ଶକ୍ତି ପ୍ରଦାନ କରିଥାଏ ବୋଲି ମୁଁ ବୁଝିଯାଇଥିଲି। ସମ୍ଭବତଃ ସେହି ଭାବାବେଗର ଅଦୃଶ୍ୟ ପ୍ରଭାବରେ ମୋର ଅନ୍ତରରେ ଦିବ୍ୟ ଜ୍ୟୋତିର୍ମୟ ଗୁରୁଙ୍କର ଉଦୟ ହୋଇଥିଲା, କହିବା ବାହୁଲ୍ୟ ଯେ ସେ ହେଉଛନ୍ତି ଠାକୁର ଶ୍ରୀ ଶ୍ରୀ ନିଗମାନନ୍ଦ ସରସ୍ୱତୀ। ତାଙ୍କରି ଅଭୟ ଆଶୀର୍ବାଦର ଛାୟାରେ ମୋ ପାଇଁ ସୁଖ-ଦୁଃଖ ହର୍ଷ-ବିଷାଦ ସୌଭାଗ୍ୟ ସଂକଟ ପାର୍ଥକ୍ୟ ବିହୀନ ହୋଇଯାଇଛି ! ଠାକୁରଙ୍କ ଦିବ୍ୟତା ପ୍ରସଙ୍ଗରେ ତାଙ୍କ ସାନ୍ନିଧ୍ୟରେ ନାମାଚାର୍ଯ୍ୟ ବାୟାବାବା କିପରି ସିଦ୍ଧି ହାସଲ କରିଥିଲେ, ସେ କଥା କହିବି ଏଠାରେ।

ଠାକୁର ନିଗମାନନ୍ଦଙ୍କ ସାନ୍ନିଧ୍ୟରେ ବାୟାବାବା :

ବାପାଙ୍କ ସହିତ ଅନେକ ଧର୍ମକ୍ଷେତ୍ରକୁ ଯାଇଛି। ବୋଉ ସହିତ ବାରବାର ଯାଇଛି ଠାକୁରଙ୍କ ସମ୍ମିଳନୀକୁ। ତେଣୁ ବାପା ବୋଉର ଆଧ୍ୟାତ୍ମିକ ଭାବନା ଓ ଭକ୍ତିଭାବ ମୋ ଦେହରେ ପ୍ରତିଫଳିତ ହୋଇଛି ବୋଲି ମୁଁ ଅନୁଭବ କରେ। କବିବର ରାଧାନାଥ ରାୟଙ୍କ 'ପାର୍ବତୀ' କାବ୍ୟର କିଛି ଅଂଶ ଏବେ ବି ମୋର ମନେଅଛି।

"ଧର୍ମ ନାମେ ପୋତ ଗଢ଼ିଛନ୍ତି ବିଧି
ତରିବାକୁ ଏହି ସଂସାର ବାରିଧି।"

ବାସ୍ତବିକ ଏହା କେତେ ସତ୍ୟ ! ଏ ସଂସାରରୂପୀ ମହାସାଗରକୁ ପାର ହେବା ପାଇଁ ମାନବଧର୍ମ ସହିତ ଆଧ୍ୟାତ୍ମିକ ଧର୍ମର ପୋତ ନିଶ୍ଚିତ ଦରକାର। ମଣିଷର ଜୀବନ ଅଦୃଶ୍ୟ ନିୟତିର ଇଙ୍ଗିତ ମାତ୍ର ! ମୋ ଜୀବନରେ ଆଜିର ଏ ଆନୁଷ୍ଠାନିକ ପଦବି ପଛରେ ଅଦୃଶ୍ୟ ଐଶୀ ପ୍ରେରଣା ଓ ନିଗମ କଳ୍ପତରୁ ସଦ୍‌ଗୁରୁ ଶ୍ରୀ ଶ୍ରୀ ନିଗମାନନ୍ଦ ପରମହଂସଙ୍କ ଆଶୀର୍ବାଦ ଥିବା ମୁଁ ଅନୁଭବ କରେ। ବାପା-ବୋଉଙ୍କ ଧର୍ମବିଶ୍ୱାସ, ତୀର୍ଥକ୍ଷେତ୍ର ପରିଭ୍ରମଣର ପ୍ରଭାବ ମୋ ଉପରେ ପଡ଼ିଥିଲା। ବାପାଙ୍କ ସହିତ ନାମାଚାର୍ଯ୍ୟ ବାୟାବାବାଙ୍କ ପାଖକୁ ଅନେକ ବାର ଯାଇଛି ଏବଂ ବାୟାବାବାଙ୍କର ବାପାଙ୍କ ପ୍ରତି ଥିଲା ଅତ୍ୟନ୍ତ ଶ୍ରଦ୍ଧା। ସ୍ୱଦେହରେ ବାୟାବାବାଙ୍କୁ ଦେଖିଛି ଏବଂ ତାଙ୍କୁ ଅନୁଭବ କରି ତାଙ୍କ ଆଶୀର୍ବାଦ ପାଇଛି। ଆମ ଅଞ୍ଚଳରେ ତାଙ୍କର ଜନ୍ମ ଏବଂ ତାଙ୍କର କର୍ମଭୂମି ମଧ୍ୟ। ଏଠି ନାମାଚାର୍ଯ୍ୟ ବାୟାବାବାଙ୍କ ସଂପର୍କରେ ମୁଁ କିଛି ଉଲ୍ଲେଖ କରିବା ପାଇଁ ଚାହୁଁଛି। କାରଣ ଆମ ଗୁରୁଦେବଙ୍କ ସହିତ ତାଙ୍କର ଗୋଟିଏ ଆତ୍ମିକ ସଂପର୍କ ଥିଲା। ମୁଁ ଯେତିକି ଜାଣିଛି ଯୁବ ଅବସ୍ଥାରେ ଯେତେବେଳେ ଆଧ୍ୟାତ୍ମିକ ଗୁରୁଙ୍କୁ ଖୋଜିବା ପାଇଁ ବାୟାବାବା ଭାରତବର୍ଷ ବୁଲି ଶେଷରେ ପହଞ୍ଚିଥିଲେ ଆସାମର ଜୋରହାଟ କୋକିଳାମୁଖ ମଠରେ। ସେ ସମୟରେ ସ୍ୱଦେହରେ ଠାକୁର ନିଗମାନନ୍ଦ ପରମହଂସ ମଧ୍ୟ ମଠରେ ଥିଲେ। କିଛି ସନ୍ନ୍ୟାସୀ ଓଡ଼ିଶାରୁ ଜଣେ ଯୁବକ ଆସିଛନ୍ତି ଏବଂ ଶିଷ୍ୟତ୍ୱ ନେବା ପାଇଁ ଇଚ୍ଛା ପ୍ରକାଶ କରୁଛନ୍ତି ବୋଲି ଠାକୁରଙ୍କ ପାଖରେ କହିଲେ। ବାୟାବାବା ମଧ୍ୟ ଠାକୁରଙ୍କ ପାଖରେ

ଦଣ୍ଡାୟମାନ ହେଲେ । ଠାକୁର କହିଲେ ଠିକ୍ ଅଛି, ତାଙ୍କୁ କୁରାଢ଼ି ଦେଇଦିଅ । ସେ କାଠ ହାଣୁଥାନ୍ତୁ । ତାଙ୍କୁ କୁରାଢ଼ିଟିଏ ଦିଆଗଲା । ସେ କାଠ ହାଣିବା ଆରମ୍ଭ କଲେ । ଇତିମଧ୍ୟରେ ମଧ୍ୟାହ୍ନ ହୋଇଥିଲା । ସମସ୍ତେ ପ୍ରସାଦ ସେବନ କଲେ । ଠାକୁର ମଧ୍ୟ ଭୋଗ ନେଇ ବିଶ୍ରାମକୁ ଗଲେ କିନ୍ତୁ ଯୁବକ ବାୟାବାବା ତାଙ୍କୁ ଯେତେବେଳେ ଡକାହେଲା ଯେ ଆସନ୍ତୁ ପ୍ରସାଦ ପାଇବେ, ସେ କହିଲେ, ନା ମୋତେ ଯିଏ ଆଦେଶ କରିଛନ୍ତି ସେ ତ ମୋତେ ଡାକିନାହାନ୍ତି, ମୋତେ ତ କାମ କରିବା ପାଇଁ ମନା କରିନାହାନ୍ତି । ତେଣୁ ଯିବି କେମିତି ? ମୋତେ କାଠ କାଟିବା ପାଇଁ କହିଛନ୍ତି, ସେଇ କାଠ ହିଁ କାଟୁଛି ।

ବିଶ୍ରାମ ସାରି ଅପରାହ୍ଣରେ ଶ୍ରୀ ଶ୍ରୀ ଠାକୁର ଓଡ଼ିଶାରୁ ଆସିଥିବା ଯୁବକଙ୍କ ସଂପର୍କରେ ପଚାରି ବୁଝିବାରୁ ଜାଣିପାରିଲେ ଯେ ବାୟାବାବା କାଠ କାଟିବାରୁ ବିରତ ହୋଇନାହାନ୍ତି । ଅନ୍ତେବାସୀମାନଙ୍କ ଅନୁରୋଧ ସତ୍ତ୍ୱେ ଠାକୁରଙ୍କ ନିର୍ଦ୍ଦେଶ ନଥିବାରୁ ସେ ମଧ୍ୟାହ୍ନ ପ୍ରସାଦ ଗ୍ରହଣ କରିନାହାନ୍ତି ଓ ନିର୍ଦ୍ଦେଶିତ ସେବାରୁ ବିରତ ହୋଇନାହାନ୍ତି । ଶ୍ରୀ ଶ୍ରୀ ଠାକୁର ଯୁବକ ବାୟାବାବାଙ୍କ ପାଖକୁ ଯାଇ ତାଙ୍କୁ କୁଣ୍ଢାଇ ଧରିଲେ । ସେ ସମୟରେ ଯୁବକ ବାୟାଙ୍କ ହାତରୁ ଦୀର୍ଘ ସମୟ କାଠ କାଟିବା ଯୋଗୁଁ ରକ୍ତ ବାହାରୁଥାଏ । ଅନେକ କୁହନ୍ତି ନାମାଚାର୍ଯ୍ୟ ବାୟାବାବାଙ୍କର ଗୁରୁ ନିଗମାନନ୍ଦଙ୍କ ନିକଟରେ ସେଦିନ ସିଦ୍ଧି ପ୍ରାପ୍ତି ହୋଇଥିଲା ।

ତୁମର ଗୁରୁ ମୁଁ ନୁହେଁ । ତୁମେ ଠିକ୍ ସମୟରେ ତୁମ ଗୁରୁଙ୍କୁ ପ୍ରାପ୍ତ ହେବ ବୋଲି ଠାକୁର ସୂଚନା ଦେଇଥିବା ଶୁଣିବାକୁ ମିଳେ । ପରବର୍ତ୍ତୀ ସମୟରେ ବାବାଜି ରାମଦାସଙ୍କୁ ଭେଟି ବାୟାବାବା ଶିଷ୍ୟତ୍ୱ ଗ୍ରହଣ କରିଥିଲେ । ବୋଧହୁଏ ଏହି ଘଟଣା ଯୋଗୁଁ ବାୟାବାବାଙ୍କ ଅନେକ ଆଶ୍ରମରେ ଶ୍ରୀ ଶ୍ରୀ ଠାକୁର ନିଗମାନନ୍ଦଙ୍କର ଶ୍ରୀବିଗ୍ରହ ପୂଜିତ ହୁଏ । ନାମାଚାର୍ଯ୍ୟ ବାୟାବାବାଙ୍କ ସହ ମୋ ବାପାଙ୍କର ଯେଉଁ ସଂପର୍କ ଥିଲା ସେଥିରୁ ମୁଁ ବା ବାଦ୍ ପଡ଼ିବି କିପରି ! ତାଙ୍କ ଶ୍ରୀହସ୍ତରୁ ଆଶୀର୍ବାଦର ପାନ ମୁଁ ଅନେକ ବାର ପାଇଛି ଏବଂ ଆଜି ଦିନରେ ମଧ୍ୟ ତାଙ୍କର ଦିବ୍ୟବାଣୀକୁ ଅନ୍ତରରେ ଅନୁଭବ କରୁଛି ।

ଗୁରୁମାର୍ଗରେ ରହି ମୁଁ ବୁଝିଯାଇଛି ଯେ ଈଶ୍ୱରଙ୍କ ଆଶୀର୍ବାଦ ବିନା ଗଛରୁ ପତ୍ର ଝଡ଼େନି। ଆଜି ଯେଉଁଠି ପହଞ୍ଚିଛି, ଯେଉଁ ପଥରେ ପଥିକ ହୋଇଛି, ଯାହା ପାଇଛି ଓ ପାଇନାହିଁ, ସବୁ ସେଇ ଅଦୃଶ୍ୟ ସତ୍ତାଙ୍କର ନିର୍ଦ୍ଦେଶ ଅନୁସାରେ ହିଁ ହୋଇଛି। ଥରକର କଥା- ସେଦିନ ଗୁରୁଦେବ ଏବଂ ବିଶ୍ୱନିୟନ୍ତାଙ୍କୁ ପ୍ରଣାମ ଜଣାଇ ମୁଁ ଧ୍ୟାନ କରୁଥିବା ସମୟରେ ଠାକୁରଙ୍କ ମଥାରୁ ଫୁଲଟିଏ ଖସିଥିଲା। ଫୁଲଟି ଖସିଲା ସମୟରେ ସମସ୍ତେ ଭାବନ୍ତି ଯେ ନିଜ ବ୍ୟକ୍ତିଗତ ଜୀବନରେ ହେଉ ଅଥବା ସାମାଜିକ ଜୀବନରେ କିଛି ମଙ୍ଗଳକର ଘଟଣା ଘଟିବ। କିନ୍ତୁ ଘଣ୍ଟାଏ ପରେ ମୋତେ ନିର୍ଦ୍ଦେଶ ମିଳିଲା ନିଜର ପଦବି ଛାଡ଼ିବାକୁ। ମୁଁ ପଦବି ଛାଡ଼ିଥିଲି, କିନ୍ତୁ ଖୁସି ଥିଲି ଠାକୁରଙ୍କ ଆଶୀର୍ବାଦରେ ରହି ମୁଁ ଏ ପଦବି ଛାଡ଼ିଛି। ତେଣୁ ମୁଁ କୌଣସି ପ୍ରକାର ଅବଶୋଷରେ ଆକ୍ରାନ୍ତ ହୋଇ ନଥିଲି। ଆଜି ମୁଁ ଯେଉଁଠି ଯେଉଁ ପାହାଚରେ ବସିଛି, ତାହା ଯେ ମୋର ପୁରୁଷାକାର ବଳରେ, ସେକଥା କେବେ ମୋ ମନକୁ ଆସିନି। ଗୁରୁମାର୍ଗରେ ରହି ଆଧ୍ୟାତ୍ମିକତାର ସାନ୍ନିଧ ଭିତରେ ଥିବାରୁ ମୋ ମନରେ ସର୍ବଦା ଏପରି ଭାବନା ରହିଛି।

ମୁଁ ପିଲାଦିନରୁ ବାପାଙ୍କ ସହିତ ମା’ କଟକ ଚଣ୍ଡୀଙ୍କ ମନ୍ଦିରଠାରୁ ଆରମ୍ଭ କରି ମା’ କାଳୀଙ୍କ ମନ୍ଦିର ଯାଉଥିଲି। ମୋ ବାପା ମଧ୍ୟ ମା’ଙ୍କ ଉପାସକ ଥିଲେ। ମୋ ବାପା ରାମକୃଷ୍ଣ କଟେଜରେ ରହୁଥିଲେ ଏବଂ ରାମକୃଷ୍ଣ ପରମହଂସଙ୍କ ଉପାସକ ଥିଲେ। ସେ ଦୀର୍ଘଦିନ ଧରି ପଣ୍ଡିଚେରୀ ଶ୍ରୀଅରବିନ୍ଦ ଆଶ୍ରମରେ ରହିବା ସହିତ ଶ୍ରୀମା’ ଏବଂ ଶ୍ରୀଅରବିନ୍ଦଙ୍କ ଆଧ୍ୟାତ୍ମିକ ଭାବନାରେ ସଂପୂର୍ଣ୍ଣ ବୁଡ଼ି ରହିଥିଲେ। ସାରା ଜୀବନ ପଣ୍ଡିଚେରୀରେ ରହିବାକୁ ବାପାଙ୍କର ଇଚ୍ଛା ମଧ୍ୟ ଥିଲା। ଏମିତି ଭାବରେ ପଣ୍ଡିଚେରୀ ଓ ମା’ଙ୍କ ମନ୍ଦିର ସହିତ ଆମ ପରିବାରର ଆତ୍ମିକ ସଂପର୍କ ଥିଲା। ଆମ ଅଞ୍ଚଳର ସର୍ବମୟକର୍ତ୍ତ୍ରୀ ମା’ ଦେବୀ ଶାରଳାଙ୍କ ଆଶୀର୍ବାଦ ସବୁବେଳେ ଥାଏ ଆମ ପରିବାର ଉପରେ। ସର୍ବୋପରି ଗୁରୁଦେବ ଠାକୁର ନିଗମାନନ୍ଦ ପରମହଂସ ଦେବଙ୍କ ଆଶ୍ରିତ ପରିବାର ଆମେ। ମୁଁ ରାମକୃଷ୍ଣ ପରମହଂସଙ୍କ ‘ଯତୋ ମତ୍ ତତୋ ପଥ୍’କୁ ପଢ଼ିଛି। ରାମକୃଷ୍ଣ ପରମହଂସଙ୍କ ସହିତ ବିବେକାନନ୍ଦଙ୍କ ପୁସ୍ତକସବୁ

ପ୍ରାୟ ପଢ଼ିଛି । ମୋର ହୃଦ୍‌ବୋଧ ହୋଇଛି ଯେ, ଠାକୁର ନିଗମାନନ୍ଦ ପରମହଂସ ଦେବ, ଗୁରୁଦେବଙ୍କ ବାଣୀ ଏବଂ ବିଚାରଧାରା, ଜ୍ଞାନାବତାର ଶଙ୍କରଙ୍କ ମତ ତଥା ପ୍ରେମାବତାର ଗୌରାଙ୍ଗ ଦେବଙ୍କ ଉଦାରପଥ ଏଥିରେ ସମସ୍ତେ ରହିପାରିବେ । ସବୁ ଧର୍ମମତକୁ କିଭଳି ଭାବରେ ସମ୍ମାନର ସହ ଗ୍ରହଣ କରିବା କିମ୍ବା ତାଙ୍କୁ ସମ୍ମାନ ଦେବା ଏହି ଅବବୋଧ ମୋର ମନପ୍ରାଣ ଅନ୍ତରରେ ସର୍ବଦା ରହିଛି ।

ଏଠାରେ ଗୋଟିଏ ବିଶେଷ ଘଟଣା କଥା ଉଲ୍ଲେଖ କରିବା ମୋର ଉଚିତ ହେବ । ମୋର ନବମ ଶ୍ରେଣୀ ହୋଇଥାଏ, ଭୁବନେଶ୍ୱରରେ ପାଠ ପଢୁଥାଏ । ବାପାଙ୍କ ସହିତ ଠାକୁର ଅନୁକୁଳଚନ୍ଦ୍ରଙ୍କର ମୁଖ୍ୟ ଧାମ ଦେଓଘରରେ ହେଉଥିବା ଏହାର ବାର୍ଷିକ ସମ୍ମିଳନୀରେ ଯୋଗ ଦେଇଥାଏ । ଭାରତବର୍ଷର ବିଭିନ୍ନ ପ୍ରାନ୍ତରୁ ହଜାର ହଜାର ଭକ୍ତ ସେଠାକୁ ଆସିଥାନ୍ତି । ସେ ସମୟରେ ବଡ଼ଦା ସ୍ୱଦେହରେ ଥାନ୍ତି, ତାଙ୍କ ପାଖରେ ବସିବାର ସୌଭାଗ୍ୟ ମୋତେ ମିଳିଲା ଏବଂ କିଛି ବନ୍ଧୁ ସେଦିନ ସେଠାରେ କହିଥିଲେ- ଦାଦା ଏଇ ପିଲାଟିକୁ ଦୀକ୍ଷା ଦେଇଦିଅନ୍ତୁ ।

ବଡ଼ଦା ମୋ ପିଠିରେ ହାତମାରି କହିଲେ- ଇଏ ତ ଦୀକ୍ଷିତ ଅଛି ।

ମୋର ଆଜି ପର୍ଯ୍ୟନ୍ତ ସେ ଶିହରଣ ମନ ଭିତରେ ରହିଛି । ତାହା ମୋ ଭିତରର ଆଧ୍ୟାତ୍ମିକ ଆବେଶକୁ ସତେ ଯେପରି ମନ୍ତ୍ରିତ କରିଦେଉଛି ! ମୋ ଭିତରେ ଆଧ୍ୟାତ୍ମିକତାର ଉନ୍ମେଷ ମୋ ଜନ୍ମ ସମୟରୁ ହିଁ ହୋଇଥିଲା ବୋଲି ବୋଉ ଦ୍ୱାରା ଲିଖିତ 'ସାୟାହ୍ନର ସ୍ମୃତି' ପୁସ୍ତକରୁ ପଢ଼ି ଜାଣିଥିଲି । ପୂର୍ବରୁ ତାହା ଉଦ୍ଧାର କରିଛି ।

ଶହେ ମା'ଙ୍କ ଆଶୀର୍ବାଦର ତପୋଭୂମି :

ଅସୁରେଶ୍ୱର ଗୋମଙ୍ଗଳ ସମିତି ନାମରେ ପଞ୍ଜିକୃତ 'ଗୋରକ୍ଷଣୀ'କୁ ଯେଉଁମାନେ ଯାଇଛନ୍ତି, ସେମାନେ ଅନୁଭବ କରିଥିବେ ଯେ ତାହା କେବଳ ମାତ୍ର ଅକର୍ମଣ୍ୟ ଅକ୍ଷମ ଗୋମାତାମାନଙ୍କର ଆଶ୍ରୟସ୍ଥଳୀ ନୁହେଁ, ତାହା ହେଉଛି ଶହେ ମା'ଙ୍କ ଆଶୀର୍ବାଦର ତପୋଭୂମି ।

ଭାରତୀୟ ସଂସ୍କୃତିର ନିଷ୍ଠାପର ପୂଜାରୀ ଥିଲେ ମୋ ବାପା। "ଅସୁରେଶ୍ୱର ଗୋମଙ୍ଗଳ ସମିତି" (ଗୋରକ୍ଷଣୀ) ମୋ ବାପାଙ୍କ ଜୀବନର ପ୍ରମୁଖ କର୍ମବେଦୀ ଥିଲା। ୧୯୪୩ ମସିହାରେ ମୋ ଅଜା ସ୍ୱର୍ଗତ ଜଳଧର ନାୟକ ଓ ତାଙ୍କର ମୁସଲମାନ ବନ୍ଧୁ ସୟଦ୍ ଅଫ୍‌ସର ଅଲ୍ଲୀ ଏକାଠି ମିଶି ଅକର୍ମଣ୍ୟ ଅକ୍ଷମ ଗୋମାତାଙ୍କ ସେବା ନିମନ୍ତେ ଏହି ଗୋରକ୍ଷଣୀ ପ୍ରତିଷ୍ଠା କରିଥିଲେ। ଏହାକୁ ଚଳାଇବା ପାଇଁ ସେମାନେ ଧନୀ ମହାଜନଙ୍କ ଦାନ ଉପରେ ନିର୍ଭର ନକରି ଆଖପାଖ ଗାଁର ଗୃହିଣୀ ମା'ମାନଙ୍କୁ ଭରସା କରିଥିଲେ। ପ୍ରତିଦିନ ପରିବାରର ରୋଷେଇ ପାଇଁ ନିଆଯାଉଥିବା ଚାଉଳରୁ ମାତ୍ର ଗୋଟିଏ ମୁଠା ଗୋରକ୍ଷଣୀର ଗୋମାତାମାନଙ୍କ ପାଇଁ ଦେବାକୁ ଆହ୍ୱାନ ଦେଇଥିଲେ ସ୍ୱର୍ଗୀୟ ନାୟକ। ତାଙ୍କର ଆହ୍ୱାନକୁ ଆଗ୍ରହର ସହ ମାନି ନେଇଥିଲେ ସଂଲଗ୍ନ ପ୍ରାୟ ଶହେ ଗ୍ରାମର ମା'ମାନେ। ଆରମ୍ଭରୁ ସେହି ମୁଠି ଚାଉଳକୁ ମାଧ୍ୟମ କରି ଏହି ଅନୁଷ୍ଠାନ ବଞ୍ଚିଲା। ଭାରତୀୟ ସଂସ୍କୃତିର ନିଷ୍ଠାପର ପୂଜାରୀ ମୋ ବାପା ଏଭଳି ଏକ ଗୋସେବା ଅନୁଷ୍ଠାନ ପ୍ରତି ଆକର୍ଷିତ ହେବା ସ୍ୱାଭାବିକ ଥିଲା। ମୋ ବୋଉ ଗୋଶାଳାକୁ ଲାଗିଥିବା କମଳା ନେହେରୁ ବାଳିକା ବିଦ୍ୟାଳୟର ଛାତ୍ରୀ ଥିଲା। ଅନେକ ସମୟରେ ବାପା ବୋଉ ଗୋଶାଳାରେ ଦିନ କାଟନ୍ତି। ଗୋମାତାଙ୍କ ସେବା ହିଁ ଜୀବନର ସବୁଠୁ ବଡ଼ ଧର୍ମ ବୋଲି ସେ ବୁଝିଥିଲେ। ଗାନ୍ଧୀ ବିଚାରଧାରାର ଏକାନ୍ତ ଅନୁଗାମୀ ଥିଲେ ବାପା। ବାପା ସକ୍ରିୟ ରାଜନୀତିରୁ ଓହରିବା ପରେ ଗୋରକ୍ଷଣୀରେ ହିଁ ଦିନ କାଟୁଥିଲେ ଏବଂ ତାହାର ସମସ୍ତ ଦାୟିତ୍ୱ ନେଇଥିଲେ। କେବଳ ବାପା ନୁହନ୍ତି, ଆମ ପରିବାରର ସମସ୍ତ ସଦସ୍ୟ ଗୋମାତାର ସେବା ଏବଂ ତା'ର ଦାୟିତ୍ୱ ପ୍ରତି ସଚେତନ।

ଆଜି ବାପାଙ୍କ ପରେ ଏହି ଗୋସେବା ଅନୁଷ୍ଠାନର ମୁଁ ସଭାପତି ହୋଇ ନିଜକୁ ଗୌରବାନ୍ୱିତ ମନେକରେ। ଶହେଟି ଗୋମାତାଙ୍କୁ ନେଇ ଦୀର୍ଘ ୮୦ ବର୍ଷ ଧରି ଚାଲୁଥିବା ଏହି ଅନୁଷ୍ଠାନ ପଛରେ ସଦ୍‌ଗୁରୁ ନିଗମାନନ୍ଦ ପରମହଂସ ଦେବଙ୍କ ଆଶୀର୍ବାଦ ରହିଛି। ତାଙ୍କର ଶ୍ରୀବିଗ୍ରହ ଏବେ ବି ସେଠାରେ ପୂଜିତ ହେଉଛନ୍ତି। ମୋର ଗୋଟିଏ ମା' ନୁହେଁ,

ଗୋରକ୍ଷଣୀର ଶହେଟି ମା'ଙ୍କ ଆଶୀର୍ବାଦ ମୋ ସହିତ ସର୍ବଦା ରହିଛି, ଏହା ମୋର ଅନୁଭବ। ବିଭିନ୍ନ ସମୟରେ ଏହି ଅନୁଷ୍ଠାନକୁ ମାନେକା ଗାନ୍ଧୀଙ୍କ ଠାରୁ ଆରମ୍ଭ କରି ପୂର୍ବତନ ମୁଖ୍ୟମନ୍ତ୍ରୀ ନବୀନ ପଟ୍ଟନାୟକଙ୍କ ପର୍ଯ୍ୟନ୍ତ ବହୁ ବିଶିଷ୍ଟ ବ୍ୟକ୍ତି ଆସିଛନ୍ତି ଓ ଏଭଳି ଅନନ୍ୟ ଗୋସେବା ପ୍ରତିଷ୍ଠାନକୁ ଦେଖି ବିଶେଷ ଆନନ୍ଦ ପ୍ରକାଶ କରିଛନ୍ତି।

ଏପରି ଏକ ସଂଗଠନ ଅସୁରେଶ୍ୱର ଗୋରକ୍ଷଣୀ। ତା'ର ଦୀର୍ଘବର୍ଷର ସାଧନା, ସଂଘର୍ଷ ଓ ସଂକଳ୍ପର ଇତିହାସକୁ ଆଜି ଅନୁଶୀଳନ କରିବାକୁ ଯାଉଛି। ଆଜି ସେହି ସ୍ମରଣୀୟ ଅବସରରେ ଆତ୍ମସମୀକ୍ଷାର ସମୟ ଆସିଛି। ବହୁ ବ୍ୟକ୍ତି ଓ କର୍ମୀଙ୍କର ତ୍ୟାଗ, ତିତିକ୍ଷା ଓ ସତ୍ୟନିଷ୍ଠା ବଳରେ ଏହା ଇତିହାସର କଷଟି ପଥରରେ ଉତ୍ତୀର୍ଣ୍ଣ ହୋଇଛି। ଜଳଧର ନାୟକଙ୍କ ପରି ସବୁରି ଭିତରେ ଶୁଦ୍ଧ ସୁବର୍ଣ୍ଣପରି ଝଟକି ଉଠୁଛି ଜଣେ ମହତ୍ତର ବ୍ୟକ୍ତିଙ୍କ ସ୍ମୃତି ଓ ସାକାର ହୋଇଥିବା ତାଙ୍କର ସ୍ୱପ୍ନ, ସାଧନା ଓ ସଂକଳ୍ପ। ତାଙ୍କର ଜୀବନଧାରା ଯେପରି ତ୍ୟାଗପୂତ, କର୍ମ ସେହିପରି ମହିମାନ୍ୱିତ ଓ ମର୍ଯ୍ୟାଦାପୂର୍ଣ୍ଣ।

କିନ୍ତୁ ଗୋଟିଏ କଥା ଖୁବ୍ ସ୍ପଷ୍ଟ ଓ ବିଚାର୍ଯ୍ୟ ଯେ, ଜଣେ ବ୍ୟକ୍ତିର ଜୀବନ ଓ ଆଭିମୁଖ୍ୟରେ ସତ୍ୟବଦ୍ଧ ସଂକଳ୍ପ ନଥିଲେ, ତାହା ଦୀର୍ଘସ୍ଥାୟୀ ହୋଇପାରେନାହିଁ। ଆଜିର ସମାଜରେ ଉଚ୍ଚମୂଲ୍ୟବୋଧ ପ୍ରତି ବିମୁଖତା ଏବଂ ପ୍ରଯୁକ୍ତି ବିଦ୍ୟାର କୋଳାହଳ ଭିତରେ ସବୁକିଛିକୁ ଅର୍ଥନୈତିକ ପ୍ରତିଯୋଗିତାରେ ତଉଲା ଯାଉଥିବା ବେଳେ, ଗୋରକ୍ଷଣୀ ଭଳି ଏକ ବିଶୁଦ୍ଧ ଅଣବ୍ୟବସାୟିକ ସଂଗଠନ କେତେ ସଂଘର୍ଷ ଓ ଝଡ଼ଝଞ୍ଜା ଭିତରେ ତଥାପି ବର୍ତ୍ତି ରହିଛି ଏବଂ ଏକ ବିଶାଳ ଅଂଚଳର ଜନ ସମୂହକୁ ଉଦ୍‌ବୁଦ୍ଧ କରୁଛି, ତାହା ସ୍ୱର୍ଗତ ଜଳଧର ନାୟକଙ୍କର ସାଧନା ଓ ସିଦ୍ଧିର ସ୍ୱଚ୍ଛତା ଓ ଗଭୀରତାକୁ ପ୍ରମାଣିତ କରେ।

ଆମେ ସମସ୍ତେ ଜାଣୁ ଯେ ଗୋରକ୍ଷଣୀ ଏକ ବ୍ୟବସାୟିକ ଗୋଶାଳା ନୁହେଁ। ଏହାର ଆଭିମୁଖ୍ୟ ଭିନ୍ନ, କାର୍ଯ୍ୟଧାରା ମଧ୍ୟ ଭିନ୍ନ। ଗୋଟିଏ ପାଳିତ ଗାଈଠାରୁ ସାରା ଜୀବନ ଧରି ଫାଇଦା ଉଠାଇ ସାରିବା ପରେ ସ୍ୱୟଂ ମାଲିକ ଯେତେବେଳେ ସେହି ଅକ୍ଷମ ବୃଦ୍ଧା ଗାଈର ଲାଳନ ପାଳନ ପାଇଁ ଅସାମର୍ଥ୍ୟ ପ୍ରକାଶ କରେ, ସେତେବେଳେ ବିଶୁଦ୍ଧ ସେବା ପ୍ରଦାନ କରିବା

ପାଇଁ ଗୋରକ୍ଷଣୀ ଆଗେଇ ଆସେ। ଏହା ମୂଳରେ କୌଣସି ପ୍ରାପ୍ତିର ଅଭିଳାଷ ନଥାଏ, ପ୍ରତିଷ୍ଠାର ଅଭିସନ୍ଧି ନଥାଏ। ଗାଈଟିଏ ଯାହା ଆଖିରେ ନିଜ ମାଆ ପରି ମୂର୍ତ୍ତିମନ୍ତ ଦିଶେ, ତାର ପରିଭାଷାରେ ସେ ପାଲଟିଯାଏ ଗୋମାତା। ଗାନ୍ଧିଜୀଙ୍କ ଭାଷାରେ, "ମାତୃ ସ୍ତନ୍ୟ ପାନରୁ ବଂଚିତ କୋଟି କୋଟି ଭାରତୀୟଙ୍କ ପାଇଁ ଗାଈ ହେଉଛି ଦ୍ୱିତୀୟ ମାତା।" ଏ ଉକ୍ତି ମଧ୍ୟ ଗୋରକ୍ଷଣୀ ପାଇଁ ପ୍ରଯୁଜ୍ୟ ନୁହେଁ। ଗୋରକ୍ଷଣୀରେ ଆଶ୍ରିତ ଗାଈଗୁଡ଼ିକ କଠ ଉପନିଷଦରେ ବର୍ଣ୍ଣିତ ନଚିକେତାର ପିତା ବାଜଶ୍ରବା ଋଷି ଦାନ କରୁଥିବା ଗାଈଗୁଡ଼ିକ ପରି "ପିତୋଦକାକ ଜରଧ ତୃଣା ଦୁଗ୍ଧ ଦୋହା ନିରିନ୍ଦ୍ରିୟାଃ" ଅର୍ଥାତ୍ ତୃଣ ଭୋଜନ ଓ ଜଳପାନର ଶକ୍ତି ହରାଇ ଥିବା, ଶେଷଥର ପାଇଁ ଦୁଗ୍ଧ ଦୋହନ ସରିଥିବା, ଇନ୍ଦ୍ରିୟଗୁଡ଼ିକ ସଂପୂର୍ଣ୍ଣ ଅଚଳ ହୋଇ ପଡ଼ିଥିବା ଅବସ୍ଥାର ଗାଈ। ସେମାନଙ୍କ ମଧ୍ୟରେ ପୁଣି ଜୀବନିକା ଶକ୍ତିର ସଂଚାର କରିବାକୁ ପଡ଼ିବ। ଅନ୍ତରର ଗଭୀରତମ ସତ୍ତାର କେଉଁ ଆହ୍ୱାନରେ, କେଉଁ ପ୍ରେରଣାରେ ସ୍ୱର୍ଗତ ଜଳଧର ଏଭଳି ଏକ ଜଟିଳ, ସମସ୍ୟା ବହୁଳ ଯୋଜନାର ଦାୟ ନେଲେ ତାହା ବୁଝିଗଲେ ହିଁ ତାଙ୍କ ବ୍ୟକ୍ତିତ୍ୱର ମହନୀୟ ସ୍ୱରୂପକୁ ଦେଖିହୁଏ। ତାଙ୍କର ସଂକଳ୍ପ ଏତେ ଗଭୀର ଓ ସତ୍ୟନିଷ୍ଠ ଥିଲା ଯେ ଅଶୀବର୍ଷ ପରେ ମଧ୍ୟ ତାହା ସ୍ୱଚ୍ଛନ୍ଦରେ ସେହି ସମଧର୍ମୀ ଆନ୍ତରିକତା ସହିତ ସମାହିତ ହୋଇ ଚାଲିଛି। ମୁଷ୍ଟି ଭିକ୍ଷାରେ ଏକ ସଂଗଠନ ଦୀର୍ଘ ଅର୍ଦ୍ଧଶତାବ୍ଦୀରୁ ଊର୍ଦ୍ଧ୍ୱ କାଳ ସତେଜ ସକ୍ରିୟ ଓ ସତ୍ୟବଦ୍ଧ ହୋଇ ଚାଲିବା ସମଗ୍ର ଦେଶରେ ବୋଧହୁଏ ଅନନ୍ୟ ଓ ଅତୁଳନୀୟ।

ଗୋ-ସୁରକ୍ଷା କେବଳ ଏକ ଭାରତୀୟ ସଂସ୍କୃତି ନୁହେଁ, ଏକ ଶାଶ୍ୱତ ଜୀବନ ଧାରା। ଶିଳ୍ପ ସମୃଦ୍ଧ ଆଧୁନିକତା ଏହି ପାରମ୍ପରିକ ସଂସ୍କୃତିରେ ଅବକ୍ଷୟ ଆଣିଛି ସତ, କିନ୍ତୁ ଜୀବନଧାରାକୁ ବଦଳାଇ ପାରିନାହିଁ। ଆଜି ଭାରତର କୋଟି କୋଟି ଗାଁ ମୁଲକରେ ଗୋ ସଂପଦର ଭୂମିକା ଅତ୍ୟନ୍ତ ଅର୍ଥପୂର୍ଣ୍ଣ ଓ ଅର୍ଥନୈତିକ ଦୃଷ୍ଟିରୁ ମହତ୍ତ୍ୱପୂର୍ଣ୍ଣ। ସେଠାରେ ମଣିଷ ଓ ପଶୁର ସହାବସ୍ଥାନ ଏକ ସ୍ୱାଭାବିକତା ଏବଂ ପରସ୍ପର ନିର୍ଭରଶୀଳ ଏକ ସୌହାର୍ଦ୍ଦ୍ୟ। ଭାରତୀୟ ଅର୍ଥନୀତିରେ ଆନନ୍ଦସ୍ଥିତ ଜାତୀୟ ଡାଏରୀ ନିଗମର ଦୁଗ୍ଧ ବନ୍ୟା ଯୋଜନା ଆଜି ସମଗ୍ର ବିଶ୍ୱରେ ଆଲୋଡ଼ନ ସୃଷ୍ଟି କରିଛି। ବିଜ୍ଞାନୀ

ମଣିଷର ସୁଷମ ଖାଦ୍ୟର ତାଲିକାରେ ଦୁଗ୍ଧ ଓ ଦୁଗ୍ଧଜାତ ଦ୍ରବ୍ୟକୁ ଆଉ କିଛି ଅତିକ୍ରମ କରି ଯାଇନାହିଁ। ବିଂଶ ଶତାବ୍ଦୀର ପ୍ରଥମ ପର୍ଯ୍ୟାୟରେ ଗାନ୍ଧିଜୀ, ବିନୋବା ଓ ଗୋପବନ୍ଧୁଙ୍କ ଲେଖନୀରେ 'ଗୋ-ମାତା' ଶବ୍ଦ ଏକ ତାତ୍ପର୍ଯ୍ୟପୂର୍ଣ୍ଣ ସ୍ଥାନ ଦଖଲ କରିଛି। ମାତ୍ର ଶତାବ୍ଦୀର ଶେଷ-ପାହାଚରେ, ଏ ପିଢ଼ିର ଯୁବ ବଂଶଧରଙ୍କ ପାଇଁ ଗୋ-ସେବା ମୂଲ୍ୟହୀନ ହୋଇପଡ଼ିଛି। ଏ ଅବକ୍ଷୟର ସନ୍ଧିକ୍ଷଣରେ, ଏକ ଭୟଙ୍କର ଅପସଂସ୍କୃତିର ଦିଗ୍‌ବିଜୟ ବେଳେ, ଅସୁରେଶ୍ୱର ଗୋରକ୍ଷଣୀ ଆମ ପାଇଁ କେତେ ଆଶା, ଆଶ୍ୱସ୍ତି ଓ ଆଶ୍ୱାସନାର ବାର୍ତ୍ତା ସଂଚାର କରେ ସତେ!

ଅନ୍ତରାଳରେ ରହି ଦୀର୍ଘ ଅଶୀତି ବର୍ଷ ଧରି ଏହି ସଂଗଠନକୁ ସହଯୋଗ କରି ଆସୁଥିବା ଶହ ଶହ ମା' ଭଉଣୀ, ଯେଉଁମାନେ ନିରବ ଆଗ୍ରହରେ ନିଜ ଖାଇବା ଚାଉଳରୁ ମୁଠାଏ ମୁଠାଏ ସଂଗ୍ରହ କରି ଗୋରକ୍ଷଣୀକୁ ଦାନ କରନ୍ତି, ତାଙ୍କର ତ୍ୟାଗକୁ କେଉଁପରି ଭାବେ ବର୍ଣ୍ଣନା କରିହେବ, ମୁଁ ଭାଷା ପାଉନାହିଁ। ଆହୁରି ଅନେକ କର୍ମୀ, ପରିଚାଳକ, ପ୍ରେରଣାଦାତା, ଶୁଭେଚ୍ଛୁ ଓ ବିଭିନ୍ନ ସମୟରେ ଏଠାକୁ ଆସିଥିବା ବିଶିଷ୍ଟ ବ୍ୟକ୍ତିଙ୍କ ଅବଦାନ ମଧ୍ୟ ସ୍ମରଣୀୟ।

ବାପାଙ୍କର ମୋତେ 'ଗଣତନ୍ତ୍ର'ର ଦୀକ୍ଷା :

ଜଣଙ୍କୁ ଗୋଟିଏ ଅଞ୍ଚଳର 'ଗାନ୍ଧୀ' ବୋଲି ସମ୍ବୋଧନ କରିବାକୁ ଜଣେ ତ ଭାବି ନଥିବେ; ଗୋଟେ ଅଞ୍ଚଳ, ଗୋଟେ ଜାତିର ଲୋକେ ନିଶ୍ଚେ ଭାବିଥିବେ। ପାଟକୁରାବାସୀଙ୍କ ପାଇଁ ଦ୍ୱିତୀୟ ଗାନ୍ଧୀ ଥିଲେ ମୋ ବାପା। ମୁଁ ପିଲାବେଳେ ଯେବେ ଯେବେ ଏଭଳି ଶୁଣୁଥିଲି, ସେବେ ସେବେ ଭାବୁଥିଲି ବାପାଙ୍କ ବେଶ, ପରିଧାନ, ଜୀବନଧାରଣ ଶୈଳୀ ସବୁ ସରଳ, ନିରାଡ଼ମ୍ବର, ଠିକ୍ ଗାନ୍ଧୀଜୀଙ୍କ ପରି। ସେଥିପାଇଁ ବୋଧହୁଏ ଲୋକେ ତାଙ୍କୁ ଏମିତି ଡାକୁଥିବେ। ମେଞ୍ଚାଏ ହେବ ଦାଢ଼ି, ଦେହକୁ ଢାଙ୍କିଥିବା ଖଦି ଧୋତି ଓ ଚାଦର ଖଣ୍ଡେ ଗୁଡ଼େଇ ହୋଇ ଧୋବଫରଫର ଦିଶୁଥିବା ବାପା କେବଳ ବାହାରୁ ଗାନ୍ଧୀ ନ ଥିଲେ, ସେ ତାଙ୍କ ଚିନ୍ତାରେ, ମନରେ, ବିଚାରରେ ଏବଂ ଲକ୍ଷ୍ୟରେ ଠିକ୍ ଗାନ୍ଧୀ ପରି ଥିଲେ। ନିରାଡ଼ମ୍ବର

ଜୀବନଚର୍ଯ୍ୟା, ସାଦାସିଧା ବେଶଭୂଷା, ସାତ୍ତ୍ୱିକ ଆହାର ସହିତ ଲୋକଙ୍କ ସେବାରେ ସତତ ଉତ୍ସର୍ଗୀକୃତ ମୋ ବାପା ମୁଁ ବିଧାୟକ ହେବା ପରେ ମୋତେ ତାଙ୍କର ଶେଷଯାଏ ଗୋଟିଏ କଥା ପରାମର୍ଶ ଦେଉଥିଲେ- "ଅସହାୟ, ଗରିବ, ଦୀନ-ଦରିଦ୍ରଙ୍କ ସେବା କରିବୁ। ତାହାହିଁ ପ୍ରକୃତ ଜନତାର ସେବା ଓ ତୋର ରାଜଧର୍ମ।" ତାହା ମୋ ପାଇଁ ଗଣତନ୍ତ୍ରର ଦୀକ୍ଷା ହୋଇ ରହିଛି।

ବିଜୁବାବୁଙ୍କର ଆମ ପରିବାର ସହିତ ସଂପର୍କ :

ବିଜୁବାବୁ ଥିଲେ ଜଣେ ହୃଦୟବାନ୍ ବ୍ୟକ୍ତିତ୍ୱ। ସେ ଯାହାକୁ ନିଜର ଭାବନ୍ତି, ତାକୁ ସର୍ବଦା ନିଜ ପାଖରେ ଦେଖିବାକୁ ଚାହାଁନ୍ତି। ବିଜୁବାବୁ ଆମ ପରିବାରକୁ କିଭଳି ଭଲପାଆନ୍ତି ସେ ସଂପର୍କରେ କିଛି ସୂଚନା ଦେବାକୁ ଚାହେଁ।

ବୋଧହୁଏ ବିଜୁବାବୁଙ୍କ ସହ ମୋର ଶେଷ ସାକ୍ଷାତ ଥିଲା ନବୀନ ନିବାସରେ। ସେ ସାଂସଦ ଥାନ୍ତି ଏବଂ ଆମ ଘରର ଜଣେ ସଂପର୍କୀୟଙ୍କ ପୁଅ ବିଜୁବାବୁଙ୍କ ସହିତ ଅତି ନିବିଡ଼ ସଂପର୍କ ରଖିଥାଏ। ସେ ପିଲାର ବୟସ ଥିଲା ବାର, ତେର ବର୍ଷ ଏବଂ ସେ ବିଜୁବାବୁଙ୍କୁ ବରାବର ଟେଲିଫୋନ୍ ଯୋଗେ କଥାବାର୍ତ୍ତା କରି ସଂପର୍କ ରଖିଥିଲା। ବିଜୁବାବୁ ଥିଲେ ଏପରି ଏକ ବ୍ୟକ୍ତି ଯିଏ ଯେକୌଣସି ସମୟରେ ତତ୍କାଳୀନ ପ୍ରଧାନମନ୍ତ୍ରୀ ନେହେରୁଙ୍କ ସହିତ କଥାବାର୍ତ୍ତା କରିପାରୁଥିଲେ, ପରବର୍ତ୍ତୀ ପର୍ଯ୍ୟାୟରେ ଭାରତବର୍ଷର ତୁଙ୍ଗ ନେତୃତ୍ୱଙ୍କ ସହିତ ଏକା ଧାଡ଼ିରେ ବସିପାରୁଥିଲେ; ଏଥି ସହିତ ଗାଆଁଗହଳିର ପିଲାଙ୍କ ସହିତ ମଧ୍ୟ ସେ ସଂପର୍କ ରଖିପାରୁଥିଲେ! ସେଥରର କଥା, ଦିନେ 'ନବୀନ ନିବାସ'ରୁ ଫୋନ୍ ଆସିଲା। ସେ ସମୟରେ 'ନବୀନ ନିବାସ' ଦାୟିତ୍ୱରେ ଥାଆନ୍ତି ସାରଦା ମହାନ୍ତି। ମୁଁ ଫୋନ୍ ଧରିବା ପରେ ସେ ପଚାରିଲେ- "ତୁମେ ରାଜକିଶୋର ବାବୁଙ୍କ ପୁଅ ?"

ମୁଁ କହିଲି- "ହଁ।"

ସେ କହିଲେ- "ତୁମ ଘରେ ଥିବା ପିଲାଟିକୁ ସାଥିରେ ଆଣିକି 'ନବୀନ ନିବାସ' ଆସ।"

ମୁଁ ବଡ଼ ଆଶ୍ଚର୍ଯ୍ୟ ହେଲି।

ମଉସାଙ୍କ ପୁଅ ଗୁଡୁକୁ ପଚାରିବାରୁ ସେ କହିଲା- "ହଁ ମୋର ବିଜୁବାବୁଙ୍କ ସହ ଭଲ ସଂପର୍କ।"

ମୁଁ କହିଲି- "କେମିତି ?"

ସେ କହିଲା- "ମୁଁ ବରାବର ବିଜୁବାବୁଙ୍କୁ ଫୋନ୍ କରେ, ସେ ମଧ୍ୟ ଧରନ୍ତି ଓ ମୋ ସହ ଗପନ୍ତି।"

ମୁଁ ସେଦିନ ଭଉଣୀର ପୁଅ ଶୀଳଭ ଏବଂ ଗୁଡୁକୁ ସାଙ୍ଗରେ ନେଇ 'ନବୀନ ନିବାସ'କୁ ଗଲି। ସତାନବେ ମସିହା ହେବ ବୋଧହୁଏ। ମୋର ମନେଅଛି ସେଦିନ 'ନବୀନ ନିବାସ'ରେ ରାଜନେତା ଶିବାନନ୍ଦ ରାୟ ବିଜୁବାବୁଙ୍କ ସହିତ ଥାଆନ୍ତି। ବିଜୁବାବୁ ତାଙ୍କ ସହିତ ଗପୁଥାଆନ୍ତି। ତାଙ୍କୁ କହିଲେ- "ତୁ ଯାଆ ମୋ ପିଲା ଆସିଲାଣି !"

ସେ ଯିବା ପରେ ପ୍ରାୟ ଚାଳିଶ ମିନିଟ୍‌ରୁ ଅଧିକ ସମୟ ସେ ଦୁଇଟି ପିଲାଙ୍କ ସହ ବିତାଇଲେ। ସେଦିନ ବିଭିନ୍ନ ଭଙ୍ଗୀରେ ଫଟୋ ମଧ୍ୟ ଉଠାଇଲେ। ମୁଁ ମଧ୍ୟ କ୍ୟାମେରାଟିଏ ନେଇଥାଏ। ସେ କହିଲେ- "ତୋ କ୍ୟାମେରାରେ ଫଟୋଉଠା।"

ସେ ଦୁଇଟି ପିଲାଙ୍କ ଉପରେ ହାତରଖି ଫଟୋ ଉଠାଇଲେ। କେତେକ ସିଙ୍ଗଲ୍ ଫଟୋ ଉଠାଇଲେ, ମୋର ଯେଉଁ ସ୍ମୃତିଟିକକ ବିଜୁବାବୁଙ୍କ ସହିତ ଯେଉଁ ଫଟୋ ରହିଛି ସେ ଫଟୋ ମଧ୍ୟ ସେଦିନର ଫଟୋ।

ମୋର ମନେପଡୁଛି ବିଜୁବାବୁଙ୍କ ସହିତ ସେଦିନ ବସିବା ସମୟରେ ପ୍ରଧାନମନ୍ତ୍ରୀଙ୍କ ଦପ୍ତରରୁ ଦୁଇରୁ ତିନିଥର ଟେଲିଫୋନ୍ ଆସିଥିଲା, ମୁଁ ଲକ୍ଷ୍ୟ କରୁଥାଏ। ବିଜୁବାବୁ ଫୋନ୍‌ଟିକୁ ଧରିଥାନ୍ତି, ହଠାତ୍ ମୋତେ କହିଲେ- "ତୁମ ଅଞ୍ଚଳର ସେ ରିଟାୟାର୍ଡ ଆଇ.ଏ.ଏସ୍. ଅଫିସରଙ୍କ ନାଆଁ ଜାଣିଛୁ ?"

ମୁଁ ହଠାତ୍ କହିପାରିଲିନି। ସେ କହିଲେ- "ୟୁ ନୋ ନଥିଙ୍ଗ୍।"

ସାଙ୍ଗେ ସାଙ୍ଗେ ତାଙ୍କର ମନେପଡ଼ିଗଲା ଓ ସେ କହିଲେ- ସୀତାକାନ୍ତ ମହାପାତ୍ର। ତା'ପରେ ପ୍ରଧାନମନ୍ତ୍ରୀ ଦପ୍ତରକୁ ସେ କହିଲେ- ଲେଖନ୍ତୁ ସୀତାକାନ୍ତ ମହାପାତ୍ର, ଠିକଣା ଭାବରେ ଲେଖିପାରିବେ କି ନାହିଁ ?

କ'ଣ ପାଇଁ ସୀତାକାନ୍ତ ମହାପାତ୍ରଙ୍କ ନାମ ଲେଖାଗଲା, ପରବର୍ତ୍ତୀ ପର୍ଯ୍ୟାୟରେ ବୁଝିଲି; ଦୁଇ ତିନିଦିନ ପରେ ରିଜର୍ଭ ବ୍ୟାଙ୍କର ଅମ୍ବୁଡ୍‌ସମ୍ୟାନ୍ ପଦବିରେ ସୀତାକାନ୍ତ ମହାପାତ୍ରଙ୍କୁ ରଖାଗଲା। ସେକଥା ସୀତାକାନ୍ତ ବାବୁଙ୍କୁ ପଚାରିଥିଲି। ସେ ଆମର ହିତୈଷୀ ଏବଂ ବାପାଙ୍କ ଛାତ୍ର ତଥା ଜଣେ ସାହିତ୍ୟିକ ହିସାବରେ ମୋର ତାଙ୍କ ପ୍ରତି ଗଭୀର ସମ୍ମାନ ରହିଛି। ସୀତାକାନ୍ତ ବାବୁ କିନ୍ତୁ ଜାଣି ନ ଥିଲେ ଯେ ବିଜୁବାବୁ ତାଙ୍କୁ ଏ ପଦବିଟିକୁ ଦବାରେ ମନୋନୀତ କରିଛନ୍ତି ବା ରେକୋମେଣ୍ଡ୍ କରିଛନ୍ତି। ଏ ଥିଲେ ବିଜୁ ପଟ୍ଟନାୟକ। ହଜାର ହଜାର ଲୋକଙ୍କୁ ବିଭିନ୍ନ ପଦ-ପଦବି ସମ୍ମାନରେ ରଖିଲେ ମଧ୍ୟ ସେ କେବେ ଚିନ୍ତା କରୁ ନଥିଲେ - କିଏ ଜାଣୁ ମୁଁ କାହା ପାଇଁ କ'ଣ କରିଛି !

ଦିନକର କଥା। ମୋର ମନେପଡୁଛି, ପିଲାମାନଙ୍କ ସହିତ ବିଜୁବାବୁ ଯେଉଁ କଥା ହେଉଥିଲେ, ସେ ଦୁଇଟି ପିଲା ସେଦିନ ତାଙ୍କୁ ପ୍ରଶ୍ନ କରୁଥାନ୍ତି- ଆପଣ ପ୍ରଧାନମନ୍ତ୍ରୀ କାହିଁକି ହେଲେ ନାହିଁ ?

ବିଜୁବାବୁ ସରଳ ଭାବରେ ପିଲା ଦୁହିଁଙ୍କୁ ବୁଝାଉଥିଲେ- ପରୀକ୍ଷାରେ ପାଶ୍ କରିବାକୁ ହେଲେ ତୋତେ ଗୋଟେ ନିର୍ଦ୍ଦିଷ୍ଟ ନମ୍ବର ଦରକାର। ତୋତେ ସେତିକି ନମ୍ବର ଯଦି ନ ମିଳିବ ତେବେ ପାଶ୍ କରିପାରିବୁନି। ଠିକ୍ ସେହିଭଳି ଓଡ଼ିଶା ଲୋକ ମୋତେ ନମ୍ବର ଦେଇ ନାହାନ୍ତି, ପ୍ରଧାନମନ୍ତ୍ରୀ କେମିତି ହେବି ?

ଏ ଥିଲା ବିଜୁବାବୁଙ୍କ କଥା। ଆଜି ଓଡ଼ିଶାବାସୀଙ୍କ ପ୍ରାଣରେ ବିଜୁବାବୁଙ୍କ ପ୍ରତି ଯେଉଁ ଭଲପାଇବା ଏବଂ ସେଦିନର କଥା ମୋର ଆଜି ମନେପଡ଼ିଯାଉଛି। ଆଜି ଯାଏ ମୋ ପାଖରେ ସେଦିନର ସେଇ ଫଟୋ ଓ ତାଙ୍କୁ ନେଇ ଅନେକ କାହାଣୀ ମୋର ମନ ଭିତରେ ବସା ବାନ୍ଧିରହିଛି।

ବାପାଙ୍କ ସହିତ ବିଜୁବାବୁଙ୍କ ସଂପର୍କ :

ବିଜୁବାବୁଙ୍କ ଅନ୍ୟତମ ସାଥୀ ବିରେନ୍ ମିତ୍ରଙ୍କ ଡାକରାରେ ମୋ ବାପା ପାଟକୁରାରୁ ଭୁବନେଶ୍ୱର ଆସିଥିଲେ। ୧୯୬୭ ମସିହାରେ ପୁଣି ବିଜୁବାବୁଙ୍କ ସହିତ ଦେଖା। ସେତେବେଳକୁ କଂଗ୍ରେସ ଦଳର ଅବସ୍ଥା

ଅତ୍ୟନ୍ତ ଶୋଚନୀୟ। ଓଡ଼ିଶା ସାରା ମୁଣ୍ଡ ଟେକିଥିଲା ବିଜୁ-ବୀରେନ୍‌ଙ୍କ ବିରୋଧରେ ପ୍ରବଳ ଜନ ଅସନ୍ତୋଷ। ବାପା ସେତେବେଳେ ପାଟକୁରାର ଏକ ପୁରାତନ ସ୍କୁଲ୍‌ରେ ଶିକ୍ଷକ ଥାଆନ୍ତି। ୧୯୬୬ ବେଳକୁ କଂଗ୍ରେସର ପ୍ରତିଷ୍ଠିତ ନେତା ଦୀନବନ୍ଧୁ ସାହୁ, ପ୍ରହ୍ଲାଦ ମଲ୍ଲିକ, ପ୍ରତାପ ମହାନ୍ତି ପ୍ରମୁଖଙ୍କ ଆଗ୍ରହକ୍ରମେ ଶିକ୍ଷକତାରୁ ଇସ୍ତଫା ଦେଇ ୧୯୬୭ ବିଧାନସଭା ନିର୍ବାଚନରେ ପ୍ରାର୍ଥୀ ହେବା ଉଦ୍ଦେଶ୍ୟରେ ପାଟକୁରା ପାଇଁ କାମ କରିବାରେ ଲାଗିଥାନ୍ତି। କିନ୍ତୁ ସ୍ୱୟଂ ବିଜୁବାବୁ ଆମ ପାଟକୁରା ଆସନରୁ ପ୍ରତିଦ୍ୱନ୍ଦ୍ୱିତା କରିବାକୁ ସ୍ଥିରକଲାରୁ ବାପା ଓହରିଗଲେ। ନିର୍ବାଚନ ଲଢ଼େଇରେ ବିଜୁବାବୁଙ୍କର ଜଣେ ପ୍ରଧାନ ସହାୟକ ଭାବେ ନିର୍ବାଚନ ଦାୟିତ୍ୱ ଅବଶ୍ୟ ନେଇଥାନ୍ତି। କିନ୍ତୁ "କଂଗ୍ରେସ ହଟାଅ" ହାୱା ଏକ ଝଡ଼ରେ ପରିଣତ ହେଲା। ପାଟକୁରାର ୧୯୬୭ ନିର୍ବାଚନର ସେ ସଂଘର୍ଷ, ସଙ୍କଟ ଓ ବିରୋଧ ଆଉ କୌଣସି ନିର୍ବାଚନରେ ପୁନରାବୃତ୍ତି ହେବା କେହି ଦେଖିନାହାନ୍ତି। ନଦୀ, ନାଳଘେରା ପାଟକୁରାର ଅଧିକାଂଶ ଅଞ୍ଚଳକୁ ସେତେବେଳେ ଜିପ୍ ଯିବା ବି ସମ୍ଭବ ନଥିଲା। ହିଡ଼ବାଡ଼ ହଣାଯାଇ ହଳ ହୋଇଥିବା ଚାଷ ବିଲରେ ଜିପ୍ ଟ୍ରକ୍ ଯିବାର ବନ୍ଦୋବସ୍ତ ହୋଇଥାଏ। ତା' ସତ୍ତ୍ୱେ ବହୁପଥ ଚାଲି ଚାଲି ଅତିକ୍ରମ କରିବାକୁ ପଡୁଥିଲା। ଅପନ୍ତରା ଓ ବନ୍ଧବାଡ଼, ରାସ୍ତା ବିବର୍ଜିତ ବନ୍ୟାଞ୍ଚଳ ପାଟକୁରା ଭିତରେ ବୁଲିବା କେତେ ଦୁରୂହ ଓ ଦୁଃସହ, ତାହା କେବଳ ଅନୁଭବୀ ହିଁ ଜାଣେ। ଏଭଳି ଦୁର୍ଗମ ବନ୍ୟାଞ୍ଚଳରେ ବିଜୁବାବୁ ଦିନକୁ ପ୍ରାୟ କୋଡ଼ିଏ କିଲୋମିଟର ରାସ୍ତା ପାଦରେ ବୁଲିଛନ୍ତି। ଫଟା ଗୋହିରି, ହିଡ଼ମାଳରେ ଚାଲି ପାଦ ଫାଟିଯାଇ ରକ୍ତ ବାହାରିବା ମୁଁ ଶୁଣିଛି। ଗାଁ ଗାଁରେ ବିପୁଳ ଜନସମାବେଶ। କିନ୍ତୁ କଠୋର ବିରୋଧର ସ୍ଲୋଗାନ ଦିଆଯାଉଥିଲା, କାନ୍ଥବାଡ଼ରେ ପ୍ରତ୍ୟାଖ୍ୟାନର ବ୍ୟଙ୍ଗ ଗୀତ ଓ ତୋରଣରେ ଝୁଲାଇ ଦିଆଯାଉଥିଲା ହାଡ଼ମାଳ! ଅଥଚ ରାତି ବାରଟା ପରେ ବି ବିଜୁବାବୁଙ୍କୁ କେବଳ ଦେଖିବା ପାଇଁ ବିରାଟ ଜନସମାଗମ ହୁଏ। ସେମାନଙ୍କ ମଧ୍ୟରେ ମହିଳାମାନଙ୍କ ସଂଖ୍ୟା ଥିଲା ଅଧିକ। ସେମାନେ ବହୁ କିମ୍ବଦନ୍ତୀର ନାୟକ, ଅପପ୍ରଚାରର ହିରୋ ବିଜୁବାବୁଙ୍କ ସୌମ୍ୟମୂର୍ତ୍ତି ଦେଖିବା ପାଇଁ କେବଳ ଠୁଳ ହୁଅନ୍ତି; ଭୋଟ ଦିଅନ୍ତି ନାହିଁ। କେବେ ଭୁଲି ହେବନାହିଁ-

ବିଜୁବାବୁ ଗାଁ ଗହଳିରେ ବୁଲିବା ବେଳେ ଚୁଡ଼ାଚକଟା, ବଗଡ଼ା ଭାତ ଓ ଡାଲମା ଅକୁଣ୍ଠ ଭାବେ ଆନନ୍ଦରେ ଖାଇବାର ଦୃଶ୍ୟ। ସେ ଅକ୍ଳେଶରେ ନିର୍ବାଚନ ଗସ୍ତର କଷ୍ଟ ସବୁ ଭୁଲିଯାଉଥିଲେ। ଚକ୍ରଧର ଶତପଥୀଙ୍କଠାରୁ ବିଜୁବାବୁ ଉକ୍ତ ନିର୍ବାଚନରେ ପରାଜିତ ହୋଇଥିଲେ। ସମ୍ବାଦପତ୍ରରେ ପ୍ରକାଶିତ ହେଲା "ନେପୋଲିଅନ୍ ୱାଟରଲୁ ଯୁଦ୍ଧରେ ଜଣେ ସୈନିକ ଦ୍ୱାରା ପରାଜିତ ହେଲାଭଳି ବିଜୁବାବୁଙ୍କ ଦୁର୍ଦ୍ଦଶା।"

ନିର୍ବାଚନ ପରେ ବାପା ଆନନ୍ଦଭବନରେ ତାଙ୍କୁ ଦେଖାକଲେ। ସେହିଦିନଠାରୁ ବିଜୁବାବୁଙ୍କ ସହିତ ବାପାଙ୍କର ଘନିଷ୍ଠ ସମ୍ପର୍କ ସ୍ଥାପିତ ହେଲା।

୧୯୭୦ରେ କଂଗ୍ରେସରେ ହେଲା ଶୋଚନୀୟ ବିଭାଜନ। ସ୍ୱତନ୍ତ୍ର ଦଳ ସାଙ୍ଗରେ ମହତାବଙ୍କ ଜନକଂଗ୍ରେସ ମେଣ୍ଟ ଗଢ଼ିଲା। ବିଜୁବାବୁ ଗଢ଼ିଲେ "ଉତ୍କଳ କଂଗ୍ରେସ" ନାମରେ ଏକ ଆଞ୍ଚଳିକ ଦଳ। ୧୯୭୧ରେ ସ୍ୱତନ୍ତ୍ର ଜନକଂଗ୍ରେସ ସରକାରର ପତନ ଘଟିଲା। ବାପା ସେତେବେଳକୁ ପାଟକୁରା ପଞ୍ଚାୟତ ସମିତିର ଅଧକ୍ଷ ଥାଆନ୍ତି।

ଡାକରା ପାଇ ବିଜୁବାବୁଙ୍କୁ ଆନନ୍ଦ ଭବନରେ ଭେଟିଲେ। ଦେଖିବା ମାତ୍ରେ କହିଲେ, "ତୁମେ ଏଥର ପାଟକୁରାରୁ ପ୍ରାର୍ଥୀ ହେବ।" ବାପା ତାଙ୍କ ନିର୍ଦ୍ଦେଶ ମାନି ନିର୍ବାଚନ ଲଢ଼ିଲେ ଓ ବିପୁଳ ଭୋଟ ବ୍ୟବଧାନରେ ଜିତିଲେ। ସେହି ସମୟରୁ କେ'ଜାଣେ କାହିଁକି ବିଜୁବାବୁଙ୍କ ସହ ବାପାଙ୍କର ରାଜନୈତିକ ସମ୍ପର୍କ ଛଡ଼ା ଏକ ବ୍ୟକ୍ତିଗତ ଆତ୍ମିକ ସମ୍ପର୍କ କ୍ରମେ ଘନୀଭୂତ ହେଲା।

୧୯୬୭ରେ ବିଜୁବାବୁ ଓ ବୀରେନ ମିତ୍ରଙ୍କ ପରାମର୍ଶକ୍ରମେ ବାପା ରାଜନୀତିରେ ଯୋଗଦେବା ପାଇଁ ଶିକ୍ଷକତା ଛାଡ଼ିଥିଲେ। ବିଭିନ୍ନ କାରଣ ଯୋଗୁଁ ସେ ପାଟକୁରାରୁ ପ୍ରାର୍ଥୀ ହୋଇପାରି ନ ଥିଲେ। ଚାରିବର୍ଷ ପରେ ୧୯୭୧ରେ ସେ ଉତ୍କଳ କଂଗ୍ରେସ ପ୍ରାର୍ଥୀ ଭାବେ ପାଟକୁରାର ବିଧାୟକ ନିର୍ବାଚିତ ହୋଇଥିଲେ। ୧୯୬୭ରେ ଚକ୍ରଧର ଶତପଥୀଙ୍କ ଠାରୁ ବିଜୁବାବୁ ହାରିଥିଲେ। ମାତ୍ର ବିଜୁବାବୁଙ୍କ ଦ୍ୱାରା ମନୋନୀତ ହୋଇ ବିଜୁବାବୁଙ୍କୁ

ହରାଇଥିବା ଶ୍ରୀ ଶତପଥୀଙ୍କ ସହ ଲଢ଼ି ୧୯୭୧ରେ ବାପା ତାଙ୍କୁ ହରାଇଲେ।

୧୯୬୭ରୁ ୧୯୭୧ - ଏହି ଚାରିବର୍ଷ ଥିଲା ରାଜନୈତିକ ବିଶେଷତାରେ ପରିପୂର୍ଣ୍ଣ। ୧୯୬୭ରେ ସୁରେନ୍ଦ୍ର ମହାନ୍ତିଙ୍କୁ କେନ୍ଦ୍ରାପଡ଼ା ଲୋକସଭା ଆସନରୁ ପ୍ରାର୍ଥୀ କରାଯାଇଥିଲା। ମାତ୍ର ସେ ସର୍ତ୍ତ ରଖିଥିଲେ ଯେ ବିଜୁବାବୁ ପାଟକୁରାରୁ ପ୍ରାର୍ଥୀ ହେଲେ ହିଁ ସେ ନିର୍ବାଚନ ଲଢ଼ିବେ। ସେ ମନେ କରିଥିଲେ ଯେ ବିଜୁବାବୁଙ୍କ ଉତ୍ତୁଙ୍ଗ ରାଜନୈତିକ ବ୍ୟକ୍ତିତ୍ୱର ପ୍ରଭାବ କେନ୍ଦ୍ରାପଡ଼ା ସଂସଦୀୟ କ୍ଷେତ୍ର ଉପରେ ପଡ଼ିବ ଓ ଫଳତଃ ସେ ବିଜୟୀ ହୋଇପାରିବେ। ଅଗତ୍ୟା ବିଜୁବାବୁ ପାଟକୁରାରୁ ପ୍ରାର୍ଥୀ ହେଲେ ଓ ପରାସ୍ତ ହେଲେ। ସୁରେନ୍ଦ୍ର ମହାନ୍ତି ମଧ୍ୟ ସମଦଶା ଭୋଗିଲେ। ଉଲ୍ଲେଖନୀୟ ଯେ ୧୯୬୭ରେ ପାଟକୁରାରୁ ନିର୍ବାଚନ ଲଢ଼ିବା ପାଇଁ ବାପାଙ୍କ ନାମ ହିଁ ମନୋନୀତ ହୋଇଥିଲା, ସୁରେନ୍ଦ୍ର ମହାନ୍ତିଙ୍କ ଚାପ ଓ ଜିଦ୍ ଯୋଗୁଁ ସେହି ନିଷ୍ପତ୍ତି ବଦଳି ଯାଇଥିଲା। ମାତ୍ର ସେହି ସମୟରେ କଂଗ୍ରେସ ହଟାଓ ହାୱା ଏକ ଝଡ଼ରେ ପରିଣତ ହୋଇସାରିଥିଲା, ତାହାର ପ୍ରତିଫଳ ବିଜୁବାବୁଙ୍କୁ ଭୋଗିବାକୁ ହେଲା।

ବିଜୁବାବୁଙ୍କ ସହିତ ଲଢ଼େଇ କରୁଥିଲେ ସେ ସମୟର ଶିକ୍ଷକ ଚକ୍ରଧର ଶତପଥୀ, ଯାହାଙ୍କ ଘର ଆମ ଘର ନିକଟବର୍ତ୍ତୀ ଚିତ୍ରୋତ୍ପଳା ନଦୀକୂଳସ୍ଥ କଳାବୁଦାରେ। ନିର୍ବାଚନରେ ଚକ୍ରଧର ଶତପଥୀ ଜିତିଥିଲେ, ବିଜୁବାବୁ ପରାଜିତ ହୋଇଥିଲେ ଏବଂ ପରବର୍ତ୍ତୀ ପର୍ଯ୍ୟାୟରେ ସତୁରି ଦଶକର ପ୍ରାରମ୍ଭରେ କଂଗ୍ରେସ ଦଳ ଛାଡ଼ି ଓଡ଼ିଶାରେ ଗୋଟିଏ ଆଞ୍ଚଳିକ ଦଳ ଗଠନ କରିବେ ବୋଲି ବିଜୁବାବୁ ନିଷ୍ପତ୍ତି ନେଲେ। ଆଞ୍ଚଳିକ ଦଳ ଦ୍ୱାରା ହିଁ ଓଡ଼ିଶାର ଉନ୍ନତି ସମ୍ଭବ ଏବଂ ଓଡ଼ିଶା ଆଗକୁ ଯାଇପାରିବ ବୋଲି ବିଜୁବାବୁ ଏହି ନିର୍ଯ୍ୟାସରେ ପହଞ୍ଚିଥିଲେ। ତଦନୁସାରେ ସେ ଉତ୍କଳ କଂଗ୍ରେସ ଗଠନ କରିଥିଲେ। ପାଟକୁରା ନିର୍ବାଚନ ମଣ୍ଡଳୀରେ ବିଜୁବାବୁ ବାପାଙ୍କୁ ହିଁ ଉତ୍କଳ କଂଗ୍ରେସର ପ୍ରାର୍ଥୀ ଭାବେ ମନୋନୀତ କରିଥିଲେ। ପ୍ରହ୍ଲାଦ ମଲ୍ଲିକ ରାଜନଗର ନିର୍ବାଚନମଣ୍ଡଳୀ ଓ ପଟ୍ଟାମୁଣ୍ଡାଇର ସଂରକ୍ଷିତ ଆସନରୁ ଲଢ଼ିଥିଲେ। ସେଥରକ ୧୯୭୧ ନିର୍ବାଚନରେ ବିଜୁବାବୁ ଚାରିଟି

ବିଧାନସଭା ଓ ଗୋଟିଏ ଲୋକସଭା ଆସନରୁ ପ୍ରାର୍ଥୀ ହୋଇଥିଲେ । ତାଙ୍କ ଦ୍ୱାରା ଗଠିତ ଦଳ ଉତ୍କଳ କଂଗ୍ରେସ ୩୨ରୁ ଅଧିକ ଆସନ ଲାଭ କରିଥିଲା ସତ, ମାତ୍ର ବିଜୁବାବୁ ଲଢ଼ିଥିବା ସମସ୍ତ ୪ଟି ବିଧାନସଭା କ୍ଷେତ୍ର ଏବଂ ଗୋଟିଏ ଲୋକସଭା କ୍ଷେତ୍ରରୁ ହାରିଯାଇଥିଲେ । ଏଭଳି ବିପର୍ଯ୍ୟୟ ବିଜୁବାବୁଙ୍କ କ୍ଷେତ୍ରରେ ଘଟିବ ତାହା କେହି ବି କଳନା କରି ନ ଥିଲେ । ଏ ସମୟରେ ସୁରେନ୍ଦ୍ର ମହାନ୍ତିଙ୍କ ପୁସ୍ତକରୁ ମୁଁ ଯାହା ଜାଣିଛି ବିଜୁବାବୁ ଏ ନିର୍ବାଚନର ଫଳାଫଳ ଦେଖି ଦିଲ୍ଲୀ ପଳାଇଥିଲେ ଏବଂ ଦିଲ୍ଲୀରେ ତାଙ୍କର କିଛି ବନ୍ଧୁଙ୍କୁ ସେ ସିଧାସଳଖ କହିଥିଲେ ଯେ, "ମୁଁ ଆଉ ରାଜନୀତିରେ ରହିବିନି । ମୁଁ ଶିଳ୍ପ ପ୍ରତିଷ୍ଠା କରିବି, ସାଇପ୍ରସ୍‌କୁ ପଳାଇବି ।"

ଏ ଖବର ଶୁଣି ସୁରେନ୍ଦ୍ର ମହାନ୍ତିଙ୍କ ଭଳି ଅନେକ ଶୁଭେଚ୍ଛୁ ବିଜୁବାବୁଙ୍କୁ ଏଥିରୁ ବାରଣ କରିଥିଲେ, ବିଜୁବାବୁଙ୍କୁ ଏପରି ନିଷ୍ପତ୍ତି ନେବାରୁ ବିରତ କରିବାକୁ ବାପା ଓ ପ୍ରହ୍ଲାଦବାବୁ ବିଶେଷ ଉଦ୍ୟମ କରିଥିଲେ । ନିଷ୍ପତ୍ତି ନିଆଗଲା ଯେ ରାଜନଗର ଆସନଟିକୁ ପ୍ରହ୍ଲାଦବାବୁ ଛାଡ଼ିବେ ଏବଂ ବିଜୁବାବୁ ଉପନିର୍ବାଚନରେ ଲଢ଼ି ପୁଣିଥରେ ବିଧାନସଭାକୁ ଆସିବେ । ଇତିମଧ୍ୟରେ ୧୯୭୧ ମସିହା ଶେଷଭାଗକୁ କେନ୍ଦ୍ରାପଡ଼ା ଜିଲ୍ଲାରେ ଗୋଟିଏ ବିରାଟ ବାତ୍ୟା ଘଟିଥିଲା । ଏହି ମହାବାତ୍ୟାରେ ପ୍ରାୟ ୧୦ ହଜାରରୁ ଊର୍ଦ୍ଧ୍ୱ ଲୋକ ରାଜନଗର ମହାକାଳପଡ଼ାରେ ମୃତ୍ୟୁବରଣ କରିଥିଲେ । ବିଜୁବାବୁ ଏ ସମୟରେ ସେ ସମୟର ରାଜନଗର ନିର୍ବାଚନ ମଣ୍ଡଳିର ଜମ୍ବୁ ଦ୍ୱୀପରେ ପହଞ୍ଚି ଗୋଟିଏ କଥା କହିଥିଲେ- "ଦଶ ହଜାର ଲୋକ ମରିଗଲେ ସିନା ବିଜୁ ପଟ୍ଟନାୟକ ଆଉ ଗୋଟିଏ ଲୋକକୁ ମରିବାକୁ ଦେବ ନାହିଁ ।"

ବିଜୁବାବୁ ତାଙ୍କ ନିଜ ପାଣ୍ଠିରୁ ଯେଭଳି ରିଲିଫ୍ ପ୍ରଦାନ କଲେ ଏବଂ ଲୋକଙ୍କ ପାଖରେ ଯେଭଳି ଭାବରେ ସେ ଠିଆହେଲେ, ରାଜନଗରବାସୀଙ୍କ ପାଇଁ ରାତାରାତି ସେ ମଣିଷରୂପୀ ଭଗବାନ ପାଲଟିଗଲେ । ପରବର୍ତ୍ତୀ ପର୍ଯ୍ୟାୟରେ ଉପନିର୍ବାଚନର ନିଷ୍ପତ୍ତି ଏବଂ ବିଜୁବାବୁ ରାଜନଗରରୁ ହିଁ ଉତ୍କଳ କଂଗ୍ରେସର ପ୍ରାର୍ଥୀ ହୋଇ ରେକର୍ଡ ବ୍ୟବଧାନରେ ଜିତିଥିଲେ । ୧୯୭୧ ଉପନିର୍ବାଚନ ପରେ ବିଜୁବାବୁ କେନ୍ଦ୍ରାପଡ଼ାକୁ ସବୁଠୁ ଅଧିକା ଗୁରୁତ୍ୱ ଦେଇଥିଲେ ଏବଂ କେନ୍ଦ୍ରାପଡ଼ାବାସୀ

ବିଜୁବାବୁଙ୍କ ପଛରେ ଦୃଢ଼ ଭାବରେ ତାଙ୍କ ଶେଷଦିନ ପର୍ଯ୍ୟନ୍ତ ଛିଡ଼ା ହୋଇଥିଲେ। ପ୍ରତ୍ୟେକ କେନ୍ଦ୍ରାପଡ଼ାବାସୀ ଭାବନ୍ତି ବିଜୁବାବୁ ହିଁ ତାଙ୍କର ନେତା। ବିଜୁବାବୁ ଭାବନ୍ତି ଏମାନେ ସମସ୍ତେ ହେଉଛନ୍ତି ତାଙ୍କର ନିଜର ପ୍ରିୟ ମଣିଷ। ପରବର୍ତ୍ତୀ ପର୍ଯ୍ୟାୟରେ ୧୯୭୪ ମସିହାରେ ମଧ୍ୟ ଉତ୍କଳ କଂଗ୍ରେସର ପାଟକୁରାରୁ ପ୍ରାର୍ଥୀ ହୋଇଥିଲେ ବାପା ଏବଂ ୧୯୭୭ ମସିହା ପର୍ଯ୍ୟନ୍ତ ବାପା ବିଧାୟକ ଭାବରେ କାର୍ଯ୍ୟ କରିଥିଲେ।

ବିଜୁବାବୁଙ୍କ ସହାୟତାରେ ଦିଲ୍ଲୀରେ ଚିକିତ୍ସା :

୧୯୭୬ ମସିହାରେ ଦେଶରେ ଜରୁରୀକାଳୀନ ପରିସ୍ଥିତି ଥାଏ। ବାପା ଅସୁସ୍ଥ ହୋଇପଡ଼ିଲେ ଏବଂ କଟକ ବଡ଼ ଡାକ୍ତରଖାନାରେ ଭର୍ତ୍ତି ହେଲେ। ପରୀକ୍ଷା ପରେ ତାଙ୍କୁ କର୍କଟ ରୋଗ ହୋଇଥିବା ଜଣାପଡ଼ିଲା। ଡାକ୍ତରମାନେ ସହସା ଅସ୍ତ୍ରୋପଚାର ପାଇଁ ଜୋର୍ ଦେଲେ। ବାପାଙ୍କର କେତେଜଣ ବନ୍ଧୁ କଟକର ଏକ ଘରୋଇ ନର୍ସିଂହୋମ୍‌ରେ ଅସ୍ତ୍ରୋପଚାର କରିବାକୁ ପରାମର୍ଶ ଦେଲେ। ସେତେବେଳର ବରିଷ୍ଠ ସର୍ଜନ୍ ସୁକୁମାର ଦାସ ଅପରେସନ୍ କରିବା ଠିକ୍ ହେଲା। ଅପରେସନ୍ ସମୟରେ ରକ୍ତର ଆବଶ୍ୟକତା ହେବ ବୋଲି କଥା ଉଠିଲା। ଠିକ୍ ସେତିକିବେଳେ ବିଜୁବାବୁ ରୋହତକ ଜେଲ୍‌ରୁ ମୁକ୍ତ ହୋଇଥାନ୍ତି। ବିଜୁବାବୁ ଏକଥା ଶୁଣିବାମାତ୍ରେ ବାପାଙ୍କୁ ଦିଲ୍ଲୀ ଯିବାକୁ ପରାମର୍ଶ ଦେଇଥିଲେ। ବିମାନ ଟିକେଟ୍ କରାଇ ବିଜୁବାବୁ ବାପାଙ୍କୁ ଦିଲ୍ଲୀ ନେଇ ତାଙ୍କର ୩ ଆଉରଙ୍ଗଜେବ ରୋଡ୍ ସ୍ଥିତ ଘରକୁ ପଠାଇଦେଲେ। ରାମ ମନୋହର ଲୋହିଆ ହସ୍‌ପିଟାଲ୍‌ରେ ତାଙ୍କର ଚିକିତ୍ସା ହେବାର ପ୍ରାରମ୍ଭିକ ବ୍ୟବସ୍ଥା ହୋଇଥିଲା। ବିଜୁବାବୁ ଓଡ଼ିଶାରୁ ଫେରି ଦିଲ୍ଲୀରେ ପହଞ୍ଚିଲା ପରେ ଏକ ସ୍ୱତନ୍ତ୍ର ୱାର୍ଡରେ ବାପାଙ୍କର ରହିବାର ବ୍ୟବସ୍ଥା ହୋଇଗଲା। ସେତେବେଳେ ଉତ୍ତମ ଚିକିତ୍ସା ପାଇଁ ତତ୍‌କ୍ଷଣାତ୍ ନର୍ସିଂହୋମ୍ ମିଳିବା ସମ୍ଭବ ନ ଥିଲା। ବାପାଙ୍କର ଚିକିତ୍ସା କରିଥିଲେ ଆନ୍ତର୍ଜାତିକ ଖ୍ୟାତିସଂପନ୍ନ ଡକ୍ଟର ସନ୍ଦୀପ ମୁଖାର୍ଜୀ। ବାପାଙ୍କ ଚିକିତ୍ସା ବେଳେ ବିଜୁବାବୁ ଏବଂ ମା' ଜ୍ଞାନ ଦେବୀଙ୍କ ସହାୟତା ସଂପର୍କରେ

ରାଜକିଶୋର ନାୟକ ନ୍ୟାସନାଲ୍ ଫାଉଣ୍ଡେସନ୍ ଦ୍ୱାରା ପ୍ରକାଶିତ 'ମାଟିର ଗାନ୍ଧୀ' ଏବଂ ବୋଉର 'ସାୟାହ୍ନର ସ୍ମୃତି'ରେ ଉଲ୍ଲେଖ ରହିଛି।

ମୋ ଚାକିରି ଓ ବିଜୁବାବୁଙ୍କ ଆଶୀର୍ବାଦ :

ଆଜି ଯେଉଁ ଅତନୁ ସବ୍ୟସାଚୀକୁ ସମାଜ ଦେଖୁଛି, ତା'ର ସଂଘର୍ଷର ସାକ୍ଷୀ ଥିଲେ ବିଜୁବାବୁ। ବିଜୁବାବୁ ଆମ ପରିବାରର ଶୁଭେଚ୍ଛୁ ଥିଲେ, ପିଲାଦିନରୁ ଆମେ ତାଙ୍କୁ ଆମ ଘରର ସଦସ୍ୟ ହିସାବରେ ଦେଖୁଥିଲୁ। ବାପାଙ୍କ ସହିତ ବହୁବାର 'ନବୀନ ନିବାସ' ଯାଇଛି। ଜ୍ଞାନଦେବୀ ଯେବେ ଓଡ଼ିଶା ଆସନ୍ତି ମୁଁ ବୋଉକୁ ସ୍କୁଟରରେ ନେଇ ନବୀନ ନିବାସ ଯାଇଛି। ମୋର 'ନବୀନ ନିବାସ' ପ୍ରତି ଭିନ୍ନ ଆକର୍ଷଣ ଥିଲା।

୧୯୯୫ ମସିହା ସମୟର କଥା। ବିଜୁବାବୁ ମୁଖ୍ୟମନ୍ତ୍ରୀ ଥାଆନ୍ତି। ମୁଁ ସାମ୍ବାଦିକତା ଆରମ୍ଭ କରିଥାଏ। ରାଜ୍ୟ ବିଦ୍ୟୁତ୍ ବୋର୍ଡରେ ଏକ ଲୋକସଂପର୍କ ଅଧିକାରୀ ପଦବି ପାଇଁ ବିଜ୍ଞାପନ ବାହାରିଥାଏ। କିଛି ସାମ୍ବାଦିକ ବନ୍ଧୁ ମୋତେ ପରାମର୍ଶ ଦେଲେ ବିଜୁବାବୁଙ୍କ ଅନୁମୋଦନ ହେଲେ ଏହି ପଦବିରେ ତୁମେ ସହଜରେ ରହିପାରିବ। ମୁଁ ଏ ସଂପର୍କରେ ବିଜୁବାବୁଙ୍କୁ ଯାଇ ନବୀନ ନିବାସରେ ଭେଟିଲି ଓ ଭେଟିବାର କାରଣ ମଧ୍ୟ କହିଲି। ମୋତେ ମୁଖ୍ୟମନ୍ତ୍ରୀଙ୍କ ଦପ୍ତରରେ ଭେଟିବା ପାଇଁ ବିଜୁବାବୁ ନିର୍ଦ୍ଦେଶ ଦେଲେ। ଅପରାହ୍ଣ ସମୟରେ ମୁଁ ମୁଖ୍ୟମନ୍ତ୍ରୀଙ୍କ ଦପ୍ତରରେ ପହଞ୍ଚିଲି ଏବଂ ମୋର ଆସିବାର କାରଣ ମଧ୍ୟ ସୂଚାଇଲି। ତାଙ୍କ ପାଖରେ ସେ ସମୟରେ ତାଙ୍କର ବ୍ୟକ୍ତିଗତ ସହକାରୀ ଶ୍ରୀ ବେଣୁଧର ମିଶ୍ର ଥିଲେ।

ସେ ହଠାତ୍ ପଚାରିଲେ- "ବିଦ୍ୟୁତ୍ ବୋର୍ଡର ଅଧ୍ୟକ୍ଷ କିଏ ଅଛନ୍ତି ?" ଯେଉଁ ଆଇ.ଏ.ଏସ୍. ଅଧିକାରୀ ଜଣକ ବିଦ୍ୟୁତ୍ ବୋର୍ଡର ଅଧ୍ୟକ୍ଷ ଥିଲେ, ସେ ଅତ୍ୟନ୍ତ ନୀତିବାନ୍ ଓ ଦୃଢ଼ମନା ବ୍ୟକ୍ତି। ସେଭଳି ବ୍ୟକ୍ତିଙ୍କୁ ଚାକିରି ପାଇଁ ଅନୁମୋଦନ କରିବା ଠିକ୍ ହେବନି ବୋଲି ବିଜୁବାବୁ ମତାମତ ଦେଲେ। କିନ୍ତୁ କିଛି ସମୟ ପରେ ସିଧାସଳଖ ଉକ୍ତ ଅଧିକାରୀଙ୍କୁ ଟେଲିଫୋନ୍ ଲଗାଇ ମୋ ସଂପର୍କରେ ନିର୍ଦ୍ଦେଶ ଦେଲେ। ମୋ ପାଖରେ ଥିବା ମୋର ଆବେଦନପତ୍ରଟି ଉପରେ ଦୁଇ ତିନି ଧାଡ଼ି ଇଂରାଜୀରେ

ଅନୁକୂଳ ମନ୍ତବ୍ୟ ଲେଖିଲେ । ଶେଷ ଧାଡ଼ିଟି ଥିଲା- "I will be happy if he will get a berth in O.S.E.B."

ମୋ ନିଯୁକ୍ତିକୁ ନେଇ ସବୁ ଅନୁକୂଳ ସ୍ଥିତି ଥିବା ସତ୍ତ୍ୱେ କୌଣସି କାରଣରୁ ନିର୍ବାଚନ ହୋଇଗଲା ଆଉ ମୋ ଚାକିରି ହୋଇପାରିଲା ନାହିଁ । ବିଦ୍ୟୁତ୍ ବୋର୍ଡରେ ଚାକିରି ସିନା ପାଇଲି ନାହିଁ, କିନ୍ତୁ ବିଜୁବାବୁଙ୍କର ଯେଉଁ ଆଶୀର୍ବାଦ ମୋ ପ୍ରତି ରହିଥିଲା ପରବର୍ତ୍ତୀ ପର୍ଯ୍ୟାୟରେ ଉକ୍ତ ବିଭାଗର (ଶକ୍ତି) ମନ୍ତ୍ରୀପଦ ପାଇପାରିଲି । ଏହିକଥା ମନରେ ଆସିଲେ ବିଜୁବାବୁଙ୍କ ପ୍ରତି ଆପେ ଆପେ କୃତଜ୍ଞତାର ଦୁଇ ହାତ ଉପରକୁ ଉଠିଯାଏ ।

ସାମ୍ବାଦିକତାରୁ ରାଜନୀତି :

ରାଜନୀତିକୁ ଆସିବା ପୂର୍ବରୁ ମୁଁ ସାମ୍ବାଦିକତାରେ ଥିଲି, ଏକଥା ସମସ୍ତେ ଜାଣିଛନ୍ତି । ସାମ୍ବାଦିକତାକୁ ବୃତ୍ତି କରିବା ପାଇଁ ମୋର ପିଲାଦିନରୁ ଗୋଟେ ଆକର୍ଷଣ ଥିଲା, କିନ୍ତୁ କେମିତି ହେବି କିପରି ହେବି ? ଭଗବାନଙ୍କ କୃପାରୁ ଦି'ଧାଡ଼ି ଲେଖାପଢ଼ା ମୁଁ ଭଲରେ କରିପାରେ । ସ୍କୁଲ୍ ସମୟରେ କବିତା ଏବଂ ଅନ୍ୟ ପ୍ରବନ୍ଧଗୁଡ଼ିକ ଲେଖିବା ପାଇଁ ଚେଷ୍ଟା କରିଛି । କେଉଁଟି ପ୍ରକାଶିତ ହୋଇଛି, କେଉଁଟି ପ୍ରକାଶିତ ହୋଇନାହିଁ । କଲେଜ ସମୟରେ ମଧ୍ୟ ଠିକ୍ ସେୟା । ମୁଁ ଆଗରୁ କହିଛି, ମୋର ତିକ୍ତ ଅନୁଭୂତି । ସ୍କୁଲ୍ ସମୟରେ ଗୋଟେ ଲେଖା ଲେଖିଥିଲି, ଯେଉଁଟି ମାଗାଜିନ୍‌ରେ ପ୍ରକାଶ ପାଇଲା ପରେ ଦେଖିଲି- ମୋ କବିତାରେ ମୋ ନାଆଁ ନ ଥିଲା; ସେଥିରେ ଆଉଜଣଙ୍କ ନାଆଁ ଥିଲା । ମୁଁ ଏଭଳି ଇନ୍‌ଟ୍ରୋଭର୍ଟ ଥିଲି ଯେ ଏକଥାର ପ୍ରତିବାଦ କରିବା ପାଇଁ ଇଚ୍ଛା କରି ନଥିଲି । ସେତେବେଳେ ମୋ ମନ ଭିତରେ ଗୋଟେ ବିତୃଷ୍ଣା ଭାବ ଆସିଥିଲା ଆଉ ଲେଖିବିନି । ମୋ କଲମ ବନ୍ଦ ହୋଇଯାଇଥିଲା । ମୁଁ ସେଥିପାଇଁ ଅନେକ ସମୟରେ କହେ ପିଲାମାନଙ୍କର କଲମ କିମ୍ବା ମନ ଯେତେବେଳେ କୌଣସି କ୍ରିଏଟିଭ୍ କାମ କରିବାକୁ ଯାଉଛି, ତାକୁ ସମସ୍ତେ, ପରିବାରବର୍ଗ ଓ ଅନ୍ୟମାନେ ସୁଯୋଗ ଦେବା ଦରକାର । କଲମରୁ କାଳି ସରିଗଲେ ମନ ଭିତରେ କିଛି ବିରକ୍ତି ଭାବ ଆସିଯାଏ । ସେଭଳି କାହାର ପ୍ରତ୍ୟକ୍ଷ ପ୍ରେରଣା ଲେଖିବା

ପାଇଁ ଅନ୍ତତଃ ମୁଁ ପାଇ ନ ଥିଲି; କିନ୍ତୁ ମୋ ମନ ଭିତରେ ସବୁବେଳେ ଥିଲା, ମୋ ବୋଉ ତ ବହୁତ ଭଲ ଲେଖୁଛି। ବହୁତ ଅଧିକା ପାଠ ପଢ଼ିନି କିନ୍ତୁ ପାଠପଢ଼ା ଅନୁସାରେ ତ ଲେଖାଟି ବହୁତ ଭଲ। ସେ ତ ଗୀତିନାଟ୍ୟ ନିଜେ ଲେଖିପାରୁଛି। ସେ ତ କୌଣସି ଗୋଟେ ଜିନିଷକୁ ନେଇକରି କବିତା ରଚନା କରିପାରୁଛି। କେତେ ଖାତା ଭର୍ତ୍ତି ହୋଇଯାଇଛି ଲେଖାରେ। କାହିଁ କେତେ ଭଲ ଭଲ ଲେଖକଙ୍କର ଲେଖାକୁ ଅନୁବାଦ କରିପାରୁଛି ବହୁତ ଭଲ ଭାବରେ। ତେଣୁ ସେଇଠି ଟିକେ ମୋର ଆକର୍ଷଣ ଥାଏ, କିନ୍ତୁ ମୋର ଲେଖା ପୂରା ବନ୍ଦ ହୋଇଗଲା। କିନ୍ତୁ ମୋର ଇଚ୍ଛା ଥିଲା ଏମିତି ଗୋଟେ ବୃତ୍ତି ମିଳନ୍ତା ଯେ ସେହି ବୃତ୍ତିରେ ଲେଖାପଢ଼ା କରନ୍ତି, ମୋର ମନରେ ଥିବା କଥା ଦି' ଧାଡ଼ିକୁ ଲେଖନ୍ତି। ତେଣୁ ସାମ୍ବାଦିକ ହେବା ପାଇଁ ମୋର ଗୋଟେ ଆକର୍ଷଣ ରହିଥିଲା। କିନ୍ତୁ ସାମାଜିକ ପରିସ୍ଥିତିରେ ପାଠପଢ଼ା ସରିଲା ପରେ ଆଇନ ଛାତ୍ର ତା'ପରେ ଦିଲ୍ଲୀରେ କିଛିଦିନ ପାଠପଢ଼ିଲି ମ୍ୟାନେଜମେଣ୍ଟ। ଏସବୁ ସରିବା ପରେ ମୁଁ କହିଛି ଆଗରୁ ମୁଁ ଗୋଟେ ମଲ୍‌ଟିନ୍ୟାସ୍‌ନାଲ୍ କମ୍ପାନିରେ ଓଡ଼ିଶାରେ ଚାକିରି କଲି। ଚାକିରି ଖାଲି ନାଆଁକୁ କରିଥାଏ। ମନଟା ଚାକିରି ଭିତରେ ନ ଥାଏ। ମନଟା ଥାଏ ଭୁବନେଶ୍ୱରରେ। କେମିତି ସେ ଭୁବନେଶ୍ୱର ପରିବେଶରେ ସବୁଦିନ ରହିବା ପାଇଁ। କିଛି ବନ୍ଧୁ, ଲେଖାଲେଖି, ଭଲମନ୍ଦ ତାଙ୍କ ଭିତରେ କାଟିବା ପାଇଁ। ତା'ପରେ ସେ ସୁଯୋଗ ହେଉ ବା ଦୁର୍ଯୋଗ, ସେହି ମଲ୍‌ଟିନ୍ୟାସ୍‌ନାଲ୍ କମ୍ପାନିରେ ଚାକିରି ଦୁଇ ମାସ ଭିତରେ ହଠାତ୍ ଛାଡ଼ିଦେଲି। ଭଲ ଅଫିସର ପଦବି, ଗାଡ଼ିଘୋଡ଼ା ସବୁ ମିଳିଥାଏ ଏବଂ ଛାଡ଼ିଲା ପରେ ମୁଁ ଆସି ଗଞ୍ଜାମ ବ୍ରହ୍ମପୁରରୁ ବାହାରୁଥିବା 'ଅନୁପମ ଭାରତ' ସମ୍ବାଦପତ୍ରରେ ଯୋଗ ଦେବା ପାଇଁ ନିଷ୍ପତ୍ତି ନେଲି ଓ ଭେଟିଥିଲି 'ଅନୁପମ ଭାରତ'ର ତଦାନୀନ୍ତନ ସଂପାଦକ ଶରତ ମିଶ୍ରଙ୍କୁ, ଯିଏକି ଏବେ ପରପାରିରେ! ବହୁତ ଭଲ ମଣିଷ, ବହୁତ ଭଲ ଲେଖକ ଓ 'ସମାଜ'ର କିଛିଦିନ ସଂପାଦକ ଥିଲେ। କଲିକତାରେ ରୁହନ୍ତି, କଲିକତାରେ ଲେଖା ମଧ୍ୟ ଥିଲା। 'ସନ୍‌ଟାଇମ୍' ସମ୍ବାଦପତ୍ରରେ ମଧ୍ୟ ସେ କିଛିଦିନ ସଂପାଦକ ଥିଲେ। ପୂର୍ବତନ ମୁଖ୍ୟମନ୍ତ୍ରୀ ଜାନକୀ ବଲ୍ଲଭ ପଟ୍ଟନାୟକଙ୍କର

ସେ ଜଣେ ଅତ୍ୟନ୍ତ ନିକଟତର ମଣିଷ ଥିଲେ, ସାହିତ୍ୟରେ ରୁଚି ଥିଲା ତାଙ୍କର। ମୁଁ ତାଙ୍କୁ ଭେଟିଲି। ସେ ଅନାଇ ହସିଲେ ଓ କହିଲେ- ଇଏ ତ ନୂଆ କାଗଜ। ଆମେ କିଛି ଆପଣଙ୍କୁ ପାରିଶ୍ରମିକ ଦେଇପାରିବୁନି। ବିନା ପାରିଶ୍ରମିକରେ ଆପଣ କାମ କରିବେ ?

ମୁଁ କହିଲି- ବିନା ପାରିଶ୍ରମିକରେ କାମ କରିବି, କିନ୍ତୁ ବିନା ସମ୍ମାନରେ କାମ କରିବିନି।

ସେ ହସିଲେ। ତା'ପରେ ମୁଁ କହିଲି- ଗାଡ଼ି ଅଛି, ଘୋଡ଼ା ଅଛି, ଭୁବନେଶ୍ୱରରେ ଘର ଅଛି, ମୋ କଲମରେ କାଳି ଅଛି।

ଏତିକି ଶୁଣି କହିଲେ- ଆଚ୍ଛା, ଠିକ୍ ଅଛି।

ମୁଁ କହିଲି- ଆପଣ କେବଳ ଫ୍ୟାକ୍ସ ଖର୍ଚ୍ଚ ଯେତିକି, ସେତିକି ଦେବେ। ଆଉ ମୁଁ ଯଦି ପାରିବି ତେବେ କଣ୍ଟିନିଉ କରାଇବେ, ମୁଁ ଯଦି ନ ପାରିବି ତେବେ କଣ୍ଟିନିଉ କରାଇବେନି। ସେ ସମୟରେ 'ଅନୁପମ ଭାରତ' ଦକ୍ଷିଣ ଓଡ଼ିଶାରେ ସମ୍ବାଦ ଏକନମ୍ବର କାଗଜକୁ ଟପିଲା ଭଳି ବସିଥିଲା। ବେଶ୍ ଜନପ୍ରିୟ ଥିଲା।

ସେତେବେଳେ ନବୀନବାବୁ ଆସ୍କାର ସାଂସଦ ଥାଆନ୍ତି କେନ୍ଦ୍ରରେ। ଯାହା ବି ହେଉ ମୁଁ ଭୁବନେଶ୍ୱରର ବାର୍ତ୍ତା ସଂପାଦକ ହେଲି। କିଛିଦିନ କାମ କଲି। ତା' ପରବର୍ତ୍ତୀ ପର୍ଯ୍ୟାୟରେ ମୋତେ 'ପ୍ରଜାତନ୍ତ୍ର'ରୁ ଆସିଲା ଅଫର୍ ଏବଂ 'ପ୍ରଜାତନ୍ତ୍ର'ରେ ଜଏନ୍ କରିବା ପାଇଁ ଭର୍ତ୍ତୃହରି ମହତାବଙ୍କୁ ମୋତେ ଭେଟିବାକୁ ପଡ଼ିଲା। ମୋ ପୂର୍ବରୁ ବିଶିଷ୍ଟ ସାମ୍ବାଦିକ ରବି ନାରାୟଣ ମହାନ୍ତି ଥିଲେ 'ପ୍ରଜାତନ୍ତ୍ର'ର ଭୁବନେଶ୍ୱର ଦାୟିତ୍ୱରେ। ସେ ସ୍ୱାସ୍ଥ୍ୟଗତ କାରଣରୁ ଅବସର ନେଇଥାନ୍ତି। ଠିକ୍ ସେହିଭଳି କଥା ଭର୍ତ୍ତୃହରି ବାବୁ ସେଦିନ ମୋତେ କହିଥିଲେ- ହେଲେ ଆମେ ତ ଆପଣଙ୍କୁ ପଇସାପତ୍ର ଅଧିକା ଦେଇପାରିବୁନି।

ମୁଁ କହିଲି- ଭୁବନେଶ୍ୱରରେ ରହି କାମ କରିବାର ଅଛି।

ଭୁବନେଶ୍ୱରର ସାମ୍ବାଦିକ ହିସାବରେ ଷ୍ଟେଟ୍ ରିପୋର୍ଟର ହିସାବରେ ମୁଁ ନିଯୁକ୍ତି ପାଇଲି ଓ କାମ କଲି।

ପ୍ରତ୍ୟେକ ଦିନ ସକାଳୁ ଗୋଟେ ପିଲା ଆସେ। ମୁଁ ଯେଉଁ ନିଉଜ୍‌ଗୁଡ଼ିକ ଲେଖିଥାଏ, ସେଇ ନିଉଜ୍‌ଗୁଡ଼ିକୁ ନେଇ ସେ ପିଲା ବସ୍‌ରେ ଯାଏ ଓ ଦେଇଦିଏ ଏବଂ କିଛି ଖବର ଫ୍ୟାକ୍ସ ଯୋଗେ ପଠାଏ। ସହିଦନଗରରେ ଇନ୍ଦୁ କମ୍ୟୁନିକେସନ୍ ବୋଲି ଡକ୍ଟର ଜଗନ୍ନାଥ ମହାପାତ୍ରଙ୍କ କ୍ଲିନିକ୍ ପାଖରେ ଗୋଟିଏ ପିସିଓ ଥିଲା। ବର୍ତ୍ତମାନ ସମୟ ପରି ସେ ସମୟରେ ମୋବାଇଲ୍ ଫୋନ୍ ନ ଥିଲା। ଆମ ଘରେ ଯଦିଓ ଟେଲିଫୋନ୍ ଥିଲା, ତାହା ଲ୍ୟାଣ୍ଡ୍‌ଲାଇନ୍। ମୁଁ ସବୁଦିନ ସନ୍ଧ୍ୟା ହେଲେ ସାତଟା ଆଠଟା ବେଳେ ଇନ୍ଦୁ କମ୍ୟୁନିକେସନ୍‌କୁ ଯାଏ। ଅନେକ ଲୋକ ସେ ସେଣ୍ଟରକୁ ଆସନ୍ତି ଫୋନ୍ କରିବାକୁ। ମୁଁ କିନ୍ତୁ ଛୋଟ ଷ୍ଟୁଲ୍ ପକାଇ ସେଠି ବସି ନିଉଜ୍ ଦେଖେ ଏବଂ କିଛି କିଛି ଲେଖାଲେଖି କରି ଫ୍ୟାକ୍ସରେ ଛାଡ଼େ। ସମସ୍ତେ ମୋ କାମକୁ ସେଠି ଦେଖୁଥାନ୍ତି - ଏଠି ଗୋଟେ ପିଲା ଆସି କି କ'ଣ କରୁଛି। ଇନ୍ଦୁ କମ୍ୟୁନିକେସନ୍‌ର ମାଲିକ ସ୍ୱାଇଁବାବୁ ମୋତେ ଅତ୍ୟନ୍ତ ଭଲପାଆନ୍ତି। ବହୁଦିନ ପର୍ଯ୍ୟନ୍ତ ମୋର ଫ୍ୟାକ୍ସ ଖର୍ଚ୍ଚ ଯାହା ବିଲ୍ ହୁଏ, ମଝିରେ ମଝିରେ ଦେଇଦିଏ। ମୁଁ ଭାବୁଛି ବୋଧହୁଏ ଶେଷ ବିଲ୍‌ଟା ଏମ୍.ଏଲ୍.ଏ. ନିର୍ବାଚନ ଲଢ଼ିବା ପରେ ଯାଇ ସ୍ୱାଇଁବାବୁଙ୍କୁ ଦେଇଥିଲି। ଏବେ ଆଉ ସେ କମ୍ୟୁନିକେସନ୍ ନାହିଁ, ଏବେ ତାହା ମୋବାଇଲ୍ ଦୋକାନ ହୋଇଯାଇଛି। ବାଇଲାଇନ୍ ଷ୍ଟୋରି ଥିବା ସମ୍ବାଦ ମୋର ବାହାରିଛି। ସେ ସମୟରେ ଏଡିଟୋରିଆଲ୍ ପଲିସି ଯୁଆଡ଼େ ଥାଏ, ସାମ୍ବାଦିକମାନେ ସିଆଡ଼େ କାମ କରନ୍ତି। ସଂପାଦକମାନଙ୍କର ଏହା ନୂଆକଥା ନୁହେଁ। ସେ ସମୟରେ କଂଗ୍ରେସ ସରକାର ଥାଏ, ସରକାରଙ୍କ ବିରୋଧରେ ନିଉଜ୍ ହେଉଥାଏ। ସେ ସମୟର ବହୁଚର୍ଚ୍ଚିତ ଘଟଣାର ଦୁଇ ତିନିଟି ଖବରକୁ ମୁଁ ଏତେ ଭଲ ଭାବରେ ପରିବେଷଣ କରୁଥିଲି ଯେ ଅନ୍ୟ ସମ୍ବାଦପତ୍ର ଅପେକ୍ଷା ସମସ୍ତେ ସବୁଦିନ ଏହି ସଂପର୍କିତ ଖବର ପଢ଼ିବା ପାଇଁ ଇଚ୍ଛା ପ୍ରକାଶ କରି 'ପ୍ରଜାତନ୍ତ୍ର' କିଣି ନିଅନ୍ତି। ଏପରିକି ଦିନେ ମୁଁ ଗୋଟେ ଖବର ବାହାର କରିଥିଲି ଯାହା ପାଇଁ ମୋର ଜୀବନରେ ବିପଦ ଅଛି ବୋଲି ସୂଚନା ପାଇଥିଲି ଓ ଆଠଦିନ ପାଇଁ ଭୁବନେଶ୍ୱର ଛାଡ଼ି ମୁଁ ବାହାରକୁ ଚାଲିଯାଇଥିଲି। ପରିସ୍ଥିତି ସ୍ୱାଭାବିକ ହେଲା ପରେ ଫେରିଥିଲି। ରାଜନୀତିକ ଜୀବନ ସେପରି ସଂଘର୍ଷପୂର୍ଣ୍ଣ

ଥିଲା । ଆପଣମାନେ ସମସ୍ତେ ଜାଣିଛନ୍ତି, ସାମ୍ବାଦିକତା ସମୟରେ ମଧ୍ୟ ମୁଁ ସେ ସଂଘର୍ଷରୁ ମଧ୍ୟ ବାଦ୍ ପଡ଼ି ନ ଥିଲି । ଯାହାବି ହେଉ, ମୋର ସାମ୍ବାଦିକ ଜୀବନଟାକୁ ମୁଁ ଭଲପାଇଥିଲି । ସେ ସମୟରେ ମୋ ନାଆଁ ଅତନୁ ସବ୍ୟସାଚୀ ନାୟକ ନ ଥିଲା । ଅତନୁ ସବ୍ୟସାଚୀ କେବଳ ଥିଲା । ବହୁ ବରିଷ୍ଠ ସାମ୍ବାଦିକଙ୍କ ସହିତ ମିଶିବାର ସୁଯୋଗ ପାଇଥିଲି । ତାଙ୍କଠୁ କାମ କରିବାର କଳା ମଧ୍ୟ ଶିଖିଥିଲି । ଲେଖିବାର କଳା ଏବଂ ମିଶିବାର କଳା । ଅନ୍ତତଃ ଓଡ଼ିଶାର ଜନଜୀବନକୁ ଜାଣିବାର ଗୋଟେ ସୁଯୋଗ ଆସିଥିଲା । ଏହି 'ପ୍ରଜାତନ୍ତ୍ର'ରେ କାମ କରିବା ସମୟରେ ମହାବାତ୍ୟା ହୋଇଥିଲା । ମହାବାତ୍ୟାର ରିପୋର୍ଟିଂ ମୁଁ ପାରାଦୀପ ଏବଂ ଆମ ଅଞ୍ଚଳକୁ ଯାଇ କରୁଥିଲି । ରିପୋର୍ଟିଂ ସମୟରେ ମଧ୍ୟ କିଛି ସେବାମୂଳକ କାର୍ଯ୍ୟ, ମହାବାତ୍ୟା ପରେ ମୋ ଅଞ୍ଚଳ ବିଶେଷକରି କେନ୍ଦ୍ରାପଡ଼ା ପାଟକୁରା ଅଞ୍ଚଳରେ କରିଥିଲି, ତାହା ପରବର୍ତ୍ତୀ କାଳରେ ମୋର ରାଜନୀତିକ ଜୀବନରେ ଅଧିକ ସୁଯୋଗ ଦେଇଥିଲା । ବେଶି ସମୟ ନ ହେଲେ ମଧ୍ୟ ଅନୁଭବ ଅଧିକ ଥିଲା, ଶିକ୍ଷିତ ସମାଜ ସହିତ ଅନ୍ୟ ସମସ୍ତଙ୍କ ସହିତ ମିଶିବାର ଓ ସେମାନଙ୍କଠାରୁ କିଛି ଶିଖିବାର ପ୍ରଚୁର ସୁଯୋଗ ମିଳିଥିଲା ମୋତେ । ମୋର ମନେପଡୁଛି ବାରିପଦା ଅଗ୍ନିକାଣ୍ଡଠାରୁ ଆରମ୍ଭ କରି ଅନେକ ବଡ଼ ବଡ଼ ଘଟଣାରେ ସିଧାସଳଖ ମିଶିକରି କିଛି କାମ କରିବା ଫଳରେ ବହୁତ ବିଶିଷ୍ଟ ଲୋକଙ୍କ ସହିତ ମିଶିବାର ମୋତେ ସୁଯୋଗ ମିଳିଥିଲା । ଦେଶର ବହୁ ବଡ଼ ବଡ଼ ସାମ୍ବାଦିକଙ୍କ ସଂସ୍ପର୍ଶରେ ଆସି ଭାରତୀୟ ରାଜନୀତିକ ଇତିହାସର ଦସ୍ତାବିଜକୁ ଜାଣିବାର ସୁଯୋଗ ପାଇଥିଲି । ସେ ସମୟରେ ବହୁ ବରିଷ୍ଠ ରାଜନେତାଙ୍କ ସହ ମିଶିବାର ସିଧାସଳଖ ଭାବରେ ସୁଯୋଗ ମଧ୍ୟ ମିଳିଥିଲା । ସେହି ସମୟର କେନ୍ଦ୍ରମନ୍ତ୍ରୀ ନବୀନବାବୁଙ୍କ ଠାରୁ ଆରମ୍ଭ କରି ଅନେକ ପ୍ରଭାବଶାଳୀ ବ୍ୟକ୍ତିଙ୍କ ସହିତ ମିଶିବାର ସୁଯୋଗ ଦେଇଥିଲା ମୋତେ ସାମ୍ବାଦିକତା ବୃତ୍ତି ।

ଜଡ଼ଭରତରୁ ରାଜନୀତି :

ମୁଁ ପିଲାଦିନେ ଏକଦମ୍ ଚୁପ୍‌ଚାପ୍ ସ୍ୱଭାବର ଥିଲି । ବିଶେଷ କିଛି କଥା କୁହେନି । ଏପରିକି ନିଜ ପରିବାରର ସଂପର୍କୀୟଙ୍କ ସହିତ ଖୁବ୍ କମ୍

ମିଶେ, ବହୁତ ଲାଜକୁଳା ଥିଲି ଓ କାହା ସହିତ ମିଶୁ ନ ଥିଲି କି କଥା କହୁ ନ ଥିଲି । ମୋ ଜେଜେ ମୋତେ 'ଜଡ଼ଭରତ' ବୋଲି ଡାକନ୍ତି । ବହୁଦିନ ପର୍ଯ୍ୟନ୍ତ ଏହି ନାମ ଶ୍ରଦ୍ଧାନାମ ଭାବରେ ରହିଥିଲା । କାରଣ ବୋଉଠାରୁ ମୁଁ ଯାହା ଶୁଣିଛି ଶ୍ରୀ ଶ୍ରୀ ଠାକୁର ନିଗମାନନ୍ଦଙ୍କ ଦ୍ୱାରା ଲିଖିତ ପୁସ୍ତକରେ 'ଜଡ଼ଭରତ' ଶୀର୍ଷକରେ ଏକ ରଚନା ରହିଛି, ଯାହାକୁ ପ୍ରାୟ ପଢ଼ାହୁଏ ।

ପୌରାଣିକ କାହାଣୀ ଅନୁଯାୟୀ ଜଡ଼ଭରତ ଋଷି କୌଣସି କଥା କହୁ ନ ଥିଲେ । ସେ ଚୁପ୍‌ଚାପ୍ । ତେଣୁ ଯେହେତୁ ମୁଁ କଥା କହୁ ନ ଥିଲି ତେଣୁ ମୋତେ 'ଜଡ଼ଭରତ' ଡକାଯାଉଥିଲା । ସ୍କୁଲ୍‌ରେ ପଢ଼ିଲାବେଳେ ମଧ୍ୟ ମୁଁ ଖୁବ୍ କମ୍ କଥା କହୁଥିଲି । ବିଶେଷ କାହା ସହିତ ମିଶୁ ନ ଥିଲି । କଲେଜ ସମୟରେ ମଧ୍ୟ ମୋ ସ୍ୱଭାବ ସେହିଭଳି ଥିଲା । କିନ୍ତୁ ଏଭଳି ସ୍ୱଭାବ ନେଇ ଆଜିର ରାଜନୀତିକ ବୃତ୍ତିରେ ରହିବା ସମ୍ଭବ ନୁହେଁ । ଭାଷଣବାଜି ହିଁ ରାଜନୀତିର ଗୋଟିଏ ମୁଖ୍ୟ ଉପାଦାନ, ସେଥିରେ ମୁଁ ପଶି ସଫଳ ରାଜନେତା ହେବା ଘଟଣା କେହି କେବେ ସ୍ୱପ୍ନରେ ମଧ୍ୟ ଚିନ୍ତା କରି ନଥିଲେ । ମୋ ସାଙ୍ଗମାନେ ମଧ୍ୟ କେହି ବିଶ୍ୱାସ କରୁ ନ ଥିଲେ ଯେ ମୁଁ ଦିନେ ଏହି ସ୍ଥାନରେ ପହଞ୍ଚିପାରିବି । ମନେପଡ଼ିଯାଉଛି ମୋର ସର୍ବପ୍ରଥମ ଭାଷଣ ୧୯୯୭ ମସିହା କୁମାର ପୂର୍ଣ୍ଣିମା କିମ୍ବା ତା' ପରବର୍ତ୍ତୀ ବା ପୂର୍ବଦିନ ପାଟକୁରା ନିର୍ବାଚନମଣ୍ଡଳୀର ତେଣ୍ଡାକୁଡ଼ାଠାରେ ଫୁଟ୍‌ବଲ୍ ଟୁର୍ଣ୍ଣାମେଣ୍ଟ୍ ସମୟରେ ଦେଇଥିଲି । ତା' ପୂର୍ବରୁ ମୁଁ କେବେ କେଉଁଠି ଭାଷଣବାଜି କରି ନ ଥିଲି କିମ୍ବା ବକ୍ତୃତା ଦେଇ ନ ଥିଲି, ଯଦିଓ ଭାଷା ଉପରେ ମୋର ଯଥେଷ୍ଟ ନିୟନ୍ତ୍ରଣ ରହିଥିଲା । ମୁଁ କିଛିଟା ଲେଖାଲେଖି କରିପାରୁଥିଲି, କିନ୍ତୁ ସେସବୁକୁ କେବେ ପ୍ରକାଶ କରିବାର ଅବସର ନ ଥିଲା ।

ମହାବାତ୍ୟା ପୂର୍ବରୁ ପାଟକୁରା ନିର୍ବାଚନମଣ୍ଡଳୀରେ ଥିବା ତେଣ୍ଡାକୁଡ଼ା ବିନ୍ଧା ପଡ଼ିଆରେ ଫୁଟ୍‌ବଲ୍ ଟୁର୍ଣ୍ଣାମେଣ୍ଟ୍ ଆୟୋଜନ ହୋଇଥିଲା । ତା' ପୂର୍ବରୁ ପାଟକୁରାର କିଛି ଯୁବକମାନଙ୍କ ସହିତ ଭୁବନେଶ୍ୱରରୁ ଆସି ମିଶାମିଶି କରୁଥିଲି, କୌଣସି ରାଜନୀତିକ ଦଳ ସହ ସିଧାସଳଖ ସଂପୃକ୍ତ ହେବାର ଆଶା ନ ଥିଲା । ସେହି ଟୁର୍ଣ୍ଣାମେଣ୍ଟ୍‌ରେ ଜଣେ ଭଦ୍ର ବ୍ୟବସାୟୀଙ୍କୁ ମୋ ମାର୍ଫତ୍‌ରେ ଅତିଥି ଭାବରେ ନେଇଥିଲି ଏବଂ ମୋ ସହିତ କ୍ରୀଡ଼ା ସାମ୍ବାଦିକ

ସମ୍ବିତ୍ ମହାପାତ୍ର ମଧ ଯାଇଥିଲେ ଏବଂ ଦୂରଦର୍ଶନ ମଧ ଏହାକୁ ନେଇ ସମ୍ବାଦ ପ୍ରସାରଣ କରିଥିଲା। ସେହି ସମୟରେ ମୁଁ ପ୍ରଥମଦିନ ଖେଳ ଉପରେ ମୋର ଭାଷଣ ଦେଇଥିଲି। ତା'ର ଦୁଇଦିନ ପରେ ମହାବାତ୍ୟା ହେଲା। ଏହାପରେ ନିର୍ବାଚନ ଆସିଲା। ନିର୍ବାଚନରେ ମୁଁ ମଧ ପ୍ରବେଶ କଲି। ଆଜି ପର୍ଯ୍ୟନ୍ତ ସେ ସଂପର୍କରେ କେହି ଜାଣନ୍ତିନି। ଜଡ଼ଭରତରୁ ରାଜନେତାର ଯାତ୍ରାପଥର ସମସ୍ତ ସଫଳତାର ଶ୍ରେୟ କେବଳ ଈଶ୍ୱରଙ୍କର। ସେ ମୂକକୁ ବାଚାଳ କରନ୍ତି, ପଙ୍ଗୁକୁ ଗିରି ଲଂଘନ କରାନ୍ତି। ମୋ କ୍ଷେତ୍ରରେ ମଧ ଠିକ୍ ସେହି ଘଟଣା ଘଟିଛି।

ବାରିପଦା ଧର୍ମସଭା ଓ ବିଜୁବାବୁ :

୨୩ ଫେବ୍ରୁଆରି ଦ୍ୱିପ୍ରହର ରବିବାର ୧୯୯୭ ମସିହାର କଥା। ଶ୍ରୀ ଶ୍ରୀ ଠାକୁର ନିଗମାନନ୍ଦଙ୍କର ବାରିପଦାର ମଧୁବନ ଧର୍ମସଭାରେ ୨୦୦୦ ଭକ୍ତଙ୍କ ଜନସମାଗମ ହୋଇଥିଲା। ତିନିଦିନର ଧାର୍ମିକ କାର୍ଯ୍ୟକ୍ରମ ପରେ ଦ୍ୱିପ୍ରହରରେ ପ୍ରସାଦ ସେବନ କରି ହଜାର ହଜାର ଭକ୍ତ ମଧୁବନର ଖେଳପଡ଼ିଆରେ ନିର୍ମିତ ଶିବିରରେ ବିଶ୍ରାମ କରୁଥିଲେ। କେହି କିଛି ଜାଣିବା ପୂର୍ବରୁ ଦ୍ୱିପ୍ରହର ପ୍ରାୟ ୩.୨୦ ମିନିଟ୍‌ରେ ଏକ ବିକଟ ଦୁର୍ଘଟଣା ଘଟିଲା। ଚତୁର୍ଦ୍ଦିଗରେ ଶିଶୁ, ବାଳକ, ଯୁବକ, ବୃଦ୍ଧ, ମହିଳାଙ୍କ ଆର୍ତ୍ତ ଚିତ୍କାର ଓ କେବଳ ଧୂଆଁ ଆଉ ଗାଢ଼ଧୂଆଁ, ଜୀବିତ ମଣିଷର ଭୟାନକ ଅନ୍ତ। ଅଗ୍ନିସଂଯୋଗ ହେତୁ ୨୦୦ରୁ ଅଧିକ ଲୋକ ଜୀବନ୍ତ ଜଳିଗଲେ। ଅସ୍ଥାୟୀ ଘରଗୁଡ଼ିକରେ ସଂଖ୍ୟାଧିକ ମୃତଲୋକଙ୍କ ଶବ ପଡ଼ିଥାଏ।

ଘଟଣାର ଦ୍ୱିତୀୟ ଦିନ ଶ୍ରୀକାନ୍ତ ଜେନା, ଦେବେଗୌଡ଼ା ଓ ବିଜୁବାବୁ ପହଞ୍ଚିଲେ। ଜାନକୀ ବାବୁ ମୁଖ୍ୟମନ୍ତ୍ରୀ ଥିଲେ। ଭାରତର ପ୍ରଧାନମନ୍ତ୍ରୀ ଦେବେଗୌଡ଼ାଙ୍କୁ ସାମ୍ବାଦକିମାନେ ପଚାରିଲେ- ଆପଣ କେତେ ସେଣ୍ଟରରୁ ଦେବେ ?

ଦେବେଗୌଡ଼ା କହିବା ପୂର୍ବରୁ ବିଜୁବାବୁ କହିଲେ- ରାଜ୍ୟ ସରକାର ଯାହା ଦେବେ, ଆମେ ତା'ର ଦୁଇଗୁଣ ରାଶି ଦେବୁ !

ବିଜୁବାବୁ ସେତେବେଳେ କେବଳ ମାତ୍ର ସାଂସଦ ଥିଲେ। ମୁଁ କିନ୍ତୁ ଅନୁଭବ କରିଥିଲି ବିଜୁବାବୁ ହିଁ ପ୍ରଧାନମନ୍ତ୍ରୀ !

ଟଙ୍କା ମିଳିବାରେ ବିଳମ୍ବ ହେବାରୁ ମୁଁ ଦିଲ୍ଲୀ ଗଲି। ଟଙ୍କା ଖର୍ଚ୍ଚ କରି ଦିଲ୍ଲୀ ଯିବା ପରେ ବିଜୁବାବୁ କହିଲେ- Are you a coward ? Can't you meet your P.M.?

ଦେଖିଲି ବିଜୁବାବୁ କାହାକୁ ଫୋନ୍ କଲେ ଓ ମୋତେ ଭୁବନେଶ୍ୱର ଫେରିଯିବାକୁ କହିଲେ।

ଭୁବନେଶ୍ୱରକୁ ପୁରୁଷୋତ୍ତମ ଏକ୍ସପ୍ରେସ୍‌ରେ ଚାଲିଆସିଲି। ଆସିଲାବେଳକୁ ଜାଣିଲି ଟଙ୍କା ମିଳିସାରିଛି। ଏହାହିଁ ଥିଲା ବିଜୁଙ୍କ ସହିତ ଶେଷ ଅନୁଭବ, ସେହିବର୍ଷ ହିଁ ସେ ତିରୋହିତ ହୋଇଗଲେ।

ବିଜୁ-ନବୀନଙ୍କ ସ୍ନେହର ବଳୟରେ ଅତନୁ :

କୁହାଯାଏ- କୁସୁମ ପରଶେ ପଟ ନିସ୍ତରେ। ମହତ୍ ସଂସ୍ପର୍ଶ, ସଂସର୍ଗ ଏବଂ ସାନ୍ନିଧ୍ୟ ସାଧାରଣକୁ ମଧ୍ୟ ଅସାଧାରଣରେ ପରିଣତ କରିପାରେ। ମୁଁ ପିଲାବେଳୁ ଖୁବ୍ ସାଧାରଣ ଥିଲି। ମୋ ଜୀବନରେ ବିଜୁବାବୁ ଓ ନବୀନବାବୁଙ୍କ ସାନ୍ନିଧ୍ୟ ଯେ ସୁଦୂରପ୍ରସାରୀ ହେବ ତାହା ମୁଁ ଜାଣି ନଥିଲି।

ବିଜୁବାବୁ ମୋ ବାପାଙ୍କୁ ଯେଭଳି ଭଲପାଉଥିଲେ, ନବୀନ ବାବୁ ମଧ୍ୟ ମୋତେ ସେତିକି ଭଲପାଇବା ଆରମ୍ଭ କରିଥିଲେ। ଚନ୍ଦ୍ରବାବୁ ନାଇଡୁଙ୍କ ଭଳି ନେତାମାନଙ୍କୁ ନେଇ ପାଟକୁରାରେ ମୋ ପାଇଁ ନବୀନ ବାବୁ ସଭା କଲେ। ବହୁ ଘନଘଟା ଓ ଝିଙ୍ଗଟ ମଧ୍ୟରେ ଏ ନିର୍ବାଚନଟି ପାର ହୋଇଗଲା। କୌଣସି ରାଜନୈତିକ ଅଭିଜ୍ଞତା ରଖିନଥିବା ମୋର ଏହି ପ୍ରଥମ ନିର୍ବାଚନରେ ହାରିଥିଲି ସତ, ମାତ୍ର ପରବର୍ତ୍ତୀ ପର୍ଯ୍ୟାୟରେ ୨୦୦୪ ମସିହାରେ ସେହି ପାଟକୁରାରୁ ମୋର ବିଜୟ ମୋ ପରିବାର ଓ ପ୍ରିୟଜନଙ୍କୁ ଅନେକ ଆନନ୍ଦିତ କରିଥିଲା। ୧୯୭୭ ମସିହାରୁ ୨୦୦୪ ମସିହା, ଦୀର୍ଘ ସମୟ ମଧ୍ୟରେ ମୋ ବାପାଙ୍କୁ ଓ ମୋତେ ଆଶୀର୍ବାଦ କରିଥିଲେ ବିଜୁବାବୁ ଓ ନବୀନବାବୁ।

ମୋ ବାପା ଅବଶ୍ୟ ଜଣେ ବିଧାୟକ ଥିଲେ। ଦୁଇ ଦୁଇଥର ଖଦି ବୋର୍ଡର ସଭାପତି, କେନ୍ଦ୍ରୀୟ ଖଦି ସାର୍ଟିଫିକେସନ୍ କମିଟିର ଅଧ୍ୟକ୍ଷ ହୋଇଥିଲେ। କିନ୍ତୁ ତାଙ୍କ ସାଙ୍ଗରେ କାମ କରୁଥିବା ସମସାମୟିକ ନେତାମାନେ ମନ୍ତ୍ରୀ ହୋଇଥିଲେ। ସେ ମନ୍ତ୍ରୀ ହୋଇ ନଥିଲେ। ମାତ୍ର ସେଥିପାଇଁ ତାଙ୍କର ଅବଶୋଷ ମଧ୍ୟ ନଥିଲା। ଅଥଚ ତାଙ୍କର ଜୀବଦ୍ଦଶାରେ ମୁଁ ନିର୍ବାଚନମଣ୍ଡଳୀର ବିଧାୟକ ହେବା ଓ ଯୁବ ବୟସରେ ମନ୍ତ୍ରୀ ହେବା ଏସବୁ ମୋ ବାପାଙ୍କୁ ଖୁବ୍ ଆନନ୍ଦିତ କରିଥିଲା। ମୋ ପିତାଙ୍କ ସୁକୃତରୁ ପ୍ରକୃତରେ ମୁଁ ଆଜି ଏ ପରିଚିତି ଲାଭ କରିଛି। ମୋ ବାପା କ୍ଷମତା ବା ଅର୍ଥ ଉପାର୍ଜନ କରି ମୁଁ ଆଗକୁ ଯାଏ ବୋଲି କେବେ ବି ଚାହିଁ ନଥିଲେ, ବରଂ ଆଜିର ପଙ୍କିଳ ରାଜନୀତିରେ ମୁଁ ଯେଭଳି ବାଟ ନ ହୁଡ଼ିବି ସେଥିନେଇ ସେ ସର୍ବଦା ବିଚଳିତ ରହୁଥିଲେ।

ନବୀନ ବାବୁଙ୍କ ସହିତ ମୋର ପ୍ରଥମ ସାକ୍ଷାତ ଜଣେ ସାମ୍ବାଦିକ ଭାବରେ ହୋଇଥିଲା। ୧୯୯୭ରେ ବିଜୁ ଜନତା ଦଳ ଗଠନ ହୋଇଥିଲା। ନବୀନ ବାବୁ ଏ ଦଳ ଗଢ଼ିବା ପାଇଁ ଓଡ଼ିଶାରେ ଯେଉଁଦିନ ପାଦ ଥାପିଲେ, ସେଦିନ ପୁରୁଣା ବିମାନବନ୍ଦରରେ ନାହିଁ ନଥିବା ଭିଡ଼ ହୋଇଥିଲା।

ବିଜୁବାବୁଙ୍କ ସହିତ ଅଭୁଲା ସ୍ମୃତି :

ବିଜୁବାବୁଙ୍କ ସହିତ ଯେଉଁ ଅଭୁଲା ସ୍ମୃତିଗୁଡ଼ିକ ଅଛି ତା' ଭିତରୁ ମୋର ଆଜି ମନେପଡ଼ିଯାଉଛି ୧୯୮୦ ମସିହାର କଥା। ଆମେ ସ୍କୁଲ୍‌ରେ ପଢୁଥାଉ। ବାପାଙ୍କୁ ସରକାରୀ କ୍ୱାର୍ଟର ମିଳିଥିଲା ରିଜିଓନାଲ୍ କଲେଜ ସମ୍ମୁଖରେ। ସେ ସମୟରେ ନିର୍ବାଚନ ଆସିଯାଇଥାଏ ଏବଂ ବିଜୁବାବୁ ପାଟକୁରା ଆସନରୁ ବିଧାନସଭାକୁ ଓ କେନ୍ଦ୍ରାପଡ଼ା ଆସନରୁ ଲୋକସଭାକୁ ପ୍ରାର୍ଥୀ ହୋଇଥାନ୍ତି। ଏ ପୁସ୍ତକରେ ମୁଁ ପୂର୍ବରୁ ସୂଚନା ଦେଇଛି ଏବଂ ମୋ ବୋଉ ଦ୍ୱାରା ଲିଖିତ 'ସାୟାହ୍ନର ସ୍ମୃତି'ରେ କିଭଳି ଭାବରେ ୧୯୭୭ ମସିହାରେ ବାପାଙ୍କର ଜନତା ଦଳ ଟିକେଟ୍ କଟିଲା ଏବଂ ସ୍ୱର୍ଗତ ପ୍ରହ୍ଲାଦ ମଲ୍ଲିକ ପାଟକୁରାର ଟିକେଟ୍ ପାଇଲେ ଏବଂ ତା' ପଛରେ ଯେଉଁ ରୋଚକ କାହାଣୀ ସେ ସଂପର୍କରେ ବର୍ଣ୍ଣନା ରହିଛି। ୧୯୮୦ ମସିହାରେ କିନ୍ତୁ

ପ୍ରହ୍ଲାଦବାବୁ ବିଜୁବାବୁଙ୍କୁ ଛାଡ଼ି କଂଗ୍ରେସ ଦଳରେ ଯୋଗଦେଇ ସାରିଥାନ୍ତି। ମୋଟାମୋଟି ଭାବରେ ପାଟକୁରା ନିର୍ବାଚନମଣ୍ଡଳୀର ନିର୍ବାଚନ ପରିଚାଳନା ପାଇଁ ଜନତା ଦଳର ଦାୟିତ୍ୱ ବାପାଙ୍କ ଉପରେ ନ୍ୟସ୍ତ ଥାଏ। ବିଜୁବାବୁ ଯେଉଁଦିନ ଯାଆନ୍ତି ପାଟକୁରା ଅଞ୍ଚଳର ନିର୍ବାଚନରେ ବୁଲିବା ପାଇଁ ସେଦିନ ବାପାଙ୍କୁ ତାଙ୍କ ସହିତ ଗାଡ଼ିରେ ନିଅନ୍ତି ଏବଂ ଆସିଲାବେଳେ ବାପାଙ୍କୁ ଆଣି ଆମ ଘରେ ଛାଡ଼ିଦିଅନ୍ତି। ସେଦିନ ଶୀତୁଆ ସକାଳ। ହଠାତ୍ ବିଜୁବାବୁଙ୍କ ସେଇ କଳିଙ୍ଗ ରଥ ଷ୍ଟେସନ୍ ୱାଗନ୍ ଆମ ଘର ଆଗରେ ଲାଗିଲା, ଛଅଟା କି ସାତଟା ହେବ। ବାପା ତା' ପୂର୍ବରୁ ପ୍ରସ୍ତୁତ ହୋଇଥାନ୍ତି, ଧୋତି ଓ ଚଦର ପିନ୍ଧି। ବିଜୁବାବୁଙ୍କ ଗାଡ଼ିଟି ଯେତେବେଳେ ଲାଗିଲା ମୋର ମନେଅଛି, ସେତେବେଳେ ଆମ ଆଖପାଖରେ ଥିବା ସରକାରୀ କ୍ୱାର୍ଟରଗୁଡ଼ିକର ବାଲ୍‌କୋନି ଭର୍ତ୍ତି ହୋଇଗଲା। ଘରୁ ବାହାରିଆସି ବିଜୁବାବୁଙ୍କୁ ଟିକେ ଦେଖିବା ପାଇଁ ସମସ୍ତଙ୍କର ପ୍ରବଳ ଆଗ୍ରହ। ବିଜୁବାବୁ ସେହିଭଳି ଜଣେ ମଣିଷ ଥିଲେ। କେତେ ଭୋଟ୍ ମିଳିଛି ନ ମିଳିଛି ବଡ଼କଥା ନୁହଁ, ଓଡ଼ିଶାବାସୀ ପ୍ରତ୍ୟେକଙ୍କ ମନରେ ତାଙ୍କୁ ଟିକେ ଦେଖିବା ପାଇଁ, ବିଜୁବାବୁଙ୍କ ସ୍ପର୍ଶ ସାନ୍ନିଧ୍ୟ ପାଇବା ପାଇଁ ଆଶା ଏବଂ ଉତ୍ସାହ ଥାଏ। ମୋର ମନେଅଛି ସେଦିନ ବିଜୁବାବୁଙ୍କ ଗାଡ଼ି ଲାଗିଲାବେଳେ ଆମ ଘରେ ଥାଆନ୍ତି ଆମ ପରିବାରର ବେଶ୍ ପରିଚିତ ମାଧବଚନ୍ଦ୍ର ଧଳ। ସେ ପ୍ରଦ୍ୟୁମ୍ନ ବଳଙ୍କ ଶ୍ୱଶୁର। ଆମ ପରିବାରର ତାଙ୍କ ସହ ଅତି ନିବିଡ଼ ସମ୍ବନ୍ଧ। ସେ ଠାକୁର ନିଗମାନନ୍ଦଙ୍କ ଆଶ୍ରିତ ଥିଲେ। ମାଧବ ଭାଇ ସାଙ୍ଗେ ସାଙ୍ଗେ ବିଜୁବାବୁଙ୍କୁ ଦେଖି ତାଙ୍କୁ ଆଲିଙ୍ଗନ କରିପକାଇଲେ। ବିଜୁବାବୁଙ୍କ ସହିତ ତାଙ୍କର ନିବିଡ଼ ସଂପର୍କ, ଏଭଳିକି ତୁ ତା ସଂପର୍କ ଥିଲା। ବିଜୁବାବୁଙ୍କୁ ସେ କହିଲେ- ନା ନା ଗାଡ଼ିରେ ବସିଲେ ହବନି, ଘରକୁ ଆସ, ନୀର ପିଠା କରିଛି, ତୁମେ ଖାଇସାରି ଯିବ।

ନୀର ହେଉଛି ମୋ ବୋଉର ଡାକ ନାମ। ବିଜୁବାବୁଙ୍କୁ ଧରି ଭିତରକୁ ନେଇ ଆସିଲେ। ବିଜୁବାବୁ ଘର ଭିତରକୁ ନ ଯାଇ ପ୍ଲେଟ୍‌ରୁ ଗୋଟେ ପୋଡ଼ପିଠା ଖଣ୍ଡକୁ ହାତରେ ଧରି ଖାଇଖାଇ ଗାଡ଼ି ପର୍ଯ୍ୟନ୍ତ ଆସିଲେ। ବାପା ତାଙ୍କ ସାଙ୍ଗରେ ଆସିଲେ। ସେଦିନର ସେଇ ସ୍ମୃତି ଏବଂ

ଛବି ଆଜି ମୋ ମନରେ ଆସୁଛି। କାରଣ ବିଜୁବାବୁଙ୍କ ପ୍ରତି ମୋର ପିଲାଦିନରୁ ଖୁବ୍ ଭଲପାଇବା ଥିଲା, ନିଜ ଘରେ ଯେତେବେଳେ ତାଙ୍କୁ ଦେଖିଲି, ମୁଁ ଅତ୍ୟନ୍ତ ଖୁସି ହୋଇଗଲି।

ମୁଁ ଖାଲି ଏଇ ନିର୍ବାଚନ ସଂପର୍କରେ ଏଇଠି ସୂଚନା ଦେବାକୁ ଚାହୁଁଛି। ଏଇ ନିର୍ବାଚନ ଗୋଟିଏ ଗୁରୁତ୍ୱପୂର୍ଣ୍ଣ ନିର୍ବାଚନ ଥିଲା। ଜନତା ଦଳ ରାଜନୀତିରେ କିଛି ବନ୍ଧୁ ବିଜୁବାବୁଙ୍କୁ ଛାଡ଼ିକି ଚାଲିଯାଇଥିଲେ। ବଟକୃଷ୍ଣ ଜେନା ଯିଏକି ସାଲେପୁର କିଶନ ନଗରକୁ ପ୍ରତିନିଧିତ୍ୱ କରୁଥିଲେ ସେ ମଧ୍ୟ ବିଜୁବାବୁଙ୍କୁ ଛାଡ଼ି କଂଗ୍ରେସରେ ଯୋଗ ଦେଇଥିଲେ। ୧୯୮୦ ମସିହାରେ କଂଗ୍ରେସ ପ୍ରତି ଗୋଟିଏ ସକାରାତ୍ମକ ବାତାବରଣ ସୃଷ୍ଟି ହୋଇଥିଲା। ବିଜୁବାବୁ ଛିଡ଼ା ହୋଇଥାନ୍ତି କେନ୍ଦ୍ରାପଡ଼ା ସାଂସଦ ଏବଂ ପାଟକୁରା ନିର୍ବାଚନମଣ୍ଡଳୀ ବିଧାୟକ ଆସନ ପାଇଁ। ମୁଁ ଏଠି କହିରଖିବା ପାଇଁ ଚାହେଁ ଯେ ବିଜୁବାବୁ ଏକମାତ୍ର ଜନତା ଦଳ ସାଂସଦ ଭାବେ ଉକ୍ତ ନିର୍ବାଚନରେ ଜିତିଥିଲେ ଏବଂ ଅନ୍ୟ ୨୦ଟି ଆସନ କଂଗ୍ରେସ ସପକ୍ଷରେ ଯାଇଥିଲା। ବିଜୁବାବୁ କଂଗ୍ରେସ ପ୍ରାର୍ଥୀ ଗୟାଚାନ୍ଦ ଭୂୟାଁଙ୍କଠାରୁ ୪ ହଜାର କେତେ ଶହ ଅର୍ଥାତ୍ ପ୍ରାୟ ୫ ହଜାର ପାଖାପାଖି ବ୍ୟବଧାନରେ ଜିତିଥିଲେ। ସୂଚନାଯୋଗ୍ୟ ପାଟକୁରା ନିର୍ବାଚନମଣ୍ଡଳୀରେ ବିଜୁବାବୁଙ୍କ ସପକ୍ଷରେ ଭଲ ବ୍ୟବଧାନରେ ଭୋଟ ମିଳିଥିଲା। ଏଠାରେ ନିର୍ବାଚନ ଦାୟିତ୍ୱ ସଂପୂର୍ଣ୍ଣ ରୂପେ ବାପାଙ୍କ ଉପରେ ନ୍ୟସ୍ତ ଥିଲା। ବାପାଙ୍କୁ ସହଯୋଗ କରୁଥିବା ତତ୍କାଳୀନ ଯୁବନେତା ପ୍ରଭାତ ସାମନ୍ତରାୟ ପରବର୍ତ୍ତୀ ସମୟରେ ରାଜ୍ୟସଭାକୁ ବିଜୁବାବୁଙ୍କ ଦ୍ୱାରା ସାଂସଦ ହୋଇ ଯାଇଥିଲେ। ବାପାଙ୍କ ସାଂଗଠନିକ ଦକ୍ଷତା ଏବଂ ବାପାଙ୍କର ସ୍ଥିତି ସେ ସମୟରେ ବିଜୁବାବୁଙ୍କୁ ଗୋଟେ ବିରାଟ ରାଜନୈତିକ ସଫଳତା ଦେଇଥିଲା। ଫଳାଫଳ ବାହାରିବା ପରେ ବିଜୁବାବୁ ବାପାଙ୍କୁ ଡାକି ବହୁତ ଖୁସି ବ୍ୟକ୍ତ କରିଥିବା ଶୁଣିଛି।

ବିଜୁବାବୁଙ୍କ ତିରୋଧାନ ଓ ନବୀନବାବୁଙ୍କ ସହିତ ସଂପର୍କ :

ଏ ସଂସାର ସତରେ କେତେ ରହସ୍ୟମୟ! ସମୟସ୍ରୋତରେ କେତେ ରଥୀ-ମହାରଥୀ ବିଲୀନ ହୋଇଯାଇଛନ୍ତି। ସେମାନଙ୍କ ପ୍ରସଙ୍ଗ

ଇତିହାସ ପୃଷ୍ଠାରୁ ଆମେ ପଢ଼ିଥାଉ । ଧର୍ମାଶୋକଙ୍କ ଠାରୁ ମହା ଜନନାୟକ ବିଜୁଙ୍କ ପର୍ଯ୍ୟନ୍ତ ଅନେକ ପ୍ରସିଦ୍ଧ ବ୍ୟକ୍ତିତ୍ୱ ଆଉ ନାହାନ୍ତି କିନ୍ତୁ ଏକଦା ସେମାନେ ଯେ ଥିଲେ ଆଖି ପାଏନି କି ଭାବି ହୁଏନି । ୧୯୯୭ ମସିହା ଏପ୍ରିଲ ୧୭ ତାରିଖ କେବଳ ମୋ ପାଇଁ ନୁହେଁ, ଓଡ଼ିଶାର ଲକ୍ଷ ଲକ୍ଷ ଛାତ୍ର, ଯୁବକ, ମୁରବି ଓ ଜନସାଧାରଣଙ୍କ ପାଇଁ ଦୁଃଖର ଦିନ ଥିଲା । ସମସ୍ତଙ୍କର ପ୍ରିୟ ମଣିଷ ବିଜୁବାବୁଙ୍କର ଦେହାନ୍ତ ଘଟିଥିଲା । ବିଜୁବାବୁଙ୍କ ସହିତ ଯେଉଁ ଅନ୍ତରଙ୍ଗ ମୁହୂର୍ତ୍ତସବୁ ବିତିଛି, ସେଥିମଧ୍ୟରୁ ମୁଁ ଏହି ପୁସ୍ତକରେ ସୂଚନା ଦେଇଛି ଯେ, ୧୯୯୭ରେ ସଂଘଟିତ ବାରିପଦା ଅଗ୍ନିକାଣ୍ଡ ସମୟରେ ସେହି ଘଟଣାକୁ ନେଇ ବିଜୁବାବୁଙ୍କ ସହିତ ବାରିପଦା ଓ ଦିଲ୍ଲୀରେ ସାକ୍ଷାତ୍ ଏବଂ ନବୀନ ନିବାସରେ ତାଙ୍କ ସହିତ ଦୀର୍ଘ ସମୟ ଅତିବାହିତ ହେବା ଘଟଣା । ବିଜୁବାବୁଙ୍କ ବିୟୋଗ ମୋତେ ହତଚକିତ କରିଥିଲା । ମନ ଭିତରେ ସେ ଅଭୁଲା ସ୍ମୃତିଗୁଡ଼ିକ ସିନେମା ରିଲ୍ ଭଳି ଏବେ ବି ଦୃଶ୍ୟମାନ ହେଉଛି ।

ବିଜୁବାବୁଙ୍କ ଅବର୍ତ୍ତମାନରେ ଓଡ଼ିଶା ଯେତେବେଳେ ଆଉ ଜଣେ ଯୋଗ୍ୟନେତାଙ୍କ ସନ୍ଧାନରେ ଥିଲା ସେ ସମୟରେ ହିଁ ନବୀନବାବୁଙ୍କ ଆବିର୍ଭାବ ହୋଇଥିଲା । ମୋର ସୌଭାଗ୍ୟ ଯେ, ସାମ୍ବାଦିକ ଭାବରେ ତାଙ୍କୁ ଅତି ନିକଟରେ ପାଇବାର ସୁଯୋଗ ମୋତେ ମିଳିଥିଲା ।

ବିଜୁ ଜନତା ଦଳ ଗଠନ ପାଇଁ ଯେଉଁଦିନ ଆନୁଷ୍ଠାନିକ ଭାବେ ନବୀନବାବୁ ଦିଲ୍ଲୀରୁ ଆସି ପହଞ୍ଚିଥିଲେ ସେଦିନ ହଜାର ହଜାର ଜନତାଙ୍କ ଜୟଧ୍ୱନିରେ ବିଜୁ ପଟ୍ଟନାୟକ ପୁରୁଣା ବିମାନ ବନ୍ଦର ଫାଟିପଡୁଥିଲା । ସେହିଦିନ ଯେଉଁ ଫଟୋଟି ଗଣମାଧ୍ୟମରେ ପ୍ରକାଶ ପାଇଥିଲା, ସଂଯୋଗବଶତଃ ସେ ଫଟୋରେ ନବୀନବାବୁଙ୍କ ସହିତ ମୁଁ ଥିଲି ।

ଜାନକୀବଲ୍ଲଭଙ୍କ ସହିତ ମୋର ଅନୁଭୂତି :

ପୂର୍ବତନ ମୁଖ୍ୟମନ୍ତ୍ରୀ ତଥା ବିଶିଷ୍ଟ ଲେଖକ, ସାହିତ୍ୟିକ ଜାନକୀ ବଲ୍ଲଭ ପଟ୍ଟନାୟକଙ୍କ ସଂପର୍କରେ ମୋର କିଛି ଅନୁଭୂତିକୁ ମୁଁ ଏଠାରେ ରଖିବା ପାଇଁ ଉଚିତ ମଣୁଛି । ମୁଁ ଏ ପୁସ୍ତକରେ ସୂଚନା ଦେଇଛି ଯେ

ସାମ୍ବାଦିକତା କରୁଥିବା ସମୟରେ ମୁଁ କାମ କରୁଥିବା ସମ୍ବାଦପତ୍ରଗୁଡ଼ିକରେ ଓଡ଼ିଶାର ତତ୍କାଳୀନ କଂଗ୍ରେସ ସରକାର ବିରୋଧରେ କଟୁ ସମାଲୋଚନାମୂଳକ ସମ୍ବାଦ ପରିବେଷଣ କରିଛି। 'ପ୍ରଜାତନ୍ତ୍ର'ର ସେ ଦିନେ ସଂପାଦକ ଥିଲେ, ମୁଁ ମଧ୍ୟ 'ପ୍ରଜାତନ୍ତ୍ର'ରେ ତାଙ୍କର ସରକାର ବିରୋଧୀ ସମ୍ବାଦ ପରିବେଷଣ କରିଥିଲି। ସେ କୌଣସି ଦିନ କିନ୍ତୁ ସେ ସଂପର୍କରେ କୌଣସି ପ୍ରତିକ୍ରିୟା, ପ୍ରତିବାଦ ବା ମତାମତ ରଖୁ ନ ଥିଲେ। ଗୋଟିଏ ଥର ବିଳମ୍ବିତ ରାତ୍ରିରେ ସେ ମୋତେ ଟେଲିଫୋନ୍ କରିଥିଲେ ଏବଂ ଗୋଟିଏ ସମ୍ବାଦକୁ ନେଇ ସେ ତାଙ୍କର ପ୍ରତିକ୍ରିୟା ପ୍ରକାଶ କରିଥିଲେ ଓ କହିଥିଲେ- ତୁମେ ଗାନ୍ଧିବାଦୀ ରାଜକିଶୋର ବାବୁଙ୍କ ପୁଅ। ପାଟକୁରାର ଗାନ୍ଧୀ ଭାବେ ସେ ସମସ୍ତଙ୍କର ପ୍ରିୟ ଥିଲେ। ସତ୍ୟ ନିରପେକ୍ଷ ସମ୍ବାଦ ପରିବେଷଣ କର। ପୁଣି ମଧ୍ୟ ସେ କହିଥିଲେ- ଯେଉଁ 'ପ୍ରଜାତନ୍ତ୍ର'କୁ ଆମେ ସବୁ ମିଶି ତିଆରି କରିଛୁ ତୁମେ ତା'ର ଗାରିମା ରଖିବା ପାଇଁ ଚେଷ୍ଟା କର।

ଆଉ ଅଧିକ କିଛି ନ କହି ଫୋନ୍ କାଟି ଦେଇଥିଲେ।

ପରବର୍ତ୍ତୀ ପର୍ଯ୍ୟାୟରେ ମୁଁ ବିଧାନସଭାକୁ ନିର୍ବାଚିତ ହୋଇ ଆସିବା ପରେ ୨୦୦୪ରୁ ୨୦୦୯ ଜାନକୀବାବୁ ବିରୋଧୀ ଦଳର ନେତା ଥିଲେ ଏବଂ ଆମେ କିଛି ଯୁବ ବିଧାୟକ କଂଗ୍ରେସ ସରକାର ସମୟରେ ଯେଉଁ ସମସ୍ୟା ଓଡ଼ିଶାବାସୀ ଭୋଗିଥିଲେ ସେଇ ଖବରକୁ ଆଣି ବିଧାନସଭାରେ ପରିବେଷଣ କରୁଥିଲୁ। ଯେଉଁ ସମୟରେ ବିରୋଧୀ ଦଳ ଶାସକ ଦଳକୁ ବଦନାମ କରୁଥିଲେ, ସେ ସମୟରେ ଅତୀତର ଇତିହାସକୁ ଆମେ ହିଁ ଧୋଉଥିଲୁ। ସେହି କ୍ରମରେ ଜାନକୀବାବୁଙ୍କ ବିରୋଧରେ ଅନେକ କଥା ବିଧାନସଭାରେ କହୁଥିଲୁ, କିନ୍ତୁ ମୋର ମନେଅଛି ଜାନକୀବାବୁ ନିଜ ବିରୋଧୀ ଦଳ ନେତା ଚାମ୍ବରରେ କିଛି ବିଶିଷ୍ଟ ଲୋକଙ୍କୁ ମୋ ବିଷୟରେ କିଛି ଅନୁକୂଳ ମନ୍ତବ୍ୟ ରଖିଥିଲେ ଓ ଆଗାମୀ ଦିନରେ ରାଜନୈତିକ ଶିଡ଼ିରେ ମୁଁ ଅଧିକ ବାଟ ଯିବି ବୋଲି ମଧ୍ୟ ସେ ଭବିଷ୍ୟବାଣୀ କରିଥିଲେ।

ଜାନକୀବାବୁଙ୍କ ପାଣ୍ଡିତ୍ୟ, ସାହିତ୍ୟପ୍ରାଣତା ଓ ବିରୋଧୀଙ୍କ ପ୍ରତି

ସହିଷ୍ଣୁତା ତାଙ୍କର ଅନନ୍ୟ ବିଶେଷତା ବୋଲି ମୁଁ ସର୍ବଦା ମନେ କରିଆସିଛି । ସବୁଠୁ ମୋତେ ଭଲ ଲାଗିଥିଲା ଯେଉଁଦିନ ବିଜୁବାବୁ ଚାଲିଯାଇଥିଲେ, ଭାରତବର୍ଷର ବିଭିନ୍ନ ନେତା ଶୋକବାର୍ତ୍ତା ଦେଇଥିଲେ ତାଙ୍କ ତିରୋଧାନକୁ ନେଇ, କିନ୍ତୁ ଜାନକୀବାବୁଙ୍କ ବାର୍ତ୍ତାଟି କେବଳ ଓଡ଼ିଶା ନୁହେଁ, ସାରା ଭାରତରେ ଅନେକଙ୍କ ହୃଦୟକୁ ଛୁଇଁଥିଲା । ଯେତେବେଳେ ଜାନକୀବାବୁ ବିଜୁବାବୁଙ୍କୁ 'ଝଡ଼ର ଈଗଲ' ଓ 'ମାଟିର ମୂର୍ତ୍ତିକାର' ବୋଲି ସମ୍ବୋଧନ କରିଥିଲେ, ସେତେବେଳେ ସେ ସଂକୀର୍ଣ୍ଣ ରାଜନୀତିର ଊର୍ଦ୍ଧ୍ୱକୁ ଯାଇ ବିଜୁବାବୁଙ୍କ ବ୍ୟକ୍ତିତ୍ୱକୁ ଆକଳନ କରିଥିଲେ । ଜୀବନବ୍ୟାପୀ ବିଜୁବାବୁଙ୍କ ରାଜନୈତିକ ବିରୋଧୀ ଥିବା ଜାନକୀବାବୁ ଯେଉଁ ଶୋକବାର୍ତ୍ତା ରଖିଥିଲେ, ଉକ୍ତ ଶୋକବାର୍ତ୍ତାରେ ଗଭୀର ସମ୍ମାନବୋଧ ରହିଥିଲା ।

ମୋର ଜାନକୀବାବୁଙ୍କ ସହିତ ଆଉ କେତୋଟି ଘଟଣା ଘଟିଥିଲା । ମୋର ମନେଅଛି ଥରେ ଆସାମର ଜୋର୍‌ହାଟରେ ଠାକୁର ନିଗମାନନ୍ଦଙ୍କର ଏକ ସମ୍ମିଳନୀ ଅନୁଷ୍ଠିତ ହେଉଥାଏ । ସେହି ଉତ୍ସବରେ ଆସାମର ତତ୍କାଳୀନ ରାଜ୍ୟପାଳ ଭାବରେ ଜାନକୀବାବୁ ଥାଆନ୍ତି ମୁଖ୍ୟ ଅତିଥି, ଅନ୍ୟତମ ଅତିଥି ଥାଏ ମୁଁ । ମୁଁ କଲିକତାରୁ ବିମାନରେ ଚଢ଼ିଲି ଏବଂ ତାହା ଗୌହାଟି ଦେଇ ଜୋର୍‌ହାଟକୁ ଯାଉଥାଏ; ମୁଁ ଦେଖିଲି ଗୌହାଟିରେ ରାଜ୍ୟପାଳ ଜାନକୀବାବୁ, ସେହି ବିମାନରେ ହିଁ ଭିତରକୁ ଆସିଲେ । ମୋତେ ଦେଖିବା ପରେ ସେ ପାଖକୁ ଡାକିଥିଲେ ଏବଂ ମୋ ସହ ସୌହାର୍ଦ୍ଦ୍ୟପୂର୍ଣ୍ଣ କଥାବାର୍ତ୍ତା କରିଥିଲେ । ଯେହେତୁ ରାଜ୍ୟପାଳ ଆସୁଛନ୍ତି, ଜୋର୍‌ହାଟରେ ଥିବା ସର୍କିଟ୍ ହାଉସ୍‌ଟି ସଂପୂର୍ଣ୍ଣ ଭାବରେ ରାଜ୍ୟପାଳଙ୍କ ପାଇଁ ରଖାଯାଇଥିଲା । ସେଠାରେ ପହଞ୍ଚିବା ପରେ ମୁଁ ଦେଖିଲି, ଆସାମର ଜଣେ ଉଚ୍ଚ ସରକାରୀ ଅଧିକାରୀ ସେଠାକୁ ଆସି ମୋତେ କହିଲେ- ଆପଣ ସର୍କିଟ୍ ହାଉସ୍‌ରେ ରହିବେ ।

ମୁଁ କହିଲି- ସେଠାରେ ତ ରାଜ୍ୟପାଳ ଅଛନ୍ତି !

ଅଧିକାରୀ ଜଣକ କହିଲେ- ଯେଉଁ ଦୁଇ ତିନିଟି ବଖରା ଥିଲା, ତା' ଭିତରୁ ଗୋଟିଏକୁ ଆପଣଙ୍କୁ ଦେବା ପାଇଁ ରାଜ୍ୟପାଳ କହିଛନ୍ତି ଏବଂ ଆପଣଙ୍କର ସମସ୍ତ ଦାୟିତ୍ୱ ଆମର ।

ମୁଁ ପରଦିନ ସଭାରେ ଜାନକୀବାବୁଙ୍କୁ ଭେଟିଥିଲି ଏବଂ ସେ କହିଥିଲେ ତୁମର ସବୁ ବନ୍ଦୋବସ୍ତ ଭଲ ଭାବରେ ହୋଇଛି ତ ?

ମୁଁ ମଞ୍ଚାସୀନ ହେବା ପୂର୍ବରୁ ସେ ସେଠିକାର ଆୟୋଜକମାନଙ୍କୁ କହିଥିଲେ ଯେ, ଓଡ଼ିଶାର ମନ୍ତ୍ରୀ ଅତନୁ ସବ୍ୟସାଚୀଙ୍କୁ ଗୁରୁତ୍ୱ ଦେଇ ଆଗ କିଛି କହିବା ପାଇଁ ଡାକିବେ। ତା'ପରେ ମୁଁ କହିବି।

ଏହା ଥିଲା ଜାନକୀବାବୁଙ୍କର ମୋ ପ୍ରତି ଭଲପାଇବା !

ମୋର ମନେଅଛି ବରମୁଣ୍ଡା ପଡ଼ିଆରେ ଆଉ ଏକ ବିରାଟ ସମ୍ମିଳନୀ ହେଉଥାଏ। ଜାନକୀବାବୁ ଅତିଥି ହୋଇ ଆସିଥାନ୍ତି। ମୁଁ ମଧ୍ୟ ଉପସ୍ଥିତ ଥାଏ। ମୁଁ ସେଇ ସମୟରେ ସ୍ୱାସ୍ଥ୍ୟମନ୍ତ୍ରୀ ଥାଏ। ମୋତେ ପାଖକୁ ଡାକି କହିଲେ- "ପାହାଳର ରସଗୋଲା ଦେଖିଛ ?"

ମୁଁ କହିଲି- "ହଁ ଦେଖିଛି।"

ସେ କହିଲେ- "ତାକୁ ତ ଖାଇଲେ ଲୋକମାନେ ରୋଗରେ ପଡ଼ିଯିବେ। ତୁମେ ସ୍ୱାସ୍ଥ୍ୟମନ୍ତ୍ରୀ ହୋଇଛ, କିଛି ବୁଝିବାର ଆବଶ୍ୟକତା ଅଛି ସେ ବିଷୟରେ।"

ମୁଁ କହିଲି- "ଆଜ୍ଞା ଆପଣ ଯଦି କହିବେ ତାକୁ ବନ୍ଦ କରିଦେବାର ବ୍ୟବସ୍ଥା କରିବା।"

- "ନା, ବନ୍ଦ କରିଦେଲେ ହେବନି, ରସଗୋଲା ହେଉଛି ଆମ ସଂସ୍କୃତିର ଜିନିଷ। ତାକୁ ରଖିବା କିନ୍ତୁ କିଭଳି ଭାବରେ ତାହା ସୁରକ୍ଷିତ ଭାବରେ ବିକ୍ରି ହୋଇପାରିବ, ସ୍ୱାସ୍ଥ୍ୟକୁ ଠିକ୍ ଭାବରେ ରଖିବ, ତା'ର ଦାୟିତ୍ୱ ତୁମେ ନିଅ।"

ଏ ଥିଲା ଜାନକୀବାବୁଙ୍କ ସହିତ ମୋର ଶେଷ ସାକ୍ଷାତ୍। ତାଙ୍କ ସମ୍ପର୍କରେ ଅନେକ କଥା ମୋ ସ୍ମୃତିରେ ଅଛି। ତାଙ୍କ ଲିଖିତ ଗୌତମ ବୁଦ୍ଧ ପୁସ୍ତକଠାରୁ ଆରମ୍ଭ କରି ଅନେକ ପୁସ୍ତକ ତାଙ୍କର ପଢ଼ିଛି। ରାଜନେତା ହିସାବରେ ତାଙ୍କ ପ୍ରତି ଯେଉଁ ସମ୍ମାନ ମୋର ରହିଛି, ତା'ଠାରୁ ଅଧିକ ସମ୍ମାନ ରହିଛି ତାଙ୍କର ପାଣ୍ଡିତ୍ୟ, ସହିଷ୍ଣୁତା ଓ ସାହିତ୍ୟପ୍ରାଣତା ପ୍ରତି।

କର୍ମମୁଖର ମଧ୍ୟକାଳ

ମଣିଷ ଜୀବନରେ ସ୍ଥବିରତା ମାନେ ମୃତ୍ୟୁ ନୁହେଁ କି ? କର୍ମମୁଖରତା ହିଁ ପ୍ରକୃତରେ ମଣିଷ ଜୀବନକୁ ପୁରୁଷାର୍ଥ ଦିଏ। ମୋ ବାପାଙ୍କଠାରୁ ମୁଁ ଯଦି ଏକନିଷ୍ଠ କର୍ମଯୋଗ ଶିଖିଛି, ମୋ ବୋଉଠାରୁ ଆଳସ୍ୟବିହୀନ - ଉତ୍‌ଫୁଲ୍ଲ ଜୀବନ ଜୀଇବା ଶିଖିଚି। ବଡ଼ ବଡ଼ ପ୍ରତିକୂଳ ଅବସ୍ଥାରେ ବାପା କେବେ ଯଦି ଗମ୍ଭୀର ଦିଶୁଥିଲେ, ତାଙ୍କଠାରୁ ମାନସିକ ସ୍ତରରେ ଅଧିକ ଶକ୍ତିଶାଳୀ ଦିଶୁଥିଲା ମୋ ବୋଉ। ଆଜି ମୋର ଏହି ଜୀବନ ସ୍ଥିତିରେ ମୁଁ ଉଭୟଙ୍କ ପାଇଁ ଗର୍ବ କରେ ଓ ମୋ ଛାତି କୁଣ୍ଢେମୋଟ ହୋଇଯାଏ ଯେ ମୁଁ ସେମାନଙ୍କ ପୁଅ।

ସମସ୍ତଙ୍କ ଜୀବନରେ ବୃତ୍ତିଗତ ସଂଘାତ ଥାଏ। ମୋର ବି ସେଇ ପ୍ରକାର ଅନୁଭବ ରହିଛି। ପିଲାବେଳର ସେ ସ୍ୱପ୍ନବିଭୋର - ଆଈମା' କାହାଣୀରୁ ବାହାରି ମୁଁ ଯେତେବେଳେ ଜୀବନର ଆହ୍ୱାନକୁ ସାମ୍‌ନା କଲି, ସେତେବେଳେ ମୁଁ ଅନୁଭବ କଲି ବାପା-ମାଆଙ୍କ ନିରୋଳ ଛତ୍ରଛାୟାରେ ରହିବାର ପରିଧି ଅତିକ୍ରମ କରି ଜୀବନର ଅଙ୍କାବଙ୍କା ଘାଟି ଅତିକ୍ରମ କରୁଛି।

ଚ୍ୟାଲେଞ୍ଜ ନ ଥିଲେ ଜୀବନରେ ଆନନ୍ଦ ନଥାଏ। କିନ୍ତୁ ସେସବୁ ଚ୍ୟାଲେଞ୍ଜ ବେଳେବେଳେ ନିଜ ଭିତରେ ନିଜକୁ ହିଁ ଭୟଭୀତ କରୁଥାଏ। ମଲ୍‌ଟିନ୍ୟାସ୍‌ନାଲ୍ କମ୍ପାନିରେ ଚାକିରି ଓ ସାମ୍ବାଦିକତା ପରେ ରାଜନୀତି ପ୍ରାରମ୍ଭିକ ପର୍ଯ୍ୟାୟରେ ଅତ୍ୟନ୍ତ କଷ୍ଟକର ଥିଲା। ମାତ୍ର ନବୀନବାବୁଙ୍କ ସାନ୍ନିଧ ଓ ଅବିଚଳ ଆଶ୍ୱାସନାରେ ମୋର ସବୁ ତଥାକଥିତ ପ୍ରତିବନ୍ଧକ ଶୂନ୍ୟରେ ମିଳାଇଯାଇଛି, ଉଜ୍ଜ୍ୱଳ ସୂର୍ଯ୍ୟାଲୋକରେ କୁହୁଡ଼ି ମିଳାଇଯିବା ପରି ସବୁ ପ୍ରଚାରିତ ବାଧା ଉଭାନ ହୋଇଯାଇଛି।

ନବୀନ ନିବାସରେ ନବୀନଙ୍କ ଆବିର୍ଭାବ :

ବାସ୍ତବରେ ସମୟର ନିୟତ ପ୍ରଭାବରେ ମଣିଷ ଜୀବନ ପରିବର୍ତ୍ତିତ ହୁଏ । ବେଳେବେଳେ କଳ୍ପିତ କଥାସବୁ କୁହୁଡ଼ି ପରି ବିଲୀନ ହୋଇଯାଏ ତ କେବେ ପୁଣି ସ୍ୱପ୍ନରେ ସୁଦ୍ଧା ଭାବି ନଥିବା କଥା ଅଦ୍ଭୁତ ଭାବେ ସତ ହୋଇଯାଏ । ନବୀନ ନିବାସକୁ ନେଇ ମୋ ଭାବନା ସେହିଭଳି !

ଷାଠିଏ ଦଶକରେ ବିଜୁବାବୁ ଏରୋଡ୍ରମ୍ ନିକଟରେ ତୋଳିଥିଲେ ନିଜସ୍ୱ ବାସଭବନ । ନାମ ଦେଇଥିଲେ ନବୀନ ନିବାସ । ଅନେକଙ୍କ ମନରେ ପ୍ରଶ୍ନ ଉଠେ, ଘରର ନାମକରଣ ଏପରି କାହିଁକି ଥିଲା ? ପତ୍ନୀ ଜ୍ଞାନଦେବୀଙ୍କ ନାମରେ ଜ୍ଞାନ ଭବନ ବା ତାଙ୍କର ସବୁଠୁ ପ୍ରିୟ ଝିଅ ଗୀତା ମେହେଟାଙ୍କ ନାମରେ ଗୀତା ନିବାସ ବା ବଡ଼ ପୁଅ ପ୍ରେମଙ୍କ ନାମରେ ପ୍ରେମ ନିବାସ ଦେଇପାରିଥାନ୍ତେ । ୬୦-୭୦ ଦଶକରେ ବିଜୁଙ୍କ ସହ କାମ କରୁଥିବା ଅନେକ ରାଜନେତାଙ୍କ ମତରେ ନିଜର ତିନି ସନ୍ତାନଙ୍କ ମଧ୍ୟରୁ ଝିଅ ଗୀତାଙ୍କୁ ବିଜୁବାବୁ ପ୍ରାଣଭରି ଭଲପାଉଥିଲେ । ଗୀତା ହିଁ ଅନେକ ବାର ଓଡ଼ିଶା ଆସୁଥିଲେ । କିନ୍ତୁ ସାନ ପୁଅ ନବୀନଙ୍କ ସମ୍ପର୍କରେ ଓଡ଼ିଶାର ନେତୃବର୍ଗ ଖୁବ୍ କମ୍ ଜାଣିଥିଲେ । ଅଥଚ ବିଜୁବାବୁ ଓ ଜ୍ଞାନଦେବୀ ସେ ସମୟରେ ଘରର ନାମ ନବୀନ ନିବାସ ଦେଇଥିଲେ । ଓଡ଼ିଶାବାସୀଙ୍କ ପରି ବିଜୁବାବୁଙ୍କ ଗାଡ଼ି କଳିଙ୍ଗ ରଥ ଓ ତାଙ୍କ ବାସଭବନ ନବୀନ ନିବାସ ପ୍ରତି ମୋର ଥାଏ ଅତୁଟ ଭଲପାଇବା ।

ବିଜୁବାବୁ ତାଙ୍କ ଜୀବଦ୍ଦଶାରେ ନିଜ ପୁତ୍ରକନ୍ୟାଙ୍କୁ କେବେ ରାଜନୀତି ମୈଦାନକୁ ଆଣିବାର ସ୍ୱପ୍ନ ଦେଖିନଥିଲେ । ଅତି ଅଲିଅଳରେ ଡୁନ୍ ସ୍କୁଲ୍ ଓ ବିଦେଶରେ ପାଠ ପଢ଼ିଥିବା ପୁଣି ବିଦେଶର ବହୁ ଅଭିଜାତ ପରିବାରର ନିକଟ ସଂସର୍ଗରେ ଚଳିଥିବା ନବୀନବାବୁ ଯେ ଓଡ଼ିଶା ଆସିବେ ଓ ନବୀନ ନିବାସରେ ରହି ଓଡ଼ିଶା ଲୋକଙ୍କ ସେବା କରିବେ, ତାହା କେହି ବି କଳ୍ପନା କରି ନଥିଲେ । ଆଜି ଏସବୁର ସଂଯୋଗକୁ ଦେଖିଲେ ଜଣାପଡ଼େ ଏ ଥିଲା ବିଧି ନିର୍ଦ୍ଦିଷ୍ଟ । ବିଜୁବାବୁଙ୍କ ଅବର୍ତ୍ତମାନରେ ନବୀନବାବୁ ଓଡ଼ିଶାର ଦାୟିତ୍ୱ ନେବେ ଓ ନବୀନ ନିବାସ ହିଁ ତା'ର ନାମକରଣର ସାର୍ଥକତା ବଜାୟ ରଖିବ - ଏହା ହିଁ ଥିଲା ନିୟତି ନିର୍ଧାର୍ଯ୍ୟ । ପିତାଙ୍କ ତିରୋଧାନ

ପରେ ନବୀନଙ୍କୁ ପ୍ରବର୍ତ୍ତାଯାଇ ଆତ୍ମଜ ହୋଇଥିବାରୁ ବିଜୁବାବୁଙ୍କ ରାଜନୈତିକ ଧରୋହର ସମ୍ଭାଳିବାକୁ ତାଙ୍କୁ ରାଜନୀତି-କ୍ଷେତ୍ରକୁ ଅଣାଯାଇଥିବା ସଂକ୍ରାନ୍ତରେ ଯେଉଁସବୁ ରୋଚକ କାହାଣୀମାନ ପ୍ରଚାର କରାଯାଏ, ତାହା ବସ୍ତୁତଃ ସତ୍ୟ ନୁହେଁ। ରାଜନୀତିକୁ ଆସିବା ଓ ନିଜ ପିତାଙ୍କ ପ୍ରିୟ ଓଡ଼ିଶା ସହ ନିବିଡ଼ ଭାବେ ସଂଯୁକ୍ତ ହୋଇଯିବାର ନିଷ୍ପତ୍ତି ଥିଲା ସମ୍ପୂର୍ଣ୍ଣତଃ ତାଙ୍କ ନିଜର ଓ ଏହି ନିଷ୍ପତ୍ତି ସେ ସ୍ୱତଃସ୍ଫୂର୍ତ୍ତ ଭାବରେ ନେଇଥିଲେ।

ଯେଉଁ ଛୋଟିଆ ଫଳକଟି ନବୀନ ନିବାସ ଗେଟ୍‌ରେ 'ନବୀନ ନିବାସ' ବୋଲି ଲେଖାହୋଇ ରହିଥିଲା, ତାହା ଆଉ ନାହିଁ। ଏହି ଫଳକଟିକୁ ୨୦୦୦ ମସିହାରେ କିଛି ଦୁର୍ବୃତ୍ତ ଭାଙ୍ଗି ଚୂରମାର କରିଦେଇଥିଲେ। ଏ ଫଳକ ଭଙ୍ଗାର କାରଣ ସ୍ୱୟଂ ମୁଁ। ୨୦୦୦ ମସିହାରେ ପାଟକୁରା ବିଧାନସଭା ଆସନ ପାଇଁ ଜଣେ ପ୍ରଭାବଶାଳୀ ନେତାଙ୍କ ବିଜେଡି ଟିକଟ କଟିବା ଓ ଏହି ଟିକେଟ୍ ମୋତେ ଦିଆଯିବା ପରେ ଉକ୍ତ ନେତାଙ୍କର କିଛି ସମର୍ଥକ ନବୀନ ନିବାସ ନିକଟରେ ଲଙ୍କାକାଣ୍ଡ ସୃଷ୍ଟି କରିଥିଲେ ଏବଂ ଫଳକ ସମେତ ଗେଟ୍ ଭାଙ୍ଗିରୁଜି ଦେଇଥିଲେ। ସେ ସମୟରେ ମା' ଜ୍ଞାନଦେବୀ ନବୀନ ନିବାସରେ ଉପସ୍ଥିତ ଥିଲେ। 'ନବୀନ ନିବାସ' ଲେଖାଥିବା ଟୁକୁଡ଼ା ଫଳକକୁ ଏକ ରୁମାଲରେ ମା' ଜ୍ଞାନଦେବୀଙ୍କ ନିକଟକୁ ନିଆଯାଇଥିଲା। ମା' ସେ ଟୁକୁଡ଼ାକୁ କିଛି ସମୟ ହାତରେ ଧରିଥିଲେ। ଏହି ଘଟଣାରୁ ନବୀନ ନିବାସ ପ୍ରତି ବିଜୁବାବୁ ଓ ଜ୍ଞାନଦେବୀଙ୍କର କିଭଳି ଭଲପାଇବା ଥିଲା ତାହା ଜଣାପଡ଼େ। ୨୦୦୯ ନିର୍ବାଚନ ଫଳ ବାହାରିବା ପରେ ନବୀନ ନିବାସରେ କିଛି ନବନିର୍ବାଚିତ ବିଧାୟକଙ୍କ ସହ ନବୀନବାବୁ ବସିଥିବା ସମୟରେ ମୁଁ ସେଠାକୁ ଯାଇଥିଲି। ମୋତେ ଦେଖୁ ଦେଖୁ ମୋ ଆଡ଼କୁ ହାତ ଦେଖାଇ "This young boy is responsible...." କହି ସେଦିନର ଘଟଣାକୁ ସେ ବର୍ଣ୍ଣନା କରିଥିଲେ। ପରବର୍ତ୍ତୀ ପର୍ଯ୍ୟାୟରେ ଏହି ଗଣ୍ଡଗୋଳର ନେତୃତ୍ୱ ନେଇଥିବା କିଛି ଯୁବକଙ୍କୁ ନବୀନବାବୁ ଦଳୀୟ ପଦପଦବିରେ ବସାଇଥିଲେ। ରାଜନୈତିକ କ୍ଷେତ୍ରରେ ସେ ତାଙ୍କୁ ବିରୋଧ

କରୁଥିବା ବ୍ୟକ୍ତିଙ୍କ ପୂର୍ବ ଅସୂୟାକୁ କେବେ ଗଣ୍ଠିପକାଇ ଧରି ବସିନାହାନ୍ତି । ଏହାର ଅନେକ ଉଦାହରଣ ରହିଛି ।

୧୯୯୭ ମସିହାର ଡିସେମ୍ବର ୨୬ରେ ବିଜୁ ଜନତା ଦଳର ଜନ୍ମ ହୋଇଥିଲା । ଏହାର ଆନୁଷ୍ଠାନିକ ସଭା ନବୀନ ନିବାସ ପରିସରରେ ଅନୁଷ୍ଠିତ ହୋଇଥିଲା । ବାଲ୍‌କୋନୀ ଉପରୁ ମା' ଜ୍ଞାନଦେବୀ ହାତ ହଲାଇ କର୍ମୀମାନଙ୍କୁ ଆଶୀର୍ବାଦ ଦେଇଥିଲେ । ତାଙ୍କ ନିକଟରେ ଉପସ୍ଥିତ ଥିଲେ ଅନଙ୍ଗଉଦୟ ସିଂହଦେଓ ଓ ନବୀନବାବୁ ।

ପୂର୍ବରୁ ନବୀନ ନିବାସରେ କ୍ୱଚିତ୍ ଦିନ କାଟିଥିବା ନବୀନବାବୁ ଚବିଶ ବର୍ଷ ଧରି ଏହିଠାରେ ହିଁ ରହି ଆସିଛନ୍ତି । ସରକାରୀ ବାସଭବନ ନେଇନାହାନ୍ତି । ନୂଆଦିଲ୍ଲୀର ନିଜ ବାସଭବନ ଓ ଅନ୍ତରଙ୍ଗ ବନ୍ଧୁମାନଙ୍କ ମୋହ ତାଙ୍କୁ ଦିଲ୍ଲୀକୁ ଟାଣି ନେଇନାହିଁ । ନବୀନ ନିବାସରେ ଏକାକୀ ଜୀବନ କାଟି ଚାଲିଛନ୍ତି, ଓଡ଼ିଶାବାସୀଙ୍କୁ ଗୋଟିଏ ପରିବାର ଭାବରେ ବାନ୍ଧି ରଖିଛନ୍ତି ।

ବିଜୁବାବୁ ନବୀନ ନିବାସର ଉପର କୋଠରିରେ ରହୁଥିଲେ ଓ ଅଧିକାଂଶ ସମୟ ବାଲ୍‌କୋନୀ ଉପରେ ବସିଥାନ୍ତି । ଏହି ନବୀନ ନିବାସ ହିଁ ଓଡ଼ିଶା ରାଜନୀତିର ପ୍ରାଣକେନ୍ଦ୍ର ଥିଲା । ବିଜୁବାବୁ ବାଲ୍‌କୋନୀରେ ବସିଥିବା ବେଳେ ସେହି ବାଟଦେଇ ଯେଉଁମାନେ ଚାଲି ଚାଲି ବା ଗାଡ଼ିରେ ଯାଆନ୍ତି, ଟିକେ ଅଟକି ଯାଇ ମୁଣ୍ଡିଆଟିଏ ମାରନ୍ତି । ସତେକି କେଉଁ ମନ୍ଦିରକୁ ସେମାନେ ମୁଣ୍ଡିଆ ମାରୁଛନ୍ତି ! ନବୀନ ନିବାସ ଓଡ଼ିଶାର ଅନେକଙ୍କ ପାଇଁ ତୀର୍ଥକ୍ଷେତ୍ର ଥିଲା । ନବୀନ ନିବାସରେ ବିଜୁବାବୁ ରହୁଥିବା କୋଠରିରେ ନବୀନବାବୁ ନ ରହି ତଳ ମହଲାରେ ଥିବା ଆଉ ଏକ କୋଠରିରେ ରହୁଛନ୍ତି । ଏହା ହେଉଛି ବିଜୁବାବୁଙ୍କ ପ୍ରତି ତାଙ୍କର ଭଲପାଇବା ଓ ସମ୍ମାନର ନିଦର୍ଶନ ।

ବିଜୁବାବୁ ଥିବା ସମୟରେ ଓ ତାଙ୍କ ଅବର୍ତ୍ତମାନରେ ମଧ୍ୟ ନିଜର ଶେଷ ଜୀବନ ପର୍ଯ୍ୟନ୍ତ ମା' ଜ୍ଞାନଦେବୀ ଶୀତଦିନେ ନବୀନ ନିବାସରେ ସମୟ କାଟୁଥିଲେ । ବିଜୁବାବୁଙ୍କ ଦେହାନ୍ତ ପରେ ଅନେକ ସମୟରେ ମୁଁ ତାଙ୍କୁ ନିରବରେ ବସି କିଛି ଭାବୁଥିବା ଲକ୍ଷ୍ୟ କରିଛି । ନବୀନ ଯେ ଦିନେ ଓଡ଼ିଶାର କୋଟି କୋଟି ଜନତାଙ୍କ ଆଖିର ତାରା ପାଲଟିବେ – ହୁଏତ

ଏକଥା ଭାବୁଥିବେ ! ହୁଏତ ବିଜୁବାବୁଙ୍କ ଭଳି ବୀର ରାଜନେତା ଓ ନବୀନଙ୍କ ଭଳି ନିର୍ବିକାର ନିର୍ଭୀକ ନାୟକଙ୍କ ସଫଳ ରାଜନୀତିକ କର୍ମଯୋଗକୁ ଆକଳନ କରୁଥିବେ !

ସରଳ ସାଦାସିଧା ମଣିଷ :

୨୦୦୦ ମସିହାରେ ନବୀନ ବାବୁଙ୍କ ଓଡ଼ିଶା ରାଜନୀତିରେ ପ୍ରବେଶ ଥିଲା ଦଲକାଏ ତାଜା ପବନ ପରି । ଅନେକ ଲୋକଙ୍କ ମନରେ ଅନେକ କଥା ଥିଲା । ଡୁନ୍ ସ୍କୁଲ୍ ଭଳି ମର୍ଯ୍ୟାଦାଜନକ ରାଜକୀୟ ସ୍କୁଲ୍‌ରେ ପାଠପଢ଼ା ଓ ଦୀର୍ଘଦିନ ବିଦେଶରେ ପାଠ ପଢ଼ିଥିବା, ଏପରିକି କେନେଡି ପରିବାରର ଅତିପ୍ରିୟ ଅପ୍ରତିମ ନବୀନବାବୁ ଓଡ଼ିଶାର ପାଣିପବନରେ କିଭଳି ଆଗକୁ ଯିବେ ତାହାକୁ ନେଇ ମୋ ଭଳି ଅନେକଙ୍କ ଭିତରେ ଅନେକ ପ୍ରଶ୍ନ ଉଙ୍କି ମାରିଥିଲା । ବିଜୁବାବୁଙ୍କ ସହିତ ମୁଁ ଅଳ୍ପ ମିଶିଥିଲି, ଅନୁଭବ ଅଧିକା ଥିଲା । ମାତ୍ର ନବୀନବାବୁଙ୍କ ସହିତ ଅତି ନିକଟରୁ ମିଶିବାର ସୁଯୋଗ ପାଇଛି ଓ କାମ କରିବାର ପର୍ଯ୍ୟାପ୍ତ ସୁଯୋଗ ମଧ୍ୟ ମୋତେ ମିଳିଛି; ଉପଲବ୍ଧି ମଧ୍ୟ ତତୋଽଧିକ । ନା ଅଛି ଅଭିଜାତ୍ୟର ପରିପାଟି ନା ଅଛି ଭୋଗବିଳାସ । କୋହ୍ଲାପୁରୀ ଚପଲ, ଧଳା ପଞ୍ଜାବି ପାଇଜାମା, ଆଉ ସବୁକିଛି ଗୋଟିଏ ସାଧାରଣ ମଣିଷର ଚଳଣି । ଦୀର୍ଘକାୟ ମଣିଷଟି କିନ୍ତୁ ହୃଦୟ ଭିତରେ ଠିକ୍ ଶିଶୁତୁଲ୍ୟ ସରଳ-ନିରୀହ ।

ମନରେ ସେ କେତେ ବ୍ୟାପକ, ଦିନକର ଗୋଟିଏ କଥା ମୋର ମନେପଡୁଛି । ୨୦୦୨ରୁ ୨୦୦୪ର ଘଟଣା । ଜଣେ ଅଣରାଜନୈତିକ ବିଶିଷ୍ଟ ବ୍ୟକ୍ତି ନବୀନବାବୁଙ୍କ ବାବଦରେ ବହୁ ପ୍ରଶଂସା କରୁଥିବା ବିଷୟ ମୁଁ ତାଙ୍କ ଆଗରେ କହୁଥିଲି । ସେ ଯେମିତି ନିଃସ୍ପୃହ ଥିଲେ । ସେହି ବ୍ୟକ୍ତି କରିଥିବା ପ୍ରଶଂସା ଅପେକ୍ଷା ମୋ ପ୍ରଶଂସା ଅଧିକ ହୋଇଯାଉଛି ବୋଲି ସେ ଧରି ନେଇଥିଲେ । ମୁଁ କହିସାରିବା ପରେ ସେ ମୋତେ ପଚାରିଲେ- "ଓଡ଼ିଶାର ପୂର୍ବତନ ମୁଖ୍ୟମନ୍ତ୍ରୀମାନଙ୍କ ନାମ କହିପାରିବ ?"

ମୁଁ କହିବା ଆରମ୍ଭ କଲି । ଛଅ ସାତଜଣଙ୍କ ନାମ କହିବା ପରେ ମୁଁ ଟିକେ ନିରବିଗଲି ଓ ମନେପକେଇଲି ।

ସଂଗେ ସଂଗେ ସେ ମୋତେ କହିଲେ- "ତୁମେ ଜଣେ ଶିକ୍ଷିତ ଯୁବକ। ତୁମେ ଓଡ଼ିଶାର ସବୁ ମୁଖ୍ୟମନ୍ତ୍ରୀଙ୍କ ନାମ କହିପାରୁନ ! ପୃଥିବୀର ବୃହତ୍ ପରିସରରେ ଭାରତ ଏକ କ୍ଷୁଦ୍ର ସ୍ଥାନ, ତା' ଭିତରେ ଓଡ଼ିଶା ଆହୁରି ଏକ ଛୋଟ ରାଜ୍ୟ। ସେଥିରେ ମୋତେ ମୁଖ୍ୟମନ୍ତ୍ରୀ ଭାବରେ ଏତେ ମହତ୍ତ୍ୱ ଦେବାର ଆବଶ୍ୟକତା ନାହିଁ। ତମ ପାଇଁ ଏମ୍.ଏଲ୍.ଏ. ବା ମନ୍ତ୍ରୀ ସବୁବେଳେ ବିରାଟ ବିବେଚିତ ହେବାର କିଛି କାରଣ ନାହିଁ।" ଏହିକଥା ପଦକରୁ ସେଦିନଠାରୁ ନବୀନବାବୁଙ୍କୁ ଆଉ କେବେ କଳନା କରିବାକୁ ଚେଷ୍ଟା କରିନି କିମ୍ବା ତାଙ୍କ ମୁହଁରେ ତାଙ୍କ ପ୍ରଶଂସା କରିନି।

ଅନେକ ନେତା ବାରବାର ବିଦେଶ ଯାଇଛନ୍ତି, କିନ୍ତୁ ନବୀନବାବୁ ଜୀବନର ପ୍ରାରମ୍ଭ ସମୟରେ ବିଦେଶର ସବୁଆଡ଼େ ବୁଲିଥିଲେ ମଧ୍ୟ ଓଡ଼ିଶା ଆସିବା ପରେ କିଛି କାମ ନ ଥିଲେ ବିଦେଶ ତ ଦୂରର କଥା, ତାଙ୍କ ନିଜ ଘର, ଆତ୍ମୀୟ ଓ ବନ୍ଧୁମାନେ ରହୁଥିବା ଦିଲ୍ଲୀକୁ ମଧ୍ୟ କ୍ୱଚିତ୍ ଯାଆନ୍ତି। ଓଡ଼ିଶାକୁ ଆସିଲା ପରେ ଓଡ଼ିଶାବାସୀ ହିଁ ତାଙ୍କ ପରିବାର ହୋଇଯାଇଛନ୍ତି।

ଆରମ୍ଭରୁ ଅପ୍ରତିମ, ଅସାଧାରଣ :

ବିଜୁବାବୁଙ୍କର ଓଡ଼ିଶା ପ୍ରତି ଥିବା ଅଫୁରନ୍ତ ଭଲପାଇବା ତାଙ୍କ ମନରେ ମୂଳରୁ ଅଙ୍କୁରିତ ହୋଇଥିଲା। ପ୍ରକୃତି ଓ ପ୍ରାକୃତ ପରମ୍ପରା ପ୍ରତି ତାଙ୍କର ଭାବଗତ ଆକର୍ଷଣ କଥା ତାଙ୍କ ସ୍ୱରଚିତ ତିନିଟି ପୁସ୍ତକରୁ ଜାଣିହୁଏ। ନିଜ ଦୃଷ୍ଟିକୋଣ ଓ ନିଷ୍ପତ୍ତି ଗ୍ରହଣରେ ତାଙ୍କର ଅଟଳ ସାହସିକତା ସମ୍ପର୍କରେ ବହୁ ଆଲୋଚନା ରହିଛି।

ରାଜନୀତିର 'ର' ଅକ୍ଷର ଧରି ନଥିବା ଓ ଓଡ଼ିଶା ମାଟି, ପାଣି, ପବନ ସହ ଆଦୌ ସମ୍ପର୍କିତ ନଥିବା ନବୀନ ହଠାତ୍ ଝଡ଼ ଭଳି ପ୍ରବେଶ କରିଥିଲେ ଓଡ଼ିଶାର ରାଜନୈତିକ ଦୁନିଆଁ ଭିତରକୁ। ନଥିଲା ରାଜନୀତିରେ ରୁଚି। ଡୁନ୍ ସ୍କୁଲ୍ ଓ ବିଦେଶରେ ପାଠପଢ଼ା ସାରି ଲେଖକ ଓ କଳାକାର ଭାବରେ ଅର୍ଜନ କରିଥିଲେ ଆନ୍ତର୍ଜାତିକ ସମ୍ମାନ। ଆମେରିକାର କେନେଡ଼ି ପରିବାରଠାରୁ ଆରମ୍ଭ କରି ଇଣ୍ଡୋନେସିଆର ସୁକର୍ଣ୍ଣଙ୍କ ପରିବାରବର୍ଗ ସମେତ ଦିଲ୍ଲୀର ବହୁ ନାମୀଦାମୀ ଲୋକଙ୍କର ଥିଲେ ସେ ଅନ୍ତରଙ୍ଗ ବନ୍ଧୁ।

ଏକ ଭିନ୍ନ ଦୁନିଆରେ ସେ ନିଜସ୍ୱ ଗୁଣରେ ପରିଚିତି ଲାଭ କରିଥିଲେ। ଅର୍ଥ ବା କ୍ଷମତା ପଛରେ ଗୋଡ଼େଇବାର ନିଶା ତାଙ୍କର କେବେ ନଥିଲା। ବିଜୁବାବୁଙ୍କ ନାମକୁ ନେଇ ସେ କେଉଁଠି କ୍ଷମତାର ଅପବ୍ୟବହାର କରି ନଥିଲେ। ସେ ଓଡ଼ିଶାକୁ ଆସୁଥିଲେ ସତ, କିନ୍ତୁ ଅଭିପ୍ରାୟ ଥିଲା ଲେଖକର ଭାବାବେଗ ନେଇ ଓଡ଼ିଶାର ପାଣି-ପବନକୁ ଜାଣିବା !

୧୯୯୭ ଏପ୍ରିଲ୍ ୧୭ ତାରିଖରେ ବିଜୁବାବୁଙ୍କର ପରଲୋକ ଘଟିଥିଲା। ଓଡ଼ିଶାବାସୀଙ୍କ ମନରେ ଯେଉଁ ଦାରୁଣ ଦୁଃଖ ଏବଂ ଶୂନ୍ୟତା ଦେଖାଦେଇଥିଲା ନବୀନବାବୁଙ୍କୁ ପାଇ ତାହା ଅନେକାଂଶରେ ପୂରଣ ହୋଇଥିଲା।

ବିଜୁଙ୍କ ତିରୋଧାନ ଯୋଗୁଁ ଖାଲି ପଡ଼ିଲା ଲୋକସଭା ଆସନ। ନବୀନବାବୁ ଜନତା ଦଳର ପ୍ରାର୍ଥୀ। ନବୀନବାବୁ ଜିତିଲେ ସତ, ମାତ୍ର ଖୁବ୍ କମ୍‌ଦିନରେ ଜନତାଦଳ ବିଭାଜିତ ହୋଇଗଲା। ବିଜେପି ସହିତ କୌଣସି ସମ୍ପର୍କ ନରଖି, ପୁରୁଣା ଜନତା ଦଳକୁ ସୁଦୃଢ଼ କରିବାକୁ ମତ ଦେଉଥିଲେ ଅଶୋକ ଦାସ। ଜନତା ଦଳ କାର୍ଯ୍ୟାଳୟରେ ନବୀନବାବୁଙ୍କୁ ସସମ୍ମାନେ ସ୍ୱାଗତ କରିଥିଲେ ସେ। ଅଣକଂଗ୍ରେସ ରାଜନୀତିରେ ବିଜୁବାବୁଙ୍କ ଦୃଢ଼ ଅନୁଗାମୀ ପାଲଟିଥିବା ଅଶୋକବାବୁ ନବୀନବାବୁ ଦଳର ନେତୃତ୍ୱ ନିଅନ୍ତୁ ବୋଲି ଚାହୁଁଥିଲେ।

ଜନତା ଦଳର ବିଭାଜନ ଓ ବିଜେପିରେ ଜନତାଦଳର କିଛି ନେତା ଯୋଗ ଦେବା ସମ୍ପର୍କରେ ଯେତେବେଳେ ଆଲୋଚନା ଚାଲିଥାଏ, ସେ ସମୟରେ ଓଡ଼ିଶାର ଆଉ ଏକ ଆଞ୍ଚଳିକ ଦଳ ବିଜୁ ଜନତାଦଳ ଗଠନର ମୂଳଦୁଆ ପଡ଼ିଲା। ନବୀନବାବୁ ଏହାର ନେତୃତ୍ୱ ନେବେ ବୋଲି ନିଷ୍ପତ୍ତି ହେଲା। ଏଥିପାଇଁ ସେ ନିଜେ ମଧ୍ୟ ଆଗ୍ରହୀ ଥିଲେ। ୩୫ ଜଣ ଜନତା ଦଳର ବିଧାୟକ ବିଜୁ ଜନତା ଦଳରେ ଯୋଗଦାନ କଲେ। ସବୁକିଛି ନବୀନବାବୁଙ୍କ ନେତୃତ୍ୱକୁ ନେଇ ଚାଲିଥାଏ। ରାଜନୀତିରେ ତରୁଣ ବିଜୁଦାୟାଦ ନବୀନଙ୍କ ପାଇଁ ସାରା ଓଡ଼ିଶାରେ ଲୋକଙ୍କ ଭିତରେ ଉତ୍ସାହ-ଉନ୍ମାଦନା ପରିଲକ୍ଷିତ ହୋଇଥିଲା। ୧୯୯୭ ମସିହା ଡିସେମ୍ବର ୨୬ରେ ବିଜୁ ଜନତାଦଳ ଆନୁଷ୍ଠାନିକ ଭାବେ ଜନ୍ମ ନେଲା। ଏହାର ତିନି

ଚାରିଦିନ ପୂର୍ବରୁ ନବୀନବାବୁ ଦିଲ୍ଲୀରୁ ଭୁବନେଶ୍ୱର ଆସିଲେ। ନୂଆ ବିମାନବନ୍ଦର ହୋଇଥାଏ। ପୁରୁଣା ବିମାନବନ୍ଦରରେ ନବୀନବାବୁଙ୍କୁ ସ୍ୱାଗତ କରିବା ପାଇଁ ହଜାର ହଜାର ଜନତା ଉତ୍ସାହର ସହ ଅପେକ୍ଷା କରିଥାନ୍ତି। ସାମ୍ବାଦିକ ଭାବରେ ମୁଁ ମଧ୍ୟ ଉପସ୍ଥିତ ଥାଏ।

ଧଳାକୁର୍ତ୍ତା ପାଇଜାମା ଓ କୋହ୍ଲାପୁରୀ ଚପଲ ପିନ୍ଧି ନବୀନଙ୍କ ଯାଦୁକରୀ ଚେହେରା ଆଗରେ ଅନ୍ୟମାନେ ନିଷ୍ପ୍ରଭ ଦିଶୁଥାନ୍ତି। ବିଜୁବାବୁ, ନବୀନବାବୁ ଓ ବିଜୁ ଜନତା ଦଳ ହିଁ ରାଜନୈତିକ ସତ୍ୟ ବୋଲି ପ୍ରତୀତ ହେଉଥିଲା ! ଦୀର୍ଘବର୍ଷ ପରେ ଆଜି ବି ନବୀନବାବୁଙ୍କର ଦେହରେ ସେହି ଯାଦୁକରୀ ଚମକ ରହିଛି। ଓଡ଼ିଶାବାସୀଙ୍କ ନିକଟରେ ତାଙ୍କ ଚେହେରାରେ ସାମାନ୍ୟତମ ଦାଗ ପଡ଼ିନାହିଁ।

୧୯୯୮ ଜୁନ୍ ୧୮ ତାରିଖରେ ଅନୁଷ୍ଠିତ ହେଲା ରାଜ୍ୟସଭା ନିର୍ବାଚନ। ଅନଙ୍ଗଉଦୟ ସିଂହଦେଓ ଥିଲେ ବିଜେଡିର ପ୍ରାର୍ଥୀ। ମାତ୍ର ଗୋଟିଏ ଭୋଟରେ ଅନଙ୍ଗ ପରାଜିତ ହେଲେ। ଦଳରେ ରହି ଦଳୀୟ ପ୍ରାର୍ଥୀଙ୍କୁ ବିରୋଧ କରିବାର ଏହି ରାଜନୈତିକ ଅନୌଚିତ୍ୟକୁ ନେଇ ନାନା କଳ୍ପନା ଜଳ୍ପନା ସୃଷ୍ଟି ହୋଇଥିଲା, ଏହାକୁ ଉଦ୍ଦେଶ୍ୟମୂଳକ ଭାବେ ଭିନ୍ନ ଭାବରେ ମଧ୍ୟ ପ୍ରଚାରିତ କରାଯାଇଥିଲା। ନବୀନ ବାବୁ କିନ୍ତୁ ଏହାକୁ ଭ୍ରୂକ୍ଷେପ କରି ନଥିଲେ। ରାଜନୀତିର ଗତିଶୀଳତା ମଧ୍ୟରେ ଏସବୁ ବୁଦ୍‌ବୁଦ ପରି ମିଳାଇ ଯାଇଥିଲା। ରାଜନୀତିରେ ନବାଗତ ନବୀନବାବୁ ଲୋକଙ୍କ ଭଲପାଇବାକୁ ପାଥେୟ କରି ଅପରାଜେୟ ନାୟକ ଭାବରେ ଆଗେଇ ଚାଲିଥିଲେ। ୨୦୦୦ ବିଧାନସଭା ନିର୍ବାଚନରେ ବିଜୁ ଜନତା ଦଳ ସଂଖ୍ୟାଗରିଷ୍ଠତା ହାସଲ କରି ସରକାର ଗଢ଼ିଥିଲା, ନବୀନବାବୁ ଓଡ଼ିଶାର ମୁଖ୍ୟମନ୍ତ୍ରୀ ହୋଇଥିଲେ।

ସାହସୀ ନବୀନ :

ସାହସିକତା ଶାନ୍ତ ମଣିଷମାନଙ୍କର ଅନ୍ତର୍ନିହିତ ରକ୍ଷାକବଚ ବୋଲି ମୁଁ ଭାବେ। ନବୀନଙ୍କୁ ନେଇ ମୁଁ ସେଇପ୍ରକାର ଅନୁଭବ ଭିତରେ ଅନେକ ସମୟରେ ଭାବପ୍ରବଣ ହୋଇଉଠେ। କେତେ ଶାନ୍ତ ଦିଶେ ତାଙ୍କ

ଚେହେରା ! କୌଣସି ପରିସ୍ଥିତିକୁ ନେଇ ତାଙ୍କ ଅନ୍ତରର ପ୍ରତିକ୍ରିୟା ମଧ୍ୟ ବାହାରେ ପ୍ରକାଶ ପାଏ ନାହିଁ। ସବୁବେଳେ ସମାନ ଭାବପୂର୍ଣ୍ଣ-ପ୍ରଶାନ୍ତିର ଛାୟା। ମାତ୍ର ତାଙ୍କର ନିଷ୍ପତ୍ତିମୂଳକ ପଦକ୍ଷେପ ଏତେ ଯେ ବଳିଷ୍ଠ ଥାଏ, ସେସବୁ ଭାବିଲାବେଳେ ମୁଁ ତାଙ୍କୁ ରକ୍ତ-ମାଂସଧାରୀ ସାଧାରଣ ମାନବ ବୋଲି ମନେ କରିପାରେନି। ସେ ଜାଣନ୍ତିନି କିନ୍ତୁ ମୁଁ ତାଙ୍କ ଅଦ୍ଭୁତ ବ୍ୟକ୍ତିତ୍ୱ ନିକଟରେ ହୃଦୟରୁ ନତମସ୍ତକ ହୋଇଯାଏ।

୧୯୯୭ ମସିହାରେ ୫୦ ବର୍ଷ ବୟସରେ ରାଜନୀତି ମୈଦାନକୁ ଓହ୍ଲାଇଥିଲେ ନବୀନ ପଟ୍ଟନାୟକ। ରାଜନୀତିକୁ ନେଇ ତାଙ୍କର ଲକ୍ଷ୍ୟ ଓ ମାର୍ଗ ସମ୍ପର୍କରେ ଏକ ପ୍ରଶ୍ନର ଉତ୍ତର ଦେଇ ସେ କହିଥିଲେ ଯେ- "I have inherited my father's responsibilities, not privileges।" ଏଭଳି ଦୃଢ଼ମନା ନବୀନଙ୍କ ସାହସିକତା ସଂପର୍କରେ ତାଙ୍କ ଦିବଂଗତା ଭଉଣୀ ଗୀତା ମେହେଟ୍ଟା ଲେଖିଛନ୍ତି- "ଆମ ବାପାଙ୍କ ପରି ସିଂହର ଗୁମ୍ଫା ଭିତରକୁ ବିନା ଅସ୍ତ୍ରରେ ପଶିଯିବାର କ୍ଷମତା ରହିଛି ତା'ର !"

ବିଜୁବାବୁଙ୍କ ସ୍ୱପ୍ନର ଓଡ଼ିଶାକୁ ଅନ୍ତରରେ ରଖି ସେ ଏଠାକୁ ଆସିଥିଲେ, ଏହାର ମାଟି ଓ ମଣିଷଙ୍କୁ ଭଲପାଇବାର ନିବିଡ଼ତା ଏବଂ ସାମାଜିକ ନ୍ୟାୟ ପ୍ରତିଷ୍ଠା ହିଁ ତାଙ୍କ ଶାସନର ମୂଳତତ୍ତ୍ୱ ହୋଇ ରହିଛି ମୂଳରୁ। ତାଙ୍କ ହୃଦୟ କୋମଳ, ମାତ୍ର ଓଡ଼ିଶାବାସୀଙ୍କ ସୁଖସୌଭାଗ୍ୟ ସାମାନ୍ୟତମ ଆକ୍ରାନ୍ତ ହେବା ଘଟଣାରେ ସେ ବଜ୍ରଠାରୁ କଠିଣ ପାଲଟି ଯାଆନ୍ତି। ଓଡ଼ିଶାର ଲୋକେ ଏକଥା ବୁଝିଯାଇଛନ୍ତି ଯେ ଓଡ଼ିଶା ଓ ନବୀନ ପଟ୍ଟନାୟକ ଏକ ଓ ଅଭିନ୍ନ।

ଆମ ରାଜ୍ୟର ପ୍ରଗତି ସମ୍ପର୍କରେ ତାଙ୍କର ଗୋଟିଏ ଅଭିମତ ଉଲ୍ଲେଖନୀୟ। ସେ କହିଥିଲେ- "It is obvious that I feel good because our success in economic development, industrialisation, upgradation of living standard of people of Odisha and in most other fronts, we are rated better than all other states. It's right, but not everything. The goal is just a little far away and we are moving towards it steadily with unputdownable resolve, people of Odisha are with me in the mission."

ଓଡ଼ିଶାକୁ ସୁଖ ସମୃଦ୍ଧି ଓ ସୌଭାଗ୍ୟର ଅଗ୍ରତମ ରାଜ୍ୟରେ ପରିଣତ କରିବାକୁ ୨୦୦୦ ମସିହାରୁ ଯେଉଁ ନିରନ୍ତର ଉଦଯୋଗ ନୂତନ ଭାବରେ ଆରମ୍ଭ ହୋଇଛି, ତାହାକୁ ସମ୍ମାନର ସ୍ୱୀକୃତି ମିଳିଛି। ରାଜନୀତି, ଅସହିଷ୍ଣୁ ନେତା, ବାଧାବିଘ୍ନ ବା ଅଭିସନ୍ଧିମୂଳକ ବିରୋଧ କେବେ ହେଁ ନବୀନବାବୁଙ୍କ ସମ୍ମୁଖରେ ମଥାଟେକି ପାରିନାହିଁ, ସେ ଭାରତବର୍ଷର ରାଜନୀତିର ଇତିହାସରେ ସଫଳ-ସିଦ୍ଧିର ଅନନ୍ୟ ନାୟକ ହୋଇଯାଇଛନ୍ତି।

ନବୀନବାବୁଙ୍କ ରାଜନୈତିକ ଜୀବନକୁ ଅନୁଧ୍ୟାନ କଲେ ଜାଣିହୁଏ ଯେ, କଠୋର ନିଷ୍ପତ୍ତି ନେବାରେ ସେ କେବେ ହେଁ ତିଳାର୍ଦ୍ଧ ଦ୍ୱିଧା କରିନାହାନ୍ତି। ତାଙ୍କ ନିଷ୍ପତ୍ତିର ଫଳାଫଳ ଅତ୍ୟନ୍ତ ବିପଜ୍ଜନକ ହେବାର ଆଶଙ୍କା ଥିଲେ ମଧ୍ୟ ସାହସର ସହ ସେ ନିଷ୍ପତ୍ତି ନେଇଥାନ୍ତି। ଅନେକ ମନେ କରନ୍ତି ଯେ ନବୀନଙ୍କ ନିଷ୍ପତ୍ତି ତାଙ୍କ ନିଜସ୍ୱ ନିଷ୍ପତ୍ତି ନୁହେଁ। କିନ୍ତୁ ମୁଁ ଜାଣିବାରେ ଯେତେ ନିଷ୍ପତ୍ତି ସେ ନେଇଛନ୍ତି, ରାଜନୈତିକ ବ୍ୟକ୍ତି ହିସାବରେ କାହାଠାରୁ ଖବର ସଂଗ୍ରହ କରିପାରିଥାନ୍ତି ସତ, ମାତ୍ର ନିଷ୍ପତ୍ତି ଥିଲା ତାଙ୍କର ନିଜସ୍ୱ। ସେହିସବୁ ନିଷ୍ପତ୍ତିର ଫଳାଫଳ ସବୁ ସମୟରେ ନବୀନବାବୁଙ୍କ ପଲାକୁ ଅଧିକ ଭାରୀ କରିଛି।

୨୦୦୦ ମସିହା ନିର୍ବାଚନରେ ପ୍ରାର୍ଥୀପତ୍ର ଦାଖଲର ଶେଷ ମୁହୂର୍ତ୍ତରେ ଯେପରି ଭାବେ ସେ ଦଳର ଜଣେ ପ୍ରଭାବଶଶଳୀ ନେତାଙ୍କ ଟିକଟ କାଟିଲେ ଓ ମୋତେ ଟିକଟ ଦେଲେ ତାହା ଏକ ଦୁଃସାହସିକ ନିଷ୍ପତ୍ତି ଥିଲା। ପରବର୍ତ୍ତୀ ପର୍ଯ୍ୟାୟରେ ଉକ୍ତ ନେତା ଅନ୍ୟ ଦଳର ପ୍ରାର୍ଥୀଙ୍କୁ ସମର୍ଥନ କରିଥିଲେ ଓ ନିଜର ସମସ୍ତ କଳବଳକୌଶଳ ଖଟାଇ ଜିତାଇଥିଲେ, ସେହି ତ୍ରିଲୋଚନ ବେହେରା ନବୀନବାବୁଙ୍କ ବ୍ୟକ୍ତିତ୍ୱ ଓ ନେତୃତ୍ୱରେ ପ୍ରଭାବିତ ହୋଇ ବିଜୁ ଜନତା ଦଳରେ ଯୋଗ ଦେଇଥିଲେ।

ବିଜୁ ଜନତା ଦଳ ଭାଙ୍ଗିଯିବ ଓ ନବୀନବାବୁ ଦିଲ୍ଲୀ ପଳାଇବେ, ଏହିଭଳି କିଛି ଅପପ୍ରଚାର ସେତେବେଳେ ଅଭିସନ୍ଧିମୂଳକ ଭାବେ ହେଉଥିଲା। ଅନେକ ବିଜେଡି ବିଧାୟକ ଜନୈକ ତଥାକଥିତ ନେତାଙ୍କ ସହ ଯୋଗସୂତ୍ରରେ ଅଛନ୍ତି ବୋଲି ବାହାରେ ଚର୍ଚ୍ଚା ହେଉଥିଲା।

ପାଟକୁରା ତୃଣମୂଳ କଂଗ୍ରେସର ବିଧାୟକ ତ୍ରିଲୋଚନ ବେହେରାଙ୍କ ବିଜେଡିରେ ଯୋଗଦାନ ବିରୋଧୀଙ୍କ ମନୋବଳ ଭାଙ୍ଗିଦେଇଥିଲା । ତୃଣମୂଳ କଂଗ୍ରେସ ଦଳର ପ୍ରାର୍ଥୀଭାବେ ତ୍ରିଲୋଚନ ବିଜୟୀ ହୋଇଥିଲେ ସତ, ମାତ୍ର କିଛିଦିନ ପରେ ସେ ନବୀନବାବୁଙ୍କୁ ସମର୍ଥନ ଦେଇଥିଲେ ।

ଏଷ୍ଟିମ୍ ଗାଡ଼ି ଓ ନବୀନ :

ନବୀନ ବାବୁ ବିଜୁବାବୁଙ୍କ ପୁଅ । ବିଳାସ ବ୍ୟସନରେ ବଢ଼ିଥିବା ଶିଳ୍ପୀମନସ୍କ ବିଜୁପୁତ୍ର ନବୀନବାବୁ ଓଡ଼ିଶାରେ କିଭଳି ଚଳୁଛନ୍ତି, କିଭଳି ଚଳିବେ ଏବଂ ଏ ପାଣି-ପବନକୁ ନେଇ କିପରି ସେ ଓଡ଼ିଶା ଲୋକଙ୍କ ସେବା କରିବେ - ଏମିତି ଅନେକ ପ୍ରଶ୍ନ ଓଡ଼ିଶାବାସୀଙ୍କ ମନରେ ଥିଲା । ୨୦୦୦ ମସିହାରୁ ନବୀନବାବୁ ଓଡ଼ିଶାର ଦାୟିତ୍ୱ ନେବା ସମୟରୁ ତାଙ୍କୁ ଅତି ନିକଟରୁ ଦେଖିଛି । ତାଙ୍କର ସବୁଠୁ ବଡ଼ ଅସ୍ତ୍ର ହେଉଛି ତାଙ୍କର ସରଳପଣ । ସେ ଏତେ ସରଳ ଥିଲେ ଯେ, ସାଧାରଣ ଲୋକଙ୍କ ମନକୁ ହିଁ ତାଙ୍କର ସରଳପଣ କିଣିନିଏ । ମୁଁ ଆଜି ଗୋଟିଏ ଉଦାହରଣ ଏଠି ରଖିବା ପାଇଁ ଚାହୁଁଛି । ଲମ୍ବା ମଣିଷ ହେଉଛନ୍ତି ନବୀନବାବୁ । ଓଡ଼ିଶାର ମୁଖ୍ୟମନ୍ତ୍ରୀ ଭାବରେ ତାଙ୍କ ପାଇଁ ଲମ୍ବା ଗାଡ଼ି ମିଳିବା କିଛି ଅସୁବିଧା ନ ଥିଲା । ଚଢ଼ିବା ମଧ୍ୟ କିଛି ସମସ୍ୟା ନ ଥିଲା । କିନ୍ତୁ ଛୋଟ ଏଷ୍ଟିମ୍ ଗାଡ଼ିକୁ ସେ ବ୍ୟବହାର କରୁଥିଲେ, ସେଥିରେ ନିଜ ଗୋଡ଼କୁ ବଙ୍କା କରି ସେ ଗାଡ଼ି ଭିତରେ ବସୁଥିଲେ, କାରଣ ଲମ୍ବା ଗୋଡ଼ ପୂରାପୂରି ସ୍ଥାନ ନେଇପାରେନି । ତା' ସତ୍ତ୍ୱେ ମଧ୍ୟ ସେଇ ସମୟରେ ସେହି ଏଷ୍ଟିମ୍ ଗାଡ଼ିରେ ସାରା ଓଡ଼ିଶା ସେ ବୁଲୁଥିଲେ । ଅନେକ ଶୁଭେଚ୍ଛୁ ଓ ଅଫିସର ତାଙ୍କୁ ପରାମର୍ଶ ଦେଉଥିଲେ, ଆଉ ଗୋଟିଏ ବଡ଼ ଗାଡ଼ି ଲମ୍ବା ଗାଡ଼ି ବ୍ୟବହାର କରିବାକୁ, ଯେଉଁଥିରେ ଅଧିକ ଆରାମ ମିଳିବ । କିନ୍ତୁ ଆରାମ କି ସଉକରେ ଚଳିବା ତାଙ୍କର ଲକ୍ଷ୍ୟ ନ ଥିଲା । ଅତ୍ୟନ୍ତ ସରଳ ଭାବରେ ଜୀବନଯାପନ କରିବା ତାଙ୍କର ଜୀବନଯାତ୍ରା ଥିଲା । ଧଳା କୁର୍ତ୍ତା, ପାଇଜାମା, ତା' ସହିତ ସେଇ କୋହ୍ଲାପୁରୀ ଚପଲ ହଳକ - ତାହାହିଁ ଓଡ଼ିଶାର ଲକ୍ଷ ଲକ୍ଷ ଜନତାଙ୍କର ଆକର୍ଷଣର କେନ୍ଦ୍ରବିନ୍ଦୁ ଥିଲା । ଶୀତଦିନେ ଗୋଟେ ଶାଲ୍‌କୁ ଅଧା ଭାଙ୍ଗି ବେକ ଉପରେ

ପକେଇଥିବେ। ନା କୋଟ୍, ନା ସ୍ୱେଟର ନା ମଫଲର ଥାଏ। ଇଏ ହେଉଛନ୍ତି ନବୀନବାବୁ, ଅତ୍ୟନ୍ତ ସରଳ ଜୀବନଯାପନର ବ୍ରତ ନେଇଥିବା ଅପ୍ରତିମ ନାୟକ! ନବୀନ ନିବାସର ସେହି ଡାଇନିଂ ହଲ୍‌ଟିର କଥା ଦେଖାଯାଉ! ସେଠି ଜାତୀୟସ୍ତର ନେତାମାନେ ଆସି ବସନ୍ତି ଏବଂ ଆମ ଭଳି କର୍ମୀମାନେ ମଧ୍ୟ ବସୁ, ତାଙ୍କ ସହିତ ଆମେ ଆଲୋଚନା କରୁ। ଆମେ ଯେଉଁ ଯୁବକମାନେ ରାଜନୀତିରେ ପାଦ ଥାପିଲୁ, ଆମେ କେମିତି ସରଳ ଜୀବନଯାପନ କରୁ ଏବଂ ଲୋକଙ୍କ ପାଖରେ ଅଧିକ ନିକଟତର ହେବୁ, ତାହା ହିଁ ସବୁବେଳେ ଆମ ପ୍ରତି ତାଙ୍କର ନିର୍ଦ୍ଦେଶ ଥିଲା। ସେ କୁହନ୍ତି ଲୋକଙ୍କ ପାଖରେ ଯଦି ରହିବ, ଲୋକଙ୍କ ପାଖକୁ ଯିବାକୁ ହେବ, ନିଜକୁ ସରଳ ଏବଂ ସେମାନଙ୍କ ସ୍ତରକୁ ନେଇଯିବାକୁ ହେବ।

ରାଜନୀତିରେ ମୋର ପ୍ରବେଶ :

ମୁଁ ଭାଗ୍ୟବାଦୀ ନୁହେଁ, ଯଦିଓ 'ଭାଗ୍ୟଂ ଫଳତି ସର୍ବତ୍ରଂ' ବୋଲି ଶାସ୍ତ୍ର କହେ। ଗୋଟେ ଫଳକ ଭିତରେ ରାଜନେତାର ନାମ ଝୁଲେ ଏବଂ ସେ ସେତିକି ଥିବା ଯାଏ ବଞ୍ଚିଥାଏ। ରାଜନେତାର ନାମଫଳକଟି ସମୟସ୍ରୋତରେ ହଜିଯାଇପାରେ, ମାତ୍ର ସମ୍ପୃକ୍ତ ରାଜନେତାର ଆତ୍ମିକ ବିଭା ଓ ଆଦର୍ଶର ପ୍ରତିବଦ୍ଧତା ସହଜରେ ଭୁଲି ହୁଏନା। ଏଠାରେ ତାହାକୁ ନେଇ କିଛି କଥା ଲେଖୁଛି।

ବାପାଙ୍କର ରାଜନୈତିକ ଜୀବନକୁ ପାଖରୁ ଦେଖି ଦେଖି ଆମ ଭିତରୁ କେହି ଯେ ସକ୍ରିୟ ରାଜନୀତିରେ ପଶି ବିଧାୟକ କି ମନ୍ତ୍ରୀ ହୁଅନ୍ତୁ, ତାହା ବାପା କିମ୍ବା ବୋଉ କେବେ ବି ଚାହିଁନଥିଲେ। ବାପାଙ୍କ ରାଜନୈତିକ ଜୀବନ ଯୋଗୁଁ ବାହ୍ୟିକ ଭାବେ ଅନେକ ଦୁଃଖ, କଷ୍ଟ, ଅପମାନ ଓ ଲାଞ୍ଛନା ସହିଥିଲୁ। ସାମ୍ବାଦିକ ଅତନୁ ଯେ ଅଚାନକ ଝଡ଼ ଭଳି ସକ୍ରିୟ ରାଜନୀତିରେ ପ୍ରବେଶ କରିବ, ତାହା ମୋ ପରିବାର ପାଇଁ ଆଶ୍ଚର୍ଯ୍ୟର ବିଷୟ ଥିଲା। ମୁଁ ବିଜେଡି ଟିକେଟ୍ ପାଇବାର ପୂର୍ବଦିନ ମଧ୍ୟ ସାମାନ୍ୟ ସୂଚନା କେହି ହେଲେ ପାଇ ନଥିଲେ। ଟିକେଟ୍ ଦାଖଲର ପୂର୍ବଦିନ ଘରେ ସମସ୍ତଙ୍କୁ ପାଟକୁରାରୁ ସ୍ୱାଧୀନ ପ୍ରାର୍ଥୀ ହୋଇ ଲଢ଼ିବି ବୋଲି କହିଥିଲି।

ଭଲ ପାଠପଢ଼ି ଏକ ବଡ଼ କମ୍ପାନିରେ ଅଳ୍ପ ଦିନ ଚାକିରି କରିବା ପରେ ସେହି ଚାକିରି ଛାଡ଼ି ସାମ୍ବାଦିକତାକୁ ବୃତ୍ତି କରିଥିଲି କିନ୍ତୁ ରାଜନୀତିରେ ପ୍ରବେଶର ମୋ ନିଷ୍ପତ୍ତି ସମସ୍ତଙ୍କୁ ବିଚଳିତ କରିଦେଇଥିଲା। ବାପା ପଚାରିଥିଲେ- "୨୦୦୦ ମସିହାର ନବୀନ ପଟ୍ଟନାୟକ ହାୱା ଓ ବିଜୟ ମହାପାତ୍ରଙ୍କ ସଂଗଠନ ବିରୋଧରେ ସ୍ୱାଧୀନ ପ୍ରାର୍ଥୀ ହୋଇ ପାଇବୁ କ'ଣ?"

ମୁଁ ଉତ୍ତର ଦେଇଥିଲି, "ଗତ ମହାବାତ୍ୟା ସମୟରେ ମୁଁ ଯେତେ ଲୋକଙ୍କର କାମ କରିଛି ଏବଂ ତୁମର ପାଟକୁରାରେ ଯେତିକି ପ୍ରଭାବ ରହିଛି, ସେତିକି ଭୋଟ ମୋ ସପକ୍ଷରେ ଦେଖାଇବାକୁ ଚାହୁଁଛି। ହାର୍‌ଜିତ୍ ବଡ଼ କଥା ନୁହେଁ।"

ସେ ସମୟକୁ ଶ୍ରୀ ବିଜୟ ମହାପାତ୍ର ପାଟକୁରାର ବିଜେଡି ପ୍ରାର୍ଥୀ ଭାବେ ନିଜର ପ୍ରାର୍ଥୀପତ୍ର ଦାଖଲ କରିସାରି ଥାଆନ୍ତି। ପ୍ରାର୍ଥୀପତ୍ର ଦାଖଲ ଦିନ ମୁଁ ଠାକୁରଘରେ ଠାକୁରଙ୍କୁ ପ୍ରଣାମ କରିବା ପରେ ବାପାଙ୍କୁ ମୁଣ୍ଡିଆ ମାରି ଅନନ୍ତ ମଉସା (ଅନନ୍ତ ପ୍ରସାଦ ମହାନ୍ତି)ଙ୍କ ନୂଆ ଗାଡ଼ିରେ କେନ୍ଦ୍ରାପଡ଼ା ଗଲି। ସେପର୍ଯ୍ୟନ୍ତ ମଧ୍ୟ କାହାରି ପାଖରେ ସାମାନ୍ୟ ସୂଚନା ନଥିଲା ଯେ, ମୁଁ ବିଜେଡିର ପ୍ରାର୍ଥୀ ହେଉଛି। ସବୁ ବାପା-ମାଆ ଚାହାଁନ୍ତି ତାଙ୍କ ପିଲା ଶାନ୍ତିରେ, ଭଲରେ ରହୁ। କିନ୍ତୁ ରାଜନୀତି ଭଳି ଗୋଟିଏ ଅନିଶ୍ଚିତ ବୃତ୍ତିକୁ ଯେ ମୁଁ ଆପଣାଇବି, ତାହା କେହି ହେଲେ ଭାବି ନଥିଲେ। ସେଦିନ ଚାରିଆଡ଼େ ବିଜୁଳି ବେଗରେ ଖବର ଉଡ଼ିବୁଲିଲା ଯେ, ବିଜୁ ଜନତା ଦଳର ଟିକେଟ୍ ପାଟକୁରା ଆସନ ପାଇଁ ମୋତେ ଦିଆଯାଇଛି। ଅନେକ ପାରିବାରିକ ରାଜନୀତି କଥା କୁହନ୍ତି, କିନ୍ତୁ ମୋର ରାଜନୀତିରେ ପ୍ରବେଶ ଓ ବିଜେଡିର ପ୍ରାର୍ଥୀ ହେବା ଆମ ପରିବାର ପାଇଁ ଅନ୍ୟମାନଙ୍କ ଭଳି ମଧ୍ୟ ଏକ ନୂଆ ଖବର ଥିଲା।

୨୦୦୦ ମସିହା ସାଧାରଣ ନିର୍ବାଚନରେ ମନୋନୟନ ଦାଖଲର ଶେଷ ଦିବସରେ ମୁଁ ବିଜୁ ଜନତା ଦଳର ପାଟକୁରା ଆସନ ପାଇଁ ପ୍ରାର୍ଥୀପତ୍ର ଦାଖଲ କରିଥିଲି। ପ୍ରାର୍ଥୀପତ୍ର ଦାଖଲର ଶେଷ ମୁହୂର୍ତ୍ତ ପର୍ଯ୍ୟନ୍ତ ମୋ ସହ ଥିବା ଶତାଧିକ କର୍ମୀ ସ୍ୱାଧୀନ ଭାବେ ପ୍ରାର୍ଥୀପତ୍ର ଦାଖଲ କରୁଛି ବୋଲି

ଅବଗତ ଥିଲେ। ଏପରିକି ମୋ ପରିବାରର କୌଣସି ସଦସ୍ୟ ବା ମୋର ପ୍ରସ୍ତାବକ ସମର୍ଥକ ମଧ୍ୟ ଏହାର ସୁରାକ ପାଇ ନ ଥିଲେ। ମୋତେ ବିଜୁ ଜନତା ଦଳର ଟିକେଟ୍ ମିଳିବା ପରେ ଯେଉଁ ଆଇନଶୃଙ୍ଖଳା ପରିସ୍ଥିତି ସୃଷ୍ଟି ହୋଇଥିଲା ମୋ ପରିବାରବର୍ଗ ଆସନ୍ନ ବିପଦକୁ ଆଶଙ୍କା କରି ଉଦ୍‌ବିଗ୍ନ ହୋଇପଡ଼ିଥିଲେ।

ଦିନରାତି ଖବର ସଂଗ୍ରହ ପାଇଁ ଦୌଡୁଥିବା ଅତନୁ ସବ୍ୟସାଚୀ ଓଡ଼ିଶାର ଏକ ଖବର ପାଲଟି ଯାଇଥିଲା। ମୋର ମତାମତ ନେବା ପାଇଁ ସାମ୍ବାଦିକମାନଙ୍କର ନାହିଁ ନ ଥିବା ଭିଡ଼ ଜମିଥିଲା। ସେଦିନ ପ୍ରାର୍ଥୀପତ୍ର ଦାଖଲ ସମୟରେ କେନ୍ଦ୍ରାପଡ଼ା ଉପ-ଜିଲ୍ଲାପାଳ ଥିଲେ ଶ୍ରୀ ମଦନ ମୋହନ ଦେଓ। ମୋର ମନୋନୟନ ପତ୍ରକୁ ଦେଖିବାକ୍ଷଣି ଦୁଇ ମିନିଟ୍ ପର୍ଯ୍ୟନ୍ତ ସେ ନିରବି ଯାଇଥିଲେ। ମନୋନୟନ ପତ୍ରର ପ୍ରସ୍ତାବକ ଥିଲେ, ପାଟକୁରା ନିର୍ବାଚନମଣ୍ଡଳୀର ତେଣ୍ଡାକୁଡ଼ା ଅଞ୍ଚଳର ଆଦର୍ଶ ଶିକ୍ଷକ ଶ୍ରୀ ମହେଶ୍ୱର ମହାପାତ୍ର ଓ ଅନ୍ୟ ଜଣେ ପ୍ରସ୍ତାବକ ଥିଲେ ଅଜୟ କୁମାର ମହାପାତ୍ର। ମନୋନୟନ ପତ୍ର ଦାଖଲ ସମୟରେ ସମର୍ଥକମାନଙ୍କୁ ଏକାଠି କରିବାର ଦାୟିତ୍ୱରେ ଥିଲା ମୋର ଅନୁଜସଦୃଶ ଦୀପ୍ତିକାନ୍ତ ପରିଜା (ନଣ୍ଡା)। ଗତ ଦୁଇବର୍ଷ ତଳେ ଏକ ସଡ଼କ ଦୁର୍ଘଟଣାରେ ମାତ୍ର ୪୦ ବର୍ଷ ବୟସରେ ତା'ର ପରଲୋକ ଘଟିଛି। ତା'ର ସାଂଗଠନିକ ଦକ୍ଷତା, ରାଜନୈତିକ ବିଚକ୍ଷଣତା ଓ ମୋ ପ୍ରତି ଥିବା ଆନୁଗତ୍ୟକୁ ନେଇ ମୁଁ ଆଜି ବି ତାକୁ ମନେ ମନେ ଖୋଜୁଛି। ସେ ସମୟର ଘଡ଼ିସନ୍ଧି ମୁହୂର୍ତ୍ତରେ ଭୁବନେଶ୍ୱରର ଅନେକ ସାମ୍ବାଦିକ ବନ୍ଧୁ ଓ ବୁଦ୍ଧିଜୀବୀ ମୋତେ ନୈତିକ ସମର୍ଥନ ଦେଇଥିଲେ ସତ କିନ୍ତୁ ଜୀବନ ମରଣର ଯେଉଁ ଆଶଙ୍କା ଦେଖାଦେଇଥିଲା, ତାକୁ ନେଇ ମୋର ରାଜନୈତିକ ନିଷ୍ପତ୍ତିକୁ ଅନେକ ଗ୍ରହଣ କରିପାରି ନଥିଲେ। ଜୀବନକୁ ବାଜି ମାରି ଏଭଳି ଦୁଃସାହସିକ ନିଷ୍ପତ୍ତି ମୁଁ କାହିଁକି ଓ କିଭଳି ନେଲି, ମୋ ପରିବାର ଓ ଅନେକ ଶୁଭେଚ୍ଛୁ ପ୍ରଶ୍ନ ଉଠାଉଥିଲେ। ଖୁବ୍ ଶୀଘ୍ର ମୋର ମୃତ ଶରୀର ସମୁଦ୍ରରେ ଭାସିବ ବୋଲି କେନ୍ଦ୍ରାପଡ଼ାର ଜଣେ ବଡ଼ ନେତା ଅନୌପଚାରିକ ଭାବେ ସାମ୍ବାଦିକମାନଙ୍କୁ କହିଥିଲେ। ଏଭଳି ମୁହୂର୍ତ୍ତରେ ଯେଉଁ କେତେଜଣ

ବନ୍ଧୁ ମୋତେ ନୈତିକ ସମର୍ଥନ ଦେଇଥିଲେ ସେମାନଙ୍କ ମଧ୍ୟରେ ସାମ୍ବାଦିକ ରାକେଶ ଦୀକ୍ଷିତ୍ ଅନ୍ୟତମ।

ମୋ ପ୍ରତିପକ୍ଷଙ୍କ ଟିକଟ କଟିଯିବା ଯୋଗୁଁ ତାଙ୍କର ସମର୍ଥକଙ୍କ ମନରେ ଯେପରି ହିଂସା ଓ ଆତଙ୍କର ଫୁଆରା ସୃଷ୍ଟି ହୋଇଥିଲା ତାହାର ଆଭାସ ମିଳିବା ପରେ ମୋ ଜୀବନ ରକ୍ଷା ପାଇଁ ଉପରୁ ମିଳିଥିବା ନିର୍ଦ୍ଦେଶ ଅନୁସାରେ ମୋତେ ଆଉ ଏକ ସ୍ୱତନ୍ତ୍ର ଗାଡ଼ିରେ ଅତ୍ୟନ୍ତ ସତର୍କତା ସହ ତାଳଚେର ନିଆଯାଇଥିଲା। ସେଠାରେ ମୋ ଗୁରୁଦେବଙ୍କର ଏକ ରାଜ୍ୟସ୍ତରୀୟ ସମାବେଶ ଅନୁଷ୍ଠିତ ହେଉଥିଲା। ଗୁରୁଦେବଙ୍କ ଆଶୀର୍ବାଦ ନେଇ ମୁଁ ନିର୍ବାଚନମଣ୍ଡଳୀକୁ ଫେରିଥିଲି।

ଏହି ଘଟଣା ପରେ ଆମ ସତ୍ୟନଗର ଘରର ପରିବେଶଟି ଭିନ୍ନ ହୋଇଗଲା। ପୋଲିସ୍ ଛାଉଣୀ ଭିତରେ କେବଳ ଆମ ଘର ନୁହେଁ, ସତ୍ୟନଗରର ଅନେକ ଅଞ୍ଚଳ ହଜିଗଲା। ସେ ସମୟର ଭୁବନେଶ୍ୱର ଏସ୍.ପି. ବି. ରାଧିକା ମୋ ସହ ମୋ ସୁରକ୍ଷାକୁ ନେଇ ବାରବାର ଯୋଗାଯୋଗ ରଖୁଥାନ୍ତି। ଅସୁରେଶ୍ୱର ଗୋରକ୍ଷଣୀ ଓ ଆମ ଗାଁ ଅରିଲୋ ବାସଭବନ ମଧ୍ୟ ପୋଲିସ୍ ସୁରକ୍ଷା ବଳୟ ଭିତରେ ରହିଗଲା। କେଉଁ ମୁହୂର୍ତ୍ତରେ ମୋତେ ଜୀବନରେ ମାରିଦିଆଯାଇପାରେ ବୋଲି ଚର୍ଚ୍ଚା ଜୋର୍ ଧରିଲା।

କେନ୍ଦ୍ରାପଡ଼ା ସହରରେ ବୋମାମାଡ଼ ଓ ତିନିଦିନ ପାଇଁ କର୍ଫ୍ୟୁ ଘୋଷଣା ହେଲା। ନବୀନ ନିବାସ ଓ ଆଉ କିଛି ବିଜେଡି ନେତାଙ୍କ ଘରେ ମଧ୍ୟ ପ୍ରତିପକ୍ଷ କର୍ମୀମାନେ ହଙ୍ଗାମା ସୃଷ୍ଟି କଲେ।

ଅରିଲୋ ଶିଶୁ ସମାଜରୁ ମନ୍ତ୍ରୀପଦ :

ଇଂରାଜୀରେ କୁହାଯାଏ- 'Morning shows the day', ଶୈଶବର ବିଶେଷତାରେ ପ୍ରତିଭାତ ହୋଇଥାଏ ଭବିଷ୍ୟତ ଜୀବନର ଛବି। ପାହାନ୍ତି ମୁହୂର୍ତ୍ତଟି ଯେପରି ହୋଇଥାଏ, ଦିନସାରା ସେମିତି ପରିବେଶ ଆମକୁ ଆଚ୍ଛନ୍ନ କରି ରଖେ। ଅତି ଭାବପ୍ରବଣ ମଣିଷଟିଏ ମୁଁ। ସତରେ ଭାରି ମନେପଡ଼େ ମୋ ପିଲା ବୟସରେ କରିଥିବା ବଡ଼ ମଣିଷଙ୍କ ଭଳି କିଛି ଆଖିଦୃଶିଆ କାମ।

ମୁଁ ଆଗରୁ କହିଛି ପାଟକୁରା ନିର୍ବାଚନମଣ୍ଡଳୀ ସାନଅଢ଼ଙ୍ଗା ପଞ୍ଚାୟତରେ ଥିବା ଛୋଟ ଗାଁ 'ଅରିଲୋ'ରେ ମୋର ଜନ୍ମ। ପାଖରେ ଚିତ୍ରୋତ୍ପଳା ନଦୀ, ଆମ ଅଞ୍ଚଳର ନାମକରା ଶିକ୍ଷାନୁଷ୍ଠାନ କୋରୁଆ ହାଇସ୍କୁଲ୍ ଏବଂ ଏବେ ସେଠାରେ କୋରୁଆ କଲେଜ ଗଢ଼ିଉଠିଛି - ଲୋକନାଥ ମହାବିଦ୍ୟାଳୟ।

ପିଲାଦିନେ ବଡ଼ ଭାଇ ବାବୁଲି ନନା - ଶାନ୍ତନୁ ନାୟକ 'ଅରିଲୋ ଶିଶୁ ସମାଜ' ଗଠନ କରିଥିଲେ। ଛୋଟ ପିଲାମାନଙ୍କୁ ନେଇ ସନ୍ଧ୍ୟାବେଳେ ଗାଁ ଠାକୁରାଣୀ ବୁଢ଼ିଜାଗୁଲାଇଙ୍କ ପୀଠରେ ସନ୍ଧ୍ୟା ପ୍ରାର୍ଥନା କରାଉଥିଲେ। ବିଭିନ୍ନ ସମୟରେ ଛୋଟମୋଟ କାର୍ଯ୍ୟକ୍ରମ ହୁଏ। ଗାଁର ବଡ଼ଭାଇ ଶିକ୍ଷକ ପ୍ରଫୁଲ୍ଲ ମହାନ୍ତି ଏ ଦିଗରେ ସହାୟତା ଦିଅନ୍ତି। ବୋଉ ମଧ୍ୟ 'ଅରିଲୋ ଶିଶୁ ସମାଜ' ଭଳି ପିଲାଙ୍କ ଅନୁଷ୍ଠାନକୁ ପ୍ରୋତ୍ସାହିତ କରେ। ସ୍ୱାଧୀନତା ଦିବସ, ଗାନ୍ଧି ଜୟନ୍ତୀ ଭଳି କାର୍ଯ୍ୟକ୍ରମରେ ପ୍ରଭାତଫେରି, ସଭା-ସମିତି, ସଫେଇ ଇତ୍ୟାଦି କରାଯାଏ। ଆମ ଗାଁ ଓ ନିକଟବର୍ତ୍ତୀ ଅଞ୍ଚଳର ଖବରକୁ ନେଇ ଏକ ଦୈନିକ ବିବରଣୀ ଲେଖାଯାଇ ସନ୍ଧ୍ୟା ପ୍ରାର୍ଥନା ସମୟରେ ପଢ଼ାଯାଏ। ପିଲାମାନେ ସବୁ ଶିଖି ଜାଣି ପାରନ୍ତି। ଏହି ଲେଖା ଥିବା ଖାତାକୁ 'ମାଦଳାପାଞ୍ଜି'ର ନାମ ରଖାଯାଇଥିଲା।

ମଝିରେ ମଝିରେ ସାଂସ୍କୃତିକ କାର୍ଯ୍ୟକ୍ରମ ହୁଏ। ଏବେ ଭଳି ମାଇକ୍-ଲାଇଟ୍ ବା ଷ୍ଟେଜ୍ ନ ଥିଲା। ବେଡ୍‌ସିଟ୍ ଓ ଶାଢ଼ୀ ଢାଙ୍କି ଡ୍ରାମା, ଗୀତିନାଟ୍ୟ କରାଯାଏ। ମନେପଡ଼େ, କେତେଥର ବାପାଙ୍କ ବନ୍ଧୁ ତତ୍କାଳୀନ ବିଧାୟକ ଶରତ କର, 'ପ୍ରଜାତନ୍ତ୍ର'ର ସଂପାଦକ ଶ୍ରୀହର୍ଷ ମିଶ୍ର, 'ମୀନାବଜାର'ର ସଂପାଦକ ଜହୁରୀଭାଇ ମହେଶ୍ୱର ମୂଳିଆ ପ୍ରମୁଖ ବ୍ୟକ୍ତିଗଣ ଆମ ପିଲାଙ୍କ କାର୍ଯ୍ୟକ୍ରମରେ ଯୋଗ ଦେଇଛନ୍ତି। ମୁଁ ୩ୟ-୪ର୍ଥ ଶ୍ରେଣୀରେ ପଢୁଥିଲି। ପିଲାମାନଙ୍କ ଭିତରେ ବିଭିନ୍ନ ସେବା ମୁଖ୍ୟଙ୍କୁ ମନ୍ତ୍ରୀପଦ ଦିଆଯାଇଥିଲା। ଉଦାହରଣ ସ୍ୱରୂପ ସଫେଇ ମନ୍ତ୍ରୀ, ସ୍ୱାସ୍ଥ୍ୟମନ୍ତ୍ରୀ- ନଖ-ବାଳ ଓ ଦେହ ସୁସ୍ଥ ରଖିବା ପାଇଁ ପିଲାଙ୍କୁ ସଚେତନ କରିବାକୁ। ବଡ଼ଭାଇ ବାବୁଲି ନନା ସବୁ ନେତୃତ୍ୱ ନିଅନ୍ତି ସତ ମାତ୍ର ସେ ସମୟରେ ମୋତେ ମନ୍ତ୍ରୀପଦ ମିଳି ନ ଥିଲା।

ପରବର୍ତ୍ତୀ ପର୍ଯ୍ୟାୟରେ ଅରିଲୋ ଶିଶୁ ସମାଜର ପିଲାମାନେ ଗାଁରେ କାଳୀପୂଜା ଆରମ୍ଭ କରିଥିଲୁ। ପିଲାଖେଳ ଭଳି କାଳୀ ଠାକୁରାଣୀ ତିଆରି କରି ଏହା ଆରମ୍ଭ ହୋଇଥିଲା। ଏବେ ଏହା ବିରାଟ ରୂପ ନେଇଛି। ପ୍ରତ୍ୟେକ ବର୍ଷ ଆମେ ଦୁଇ ଭାଇ ମା'ଙ୍କ ପୂଜାରେ ଉପସ୍ଥିତ ରହି ଆସୁଅଛୁ।

ମୋର ପ୍ରଥମ ନିର୍ବାଚନ (୨୦୦୦) :

ମୋର ପ୍ରଥମ ପ୍ରାର୍ଥୀପତ୍ର ଦାଖଲ କରିଥିବା ଘଟଣା କାଲି ଭଳି ମନେ ହେଉଛି। ସେଥରକ ନିର୍ବାଚନରେ ମୋର ଏକମାତ୍ର ଆଦର୍ଶ ଓ ଭରସା ଥିଲେ ନବୀନବାବୁ। କିନ୍ତୁ ପରିସ୍ଥିତି ଯେମିତି ଥିଲା ସମଗ୍ର ପାଟକୁରା ନିର୍ବାଚନମଣ୍ଡଳୀରେ ଜଣେ ପ୍ରାର୍ଥୀ ଭାବରେ ବୁଲିବା ମୋ ପାଇଁ ସୁରକ୍ଷିତ ନ ଥିଲା। ମୋର ନିର୍ବାଚନୀ ସଭାକୁ ନବୀନବାବୁ ଓ ତାଙ୍କ ସହିତ ତତ୍କାଳୀନ ଆନ୍ଧ୍ର ମୁଖ୍ୟମନ୍ତ୍ରୀ ଚନ୍ଦ୍ରବାବୁ ନାଇଡୁ ଆସିଥିଲେ। ପାଟକୁରା ଅଞ୍ଚଳର ହରିଦାସପୁର ପଡ଼ିଆ ଥିଲା ନିର୍ବାଚନୀ ସଭାସ୍ଥଳ। ନବୀନବାବୁଙ୍କୁ ନୂଆ ନୂଆ ଦେଖିବା ପାଇଁ ବେଶ୍ ଜନଗହଳି ଥିଲା। ମୋ ଜୀବନର ପ୍ରଥମ ରାଜନୈତିକ ଭାଷଣ ଦେଇଥିଲି ନବୀନବାବୁ ଓ ଚନ୍ଦ୍ରବାବୁ ନାଇଡୁଙ୍କ ଉପସ୍ଥିତିରେ, ୧୯୯୯ ମହାବାତ୍ୟାରେ ଚନ୍ଦ୍ରବାବୁ ନାଇଡୁ ଓଡ଼ିଶାକୁ ସହାୟତାର ଯେଉଁ ହାତ ବଢ଼ାଇଥିଲେ, ତାଙ୍କ ପ୍ରତି ବାତ୍ୟାକ୍ଲିଷ୍ଟ ଅଞ୍ଚଳରେ ବେଶ୍ ଭଲପାଇବା ବଢ଼ିଥିଲା। ଯଦିଓ ସେଦିନର ସଭାରେ ମୋର ପ୍ରତିପକ୍ଷ, କିଛି ଆଇନଶୃଙ୍ଖଳା ପରିସ୍ଥିତି ସୃଷ୍ଟି କରିଥିଲେ, ତା' ସତ୍ତ୍ୱେ ରାଜନୀତିରେ ନୂଆ ପ୍ରବେଶ କରିଥିବା ନବୀନବାବୁ ବେଶ୍ କଡ଼ା ଭାଷଣ ଦେଇଥିଲେ ଏବଂ ମୋ ହାତକୁ ଧରି ଉଭୟେ ନବୀନ ଓ ଚନ୍ଦ୍ରବାବୁ ନାଇଡୁ ଯେଉଁ ଫଟୋ ପୋଜ୍ ଦେଇଥିଲେ, ତାହା ଆଜି ମଧ୍ୟ ମୋ ପାଖରେ ସାଇତା ହୋଇ ରହିଛି। ପ୍ରଥମ ନିର୍ବାଚନରେ ହାରିଥିଲି ସତ, କିନ୍ତୁ ମୋ ନେତା ନବୀନବାବୁଙ୍କ ଭଲପାଇବା କମିବା ପରିବର୍ତ୍ତେ ବଢ଼ିଥିଲା। ଦୀର୍ଘ ୨୫ ବର୍ଷର ରାଜନୀତିରେ ଅନେକ ନିର୍ବାଚନ ଆସିଛି, କିନ୍ତୁ ନବୀନବାବୁ ପ୍ରଚାର ପାଇଁ ଚନ୍ଦ୍ରବାବୁ ନାଇଡୁଙ୍କୁ ବାଦ୍ ଦେଲେ ଆଉ କୌଣସି କେନ୍ଦ୍ରୀୟ ନେତାଙ୍କୁ ସେ ସାଥିରେ ନେଇ ନାହାନ୍ତି। ମେଣ୍ଟ ଦଳ ସହିତ ରହିଥିବା ସମୟରେ

ସ୍ୱାଭାବିକ ଭାବରେ ବିଜେପି ଦଳର ନେତାଙ୍କୁ ନବୀନବାବୁଙ୍କ ସହ ସଭାମଞ୍ଚରେ ଦେଖିବାକୁ ମିଳିଥିଲା । ୨୦୦୦ରୁ ୨୦୦୪ ମସିହା ମୋ ପାଇଁ ଥିଲା ସଂଘର୍ଷର ସମୟ । କିଭଳି ନିର୍ବାଚନୀ ବୈତରଣୀ ପାର୍ ହେବି ଏବଂ ପାଟକୁରାବାସୀଙ୍କ ମନ ଜିଣିବି ତାହା ଥିଲା ମୋର ନିତିଦିନର ସାଧନା । ଏଠାରେ ୨୦୦୨ ମସିହା ପଞ୍ଚାୟତ ନିର୍ବାଚନରେ ମୋ ନେତୃତ୍ୱରେ ବିଜୁ ଜନତା ଦଳ ପାଟକୁରାରେ ଅଭୂତପୂର୍ବ ସଫଳତା ହାସଲ କରିଥିଲା । ଏହି ପଞ୍ଚାୟତ ନିର୍ବାଚନରେ ନବୀନବାବୁଙ୍କ ଆଶୀର୍ବାଦକୁ ନେଇ ମୁଁ ଗାଁକୁ ଗାଁ ବୁଲି ମୋର ଆଭିମୁଖ୍ୟ ଉପସ୍ଥାପିତ କରିଥିଲି । ଏଠାରେ କହିରଖେ ପଞ୍ଚାୟତ ନିର୍ବାଚନ ପ୍ରଚାରରେ ନବୀନବାବୁଙ୍କୁ ମୋ ପାଟକୁରାର ପ୍ରାୟ ୨୫ଟି ପଞ୍ଚାୟତକୁ ରୋଡ୍ ସୋ'ରେ ନେଇଥିଲି । ଆମ ଗାଁ ଅରିଲୋର ଭଙ୍ଗା ଆଜବେଷ୍ଟସ ଘରେ ନବୀନବାବୁ ନେତାମାନଙ୍କ ସହ ମଧ୍ୟାହ୍ନ ଭୋଜନ କରିଥିଲେ । ମଧ୍ୟାହ୍ନ ଭୋଜନ ପରେ ମୋ କଳା ବୋଲେରୋ ଗାଡ଼ିରେ ରାତି ନଅଟା ପର୍ଯ୍ୟନ୍ତ ଗରଦପୁର, ମାର୍ଶାଘାଇ ଓ ମହାକାଳପଡ଼ାର ଅନେକ ପଞ୍ଚାୟତକୁ ସେ ଗସ୍ତ କରିଥିଲେ । ବାଟରେ ଶହ ଶହ ମହିଳା ଓ ପୁରୁଷ ନବୀନଙ୍କୁ ଥରେ ଦେଖିବା ପାଇଁ ଭିଡ଼ ଜମାଉଥିଲେ । ଏହି ପଞ୍ଚାୟତ ନିର୍ବାଚନ ହିଁ ମୋ ରାଜନୀତିକ ଜୀବନର ମୋଡ଼ବୁଲାଣି ହୋଇଥିଲା । ମାର୍ଶାଘାଇ ଗରଦପୁର ଓ ମହାକାଳପଡ଼ାରେ ସଂଖ୍ୟାଧିକ ଜିଲ୍ଲା ପରିଷଦ ଆସନରେ ଜିତାପଟ ହେବା ସହ ବ୍ଲକ୍‌ଗୁଡ଼ିକ ମୋ ଅକ୍ତିଆରକୁ ଆସିଥିଲା । ରାଜ୍ୟର ରାଜନୀତି ବିଶାରଦମାନେ ଏହି ନିର୍ବାଚନ ପରେ ମୋତେ ଅଧିକ ଗୁରୁତ୍ୱ ଦେବା ଆରମ୍ଭ କରିଥିଲେ ।

ଏଠାରେ ସୂଚନାଯୋଗ୍ୟ ଯେ, ରାଜ୍ୟ ବିଜୁ ଯୁବ ଜନତା ଦଳର ସଭାପତି ଦାୟିତ୍ୱ ମୋ ଉପରେ ନ୍ୟସ୍ତ କରିଥିଲେ ନବୀନବାବୁ ଏବଂ ଭୁବନେଶ୍ୱର ସ୍ୱାଧୀନତା ସଂଗ୍ରାମୀ ପଡ଼ିଆରେ ଯେଉଁ ଯୁବ ସମାବେଶ ମୋ ନେତୃତ୍ୱରେ ଆୟୋଜିତ ହୋଇଥିଲା, ୪ ଘଣ୍ଟାରୁ ଅଧିକ ସମୟ ନବୀନବାବୁ ଆମ ସହ ବିତାଇଥିଲେ । ରାଜ୍ୟର ଯୁବକମାନଙ୍କୁ ଏକାଠି କରି 'ବିଜୁ ଆଦର୍ଶ ଓ ନବୀନଙ୍କ ଧାରା' ପକାଇବା ହିଁ ମୋର ମୁଖ୍ୟ ଦାୟିତ୍ୱ ଥିଲା । ୨୦୦୪ ନିର୍ବାଚନ ମୋ ପାଇଁ ଅଗ୍ନିପରୀକ୍ଷା ଥିଲା । ସାରା ଓଡ଼ିଶା କାହିଁକି

ଭାରତବର୍ଷରେ ମୋ ନିର୍ବାଚନର ଫଳାଫଳକୁ ନେଇ ରାଜନୀତିକ ବିଶାରଦମାନେ ବିଭିନ୍ନ ଅଙ୍କ କଷିଥିଲେ। ଓଡ଼ିଶା ଗଣପରିଷଦର ସଭାପତି ଶ୍ରୀ ବିଜୟ ମହାପାତ୍ରଙ୍କ ସହ ମୋର ସମ୍ମୁଖ ଯୁଦ୍ଧ ହୋଇଥିଲା। ଏହି ନିର୍ବାଚନରେ କେତେକ ସ୍ଥାନରେ ଆଇନ ଶୃଙ୍ଖଳା ପରିସ୍ଥିତି ମଧ୍ୟ ସୃଷ୍ଟି ହୋଇଥିଲା। ପାଟକୁରାବାସୀଙ୍କ ବିଶ୍ୱାସ ଓ ଭଲପାଇବା ସହ ନବୀନବାବୁଙ୍କ ଆଶୀର୍ବାଦ ଓ ପାଟକୁରାର ପୂର୍ବତନ ବିଧାୟକ ମୋ ଦିବଂଗତ ବାପାଙ୍କ ଆଶୀର୍ବାଦ ହିଁ ମୋତେ ଜିତାପଟ ଆଣି ଦେଇଥିଲା। ମୋ ପଛରେ ବିରାଟ ଐଶୀ ଶକ୍ତି ଏବଂ ଗୁରୁଙ୍କ ଅଦୃଶ୍ୟ ଆଶୀର୍ବାଦକୁ ମର୍ମେ ମର୍ମେ ଅନୁଭବ କରୁଥିଲି। ନିର୍ବାଚନ ଫଳାଫଳ ବାହାରିବା ଦିନ ମୋ ବିରୋଧୀ ପକ୍ଷଙ୍କ କେତେ କାର୍ଯ୍ୟାଳୟରେ ବାଣଫୁଟା ହେବା ଓ ମିଷ୍ଟାନ୍ନ ବଣ୍ଟନ ପାଇଁ ପ୍ରସ୍ତୁତି ହୋଇଛି ବୋଲି ଖବର ପାଉଥାଏ। କିନ୍ତୁ ବିରୋଧୀ ପକ୍ଷର ସବୁ ଆସ୍ପର୍ଦ୍ଧା ଓ ଆକଳନ ପଛରେ ପକାଇ ମୁଁ ଜୟଯୁକ୍ତ ହୋଇଥିଲି। ତା' ପରଦିନର କେତେକ ସମ୍ବାଦପତ୍ର ଏବଂ ସାପ୍ତାହିକୀଗୁଡ଼ିକ ମୋତେ Giant-Killer ଭାବରେ ଅଭିହିତ କରିଥିଲା। ଏତେବଡ଼ ବିଜୟକୁ ମନାଇବା ପାଇଁ ନିର୍ବାଚନମଣ୍ଡଳୀ ସାରା ଉତ୍କଣ୍ଠାର ସହିତ ଚାହିଁ ବସିଥିଲେ ମୋର ଅନେକ ରାଜନୀତିକ କର୍ମୀ। ମାତ୍ର ମୋ ବାପା ଓ ବୋଉଙ୍କ ନିର୍ଦ୍ଦେଶରେ ଏହି ବିଜୟକୁ ମୁଁ ନମ୍ରତାର ସହ ଗ୍ରହଣ କରି ଈଶ୍ୱରଙ୍କ କୃପା ଓ ନବୀନଙ୍କ ଆଶୀର୍ବାଦ ବୋଲି ଗଣମାଧ୍ୟମରେ ମତାମତ ଦେଇଥିଲି। ବ୍ୟାଣ୍ଡ୍ ବାଜା ବା ର୍‌ୟାଲି ପାଟକୁରା ମାଟିରେ ହୋଇ ନ ଥିଲା। ମୋର ଏଭଳି ନିଷ୍ପତ୍ତିକୁ ମୋ ନେତା ନବୀନବାବୁ ଅତି ସୁନ୍ଦର ଭାବରେ ଗ୍ରହଣ କରିଥିଲେ। କେବଳ ସେହି ନିର୍ବାଚନ ନୁହେଁ, ଯେତେ ନିର୍ବାଚନ ତା'ପରେ ହୋଇଛି, ସଫଳତା ପାଇଁ କୌଣସି ର୍‌ୟାଲି ଓ ସମାବେଶ ହୋଇନି, ବରଂ ଏ ବିଜୟ ପାଟକୁରା/ମହାକାଳପଡ଼ାବାସୀଙ୍କ ବୋଲି ନମ୍ରତାର ସହ ଜଣାଇ ଦେଇଛି।

ନବୀନଙ୍କ ପାଖରେ କାନ୍ଦିଥିଲି :

ଉପରୁ ବେଶ୍ ଦୃଢ଼ ଓ କଠୋର ଦିଶୁଥିବା ସବୁ ମଣିଷ ବେଳେବେଳେ ସେମିତି ହୋଇ ନଥାନ୍ତି। ହୁଏତ ସେମାନେ କେବଳ ସାମୟିକ ମୁହୂର୍ତ୍ତର

ଆବଶ୍ୟକତା ନେଇ ସେମିତି ଦିଶୁଥାଇପାରନ୍ତି। ରାଜନୀତିର ଛକାପଞ୍ଝାର ଉଥଲପୁଥଲ ସ୍ଥିତି ଭିତରେ ହୃଦୟରେ ଯେତେ ଭାବପ୍ରବଣତା ଥିଲେ ମଧ୍ୟ ବେଳେବେଳେ ଚାପିଦେଇ କାର୍ଯ୍ୟ କରିବାକୁ ହୁଏ। ତଥାପି ମଧ୍ୟ ପଦ-ପଦବିର ଆହ୍ୱାନ ଭିତରେ ବେଳେବେଳେ ବରଫ ଭଳି କଠୋର ଆବେଗ ସାମାନ୍ୟ ଦୁଃଖର ଉତ୍ତାପରେ ମହମ ଭଳି ତରଳିଯାଏ। ଏମିତି ଏକ ଘଟଣା ମୋ ପାଇଁ ଖୁବ୍ ସଜଳ।

ମାର୍ଶାଘାଇ ବ୍ଲକ୍‌ର ରଙ୍କାଳ ହାଟପଡ଼ିଆରେ ସମାବେଶର ମୁଁ ଆୟୋଜନ କରିଥାଏ। ପ୍ରାୟ ୪୦ ହଜାର ଊର୍ଦ୍ଧ୍ୱ ଲୋକଙ୍କ ଜନସମାଗମ ହୋଇଥିଲା। ଲୁଣା ଚିତ୍ରୋତ୍ପଳା କରାଣ୍ଡିଆ ନଦୀଦ୍ୱୀପ ମଧ୍ୟରେ ରଙ୍କାଳ ଗାଁ ଅବସ୍ଥିତ। ଯୋଗାଯୋଗର ବିଶେଷ ସୁବିଧା ନ ଥାଏ। ଆଜିର ଆଖୁଆ, କରିଲୋପାଟଣା ସେତୁ ନିର୍ମିତ ହୋଇ ନଥିଲା। ନିର୍ଦ୍ଧାରିତ ସମୟର କିଛି ସମୟ ବିଳମ୍ବରେ ମୁଖ୍ୟମନ୍ତ୍ରୀ ହେଲିକପ୍ଟରରେ ଆସି ପହଞ୍ଚିଲେ। ଜାନୁଆରି ୨ ତାରିଖ, ୨୦୦୦ ମସିହାର କଥା। ମୁଖ୍ୟମନ୍ତ୍ରୀ ପହଞ୍ଚିବା କ୍ଷଣି ପାଇଲଟ୍ ବିମାନ ଚାଳନାର ଅସ୍ପଷ୍ଟ ମାର୍ଗ ସଂପର୍କରେ ସୂଚନା ଦେଇଥିଲେ। ସନ୍ଧ୍ୟା ପୂର୍ବରୁ ୧୦ ମିନିଟ୍ ଭିତରେ ସେଠାରୁ ବାହୁଡ଼ିବାକୁ ହେବ ବୋଲି ଯୋଜନା ହେଲା। ରଣେନ୍ଦ୍ରପ୍ରତାପ ସ୍ୱାଇଁ, ଦେବୀପ୍ରସାଦ ମିଶ୍ର ପ୍ରଭୃତି ନେତୃବର୍ଗ ଓ ମୁଁ ଘନୀଭୂତ ଅନ୍ଧାରରେ ମୁଖ୍ୟମନ୍ତ୍ରୀ କିପରି ଫେରିବେ ବୋଲି ଅତ୍ୟନ୍ତ ବିବ୍ରତ ହୋଇପଡ଼ିଥିଲୁ। ମୁଖ୍ୟମନ୍ତ୍ରୀ ନବୀନଙ୍କୁ ଅନୁରୋଧ କରିଥିଲି- ଆପଣ ଯଦି ଏଠାରୁ ପଳାନ୍ତି ତେବେ ସବୁକିଛି ଏପଟ ସେପଟ ହୋଇଯିବ। ଏତିକି କହିବା ସମୟରେ ମୁଁ କାନ୍ଦି ପକାଇଥିଲି। ପୁଲିସ ଡିଆଇଜି ଏବଂ ଜିଲ୍ଲାପାଳ କିନ୍ତୁ ଥିଲେ ନଛୋଡ଼ବନ୍ଧା। ମୁଖ୍ୟମନ୍ତ୍ରୀଙ୍କୁ ବିନା ସୁରକ୍ଷା ବଳୟ ମଧ୍ୟରେ ଗାଡ଼ିରେ ନେବା - ବିଶେଷତଃ ସେତୁହୀନ ନଦୀର ବାଲି ଉପରେ ଗାଡ଼ିକୁ ନେବା ବିପଦସଂକୁଳ ବୋଲି ସେମାନେ କହିଥିଲେ। କୌଣସି ରିସ୍କ ନେବାକୁ ପ୍ରଶାସନ ଚାହୁଁ ନ ଥିଲା। ଏଭଳି ବିଚିତ୍ର ପରିସ୍ଥିତିରେ ନବୀନ ବାବୁ ମୋ ମୁହଁକୁ ଅନାଇ ସିଧା କହିଥିଲେ ଯେ, ହେଲିକପ୍ଟର ଯାଉ, ମୁଁ ଗାଡ଼ିରେ ଯିବି। ନାଟକୀୟ ଢଙ୍ଗରେ ମୁଁ ସେଦିନ ସଭାମଞ୍ଚରୁ ହେଲିକପ୍ଟରକୁ ବିଦାୟ ଦେଇଥିଲି ଏବଂ ନବୀନବାବୁ ଜିନ୍ଦାବାଦ ଧ୍ୱନି

ଦେଇଥିଲି। ବିନା ସୁରକ୍ଷା ବଳୟରେ ନବୀନବାବୁ ସେଦିନ ମୋ କଳା ବୋଲେରୋ ଗାଡ଼ିରେ କରାଣ୍ଡିଆ-କଳପଡ଼ା ନଦୀବାଟ ଦେଇ ଚଣ୍ଡିଖୋଲ ପର୍ଯ୍ୟନ୍ତ ଆସିଥିଲେ। ଚଣ୍ଡିଖୋଲ ଛକରୁ ମୁଖ୍ୟମନ୍ତ୍ରୀଙ୍କ ନିମନ୍ତେ ଉଦ୍ଦିଷ୍ଟ ଗାଡ଼ିରେ ସେଦିନ ସେ ନବୀନ ନିବାସକୁ ଫେରିଥିଲେ। ଏହି ଘଟଣା କେବଳ କେନ୍ଦ୍ରାପଡ଼ା କାହିଁକି, ସାରା ଓଡ଼ିଶାର ଗଣମାଧ୍ୟମରେ ଚର୍ଚ୍ଚାର ବିଷୟବସ୍ତୁ ହୋଇଥିଲା।

ସୂଚନାଯୋଗ୍ୟ ସେଦିନ ନିର୍ଦ୍ଦିଷ୍ଟ ସ୍ଥାନରେ ମୁଖ୍ୟମନ୍ତ୍ରୀଙ୍କ ହେଲିକପ୍ଟର ଓହ୍ଲାଇବା ପରିବର୍ତ୍ତେ ପ୍ରଥମେ ପାଟକୁରାର ଅନ୍ତେଇ କଲେଜ ପଡ଼ିଆରେ ଭୁଲ୍‌ବଶତଃ ଓହ୍ଲାଇ ପଡ଼ିଥିଲା। ଦିବଂଗତ ନେତା ବିଜୁବାବୁଙ୍କର ଅନ୍ତେଇ ଅଞ୍ଚଳ ଅତ୍ୟନ୍ତ ପ୍ରିୟ ଥିଲା ଏବଂ ସେଠାରେ ଥିବା ବିଜୁ ପଟ୍ଟନାୟକ କଲେଜର ପ୍ରତିଷ୍ଠାତା ସଭାପତି ଥିଲେ ସେ। ଦୀର୍ଘଦିନ ପର୍ଯ୍ୟନ୍ତ ବିଜୁବାବୁ ଏହି କଲେଜ ପରିଚାଳନା କମିଟିର ସଭାପତି ଥିଲେ। ମୁଖ୍ୟମନ୍ତ୍ରୀ ହେବା ପରେ ମଧ୍ୟ ଅନ୍ତେଇ ବିଜୁ ପଟ୍ଟନାୟକ କଲେଜର ସେ ସଭାପତି ଥିଲେ। ସେଦିନ ଅନ୍ତେଇ ପଡ଼ିଆକୁ ହେଲିକପ୍ଟର ଓହ୍ଲାଇବା, ବିଜୁବାବୁଙ୍କ ଏହି ଅଞ୍ଚଳ ସହିତ ଥିବା ନିବିଡ଼ ଆତ୍ମୀୟତାର ପ୍ରତୀକ ସ୍ୱରୂପ ଥିଲା।

ନବୀନବାବୁ ସେଦିନ ରଙ୍ଗାଳ ପଡ଼ିଆରେ ସେହି ଅଞ୍ଚଳର ବାସ୍ତବ ଚିତ୍ରକୁ ବୁଝିପାରିଥିଲେ ଏବଂ ନବୀନ ନିବାସ ଫେରିବାର ଦୁଇ-ତିନିଦିନ ପରେ ସେହି ଅଞ୍ଚଳର ଯୋଗାଯୋଗ ସୁଗମତା ନିମନ୍ତେ କ'ଣ ଆବଶ୍ୟକ ବୋଲି ମୋତେ ପ୍ରଶ୍ନ କରିଥିଲେ ଏବଂ ଚାରିବର୍ଷ ଭିତରେ ଦୀପାଞ୍ଚଳବାସୀଙ୍କ ଦୀର୍ଘଦିନର ସମସ୍ୟା ଦୂର ହୋଇଥିଲା। କଳପଡ଼ା ସେତୁ, କରିଲୋପାଟଣା ସେତୁ, ପାଟକୁରା ଆଖୁଆ ସେତୁ, ଗୋସାଣିପଡ଼ା ସେତୁ ଓ କଳାକୁଦା ସେତୁ ସଂପୂର୍ଣ୍ଣ ହୋଇ ଯୋଗାଯୋଗ କ୍ଷେତ୍ରରେ ସମଗ୍ର ଜିଲ୍ଲାରେ ଉଦାହରଣ ସୃଷ୍ଟି ହୋଇଥିଲା। କେବଳ ସେତିକି ନୁହେଁ, ଦଶମଉଜି ସେତୁ ଓ କୋରଟପଙ୍ଗା ସେତୁ ନିର୍ମାଣ କାର୍ଯ୍ୟ ମଧ୍ୟ ତ୍ୱରାନ୍ୱିତ ହୋଇପାରିଥିଲା। ପାଟକୁରାବାସୀ ଏହିସବୁ ସେତୁ ନିର୍ମାଣ ପାଇଁ ମୁଖ୍ୟମନ୍ତ୍ରୀଙ୍କ ଜୟଜୟକାର କରିବା ସହିତ ଏହାଫଳରେ ମୋର କାର୍ଯ୍ୟ ଦକ୍ଷତା ନେଇ ସାଧାରଣରେ ଆସ୍ଥା ଓ ବିଶ୍ୱାସ ଦୃଢ଼ୀଭୂତ ହୋଇଥିଲା। ସରକାର ପରେ ସରକାର ବଦଳିଥିଲା, ଟୋକେଇ ଓ ଭେଳାରେ ସେତୁ ନିର୍ମାଣ ପୂର୍ବରୁ ଲୋକେ

ଡାକ୍ତରଖାନାକୁ ଯାଉଥିଲେ। ଗୋଟିଏ ମିଟିଂ ହିଁ ସବୁକିଛି ବଦଳାଇ ଦେଇଥିଲା। ଏହାହିଁ ଥିଲା ନବୀନଙ୍କ ପ୍ରଭାବୀ ନେତୃତ୍ୱର ପରାକାଷ୍ଠା।

ବାପାଙ୍କର ପାଟକୁରାବାସୀଙ୍କୁ ଚିଠି :

ରାଜକିଶୋର ନାୟକ ଯଦି ମୋ ବାପା ହୋଇ ନଥାନ୍ତେ ସମ୍ଭବତଃ ମୁଁ ଆଜି ଅତନୁ ସବ୍ୟସାଚୀ ନାୟକର ଏଇ ପରିଚିତି ଭିତରେ ନଥାନ୍ତି ! ଜଣେ ବାପା ତା'ର ସନ୍ତାନପାଇଁ ସମର୍ପିତ ହେବା ସାଧାରଣ ଘଟଣା ମନେହୁଏ, ମାତ୍ର ମୋ କ୍ଷେତ୍ରରେ ମୋ ବାପାଙ୍କ ଦାୟିତ୍ୱବୋଧ ତାଙ୍କର ଏ ପୁଅ ପାଇଁ ତାଙ୍କ ସମର୍ପଣଠାରୁ ମଧ୍ୟ ଆଉ ପାଦେ ଆଗେଇ ଯାଇଛି। ମୋ ପ୍ରତ୍ୟେକଟି କାର୍ଯ୍ୟକୁ ସବୁବେଳେ ନିରବ ସମର୍ଥନ ଦେଉଥିବା ମୋ ବାପା ଯେବେ ତାଙ୍କର ସ୍ୱାସ୍ଥ୍ୟଗତ କାରଣ ଯୋଗୁଁ ଚିକିତ୍ସିତ ହେଉଥିଲେ, ତାଙ୍କର ଏ ପୁଅ ପାଇଁ ସେ ପାଟକୁରାବାସୀଙ୍କୁ କେମିତି ଆଉ ଅନୁରୋଧ କରିପାରିଥାନ୍ତେ ସତେ ! ତେଣୁ ନିରଭିମାନୀ ମୋ ବାପା, ତାଙ୍କର ଅନୁରୋଧପତ୍ର ମାଧ୍ୟମରେ ମୋ ରାଜନୀତିକ ସଫଳତା ନିମନ୍ତେ ପାଟକୁରାବାସୀଙ୍କୁ ମୋ ନିର୍ବାଚନ ପାଇଁ ସହାୟତା ମାଗିବା କେତେ ବଡ଼ ସମର୍ପଣ ଯେ ଥିଲା ତାହା ଆପଣମାନେ ବିଚାର କରିପାରୁଥିବେ।

ମୋର ଏବେ ବି ମନେପଡ଼େ ବାପାଙ୍କର ସେ ପୋଷ୍ଟକାର୍ଡ ଚିଠିର କଥା। ରାଜନୀତିରୁ ଓହରିଯାଇଛନ୍ତି ସତ; କିନ୍ତୁ ପାଟକୁରାବାସୀଙ୍କ ଛାତି ଭିତରେ ଦଳ-ମତ ନିର୍ବିଶେଷରେ ବାପାଙ୍କ ପ୍ରତି ଭଲପାଇବା ଆଜି ବି ରହିଛି। ପାଟକୁରାବାସୀ ଭାବରେ ଏ ମାଟି ତାଙ୍କୁ ଆଜି ବି ପୂଜା କରୁଛି। ୨୦୦୪ ନିର୍ବାଚନ ସମୟରେ ସେ ତାଙ୍କର କିଛି ଅନୁଗତ ବନ୍ଧୁଙ୍କୁ ପୋଷ୍ଟକାର୍ଡ ମାଧ୍ୟମରେ ଚିଠି ଲେଖିଥିଲେ- "ମୋ ପୁଅ ଅତନୁ ଗତ କିଛି ବର୍ଷ ଧରି ପାଟକୁରାବାସୀଙ୍କ ପାଇଁ କାମ କରୁଥିବା ଆପଣମାନେ ଜାଣୁଥିବେ। ଯଦି ଆପଣମାନେ ଭାବୁଥାନ୍ତି ଯେ ସେ କିଛି କାମ କରୁଛି, ତେବେ ଆପଣମାନେ ତାକୁ ସାହାଯ୍ୟ କରିପାରନ୍ତି।"

ବାପାଙ୍କ ସେଇ ପୋଷ୍ଟକାର୍ଡ ଅନେକଙ୍କ ମନୋଭାବକୁ ପରିବର୍ତ୍ତିତ କରିଥିବା ପରେ ଶୁଣିବାକୁ ପାଇଲି। ଏହି ନିର୍ବାଚନ ଜିତିବା ପରେ ମୋ ନେତା ନବୀନବାବୁଙ୍କୁ ମୁଁ ଭେଟି ଆଶୀର୍ବାଦ ନେବା ସମୟରେ ତାଙ୍କର

ସେଦିନର ଖୁସି ଏତେ ଥିଲା ଯେ ତାକୁ ବର୍ଣ୍ଣନା କରିବା ସମ୍ଭବ ନୁହେଁ, ତାଙ୍କ ମୁହଁର ଔଜ୍ଜ୍ୱଲ୍ୟରୁ ଜଣାପଡୁଥିଲା ସେ ଅତ୍ୟନ୍ତ ଆନନ୍ଦିତ।

ଦୁଇଯୋଡ଼ା କୁର୍ତ୍ତା ପଞ୍ଜାବି ଓ କୋହ୍ଲାପୁରୀ ଚପଲ :

ବିଜୁଙ୍କ ଅବର୍ତ୍ତମାନରେ ବିଜୁପୁତ୍ର ନବୀନଙ୍କୁ ନେଇ ଓଡ଼ିଶାବାସୀଙ୍କ ମନରେ ଅନେକ କୌତୂହଳ ରହିଥିଲା। ଏହା ରହିବା ସ୍ୱାଭାବିକ। କାରଣ ବିଜୁବାବୁଙ୍କ ଭଳି ଜାତୀୟସ୍ତରର ନେତାଙ୍କ ପୁତ୍ର, ଦିଲ୍ଲୀ ତଥା ବିଦେଶର ପାଣି-ପବନରେ ବଢ଼ିଥିବା ଏହି ଯୁବକଟି କିପରି ହୋଇଥିବ? ଓଡ଼ିଶା ପ୍ରତି ତାଙ୍କର କି ଆଭିମୁଖ୍ୟ? ଓଡ଼ିଆ ଭାଷା ଜାଣି ନଥିବା ଓ ଓଡ଼ିଆ କହିପାରୁନଥିବା ମଣିଷଟି କିଭଳି ଓଡ଼ିଆ ଲୋକଙ୍କୁ ନେଇ ଚାଲିବ? ଅନେକ ଅସମାହିତ ପ୍ରଶ୍ନ ଥିଲା।

ନିଜ ପିଲାମାନଙ୍କ ସମ୍ପର୍କରେ ବିଶେଷ କରି ନବୀନଙ୍କ ସମ୍ପର୍କରେ ବିଜୁବାବୁ ପ୍ରାୟ କିଛି ମତାମତ ଦେଇନାହାନ୍ତି। ଦୁଇଟି କଥାକୁ ଦେଖିଲେ ବିଜୁବାବୁଙ୍କ ନବୀନଙ୍କ ପ୍ରତି ଭଲପାଇବା ମାପିହୁଏ। ପ୍ରଥମ କଥାଟି ହେଲା ନିଜ ଘର ନାମ ନବୀନ ନିବାସ ରଖିବା। ଦ୍ୱିତୀୟ କଥା ସମ୍ପର୍କରେ ମୁଁ ଦେଖିଥିବା ଗୋଟେ ଘଟଣା କହୁଛି- ୧୯୯୪-୯୫ର ଘଟଣା। ବିଜୁବାବୁ ମୁଖ୍ୟମନ୍ତ୍ରୀ ଥାଆନ୍ତି। ଆଜିର ଜୟଦେବ ଭବନ (ସେ ସମୟର ସୂଚନା ଭବନ) ନିକଟରେ ଭୁବନେଶ୍ୱର ପୁସ୍ତକ ମେଳା ହେଉଥାଏ। ପୁସ୍ତକ ମେଳାରେ ଜଣେ ବରିଷ୍ଠ ଅଧିକାରୀଙ୍କର ପୁସ୍ତକ ଲୋକାର୍ପଣ ଥାଏ। ବିଜୁବାବୁ ଉକ୍ତ ସଭାରେ ଟିକେ ବିଳମ୍ବରେ ପହଞ୍ଚିଥିଲେ। ସିଧା ମାଇକ୍ ଧରି କହିବାକୁ ଆରମ୍ଭ କଲେ- "ଅନେକ ଲୋକ ଏହି ଭୁବନେଶ୍ୱର-କଟକରେ ଏ.ସି. ରୁମ୍‌ରେ ବସି ବହି ଲେଖୁଛନ୍ତି। ଯାଅ, ଦୁନିଆକୁ ଦେଖ, ତା' ଉପରେ ବହି ଲେଖ। ମୋ ପୁଅ ହାତୀ ଉପରେ ବସି ଓଡ଼ିଶା ବୁଲୁଛି ଏବଂ ଓଡ଼ିଶା ଉପରେ ସେ ବହି ଲେଖିଛି। ସେ ଅନୁଭବକୁ ବୁଝି ବହି ଲେଖିବ ବୋଲି ସ୍ଥିର କରିଛି।"

ଆଉ ଏକ ସାକ୍ଷାତକାରରେ ବିଜୁବାବୁ ନବୀନଙ୍କ ସମ୍ପର୍କରେ ମତ ରଖିଥିଲେ "ମୋ ସାନପୁଅ ନବୀନ ଭୁବନେଶ୍ୱରକୁ ନିଜ କଳ୍ପନା ମୁତାବକ

ଏହାର ପ୍ରାଚୀନ ଶୋଭାର ଏକ ସୁନ୍ଦର ସହର ଭାବେ ଗଢ଼ିବାପାଇଁ ଇଚ୍ଛା ପ୍ରକାଶ କରିଥିଲା।" ନବୀନବାବୁ 'ଇନ୍‌ଟାକ' ମାଧ୍ୟମରେ କାମ କରୁଥିବା କଥା ବିଜୁବାବୁ କହିଥିଲେ।

ଉଲ୍ଲେଖଯୋଗ୍ୟ ଯେ, ସେତେବେଳେ ନବୀନବାବୁ ତାଙ୍କ ବନ୍ଧୁ ମାର୍କ ସ୍ୟାଣ୍ଡଙ୍କୁ ଧରି ଓଡ଼ିଶାର ବିଭିନ୍ନ ସ୍ଥାନ ବୁଲୁଥିଲେ।

ସେଦିନର ନବୀନଙ୍କ ସମ୍ପର୍କରେ ବିଜୁବାବୁଙ୍କ ଏହି ପଦିଏ କଥା ଅନେକ ସୂଚନା ଦେଇଥିଲା। ବିଜୁବାବୁଙ୍କ ତୁଣ୍ଡରୁ ନିଜ ପିଲାଙ୍କ ପ୍ରଶଂସା କେହି କେବେ ଶୁଣି ନଥିଲେ। ନବୀନବାବୁଙ୍କ ଧୀଶକ୍ତିକୁ ପିତା ଭାବରେ ବିଜୁବାବୁ ଯେ ବୁଝିଥିଲେ ତାହା ବେଶ୍ ଅନୁମେୟ। ରାଜନୀତିରେ ପାଦ ଥାପୁ ଥାପୁ କ୍ଷମତା ତାଙ୍କ ସହ ଯୋଡ଼ିହୋଇ ରହିଲା। ୧୯୯୭ରେ ବିଜୁବାବୁଙ୍କ ମୃତ୍ୟୁ ଯୋଗୁଁ ଖାଲି ପଡ଼ିଥିବା ଆସିକା ଆସନରୁ ନିର୍ବାଚିତ ହୋଇ ସାଂସଦ ହେଲେ। ପରବର୍ତ୍ତୀ ପର୍ଯ୍ୟାୟରେ ଅଟଳବିହାରୀ ବାଜପେୟୀଙ୍କ ପ୍ରଧାନମନ୍ତ୍ରୀତ୍ୱ ସମୟରେ ୧୯୯୯ରେ କେନ୍ଦ୍ର କ୍ୟାବିନେଟ୍‌ରେ ଇସ୍ପାତ ମନ୍ତ୍ରଣାଳୟର କ୍ୟାବିନେଟ୍ ମନ୍ତ୍ରୀ ହେଲେ। ୨୦୦୦ ମସିହାରୁ ଆଜି ପର୍ଯ୍ୟନ୍ତ ପାଞ୍ଚ ଥର ମୁଖ୍ୟମନ୍ତ୍ରୀ ହୋଇ ଓଡ଼ିଶାବାସୀଙ୍କ ଶ୍ରଦ୍ଧାଭାଜନ ହୋଇପାରିଛନ୍ତି। ଦେଶ-ବିଦେଶର ବହୁ ଉଚ୍ଚ ଅଧିକାରୀଙ୍କ ସହ ନିବିଡ଼ ସମ୍ପର୍କ ଅଛି ନବୀନବାବୁଙ୍କର। ବିଜୁବାବୁଙ୍କ ପୁଅ ହିସାବରେ ସମସ୍ତଙ୍କର ଆଦର ଓ ଭଲପାଇବା ପାଇଆସୁଛନ୍ତି। ଗାନ୍ଧୀ ପରିବାରଠାରୁ ଆରମ୍ଭ କରି କେନେଡି ପରିବାର ପର୍ଯ୍ୟନ୍ତ ସବୁଠି ନବୀନବାବୁଙ୍କ ନିବିଡ଼ ସମ୍ପର୍କ ରହିଛି। ତାଙ୍କ ରଚିତ ତିନିଟି ପୁସ୍ତକ ଦେଶ ବିଦେଶରେ ବେଶ୍ ଚର୍ଚ୍ଚିତ।

ବହୁଗୁଣର ଅଧିକାରୀ ସେ, ସୌଖୀନ ଜୀବନକୁ ତ୍ୟାଗ କରି ଓଡ଼ିଶା ଆସିଥିଲେ ନବୀନବାବୁ। ସାଙ୍ଗରେ ଥିଲା ଦୁଇହଳ ପାଇଜାମା ଓ କୋହ୍ଲାପୁରୀ ଚପଲ। ପିନ୍ଧୁଥିବା ପାଇଜାମାଟି ପାଦଠାରୁ ଟିକେ ଉପରକୁ ଥାଏ। ଏ ଥିଲା ତାଙ୍କର ପରିପାଟି। ବିଜୁବାବୁଙ୍କ ଶିଳ୍ପ-ସାମ୍ରାଜ୍ୟକୁ ମାଡ଼ିବସିବାର ମନରେ ନଥିଲା ଅଭୀପ୍ସା। ୧୯୯୭ ମସିହାରୁ ଦୀର୍ଘ ୨୭ ବର୍ଷ ଧରି ନିଜର ପରିବାର ଓ ଦିଲ୍ଲୀର ଚକ୍‌ଚକ୍ ସୌଧର ଅଭିଜାତ

ଜୀବନକୁ ଆଉ ଅନାଇ ନାହାନ୍ତି। ଓଡ଼ିଶାର ସାଢ଼େ ଚାରିକୋଟି ଜନତାକୁ କରିଦେଇଛନ୍ତି ନିଜ ପରିବାରର ସଦସ୍ୟ। କହିବାକୁ ପଛାଇ ନାହାନ୍ତି ଓଡ଼ିଶା-ମୋ ପରିବାର। କ୍ଷମତା ରାଜନୀତିରେ କିଏ କେତେ ବର୍ଷ ଗାଦିରେ ରହିବା, ଭିନ୍ନ କଥା। କିନ୍ତୁ ଏଯାବତ୍ ଦୀର୍ଘ ବର୍ଷର ରାଜନୈତିକ ଜୀବନରେ କେବେ ସାମାନ୍ୟ କଳା ଛିଟାଟିଏ ତାଙ୍କ କୁର୍ତ୍ତାରେ ପଡ଼ିପାରି ନାହିଁ। ଆସିଛି ଅନେକ ଝଡ଼ ବତାସ ଓ ପଥରଠାରୁ ଅଧିକ ଶକ୍ତପ୍ରହାର, କିନ୍ତୁ ସେସବୁକୁ ଭ୍ରୂକ୍ଷେପ ନକରି ବୀରଦର୍ପରେ ନବୀନବାବୁ ପ୍ରତିହତ କରିଛନ୍ତି। ତାଙ୍କର ଅସ୍ତ୍ର ହେଉଛି କୋଟିକୋଟି ଓଡ଼ିଶା ଲୋକଙ୍କ ଭଲପାଇବା ଓ ଶ୍ରଦ୍ଧା। ଗାଦିରେ ବସିବା ପାଇଁ କେବେ ସାଲିସ୍ କରିନାହାନ୍ତି। ସେଥିପାଇଁ ବିଜୁପୁତ୍ର ଭାବରେ ପ୍ରତ୍ୟେକ ଓଡ଼ିଆଙ୍କ ଘରେ ସେ ଆଜି ସମ୍ମାନିତ ଓ ଆଦରର ପାତ୍ର ହୋଇପାରିଛନ୍ତି। ବଡ଼ ଗାଡ଼ି ଚଢ଼ିବା କିମ୍ବା ସାହେବୀ ଜୀବନ କାଟିବା ତାଙ୍କର ରୁଚି ହୋଇ ରହିନାହିଁ।

ନବୀନ ଅନୁଶାସନର ମଣିଷ :

ନବୀନବାବୁ ସରଳ ଜୀବନ ଓ ଉଚ୍ଚ ଚିନ୍ତନର ମଣିଷ। ତାଙ୍କ ଜୀବନଚର୍ଯ୍ୟା ବିଷୟରେ ମୁଁ ଯେତିକି ଜାଣିଛି, ସେଥିରୁ ଗୋଟିଏ ଘଟଣା ଉଲ୍ଲେଖ କରୁଛି। ୨୦୦୫-୦୬ ମସିହାର କଥା। ଜଣେ ବିଧାୟକ ବନ୍ଧୁ ଏକ ନୂଆ ପାଜେରୋ ଗାଡ଼ି କିଣିଥାନ୍ତି। ଏ ଖବର ନବୀନବାବୁଙ୍କ ପାଖରେ ପହଞ୍ଚିଗଲା। ସେ ସମୟରେ ବିଜେଡିର ବିଧାୟକମାନେ ଦାମୀ ଗାଡ଼ି ପ୍ରାୟ କେହି ଚଢୁ ନଥିଲେ। ନବୀନବାବୁ ଢେଙ୍ଗା ମଣିଷ ହେଲେ ମଧ୍ୟ ମୁଖ୍ୟମନ୍ତ୍ରୀ ଭାବରେ ପୁରୁଣା ଛୋଟ ଏସ୍‌ଟିମ୍ ଗାଡ଼ି ବ୍ୟବହାର କରୁଥିଲେ। ମୋ ଉପସ୍ଥିତିରେ ପ୍ରୋକ୍ତ ବିଧାୟକଙ୍କୁ ଡକରା ହେଲା। ସେ କିଛି ବୁଝିବା ପୂର୍ବରୁ ନବୀନବାବୁଙ୍କ ଗାଳି ଆରମ୍ଭ ହୋଇଗଲା- ଏତେ ପଇସା କେଉଁଠୁ ଆଣିଲ ଓ ଏତେ ଦାମୀ ଗାଡ଼ି ଚଢ଼ିବାର ଆବଶ୍ୟକତା କ'ଣ ? ଲୋକଙ୍କ ସେବା କରୁଛ ଇତ୍ୟାଦି ଇତ୍ୟାଦି।

ବନ୍ଧୁ ଜଣକ ଗାଡ଼ିର ଲୋନ୍ କାଗଜ ସବୁ ଆଣି ପହଞ୍ଚିଲେ ଓ ଏହି ଗାଡ଼ିର ଆବଶ୍ୟକତା ଅଛି ବୋଲି ବୁଝାଇବାକୁ ଚେଷ୍ଟା କଲେ। ତତ୍କାଳୀନ ଜଣେ ବରିଷ୍ଠ ମନ୍ତ୍ରୀ ଏ ଘଟଣା ସମୟରେ ଉପସ୍ଥିତ ଥାଆନ୍ତି। ସେ ବୁଝାଇବାକୁ ଚେଷ୍ଟା କରିବାରୁ ନବୀନବାବୁ ଟିକେ ଶାନ୍ତ ହେଲେ।

କଂଗ୍ରେସ ସରକାର ଅମଳରେ ସରକାରୀ ସର୍କିଟ୍‌ହାଉସ୍ ଓ ଡାକବଙ୍ଗଳା ନେତା ଓ ଯୁବନେତାଙ୍କ ଅକ୍ତିଆରରେ ରହିଥାଏ। ନବୀନବାବୁ ସରକାରକୁ ଆସିବାପରେ ଏ କ୍ଷେତ୍ରରେ କଡ଼ା କଟକଣା ଜାରି କରିଥିଲେ। ଯାହାର ପ୍ରଭାବ ଗତ ୨୭ ବର୍ଷ ଧରି ରହିଆସିଛି। ୨୦୦୧ ମସିହାରେ ମୁଁ ଥାଏ ବିଜୁ ଯୁବଜନତା ଦଳର ସଭାପତି। ବିଧାୟକ ନଥିବାରୁ ଯୁବଜନତାର ସବୁ କାର୍ଯ୍ୟକ୍ରମ ଆମେ ପ୍ରାୟ ସତ୍ୟନଗର ପୂର୍ତ୍ତ ଡାକବଙ୍ଗଳା ଓ ଡେଲ୍‌ଟା ଡାକବଙ୍ଗଳାରେ ଆୟୋଜନ କରୁଥିଲୁ। ମୋର କିଛି ଯୁବବନ୍ଧୁ ସତ୍ୟନଗର ଡାକବଙ୍ଗଳାରେ ନିୟମିତ ରହୁଥିଲେ। ହଠାତ୍ ଦିନେ ମୋତେ ନବୀନ ନିବାସରୁ ଡକରା ଆସିଲା। ମୁଁ ନବୀନ ନିବାସରେ ପହଞ୍ଚିବା ବେଳକୁ ପୂର୍ତ୍ତମନ୍ତ୍ରୀ କାଳିନ୍ଦୀ ବେହେରା ପହଞ୍ଚିସାରିଥାନ୍ତି। ଆମେ ଉଭୟ ଭିତରକୁ ଯାଉ ଯାଉ ମୋ ଉପରେ ଇଂରାଜୀ ଗାଳି ଆରମ୍ଭ ହୋଇଗଲା। ନବୀନବାବୁ ଏତେ ରାଗିଥାନ୍ତି ଯେ, ଚେୟାରରେ ନବସି ଖାଲି ଏପଟସେପଟ ବୁଲୁଥାନ୍ତି। ଘଟଣାର ନିର୍ଯାସ ଥିଲା ସରକାରୀ ଡାକବଙ୍ଗଳାକୁ କ୍ଲବ୍ ଭଳି ବ୍ୟବହାର କରନାହିଁ। ସୂଚନାଯୋଗ୍ୟ ଯେ, ଜନୈକ ମାଳୀକୁ ଆମର ଜଣେ ଯୁବକର୍ମକର୍ତ୍ତା ଖରାପ ବ୍ୟବହାର ପ୍ରଦର୍ଶନ କରିଥିଲେ। ଏ ସମ୍ପର୍କରେ ଏକ ଛୋଟ ଖବର ମଧ୍ୟ ସେଦିନ ଖବରକାଗଜରେ ପ୍ରକାଶ ପାଇଥାଏ। ବାସ୍ ଏତିକିରେ ସାରା ଓଡ଼ିଶାର ସବୁ ଦପ୍ତରକୁ ଡାକବଙ୍ଗଳାର ଅଣସରକାରୀ ବ୍ୟବହାର ଉପରେ ରୋକ୍ ଲଗାଯିବା ସମ୍ପର୍କିତ ନିର୍ଦ୍ଦେଶନାମା ଚାଲିଗଲା। ଦିବଂଗତ ନେତା କାଳିନ୍ଦୀ ବାବୁ ମୋର ଜଣେ ହିତାକାଂକ୍ଷୀ ଥିଲେ। ମୋ ଆଚାର ବ୍ୟବହାର ସମ୍ପର୍କରେ ସେ ବେଶ୍ ଦି'ପଦ

ଅନୁକୂଳ ମତାମତ ରଖିଲେ। ତା'ପରେ ନବୀନବାବୁ କଫି ପିଇଲେ ଓ ମୋତେ ଲେମ୍ବୁପାଣି ପିଆଇଲେ। ଏ ଥିଲା ତାଙ୍କ ଅନୁଶାସନ ଓ ଭଲପାଇବାର ଅନ୍ୟତମ ସୂଚନା।

ଜିପ୍‌ରେ ନବୀନଙ୍କ ଗସ୍ତ :

ନବୀନ ଜଣେ ଅକୃତ୍ରିମ-ଦୃଢ଼ମନା ଏବଂ ଅମାୟିକ ବ୍ୟକ୍ତି। ତାଙ୍କର ଆଚରଣ ଓ ଉଚ୍ଚାରଣ ସବୁ ପରିସ୍ଥିତିରେ ସମାନ ଥାଏ। ପ୍ରତ୍ୟେକ ପରିସ୍ଥିତିରେ ତାଙ୍କର ସରଳ ଜୀବନଶୈଳୀ ମୋତେ ବିସ୍ମିତ କରିଛି।

୨୦୦୩ ମସିହାରେ ଆମ ଅଞ୍ଚଳକୁ ଆସିଥିଲା ବିରାଟ ବନ୍ୟା। ବନ୍ୟାଞ୍ଚଳ ଗସ୍ତ ପାଇଁ ନବୀନବାବୁ ନିର୍ଦ୍ଧାରିତ ଦିନ ପାଟକୁରାର କଳାବୁଦାରେ ପହଞ୍ଚିଲେ। ଚିତ୍ରୋତ୍ପଳା ନଦୀରେ ବୋଟ୍‌ରେ କିଛି ଅଞ୍ଚଳକୁ ଯାଇ ଲୋକଙ୍କ ସ୍ଥିତି ବୁଝିବାକୁ କାର୍ଯ୍ୟସୂଚୀ ଥାଏ। ନିର୍ଦ୍ଦିଷ୍ଟ ବୋଟ୍‌ରେ ମୁଁ ଓ ତତ୍କାଳୀନ କେନ୍ଦ୍ରାପଡ଼ା ଜିଲ୍ଲାପାଳ ହେମନ୍ତ ଶର୍ମା ଉପସ୍ଥିତ ଥିଲୁ। ପ୍ରବଳ ଖରାରେ ଦୁଇଘଣ୍ଟା ଅତିକ୍ରମ କରିବା ପରେ ଆମେ ଆଖୁଆଠାରେ ପହଞ୍ଚିଲୁ। ନଦୀର ଦୁଇପାର୍ଶ୍ୱରେ ସାଧାରଣ ଜନତା ବନ୍ୟାକଷ୍ଟକୁ ଭୁଲିଯାଇ 'ନବୀନବାବୁ ଜିନ୍ଦାବାଦ୍' ଧ୍ୱନି ଦେଉଥାନ୍ତି। ପ୍ରବଳ ଖରାରେ ନବୀନବାବୁଙ୍କ ଗୋରା ଚେହେରା ପୂରା ସିଝିଯାଇଥାଏ। ଜିଲ୍ଲାପାଳ ଓ ମୁଁ ନିଜକୁ ଦୋଷୀ ଭାବି ମୁହଁ ଲୁଚାଉଥାଉ। ହେଲିକପ୍ଟର ଥିବା ସ୍ଥାନଠାରୁ ଆଖୁଆ ଥିଲା ପ୍ରାୟ ଦେଢ଼ଘଣ୍ଟାର ବାଟ। ଆଖୁଆ ସ୍କୁଲ୍‌ରେ ଆୟୋଜିତ 'ଫ୍ରି କିଚେନ୍ ସେଣ୍ଟର'ରେ ନବୀନବାବୁ ବାଲ୍‌ଟି ଧରି ଡାଲମା ବାଣ୍ଟିବା ଆରମ୍ଭ କଲେ। ଆଖୁଆରୁ କିଭଳି ଯିବେ କିଛି ବ୍ୟବସ୍ଥା ହୋଇନଥାଏ। ମାର୍ଶାଘାଇ ବିଡିଓଙ୍କ ଏକ ମାର୍ଶଲ ଗାଡ଼ିରେ ନବୀନବାବୁଙ୍କୁ ହେଲିକପ୍ଟର ପର୍ଯ୍ୟନ୍ତ ନେବାକୁ ଆମେ ସ୍ଥିର କଲୁ। ଜିଲ୍ଲାପାଳଙ୍କ କହିବା ମୁତାବକ ମୁଁ କାନପାଖରେ ପଚାରିଲି- "ସାର୍! ଗାଡ଼ି ନାହିଁ। ଆମେ ମାର୍ଶଲ ଗାଡ଼ିରେ ଯିବାର ବ୍ୟବସ୍ଥା କରିଛୁ।" ସଙ୍ଗେ ସଙ୍ଗେ ଇଂରାଜୀରେ କହିଲେ- "ଲୋକେ ପାଣିରେ ପହଁରି କରି ଯାଉଛନ୍ତି ଆଉ ଆମର ଭଲ ଗାଡ଼ି ଦରକାର?"

ସେ ସମୟରେ ଉକ୍ତ ଅଞ୍ଚଳଗୁଡ଼ିକରେ ବିରୋଧୀଙ୍କର ବେଶ୍ ପ୍ରଭାବ ଥିଲା। ରିଲିଫ୍‌କୁ ନେଇ ଲୋକଙ୍କ ଭିତରେ କିଛି ଅସନ୍ତୋଷ ମଧ୍ୟ ଥିଲା। କିନ୍ତୁ ପ୍ରାୟ ୩୦ କି.ମି. ରାସ୍ତାକୁ କୌଣସି ପୋଲିସ୍ ସୁରକ୍ଷା ନନେଇ ଜିପ୍ ଗାଡ଼ିରେ ମୁଖ୍ୟମନ୍ତ୍ରୀଙ୍କ ଗସ୍ତ ସେ ଅଞ୍ଚଳରେ ଚର୍ଚ୍ଚାର ବିଷୟ ହୋଇଥିଲା। ବାଟକଡ଼ରେ ରିଲିଫ୍ ପାଇଁ ଅପେକ୍ଷା କରିଥିବା ଲୋକ ନବୀନବାବୁଙ୍କୁ ଦେଖି ସବୁକିଛି ଭୁଲିଗଲେ। ଏହା ଯେ ନବୀନବାବୁଙ୍କ ଚେହେରାରେ ଥିବା ଯାଦୁକରୀ ପ୍ରଭାବ ତାହା ମୁଁ ବୁଝିପାରୁଥାଏ। ଆଖୁଆ ବନ୍ଧକଟାରୁ ଛଘରିଆ ବାଟ ଦେଇ ହଳଦିଆଗଡ଼ା ପର୍ଯ୍ୟନ୍ତ ସେ ଜିପ୍‌ରେ ଆସି ଟିକରପଙ୍ଗା, ଯଦୁପୁର ଇତ୍ୟାଦି ବନ୍ୟାଞ୍ଚଳ ଦେଖି ଅପରାହ୍ଣ ପାଞ୍ଚଟା ବେଳେ ଜାତୀୟ ରାଜପଥରେ ହେଲିକପ୍ଟର ଯୋଗେ ଭୁବନେଶ୍ୱର ଫେରିଲେ। ପାଟକୁରା କେନ୍ଦ୍ରାପଡ଼ାରେ ସେଦିନ ଚର୍ଚ୍ଚାର ବିଷୟ ଥିଲା ବିଜୁ ପଟ୍ଟନାୟକ ପରି ଅବିକଳ ନେତା ତାଙ୍କ ପୁଅ ନବୀନବାବୁ!

ଆମ ଗାଁ ଘରେ ନବୀନ :

ନବୀନ ସମାଜର ସବୁ ବର୍ଗର ମଣିଷମାନଙ୍କ ସହିତ ସଂପର୍କରେ ରହିବାକୁ ଭଲପାଆନ୍ତି। ରାଜନୀତିର ସମୁଚ୍ଚ ସ୍ଥାନରେ ଥାଇ ମଧ୍ୟ ତାଙ୍କର ଲେଶମାତ୍ର ଗର୍ବ ଓ ଅହଙ୍କାର ଥିବା ମୁଁ କେବେ ଅନୁଭବ କରିନାହିଁ। ତାଙ୍କର ଏକମାତ୍ର ଲକ୍ଷ୍ୟ ଓଡ଼ିଶା ଜନତାର ଉନ୍ନତି ଏବଂ କଲ୍ୟାଣ।

ଆଉ ଏକ ଘଟଣା ମନକୁ ଆସୁଛି। ୨୦୦୨ ପଞ୍ଚାୟତ ନିର୍ବାଚନରେ ପାଟକୁରା ନିର୍ବାଚନ ମଣ୍ଡଳୀର ୨୩ ଟି ପଞ୍ଚାୟତରେ ନବୀନବାବୁ ମୋ ପାଇଁ ପ୍ରଚାର କରିଥିଲେ। ମୋତେ କହିଥାନ୍ତି ମୁଁ ତୁମ ଗାଁ ଘରେ ଲଞ୍ଚ୍ କରିବି। ଆମ ଗାଁ ଅରିଲୋରେ ବର୍ତ୍ତମାନ ସମୟର କୋଠା ଘର ନଥିଲା। ପୁରୁଣା ଆଜବେଷ୍ଟସ ଘର ଖଣ୍ଡିଏ ଥିଲା। ଭଲ ବାଥ୍‌ରୁମ୍ ବି ନଥିଲା। ବରପାଲି ପାଇଖାନା ଗୋଟିଏ ଥିଲା। ଏଭଳି ପରିସ୍ଥିତିରେ ନବୀନବାବୁ ଓ ତାଙ୍କ ସହ ଆସୁଥିବା ନେତା ଅଫିସରମାନଙ୍କୁ କିପରି ଆତିଥ୍ୟ ଦେବି ମୋ ମୁଣ୍ଡ ଘୂରିଯାଇଥାଏ। ମୁଁ ସେତେବେଳେ ବିଧାୟକ ନଥାଏ। କୌଣସିମତେ ଟେଣ୍ଟ୍ ହାଉସ୍ କପଡ଼ା ବାନ୍ଧି ଘର

ନିକଟରେ ଅସ୍ଥାୟୀ ବାଥ୍‌ରୁମ୍‌ଟିଏ ତିଆରି କଲି। ନିର୍ଦ୍ଧାରିତ ଦିନ ପାଟକୁରାର ସୀମା ତେଣ୍ଡାକୁଡ଼ାରୁ ନବୀନବାବୁଙ୍କୁ ପାଛୋଟି ଆଣିଲି। କେତୋଟି ପଞ୍ଚାୟତ ଅତିକ୍ରମ କରିବା ପରେ ଦିନ ୨ଟା ସମୟରେ ଆମ ଗାଁରେ ପହଞ୍ଚିଲୁ। ମୁଁ ଗୋପାଳପୁର ସର୍କିଟ୍ ହାଉସ୍‌ର ଖାନ୍‌ସମାକୁ ରୋଷେଇପାଇଁ ଆଣିଥାଏ। ସେ ନବୀନବାବୁଙ୍କ ରୁଚି ଜାଣିଥାଏ। ଯାହାହେଉ ନବୀନବାବୁଙ୍କ ସମେତ ସମସ୍ତେ ମଧ୍ୟାହ୍ନ ଭୋଜନରେ ବେଶ୍ ଖୁସି ଥିଲେ। ନବୀନବାବୁ ମୋତେ କହିଲେ ଅବଶିଷ୍ଟ ଅଞ୍ଚଳ ମୁଁ ତୁମ ଗାଡ଼ିରେ ଯିବି। ମୋର ଗୋଟେ କଳା ବୋଲେରୋ ଥାଏ। ସେ ଆଗରେ ବସିଲେ ମୁଁ ପଛରେ ଥାଏ। ବାଟତମାମ ନାହିଁନଥିବା ଭିଡ଼। ପୂର୍ବରୁ ମୋର ଭୟ ଥାଏ, ବିରୋଧୀ ସମର୍ଥକ କିଛି ଗଣ୍ଡଗୋଳ ସୃଷ୍ଟି କରିପାରନ୍ତି। କିନ୍ତୁ ବଡ଼ ଆଶ୍ଚର୍ଯ୍ୟର କଥା, ଲୋକଙ୍କ ଭିତରେ ଥିବା ଆବେଗକୁ ଦେଖି କୌଣସିଠାରେ ସାମାନ୍ୟତମ ଗଣ୍ଡଗୋଳ ହୋଇନଥିଲା। ସନ୍ଧ୍ୟା ପରେ ବୋଲେରୋ ଗାଡ଼ିର ଲାଇଟ୍ କମିଯିବାରୁ ମୁଁ ଟାର୍ଚ୍ଚ ଲାଇଟ୍ ମଗାଇ ଆଣିଲି। ଉକ୍ତ ଟାର୍ଚ୍ଚ ଲାଇଟ୍‌କୁ ନବୀନବାବୁ ଦୁଇଗୋଡ଼ ମଝିରେ ରଖି ନିଜ ମୁହଁକୁ ନିଜେ ପକାଉଥାନ୍ତି। ରାତି ୧୧ଟା ପର୍ଯ୍ୟନ୍ତ ପାଟକୁରା ନିର୍ବାଚନ ମଣ୍ଡଳୀର ବିଭିନ୍ନ ଅଞ୍ଚଳ ସେ ଗସ୍ତ କରିଥିଲେ। ନବୀନବାବୁଙ୍କ ଏ ଗସ୍ତ ପରେ ପାଟକୁରାର ବାତାବରଣ ସମ୍ପୂର୍ଣ୍ଣ ପରିବର୍ତ୍ତିତ ହୋଇଥିଲା। ମୁଁ ନିର୍ବାଚନରେ ଆଶାତୀତ ସଫଳତା ପାଇଥିଲି। ମାର୍ଶାଘାଇ ଓ ମହାକାଳପଡ଼ା ଦୁଇଟି ବ୍ଲକ୍‌ର ଅଧ୍ୟକ୍ଷ ସମେତ ସାତରୁ ଛଅଟି ଜିଲ୍ଲାପରିଷଦ ଜୋନ୍ ବିଜୁ ଜନତା ଦଳ ସପକ୍ଷରେ ଯାଇଥିଲା। ପଞ୍ଚାୟତ ନିର୍ବାଚନର ଏ ସଫଳତା ମୋ ପାଇଁ ବେଶ୍ ଉତ୍ସାହଜନକ ଥିଲା।

ନବୀନବାବୁ ଓ ୨୦୦୨ର ନୂତନ ସୂର୍ଯ୍ୟୋଦୟ :

୨୦୦୦ ମସିହା ନିର୍ବାଚନରେ ବହୁମତ ନେଇ ନବୀନବାବୁ ସରକାର ଗଢ଼ିଲେ ସତ, ମାତ୍ର ରାଜ୍ୟର କିଛି ତଥାକଥିତ ନେତା ଗଣମାଧ୍ୟମକୁ ଆୟୁଧ କରି ବିଭିନ୍ନ ହଟଚମଟ ସୃଷ୍ଟି କଲେ। ୨୦୦୧ ମସିହାର ଡିସେମ୍ବର ମାସରେ ବିରୋଧୀ ପକ୍ଷର ଜଣେ ପ୍ରଭାବଶାଳୀ ନେତା ଏକ ସାମ୍ବାଦିକ

ସମ୍ମିଳନୀ କରି ସୂଚନା ଦେଲେ ଯେ, ନବୀନବାବୁ ମୁଖ୍ୟମନ୍ତ୍ରୀ ଭାବରେ ୨୦୦୨ର ସୂର୍ଯ୍ୟୋଦୟ ଦେଖିବେ ନାହିଁ।

ଏହା ପ୍ରମୁଖ ଗଣମାଧ୍ୟମରେ ଶୀର୍ଷ ସ୍ଥାନ ନେଇଥିଲା। ଅନେକ ଭାବିଲେ ଏହି ପ୍ରଭାବଶାଳୀ ନେତା କିଛି ଅଙ୍କ କଷିଛନ୍ତି ବୋଧେ! ଏହି ସମ୍ବାଦକୁ ପ୍ରତିହତ କରିବା ପାଇଁ ମୁଁ ଏକ ଯୋଜନା ପ୍ରସ୍ତୁତ କରି ମୁଖ୍ୟମନ୍ତ୍ରୀଙ୍କ ଦପ୍ତରରେ ରଖିଲି। ୨୦୦୨ ମସିହା ନୂଆବର୍ଷ ଦିନ ପାଟକୁରାରେ ମୁଖ୍ୟମନ୍ତ୍ରୀଙ୍କର ଏକ ବିଶାଳ ଜନସଭା ହେବ ଏବଂ ଏହି ସଭା ହିଁ ବିରୋଧୀଙ୍କୁ ପ୍ରକୃତ ଜବାବ ଦେବ। ମୋ ପ୍ରସ୍ତାବଟି ସମସ୍ତଙ୍କ ମନକୁ ପାଇଥିଲା। ମାତ୍ର ନୂଆବର୍ଷ ଦିନ ମୁଖ୍ୟମନ୍ତ୍ରୀଙ୍କ ପୁରୀ ଗସ୍ତ ଥିବାରୁ ୨୦୦୨ ଜାନୁଆରୀ ୨ ତାରିଖ ଦିନ ପାଟକୁରା ସଭା ହେବାକୁ ନିଷ୍ପତ୍ତି ହେଲା। ଏହି ସଭା ଯେଭଳି ସଫଳ ହୁଏ, ସେଥିପାଇଁ ମୋତେ କଡ଼ା ନିର୍ଦ୍ଦେଶ ଦିଆଗଲା। ମୁଁ ମଧ୍ୟ ଭାବିଲି ଯଦି ଏ ସଭା ସଫଳ ହୁଏ ତେବେ ତ୍ରିଲୋଚନ ବେହେରାଙ୍କୁ ନେଇ ଯେଉଁ ଭ୍ରମ ସୃଷ୍ଟି ହେଉଛି ତାହା ମଧ୍ୟ ନବୀନବାବୁଙ୍କ ଭାଷଣ ଜରିଆରେ ସ୍ପଷ୍ଟ ହେବ।

ପାଟକୁରା ନିର୍ବାଚନ ମଣ୍ଡଳୀର ମାର୍ଶାଘାଇ ବ୍ଲକ୍ ରଙ୍କାଳ ପଡ଼ିଆରେ ଏହି ସଭା ଅନୁଷ୍ଠିତ ହେଲା। ଏହି ସଭା ସମ୍ପର୍କରେ ପୂର୍ବରୁ ମୁଁ ବର୍ଣ୍ଣନା କରିଛି। ଏଠାରେ ବିରୋଧୀଙ୍କ ସେହି ଫମ୍ପା ବଡ଼ିମାର ଜବାବ କିପରି ଦିଆଗଲା, ତାହା କହିବି। ଏହି ସଭା ବସ୍ତୁତଃ ପ୍ରତିପକ୍ଷଙ୍କ ରାଜନୈତିକ ଜୀବନର ଅସ୍ତକାଳ ଉପରେ ମୋହର ମାରିଥିଲା! ପ୍ରାୟ ୩୦ ହଜାର ଜନତା ଯୋଗ ଦେଇଥିବା ଏହି ସଭା ପ୍ରାୟ ଏକଘଣ୍ଟା ଧରି ଚାଲିଲା। ପ୍ରବଳ ଜନଗହଳି ଦେଖି ନବୀନବାବୁ ବେଶ୍ ଖୁସି ଥାଆନ୍ତି। ତାଙ୍କ ସମେତ ଅନ୍ୟ ନେତୃବର୍ଗ ତାଙ୍କ ଭାଷଣରେ ମୁଁ ହିଁ ପାଟକୁରାର ଭବିଷ୍ୟତ ବୋଲି କହିଲେ। ମଞ୍ଚରେ ଯଦିଓ ତ୍ରିଲୋଚନବାବୁ ଉପସ୍ଥିତ ଥାଆନ୍ତି, ମାତ୍ର ସମସ୍ତ ଆୟୋଜନ ମୁଁ କରିଥାଏ। ନବୀନବାବୁଙ୍କ ସ୍ଲୋଗାନ୍‌ରେ ସେଦିନ ରଙ୍କାଳ ପଡ଼ିଆ ପ୍ରକମ୍ପିତ ହେଉଥାଏ। ସଭା ସରିବା ପରେ ମୋ ବୋଲେରୋ ଗାଡ଼ିରେ ନବୀନବାବୁ ଫେରିଥିଲେ। ଗାଡ଼ି ଭିତରେ ଉଭୟ ତ୍ରିଲୋଚନବାବୁ ଓ ମୁଁ ଉପସ୍ଥିତ ଥିଲୁ। ସେ ସମୟରେ ଲୁଣା ଓ ଚିତ୍ରୋତ୍ପଳା ନଦୀରେ ଗୋଟିଏ ବି ପୋଲ ହୋଇନଥାଏ। ମୋ ଉଦ୍ୟମରେ କଳପଡ଼ା ସେତୁ

କାର୍ଯ୍ୟ ଆରମ୍ଭ ହୋଇଥାଏ । ସେହି ପୋଲ ନିକଟରେ ନବୀନବାବୁ ଗାଡ଼ିରୁ ଓହ୍ଲାଇ ଖୁବ୍ ଶୀଘ୍ର ପୋଲ କାର୍ଯ୍ୟ ସାରିବା ପାଇଁ ନିର୍ଦ୍ଦେଶ ଦେଲେ । ଏହି ଘଟଣା ସେ ସମୟରେ ଲୋକଙ୍କ ଭିତରେ ଆନନ୍ଦର ଲହରି ଖେଳେଇ ଦେଇଥିଲା ।

ଉଲ୍ଲେଖଯୋଗ୍ୟ ଯେ, ସେଦିନ ସଭାରେ ମୁଁ ମୋ ବକ୍ତବ୍ୟରେ କହିଥିଲି- "ପାଟକୁରାର ଜଣେ ବ୍ୟକ୍ତି ଏକ ମାସ ତଳେ କହିଥିଲେ ନବୀନବାବୁ ୨୦୦୨ର ସୂର୍ଯ୍ୟୋଦୟ ଦେଖିବେ ନାହିଁ । ମାତ୍ର ଆଜି ଓଡ଼ିଶାବାସୀ ଦେଖନ୍ତୁ ନବୀନବାବୁ କେଉଁ ସ୍ଥାନରେ ୨୦୦୨ର ସୂର୍ଯ୍ୟାସ୍ତ ଦେଖୁଛନ୍ତି ।"

ମୋର ଏହି ବକ୍ତବ୍ୟ ସଭାରେ ବେଶ୍ ଗ୍ରହଣୀୟ ହୋଇଥିଲା । ସେ ସମୟରେ ପାଟକୁରାର ଏହି ସଫଳ ସଭା ସମଗ୍ର ରାଜ୍ୟରେ ଚର୍ଚ୍ଚାର ବିଷୟ ହୋଇଥିଲା ।

ଐତିହ୍ୟ ଓ ଐତିହାସିକ ସ୍ଥଳୀ ମୋ କେନ୍ଦ୍ରାପଡ଼ା :

ମଣିଷ ସର୍ବଦା ନିଜ ଚତୁଃପାର୍ଶ୍ୱରେ ଥିବା ପରିବେଶ ଏବଂ ଭିଟାମାଟି ପାଖରେ ଚିର ଋଣୀ । ମୋ ପାଇଁ ମୋ ଶରୀର, ଚେତନା ଏବଂ ଆତ୍ମାକୁ ପରିପୁଷ୍ଟ କରିଥିବା କେନ୍ଦ୍ରାପଡ଼ାର ମାଟି, ପାଣି, ପବନ ଏବଂ ତା'ର ପରିବେଶକୁ ମୋ ଜୀବନରେ ସର୍ବଦା ଅଗ୍ରାଧିକାର ଦେଇଆସିଛି । କେନ୍ଦ୍ରାପଡ଼ା ଓଡ଼ିଶାର ଏକ ସ୍ଥାନ କେବଳ ନୁହେଁ, ବରଂ ଓଡ଼ିଶାବାସୀଙ୍କ ପାଇଁ ଏକ ଐତିହାସିକ ପୀଠ । କେନ୍ଦ୍ରାପଡ଼ାର ନାମ ଆସିଲେ ମୁଁ ଏହାକୁ ସ୍ୱତନ୍ତ୍ର ଭାବରେ ବିଚାର କରେ । ଏହି କେନ୍ଦ୍ରାପଡ଼ା ଜିଲ୍ଲାରେ ଜନ୍ମ ହୋଇଥିବାରୁ ମୁଁ ଗର୍ବ ଅନୁଭବ କରେ । ବିଭିନ୍ନ ଦୃଷ୍ଟିକୋଣରୁ କେନ୍ଦ୍ରାପଡ଼ାର ସ୍ୱାତନ୍ତ୍ୟ ରହିଛି । ଛାତ୍ର ଜୀବନରେ 'ସ୍ୱର୍ଗେ ଇନ୍ଦ୍ର ମର୍ତ୍ତ୍ୟେ ନରେନ୍ଦ୍ର' ବୋଲି ପଂକ୍ତିଟି ଶୁଣିଥିଲି । ଏହା ଥିଲା ଜଣେ କବିଙ୍କର ଜନାଦୃତ ପଦ । ନଅଙ୍କ ଦୁର୍ଭିକ୍ଷ ପ୍ରପୀଡ଼ିତ ଜନତାଙ୍କ କୃତଜ୍ଞତାର ବାଣୀ ଏହି ଗୀତପଦକରେ ପରିଭାଷିତ ହୋଇଥିଲା । ମର୍ତ୍ତ୍ୟରେ ଦାତା ପଣିଆରେ ନରେନ୍ଦ୍ର ପରିବାରର ଖ୍ୟାତି ସାରା ଭାରତରେ ବ୍ୟାପିଥିଲା । କେନ୍ଦ୍ରାପଡ଼ା ସହରର ଗୋବରୀ ନଦୀକୂଳ ବଡ଼କୋଠ ନିବାସୀ

ନରେନ୍ଦ୍ର ପରିବାର। ସ୍ୱାଧୀନଚେତା ଛେଦରାଗଡ଼ର ରାଜା ଶ୍ରୀ ଦୁର୍ଗାପ୍ରସାଦ ନରେନ୍ଦ୍ର ମହାପାତ୍ରଙ୍କ ବଂଶଜ ଏମାନେ। ଏହି ରାଜବଂଶର ରାଜା ଶ୍ରୀନିବାସ ନରେନ୍ଦ୍ର ମହାପାତ୍ର କୁଜଙ୍ଗର ରାଜା ଶ୍ରୀ ଗୋପାଳିଙ୍କ କନ୍ୟାକୁ ବିବାହ କରିଥିଲେ। ନଅଙ୍କ ଦୁର୍ଭିକ୍ଷ ସମୟରେ ଟଙ୍କା ପଇସା, ସୁନା, ରୁପା ଇତ୍ୟାଦି ଯାବତୀୟ ସମ୍ପତ୍ତି ବଦଳରେ ମୁଠାଏ ଖାଇବା ପାଇଁ ଲୋକେ ଉହଲ ବିକଳ ହେଉଥିବା ବେଳେ, ରାଧାଶ୍ୟାମ ନରେନ୍ଦ୍ର ବାଲେଶ୍ୱର ନିବାସୀ ତଥା କେନ୍ଦ୍ରାପଡ଼ାର ଜମିଦାର ରାଜା ଶ୍ୟାମାପଦ ଦେ ସେମାନଙ୍କ ଜମିଦାରିରେ ଥିବା ସମସ୍ତ ଖମାର ଧାନ-ଅମାର ଏହି ଭୋକିଲା ଲୋକଙ୍କ ପାଇଁ ମାଗଣାରେ ଖୋଲି ଦେଇଥିଲେ। ସେଇ ସମୟରେ କେନ୍ଦ୍ରାପଡ଼ା ବଜାରରେ ଚାଉଳ ଟଙ୍କାକୁ ଆଠସେର ବୋଲି ନାମକୁ ମାତ୍ର ଦର ଥିଲା। କେନ୍ଦ୍ରାପଡ଼ା ଏସ୍.ଡି.ଓ ଅଧିକ ଚଢ଼ାଦରରେ କିଣିବାକୁ ଚାହୁଁଥିଲେ ମଧ୍ୟ ଚାଉଳ ମିଳୁ ନଥିଲା। ସୂଚନାଯୋଗ୍ୟ ଯେ ଭାରତର ପ୍ରଥମ ସ୍ୱାଧୀନତା ସଂଗ୍ରାମ ରୂପେ ବିବେଚିତ ୧୮୫୭ ମସିହା ସିପାହୀ-ବିଦ୍ରୋହକୁ ଜୋରଦାର କରିବା ପାଇଁ ବଡ଼କୋଠା ଜମିଦାର ରାଧାଶ୍ୟାମ ନରେନ୍ଦ୍ର ଆର୍ଥିକ ଓ ସାଂଗଠନିକ ସହଯୋଗ ପ୍ରଦାନ କରିଥିଲେ।

ସେହି କେନ୍ଦ୍ରାପଡ଼ା ମୋର ଜନ୍ମମାଟି ହୋଇଥିବାରୁ ଏଥିପାଇଁ ମୁଁ ଗର୍ବ ଅନୁଭବ କରେ। କେବଳ ଏହି ଘଟଣା ନୁହେଁ, କର୍ମବୀର ଗୌରୀଶଙ୍କର ରାୟ ୧୮୬୪ ମସିହାରେ ଯେଉଁ ଛାପାଖାନା ବସାଇଥିଲେ ଓ ସେଥିରେ ମୁଦ୍ରିତ ହୋଇ ଓଡ଼ିଶାର ପ୍ରଥମ ସମ୍ବାଦପତ୍ର 'ଉତ୍କଳଦୀପିକା' ଜନ୍ମ ନେଇଥିଲା, ସେହି ଛାପାଖାନା ବସାଇବା ଓ 'ଉତ୍କଳଦୀପିକା' ପ୍ରକାଶ ପାଇବା ପଛରେ ଥିଲା ଦାନବୀର ରାଧାଶ୍ୟାମ ନରେନ୍ଦ୍ରଙ୍କ ଅକୁଣ୍ଠ ସାହାଯ୍ୟ ସହଯୋଗ।

ସାହିତ୍ୟ ସଂସ୍କୃତି କଥା ଆସିଲେ ପିଲାଟିଦିନରୁ ମୋ ମନରେ ଶିହରଣ ସୃଷ୍ଟିହୁଏ। ବ୍ୟାସକବି ଫକୀର ମୋହନ ସେନାପତିଙ୍କ ସାହିତ୍ୟକୃତି ମୋ ପାଇଁ, ମୋ ଜୀବନରେ ଆଉ ଏକ ଗୁରୁତ୍ୱପୂର୍ଣ୍ଣ ଦିଗ। କେନ୍ଦ୍ରାପଡ଼ା ସହିତ ବ୍ୟାସକବିଙ୍କର ସମ୍ପର୍କ କଥା ଏଠାରେ ଉଲ୍ଲେଖ କରିବାକୁ ସମୀଚୀନ ମନେକରୁଛି।

ଫକୀର ମୋହନ ସେନାପତି କେନ୍ଦ୍ରାପଡ଼ା ନରେନ୍ଦ୍ର ପରିବାରର ଦେୱାନ ଭାବରେ କାମ କରୁଥିବା ଅବସରରେ ତାଙ୍କ ଜୀବନର ଅନୁଭୂତି 'ଫକୀର ମୋହନ ଗ୍ରନ୍ଥାବଳୀ'ର ପୃଷ୍ଠା-୧୯୨ରେ ଉଲ୍ଲେଖ ଅଛି, ତାହାର କିଛିଅଂଶ ଏଠାରେ ଉପସ୍ଥାପନ କରୁଛି।

"୧୮୯୯ ମସିହାରେ କେନ୍ଦ୍ରାପଡ଼ା ଜମିଦାର ଲକ୍ଷ୍ମୀ ନାରାୟଣ ଜଗଦେବଙ୍କ ଠାରୁ ଖଣ୍ଡିଏ ଟେଲିଗ୍ରାଫ ପାଇ ଷ୍ଟିମାର ଯୋଗେ କେନ୍ଦ୍ରାପଡ଼ା ଚାଲିଗଲି। ମୁଁ ଅକ୍ଟୋବର ୨୭ ତାରିଖ ଶୁକ୍ରବାର ରାତି ୮ ଘଂଟା ବେଳେ ସେଠାରେ ପହଂଚିଲି। ରାଧାଶ୍ୟାମ, ନରେନ୍ଦ୍ର ପଦବୀ ଧାରଣା କରିଥିଲେ ମଧ୍ୟ ଏମାନଙ୍କ ବଂଶଧରମାନେ ନରେନ୍ଦ୍ର, ମର୍ଦ୍ଦରାଜ, ହରିଚନ୍ଦନ, ଶ୍ରୀଚନ୍ଦନ ଏବଂ ଜଗଦେବ ପଦବୀ ଧାରଣା କରିଥାନ୍ତି।

ମୁଁ ଯାଇ ଦେଖିଲି କେନ୍ଦ୍ରାପଡ଼ା ଜମିଦାରମାନେ ନାସାଗ୍ର ପର୍ଯ୍ୟନ୍ତ ଋଣ ସାଗରରେ ନିମଗ୍ନ। ଅତ୍ୟଧିକ ଦେବ ଓ ଅତିଥି ସେବା ଯୋଗୁଁ ସେମାନଙ୍କର ଏ ଭାଗ୍ୟ ବିପର୍ଯ୍ୟୟ ଘଟିଅଛି। ଦେବ ସେନା ବିଷୟରେ ଦୁଇ ଜମିଦାର ବଂଶ ମଧ୍ୟରେ ପ୍ରତିଯୋଗିତା ଚାଲୁଥିଲା।

କେନ୍ଦ୍ରାପଡ଼ାର ସୁପ୍ରସିଦ୍ଧ ବଂଶ ଯୁଗଳର ବିପଦର ପ୍ରଧାନ କାରଣ ଚାତୁର୍ମାସ୍ୟାରେ ସାଧୁ ପଲ ପାଳନ। ଏ ବିଷୟଟି ଭାରତରେ ବିଖ୍ୟାତ ଥିବାରୁ ଭାରତର ଯାବନ୍ତ ଭଣ୍ଡ, ଶଠ, ଅଳସୁଆ, ଅସାଧୁ-ସାଧୁ ପାଲଟି ଯାଇଁ କେନ୍ଦ୍ରାପଡ଼ା ମଠରେ ପହଂଚିଯାଆନ୍ତି।

ଆଷାଢ଼ସ୍ୟ ପ୍ରଥମ ଦିବସରୁ ପୁଣ୍ୟ ମାସ କାର୍ତ୍ତିକ ମାସ ପର୍ଯ୍ୟନ୍ତ ସାଧୁଗଣଙ୍କର ବିଶ୍ରାମ ସମୟ। ସେମାନଙ୍କର ସେବାର ବନ୍ଦୋବସ୍ତ ପୁଣି କିପରି ? ଭାତ, ଡାଲି, ତରକାରୀ ଓ ରୁଟି, ଆଦେଶ ମାତ୍ରକେ ଉପସ୍ଥିତ। ତା'ଛଡ଼ା ଦେବତାମାନଙ୍କ ପାଇଁ ପୁରି, ମାଲପା ଓ ଲଡୁର ସ୍ୱତନ୍ତ୍ର ବନ୍ଦୋବସ୍ତ। ଆଉ ଗଞ୍ଜେଇ, ଭାଙ୍ଗ, ଗୁଡ଼ାଖୁ, ଧୂଆଁପତ୍ର ସମସ୍ତ ସାଧୁଙ୍କର ନିତ୍ୟ ସେବ୍ୟ। ପୁଣି କେନ୍ଦ୍ରାପଡ଼ା ଉଠାଣି ସାଧୁ ମହାତ୍ମାମାନେ ତୀର୍ଥ ଦର୍ଶନକୁ ବାହାରି ଯିବେ। ସେମାନଙ୍କ ବାଟ ଖର୍ଚ୍ଚ ଟଙ୍କା, ଲୁଗା, କମ୍ବଳ ନିତାନ୍ତ ଆବଶ୍ୟକ।

ଜମିଦାରଙ୍କ ସାଧୁ ସେବାଦ୍ୱାରା କେହିକେହି ସାଧୁ ମହାଜନ ପାଲଟି ଯାଉଥିଲେ। ସେମାନଙ୍କ ମନ୍ଦିରରୁ ଚାଉଳ, ଡାଲି, ମଇଦା, ଚିନି ଘିଅ ଖାଇବାକୁ ମିଳେ। ଚାଉଳ ଡାଲିରେ ପେଟ ପୂରିଯାଏ। ଘିଅ, ମଇଦା ଚିନି ଗୁଡ଼ିକ ବଜାରରେ ବିକି ମୁଠିସ୍ଥ କରନ୍ତି। ଏହି ଉପାୟ ଦ୍ୱାରା କେହି ସାଧୁ ଅନେକ ଟଙ୍କା ଜମାଉଥିଲେ। ମୁଁ କେନ୍ଦ୍ରାପଡ଼ାରେ ଥିବା ସମୟରେ ଏହି ରୂପେ ଦୁଇଜଣ ସାଧୁ ମହାଜନ ଉପସ୍ଥିତ ହେଲେ। ସେମାନେ ପ୍ରତ୍ୟେକ ସାମନ୍ତଙ୍କୁ ପାଂଚଶତ ଟଙ୍କା କରଜ ଦେଇଥିଲେ। ସେମାନେ କହିଲେ ଯେ ଗୋଟିଏ ସାଧୁ ଦଳ ସହିତ ସେମାନେ ଆସିଛନ୍ତି। ସେହି ଦଳ ବର୍ତ୍ତମାନ କଟକରେ ଅଛନ୍ତି। ସେମାନଙ୍କର ମୂଳ ଓ କଳନ୍ତର ଦେଇଦେଲେ ସେମାନେ ଚାଲିଯିବେ। ଯଦି ଦେବାକୁ ଦିନେ ଓଳିଏ ଡେରି ହୁଏ, ସେମାନଙ୍କର କଟକସ୍ଥ ଜମାୟେତ କେନ୍ଦ୍ରାପଡ଼ା ଚାଲି ଆସିବେ। ଜମାତ୍ରେ ଦଳରେ ୬୦ ମୂର୍ତ୍ତି ସାଧୁ, ତପସ୍ୱୀ ଓ କେତେକ ହାତୀ, ଓଟ, ଘୋଡ଼ା ପ୍ରଭୃତି ଅଛନ୍ତି। ବର୍ତମାନ ମହାବିପଦ ଉପସ୍ଥିତ। ସେହି ସାଧୁ ଦଳ ଯଦି କେନ୍ଦ୍ରାପଡ଼ା ଆସିଯାଆନ୍ତି, ସେମାନଙ୍କ ପିଛା ଦୈନିକ ଅନ୍ତତଃ ଏକ ଶତ ଟଙ୍କା ଖରଚ ହେବ। ତହବିଲ ତ ଶୂନ୍ୟ। ଅନେକ କଷ୍ଟରେ ଧାର କରଜ କରି କଳନ୍ତର ବାଡ଼ଟା ଛିଡ଼ାଇ ଦେଇ ମୂଳ ଟଙ୍କା ସକାଶେ ଖଣ୍ଡିଏ ନୂତନ ତମସୁକ କରାଇ ଦିଆଗଲା। ଶୁଣିଲି ଏ ମହାଜନ ଯୋଡ଼ାକ ଏଥି ପୂର୍ବେ ଲାଗ ଲାଗ ୧୦/୧୨ ବର୍ଷ ପର୍ଯ୍ୟନ୍ତ ସାମନ୍ତ ମଠରେ ଚାତୁର୍ମାସ୍ୟା ସାଧୁ ଥିଲେ। ଏହି ମଠରୁ ଉପାର୍ଜିତ ଟଙ୍କାରେ ମହାଜନ ପାଲଟି ଯାଇଛନ୍ତି।

ମୁଁ କେନ୍ଦ୍ରାପଡ଼ାରେ ଉପସ୍ଥିତ ହୋଇ ଜମିଦାରୀର ଆୟ ବ୍ୟୟ ଏବଂ ଦେଣା ବିଷୟରେ ତଦନ୍ତ କରି ଦେଖିଲି, ଜମିଦାରୀର ସମସ୍ତ ପ୍ରକାର ଆୟରୁ ମହାଜନମାନଙ୍କ ପ୍ରାପ୍ୟ ମୂଳ ଟଙ୍କାର କଳନ୍ତର ଆଦାୟ କରି ଅଳ୍ପ ମାତ୍ର ଟଙ୍କା ଅବଶିଷ୍ଟ ରହେ। ଜମିଦାରୀ ବିକ୍ରୟ ନକଲେ ମୂଳଟା ପରିଶୋଧର କୌଣସି ଉପାୟ ନାହିଁ, ଏଣେ ପୁଣି ଲକ୍ଷାବଧୀ ଟଙ୍କାର ଡିକ୍ରୀଜାରୀ ମାମଲା ଅଦାଲତରେ ଝୁଲୁଥାଏ। ମୁଁ ବିବେଚନା କଲି, ମହାଜନମାନଙ୍କର କଳନ୍ତର ବାଦ, ଅବଶିଷ୍ଟ ଟଙ୍କାରେ ଜମିଦାର ଯଦି ସଂସାର ଚଳାଇବାକୁ ସ୍ୱୀକୃତି ଦିଅନ୍ତି, ଜମିଦାରୀର କେତେକ ଅଂଶ ବିକ୍ରୟ

କରିଦେଇ ଡିକ୍ରୀ ଟଙ୍କା ପରିଶୋଧ କରିଦେବୁଁ। ଆଉ ଅବଶିଷ୍ଟ ଜମିଦାରୀ କଲିକତାର କୌଣସି ମହାଜନ ନିକଟରେ ବନ୍ଧକ ରଖି ଅଳ୍ପ କଳନ୍ତରେ ଟଙ୍କା କରଜ ଆଣିବୁଁ। ଅତଃପର ଧୀରେଧୀରେ ମହାଜନ ଦେଏଣା ପରିଶୋଧ କରାଯିବ। ମୁଁ ଭଲ ରୂପେ ହିସାବ କରି ଦେଖିଲି ଯେ ଏହି ଉପାୟରେ ଅର୍ଦ୍ଧାଂଶ ଜମିଦାରୀ ରକ୍ଷା ପାଇପାରେ। ମାତ୍ର ମୋ କଳ୍ପିତ ବନ୍ଦୋବସ୍ତ ଅନୁସାରେ କାର୍ଯ୍ୟ ନ କରି ଜମିଦାର ପୂର୍ବବତ ସମସ୍ତ କାର୍ଯ୍ୟ କରିବାକୁ ଲାଗିଲେ। ମୋତେ ପରିଷ୍କାର ରୂପେ ଜବାବ ଦେଲେ ଯେ ଦେବ ସେବାର କୌଣସି ଖର୍ଚ୍ଚ ସେ କମେଇ ଦେଇ ପାରିବେ ନାହିଁ। ମୁଁ କେନ୍ଦ୍ରାପଡ଼ାରେ ୯ ମାସ ମାତ୍ର ଥିଲି। ଜମିଦାରୀ ରକ୍ଷାର କୌଣସି ଉପାୟ ନ ଦେଖି କାର୍ଯ୍ୟ ତ୍ୟାଗ କରି କଟକ ଚାଲି ଆସିଲି।"

ବ୍ୟାସକବି ଫକୀର ମୋହନ ସେନାପତି ଓଡ଼ିଶାର ଏକ ସମ୍ଭ୍ରାନ୍ତ ଖ୍ୟାତିସମ୍ପନ୍ନ ପରିବାରର ଆର୍ଥିକ ଅଧଃପତନକୁ ସୁଧାରିବାକୁ ଯାଇ ଯେଉଁ ସୁଚିନ୍ତିତ ପରାମର୍ଶ ଦେଇଥିଲେ ତାହା ଉକ୍ତ ବଂଶର ଆଭିଜାତ୍ୟ ଓ ପରମ୍ପରାର ଘୋର ବିରୋଧୀ ହୋଇଥିବାରୁ ତାହା ପ୍ରତ୍ୟାଖ୍ୟାତ ହେବା କିଛି ନୂଆ ଘଟଣା ନୁହେଁ। ଏହା ଥିଲା ବଡ଼ କୋଠାର ମାତ୍ର ୯ ମାସର ଇତିହାସ। ଏହିପରି ଯେ କେତେ ଘଟଣା ଘଟି ଯାଉଥିଲା ତାହାର ଐତିହାସିକ ପର୍ଯ୍ୟାଲୋଚନା ହେବା ଆବଶ୍ୟକ। ଜନଶ୍ରୁତିରୁ ଜାଣିବାକୁ ମିଳେ ଯେ, ଏପରି ଆର୍ଥିକ ଅନଟନରେ ଥାଇ ମଧ୍ୟ ରାଧାଶ୍ୟାମ ନରେନ୍ଦ୍ର ପ୍ରତିଦିନ ଭୋଜନ କରିବା ପୂର୍ବରୁ ବଡ଼ କୋଠାର ଏକ ମାଇଲ ବ୍ୟାସାର୍ଦ୍ଧରେ ଚାରିଜଣ ଲୋକ ଚାରି ଦିଗକୁ ଘଂଟା ବଜାଇ ଯାଉଥିଲେ, ଯଦି କେହି ଲୋକ ଭୋକିଲା ରହୁଥିଲେ, ଏହି ସମୟ ମଧ୍ୟରେ ଆସି ବଡ଼ କୋଠାରେ ଖାଦ୍ୟ ଗ୍ରହଣ କଲାପରେ ଯାଇଁ ସେ ଭୋଜନ କରୁଥିଲେ।

ବାଣୀକଣ୍ଠ ନିମାଇ ହରିଚନ୍ଦନ, ଅକ୍ଷୟ ମହାନ୍ତି, ଭିକାରୀ ଚରଣ ବଳଙ୍କ ଠାରୁ ଆରମ୍ଭ କରି ବିଶିଷ୍ଟ ସାହିତ୍ୟ ଗବେଷକ ଆର୍ତ୍ତବଲ୍ଲଭ ମହାନ୍ତିଙ୍କ ଜନ୍ମ କେନ୍ଦ୍ରାପଡ଼ା ଜିଲ୍ଲାରେ। ସୀତାକାନ୍ତ ମହାପାତ୍ରଙ୍କ ଠାରୁ ଆରମ୍ଭ କରି ସାହିତ୍ୟ ସଂସ୍କୃତିର ଅନେକ ବରପୁତ୍ର କେନ୍ଦ୍ରାପଡ଼ାରେ ଜନ୍ମ ନେଇଛନ୍ତି। ବିଶିଷ୍ଟ ଜନନେତା ଯଦୁମଣି ମଙ୍ଗରାଜ, ପୁରୁଷୋତ୍ତମ ନାୟକ, ସୁରେନ୍ଦ୍ରନାଥ

ଦ୍ୱିବେଦୀ, ସୁରେନ୍ଦ୍ର ମହାନ୍ତି, ରବି ରାୟ ଓ ପ୍ରବାଦ ପୁରୁଷ ବିଜୁ ପଟ୍ଟନାୟକଙ୍କ ନେତୃତ୍ୱ କେନ୍ଦ୍ରାପଡ଼ାର ଗୌରବକୁ ଗାରିମାମୟ କରିଛି।

ଜାତିର ଜନକ ମହାତ୍ମା ଗାନ୍ଧୀ ୧୯୩୪ ମଇ ୧୬ରୁ ୨୯ ତାରିଖ ମଧ୍ୟରେ କେନ୍ଦ୍ରାପଡ଼ାର କାକଟିଆ, ସଲାର, ବାଲିଆ, ଭାଗବତପୁର, ତିନିମୁହାଣି, ଗରାପୁର, ବାରିମୁଳ, ନିକିରାଇ, ଧୁମାତ ଇତ୍ୟାଦି ଅଂଚଳକୁ ଗସ୍ତକରି ଏ ମାଟିକୁ ଧନ୍ୟ କରିଛନ୍ତି। ସାହିତ୍ୟ, ସଂସ୍କୃତି ଓ ଐତିହ୍ୟ କ୍ଷେତ୍ରରେ କେନ୍ଦ୍ରାପଡ଼ା ବେଶ୍ ଆଗରେ ରହିଥିଲେ ମଧ୍ୟ ଚିର ବନ୍ୟା, ବାତ୍ୟା କେନ୍ଦ୍ରାପଡ଼ାର ବିକାଶ କ୍ଷେତ୍ରରେ ଅନ୍ତରାୟ ସୃଷ୍ଟି କରିଆସୁଥିଲା। ଯୋଗାଯୋଗର ସୁଗମତା ହେଉଛି ବିକାଶର ସବୁଠାରୁ ବଡ଼କଥା - ଦଶଟିରୁ ଅଧିକ ବଡ଼ ନଦୀର ଘେର ଭିତରେ ଥିବା କେନ୍ଦ୍ରାପଡ଼ା ଜିଲ୍ଲାପାଇଁ ବିକାଶ ବସ୍ତୁତଃ ଅପହଂଚ ଥିଲା। ମାତ୍ର ଏବେ ବିଗତ ଦୁଇ ଦଶକ ମଧ୍ୟରେ ପରିସ୍ଥିତି ବଦଳି ଯାଇଛି; କେନ୍ଦ୍ରାପଡ଼ା ଏବେ ବିକାଶର ଅନେକ ପାହାଚ ଆଜି ଅତିକ୍ରମ କରିଛି, ଯୋଗାଯୋଗ କ୍ଷେତ୍ରରେ ଏହା ଏବେ ବେଶ୍ ଆଗରେ। ଏହି ପୁସ୍ତକରେ ପୂର୍ବରୁ ଏ ସଂପର୍କରେ ମୁଁ କେତେକ ସୂଚନା ଦେଇଛି, ଲୋକଙ୍କ ଦୀର୍ଘଦିନର ଦାବି, ଆଶା ଭରସା ଓ ସ୍ୱପ୍ନକୁ ନେଇ ମୋର ପ୍ରିୟନେତା ନବୀନ ପଟ୍ଟନାୟକଙ୍କ ନିକଟରେ ଯେତେସବୁ ପ୍ରସ୍ତାବ ମୁଁ ଉପସ୍ଥାପିତ କରିଛି, ସେସବୁ କାର୍ଯ୍ୟକାରୀ ହୋଇଛି। ନିର୍ଦ୍ଦିଷ୍ଟ ସମୟସୀମା ମଧ୍ୟରେ ପାଟକୁରା ମହାକାଳପଡ଼ାର କଳପଡ଼ା, କରିଲୋପାଟଣା, କଳାବୋଦା, ଦଶମୌଜି, ପାଟକୁରା-ଆଖୁଆ, ଶାସନିପଡ଼ା, ଦଶମୌଜି ସହିତ ଓରତ ଇତ୍ୟାଦି ବୃହତ୍ ସେତୁ ସମ୍ପୂର୍ଣ୍ଣ ହେବା ସହ ବିକାଶର ଧାରାରେ ନିରନ୍ତର ଗତିଶୀଳତା ଅବ୍ୟାହତ ରହିଛି।

ପୁବଂଶ ସେତୁ - ମେ ଆପ୍ ଲୋଗୋଁ କେ ତରଫ୍ ସେ ୱକାଲତ୍ କରୁଙ୍ଗା :

ଆଜି ନବୀନବାବୁଙ୍କ ବିକାଶର ଓଡ଼ିଶା, ନୂଆ ଓଡ଼ିଶା କଥା ଯେତେବେଳେ ମୁଁ ଦେଖୁଛି, ମୋ ପିଲାଦିନର କଥା ମନେପଡ଼ିଯାଉଛି।

ବୋଧହୁଏ, ଜନତା ଦଳ ସରକାରର ସମୟ । ୧୯୭୭-୮୦ ମଧ୍ୟବର୍ତ୍ତୀ ସମୟ । ବିଜୁବାବୁ ଥାଆନ୍ତି କେନ୍ଦ୍ରରେ ଇସ୍ପାତ ମନ୍ତ୍ରୀ ଏବଂ ନୀଳମଣି ରାଉତରାୟ ଥାଆନ୍ତି ଓଡ଼ିଶାର ମୁଖ୍ୟମନ୍ତ୍ରୀ । ସେ ସମୟରେ ଆମ ପାଟକୁରା, ମହାକାଳପଡ଼ା ବା କେନ୍ଦ୍ରାପଡ଼ା ଏବଂ ଅବିଭକ୍ତ କଟକର ଅନେକ ଇଲାକା ବିଭିନ୍ନ ଦୃଷ୍ଟିକୋଣରୁ ଅପହଞ୍ଚ ଥିଲା । ଲୁଣା, କରାଣ୍ଡିଆ, ଚିତ୍ରୋତ୍ପଳା, ପାଇକା, ଗୋବରି ଏ ନଦୀଗୁଡ଼ିକ ସାପ ଭଳି ଏ ଅଞ୍ଚଳକୁ ଘେରି ରହିଛି । ପିଲାଦିନେ ଦେଖିଛି ଯଦି ଆମେ ମାମୁଘରକୁ ବାହାରିଲୁ, ତେବେ ଡଙ୍ଗା ହିଁ ଏକମାତ୍ର ମାଧ୍ୟମ ଥିଲା । କେବଳ ଗୋଟିଏ ନଈ ନୁହେଁ, ଦୁଇଟି ନଈ ପାର ହୋଇଯିବାକୁ ପଡ଼େ । କୌଣସି ପ୍ରସୂତିକୁ ଯଦି ଡାକ୍ତରଖାନା ଯିବାକୁ ହେଲା, ତାକୁ ଟୋକେଇ କିମ୍ବା ବେତାରେ ପୂରାଇ ଗାଁ ଲୋକ ନଈ ପାରି କରାନ୍ତି । ଏ ଦୃଶ୍ୟ ମୋ ଆଖିଦେଖା କଥା । ମୋର ମନେପଡ଼ିଯାଉଛି, ଏହି ଅଞ୍ଚଳର ବିକାଶ ପାଇଁ ସେହି ସମୟରେ ମୋ ବାପା ତତ୍କାଳୀନ ମନ୍ତ୍ରୀ ପ୍ରହ୍ଲାଦ ମଲ୍ଲିକ, ସାଲେପୁର କିଶନ ନଗର ବିଧାୟକ ବଟକୃଷ୍ଣ ଜେନା ପ୍ରଭୃତି "ଲୁଣା ଚିତ୍ରୋତ୍ପଳା ଉନ୍ନୟନ ପରିଷଦ" ଗଠନ କରିଥିଲେ । ଏହା ଥିଲା ସଂପୂର୍ଣ୍ଣ ଅଣରାଜନୈତିକ ଅନୁଷ୍ଠାନ । ଏଥିରେ ବହୁ ବିଶିଷ୍ଟ ବ୍ୟକ୍ତି ସାମିଲ ଥିଲେ । କେବଳ ଉଦ୍ଦେଶ୍ୟ ଥିଲା ଲୁଣା ଚିତ୍ରୋତ୍ପଳା ଘେରି ବା ଦ୍ୱୀପପୁଞ୍ଜ ଭିତରେ ଯେଉଁ ଅଞ୍ଚଳଗୁଡ଼ିକ ଅପହଞ୍ଚ ରହିଛି ତା'ର କିଭଳି ବିକାଶ ହେବ ଏବଂ ଏ ଅନୁଷ୍ଠାନଟିକୁ ସଂଯୋଜନା କରୁଥିଲେ ଶ୍ରୀ ପ୍ରଭାକର ପ୍ରଧାନ । ଶ୍ରୀ ପ୍ରଧାନ ସେ ସମୟରେ 'ବ୍ୟୁରୋ ଅଫ୍ ଷ୍ଟାଟିକ୍ସିସ୍'ର ନିର୍ଦ୍ଦେଶକ ଥିଲେ । ସେ ଜଣେ ଅତି ସଚ୍ଚୋଟ-ଅମାୟିକ ଏବଂ ଦୃଢ଼ମନା ବ୍ୟକ୍ତି ଥିଲେ । ତାଙ୍କ ଘର ଏବର ଡେରାବିଶ ଅଞ୍ଚଳରେ । ପ୍ରଭାକର ପ୍ରଧାନ ସଂପାଦକ ଓ ଉପ-ସଭାପତି ଭାବରେ ବାପା ସ୍ୱର୍ଗତ ରାଜକିଶୋର ନାୟକ, ପ୍ରହଲ୍ଲାଦ ମଲ୍ଲିକ, ବଟକୃଷ୍ଣ ଜେନା ଥିଲେ । ମୋର ମନେଅଛି ଲୁଣା ଚିତ୍ରୋତ୍ପଳା ପରିଷଦର ଆହ୍ୱାନ କ୍ରମେ ଏକ ବିରାଟ ଜନସଭା ବର୍ତ୍ତମାନର ଅସୁରେଶ୍ୱରର ପୁବଂଶ ନଦୀକୂଳରେ ଆୟୋଜନ କରାଯାଇଥିଲା । ସେ ସମୟରେ ଲୁଣା ନଦୀ ଉପରେ ପୋଲଟିଏ ନ ଥାଏ । ତେଣୁ ଗୋଟିଏ

ସେତୁ କିଭଳି ଭାବରେ ହେବ, ତାହା ହିଁ ଉଦ୍ଦେଶ୍ୟ ଥିଲା। ବାପାଙ୍କ ସମେତ ଅନ୍ୟମାନେ ସମସ୍ତେ ସେହି ଆୟୋଜନରେ ଥାଆନ୍ତି। ମୁଁ ସେ ସମୟରେ ସ୍କୁଲ୍ ଛାତ୍ର, କେବଳ ଶୁଣିଥାଏ ଏବଂ କିଛି ମଧ୍ୟ ଦେଖିଥାଏ। ସେଇ ସଭାକୁ ଲକ୍ଷାଧିକ ଲୋକ ଆସିଥିଲେ ଏବଂ ଲୁଣାବାଲି ଉପରେ ବିରାଟ ସଭାର ଆୟୋଜନ କରାଯାଇଥିଲା। ସ୍ୱର୍ଗତ ବିଜୁ ପଟ୍ଟନାୟକ, ମୁଖ୍ୟମନ୍ତ୍ରୀ ନୀଳମଣି ରାଉତରାୟ ଏବଂ ସେ ସମୟର ଜଳସମ୍ପଦ ବିଭାଗର ମନ୍ତ୍ରୀ ପ୍ରହଲ୍ଲାଦ ମଲ୍ଲିକ, ବିଧାୟକ ବଟକୃଷ୍ଣ ଜେନା ଓ ବହୁ ତୁଙ୍ଗନେତା ସେଠାରେ ପହଞ୍ଚିଥିଲେ ଏବଂ ଏମାନଙ୍କ ସହିତ ତତ୍କାଳୀନ ଜନତା ଦଳର କେନ୍ଦ୍ରମନ୍ତ୍ରୀ ସୁରଜିତ୍ ସିଂ ବର୍ଣ୍ଣାଲା ମଧ୍ୟ ଆସିଥାନ୍ତି। କେବଳ ଗୋଟିଏ ଦାବି, ଗୋଟିଏ ଆଲୋଚନା ସେ ସମୟରେ ଥିଲା ଯେ କିଭଳି ଭାବରେ ଦ୍ୱୀପପୁଞ୍ଜକୁ ଏକ ସେତୁ ହେବ, ପୁବଂଶ ନିକଟରେ। କିନ୍ତୁ ଆଶ୍ଚର୍ଯ୍ୟର କଥା, ସେ ସମୟରେ ତତ୍କାଳିକ ଆର୍ଥିକ ଅବସ୍ଥା ଯାହା ଥିଲା, ଜଣେ କେନ୍ଦ୍ରମନ୍ତ୍ରୀ ଆସିଥିଲେ ମଧ୍ୟ ସେ ସିଧାସଳଖ ପୋଲଟିଏ ହେବ ବୋଲି କହିପାରି ନ ଥିଲେ। ସେ କହିଥିଲେ- "ଆପ୍ ଲୋଗୋଁ କେ ତରଫ୍ ସେ ଇସ୍ ବ୍ରିଜ୍ କେ ଲିଏ ମେଁ କେନ୍ଦ୍ର ସରକାର କେ ପାସ୍ ୱକାଲତ୍ କରୁଙ୍ଗା।"

ଏହାର ସଂପୂର୍ଣ୍ଣ ବିବରଣୀ ସଂପର୍କରେ "ଲୁଣା ଚିତ୍ରୋତ୍ପଳା ଉନ୍ନୟନ ପରିଷଦ" ତରଫରୁ ତା' ପରବର୍ଷ ଯେଉଁ ସ୍ମରଣିକାଟି ପ୍ରକାଶ ପାଇଥିଲା, ଏହି ବିବରଣୀ ସେଥିରେ ପ୍ରକାଶ ପାଇଛି। ଏହାପରେ ଅଶୀ ଦଶକରେ ଦୁଇଟି ସେତୁ ଏଇ ଦ୍ୱୀପପୁଞ୍ଜକୁ ସଂଯୁକ୍ତ କରିବା ପାଇଁ ନିର୍ମିତ ହୋଇଥିଲା। ପୁବଂଶ ନିକଟରେ ଏକ ସେତୁ ଏବଂ ବରପଡ଼ା ନିକଟରେ ଅନ୍ୟ ଏକ ସେତୁ। କିନ୍ତୁ ଆମ ଇଲାକାରେ ପାଟକୁରା ଏବଂ ମହାକାଳପଡ଼ା ମଧ୍ୟରେ କୌଣସି ଜାଗାରେ ସେତୁ ନିର୍ମିତ ହୋଇ ନଥିଲା। ମୋର ମନେଅଛି, ଓଡ଼ିଶାର ଦାୟିତ୍ୱ ନବୀନବାବୁ ନେବା ପରେ ଯେଉଁଦିନ ରଙ୍କାଳ ସଭାକୁ ଆସିଥିଲେ, ସେହିଦିନ ହିଁ ନବୀନବାବୁ ନିଜେ ଅନୁଭବ କରିଥିଲେ ଏହି ଅଞ୍ଚଳର ସବୁଠୁ ବଡ଼ ସମସ୍ୟା ହେଉଛି ଯୋଗାଯୋଗର ସମସ୍ୟା। କେବଳ ଗୋଟିଏ ସେତୁ ନୁହେଁ, ମୁଁ ନବୀନବାବୁଙ୍କ ନିକଟରେ ଯେଉଁ ଆବେଦନ

ଉପସ୍ଥାପନ କରିଥିଲି, ଚାରି-ପାଞ୍ଚ ବର୍ଷ ଭିତରେ ୨୦୦୫ ମଧ୍ୟରେ ୫ଟି ସେତୁ ନିର୍ମିତ ହୋଇସାରିଥିଲା। ଆଜି ବିକାଶର ପର୍ବ ଆରମ୍ଭ ହୋଇଛି। ଯଦି କୌଣସି ସାଧାରଣ ବ୍ୟକ୍ତି ଅନୁରୋଧ କରୁଛନ୍ତି, ତେବେ ଏ ସରକାର ଅମଳରେ ବିକାଶ ପାଇଁ, ସେତୁ ପାଇଁ, ରାସ୍ତା ପାଇଁ ଅର୍ଥର ଅଭାବ ନାହିଁ। ଓଡ଼ିଶାର ସର୍ବମାନ୍ୟ ନେତା ନବୀନ ପଟ୍ଟନାୟକ ସେତୁ ନିର୍ମାଣ ଏବଂ ଯୋଗାଯୋଗ ରକ୍ଷାକୁ ପ୍ରାଥମିକତା ଦେଇଛନ୍ତି।

ମୋ ଦୃଷ୍ଟିରେ ବିଜୁବାବୁ :

ଦୂରଦୃଷ୍ଟିସଂପନ୍ନ ବିଜୁବାବୁଙ୍କ ପାଇଁ ଓଡ଼ିଶାର ସର୍ବୋତ୍ତମ ଉନ୍ନତି ଥିଲା ମୁଖ୍ୟ ଲକ୍ଷ୍ୟ। ମୋ ବିଚାରରେ ବିଜୁ ପଟ୍ଟନାୟକଙ୍କ ନେତୃତ୍ୱରେ ହିଁ ରାଜ୍ୟରେ ସର୍ବାଙ୍ଗୀଣ ଉନ୍ନତିର ମୂଳଦୁଆ ପଡ଼ିଥିଲା। ରାଜ୍ୟରେ କ୍ଷୁଦ୍ରଶିଳ୍ପର ଉନ୍ନତି କଲେ, ପଞ୍ଚାୟତ ଶିଳ୍ପ ପ୍ରତିଷ୍ଠା କରାଯିବା ସହିତ ରାଜ୍ୟର ବିଭିନ୍ନ ସ୍ଥାନରେ ଶିଳ୍ପାଞ୍ଚଳ ତିଆରି କରାଯାଇଥିଲା। ଶିଳ୍ପ ଦ୍ୱାରା ହିଁ ରାଜ୍ୟର ପ୍ରଗତିକୁ ଆଗେଇ ନେଇ ହେବ - ଏ ସଂକଳ୍ପ ବିଜୁବାବୁଙ୍କ ଭିତରେ ଥିଲା। ଏ ନିଷ୍ପତ୍ତିକୁ କାର୍ଯ୍ୟକାରୀ କରିବା ପାଇଁ ସେ ଜୋରଦାର ପ୍ରୟାସ ଆରମ୍ଭ କରିଥିଲେ। ସେ ସମୟରେ ସାଧନର ଅଭାବ ଥିଲା, ତା' ସତ୍ତ୍ୱେ ମଧ୍ୟ ବିଜୁବାବୁ ରାଜ୍ୟରେ ଶିଳ୍ପବିକାଶ ନିଗମ, ଜଙ୍ଗଲ ନିଗମ, ଖଣି ନିଗମ ଇତ୍ୟାଦି ପ୍ରାୟ ୩୦ଟି ନିଗମ ପ୍ରତିଷ୍ଠା କରି ଶିଳ୍ପୋଦ୍ୟୋଗୀମାନଙ୍କୁ ଉତ୍ସାହିତ କରିଥିଲେ। ସେଥି ସହିତ ଦେଶର ସେନାବାହିନୀରେ ଅଧିକ ଯୁବକ ଯୋଗଦେବା ପାଇଁ ସୁଯୋଗ ସୃଷ୍ଟି ଉଦ୍ଦେଶ୍ୟରେ ରାଜଧାନୀ ଭୁବନେଶ୍ୱରରେ 'ସୈନିକ ସ୍କୁଲ୍' ପ୍ରତିଷ୍ଠା କରିଥିଲେ। କୋରାପୁଟ ଜିଲ୍ଲାର ସୁନାବେଡ଼ାଠାରେ 'ମିଗ୍ ଏକୋଇଶି ବିମାନ'ର ଇଞ୍ଜିନ୍ ତିଆରି କରିବା ପାଇଁ କାରଖାନା ସ୍ଥାପିତ ହୋଇଥିଲା। ରାଜ୍ୟରେ କୃଷିର ଉନ୍ନତି ପାଇଁ ଅଧ୍ୟୟନ ଓ ଗବେଷଣା କ୍ଷେତ୍ରରେ ଅଧିକ ସୁବିଧା ସୁଯୋଗ ଯୋଗାଇବା ଉଦ୍ଦେଶ୍ୟରେ ଭୁବନେଶ୍ୱରଠାରେ 'ଓଡ଼ିଶା କୃଷି ଓ ବୈଷୟିକ ବିଶ୍ୱବିଦ୍ୟାଳୟ' ବିଜୁବାବୁଙ୍କ ଅବଦାନ। ଭାରତରେ ଅବସ୍ଥାପିତ ତତ୍କାଳୀନ ଯୁକ୍ତରାଷ୍ଟ୍ର ଆମେରିକାର

ରାଷ୍ଟ୍ରଦୂତ ଗାର୍ଲବ୍ରେଥ୍ ଏହି ବିଶ୍ୱବିଦ୍ୟାଳୟକୁ ଉଦ୍‌ଘାଟନ କରିଥିଲେ। ସେ ରାଉରକେଲାଠାରେ ଆଞ୍ଚଳିକ ଇଂଜିନିୟରିଂ କଲେଜ, ଭୁବନେଶ୍ୱରଠାରେ ରିଜିଓନାଲ୍ କଲେଜ ଅଫ୍ ଏଜୁକେସନ୍ ଏବଂ ରିଜିଓନାଲ୍ ରିସର୍ଚ୍ଚ ଲାବୋରୋଟାରୀ ପ୍ରତିଷ୍ଠା କରିଥିଲେ। ବିଜୁ ପଟ୍ଟନାୟକଙ୍କ ଶାସନରେ ଓଡ଼ିଶାକୁ ସବୁଠୁ ବଡ଼ ଅବଦାନ ହେଉଛି 'ପାରାଦ୍ୱୀପ ବନ୍ଦର'। ସମସ୍ତ ପ୍ରକାର ବାଧାବିଘ୍ନ, ପ୍ରତିକୂଳ ପରିସ୍ଥିତି ସତ୍ତ୍ୱେ ଶ୍ରୀ ପଟ୍ଟନାୟକ ପାରାଦ୍ୱୀପଠାରେ ଏକ ବନ୍ଦର ପ୍ରତିଷ୍ଠା କରିବାରେ ସକ୍ଷମ ହୋଇଥିଲେ। ଏ ଦିଗରେ ତତ୍କାଳୀନ ପ୍ରଧାନମନ୍ତ୍ରୀ ପଣ୍ଡିତ ନେହେରୁଙ୍କୁ ପାରାଦ୍ୱୀପକୁ ଆଣି ସବୁପ୍ରକାର ସହାୟତା ନେହେରୁଙ୍କଠାରୁ ନେଇ ଏଇ ବିରାଟ ବନ୍ଦରର ଶିଳାନ୍ୟାସ କରିଥିଲେ। ପାରାଦ୍ୱୀପ ବନ୍ଦର ତିଆରି ଶେଷ ହେବା ପରେ ଦୈତାରୀରୁ ପାରାଦ୍ୱୀପ ପର୍ଯ୍ୟନ୍ତ ସବୁଦିନିଆ ସଡ଼କ ନିର୍ମାଣ କରିବା ପାଇଁ ବିଜୁ ପଟ୍ଟନାୟକ ମନ ବଳାଇଥିଲେ ଏବଂ ତାହାକୁ କାର୍ଯ୍ୟକାରୀ କରିଥିଲେ। ଆଜି ଏ ସଡ଼କର ଦୁଇ ପାର୍ଶ୍ୱ କେନ୍ଦ୍ରାପଡ଼ା, ଯାଜପୁର ଏବଂ ଜଗତସିଂହପୁର ଜିଲ୍ଲାର ଅନେକ କ୍ଷେତ୍ର ଆଜି ଶିଳ୍ପ ସମ୍ଭାରର ସୁଯୋଗ ସୃଷ୍ଟି କରିଛି। ବିଜୁବାବୁଙ୍କ ସ୍ୱଳ୍ପ ସମୟର ମୁଖ୍ୟମନ୍ତ୍ରିତ୍ୱ କାଳରେ ଅନେକ କିଛି କାର୍ଯ୍ୟକ୍ରମର ମଞ୍ଜି ପୋତାଯାଇଥିଲା ଏବଂ ପରବର୍ତ୍ତୀ ପର୍ଯ୍ୟାୟରେ ଆଜି ଯେଉଁ କେନ୍ଦ୍ରାପଡ଼ା ଜିଲ୍ଲାରେ ରେଳ ଲାଇନ୍ ଆରମ୍ଭ ହୋଇଛି ଏବଂ ଇଷ୍ଟକୋଷ୍ଟ ଜୋନ୍ ଓଡ଼ିଶା ପାଇଁ ତିଆରି ହୋଇଛି ସେଥିରେ ବିଜୁବାବୁଙ୍କ ଅବଦାନ ଉଲ୍ଲେଖନୀୟ। ଯଦିଓ ଦେବେଗୌଡ଼ା ସେ ସମୟରେ ପ୍ରଧାନମନ୍ତ୍ରୀ ଥିଲେ ଓ ବିଜୁବାବୁ କେବଳ ସାଂସଦ ଥିଲେ, କିନ୍ତୁ ବିଜୁବାବୁ ଦେବେଗୌଡ଼ାଙ୍କୁ ସମ୍ମତ କରାଇ ଇଷ୍ଟକୋଷ୍ଟ ଜୋନ୍ ସୃଷ୍ଟି କରିଥିଲେ। ଇଷ୍ଟକୋଷ୍ଟ ଜୋନ୍‌ର ଭୁବନେଶ୍ୱରରେ ପ୍ରଥମ ଶିଳାନ୍ୟାସ ଉତ୍ସବରେ ବିଜୁବାବୁଙ୍କ ଉପସ୍ଥିତି ଏବଂ ପରବର୍ତ୍ତୀ ପର୍ଯ୍ୟାୟରେ ନୀତିଶ କୁମାର ରେଳମନ୍ତ୍ରୀ ଥିବା ସମୟରେ କେନ୍ଦ୍ରାପଡ଼ା ରେଳଲାଇନ୍ ନିର୍ମାଣର ଶୁଭାରମ୍ଭ ବ୍ୟବସ୍ଥା ସେ କରିଥିଲେ।

ବିଜୁବାବୁଙ୍କ ସଂପର୍କରେ ଅନେକ ଆଲୋଚନା ଏବଂ ପର୍ଯ୍ୟାଲୋଚନା ମୁଁ ସାମ୍ବାଦିକ ଥିବା ସମୟରେ ଏବଂ ପିଲାଦିନୁ ଶୁଣିଛି। ବହୁତ ରୋଚକ କାହାଣୀ ମଧ୍ୟ ଶୁଣିଛି। ସ୍ୱାଧୀନତା ସଂଗ୍ରାମ ସମୟରେ ବିଜୁ ପଟ୍ଟନାୟକଙ୍କ

ଭଳି ଦୁର୍ଦ୍ଧର୍ଷ ପାଇଲଟ ବ୍ରିଟିଶ କମ୍ପାନିର ବିମାନ ଚଳାଉଥିଲେ ମଧ୍ୟ ସେ ବିମାନକୁ ସ୍ୱାଧୀନତା ସଂଗ୍ରାମୀମାନଙ୍କୁ ବ୍ୟବହାର କରିବା ପାଇଁ ବ୍ୟବସ୍ଥା କରିଥିଲେ। ଏ ବିଷୟ କମ୍ପାନିର କର୍ତ୍ତୃପକ୍ଷ ଜାଣିବା ପରେ ବିଜୁବାବୁଙ୍କୁ ଜେଲ୍ ଦଣ୍ଡ ଭୋଗିବାକୁ ପଡ଼ିଥିଲା। ଏଇଠି କହିରଖିବାକୁ ଚାହୁଁଛି ଯେ, ଜୟପ୍ରକାଶ ନାରାୟଣଙ୍କଠାରୁ ଆରମ୍ଭ କରି ଅରୁଣା ଆସଫ୍ ଅଲ୍ଲୀ, ମଧୁ ଲିମାୟେ, ଲୋହିଆ, ରାଜଗୋପାଳଚାରୀଙ୍କ ଭଳି ତୁଙ୍ଗ ରାଜନେତାମାନଙ୍କୁ ସେଇ ସମୟର ବ୍ରିଟିଶ କମ୍ପାନିର ବିମାନରେ ଦିଲ୍ଲୀରୁ ହାଇଦ୍ରାବାଦ, ହାଇଦ୍ରାବାଦରୁ ମାଡ୍ରାସ୍‌କୁ ନିଆଅଣା କରାଉଥିଲେ। ବିଜୁବାବୁଙ୍କ ତିନି ଆଉରଙ୍ଗଜେବ ରୋଡ୍ ନିବାସ କେବଳ ବିଜୁବାବୁଙ୍କ ବାସଭବନ ନଥିଲା, ଏହା ଥିଲା ସ୍ୱାଧୀନତା ସଂଗ୍ରାମୀମାନଙ୍କ ଲୁଚିରହିବାର ସ୍ଥାନ। ତାକୁ 'ଆବ୍‌ସ୍କଣ୍ଡର୍ସ ପାରାଡାଇଜ୍' ବା 'ଫେରାରମାନଙ୍କ ଅମରାବତୀ' ବୋଲି ସେ ସମୟରେ ସାମ୍ବାଦିକ ତାଙ୍କ ବହିରେ ଉଲ୍ଲେଖ କରିଛନ୍ତି। ବିଜୁବାବୁ ଏଇଭଳି ଜଣେ ବ୍ୟକ୍ତି ଥିଲେ, ଭାରତୀୟ ସ୍ୱାଧୀନତା ସଂଗ୍ରାମରେ ଝାସ ଦେଇ କିଭଳି ଭାବରେ ସଂଗ୍ରାମୀ ତଥା ଜାତୀୟ ସ୍ତରର ନେତାମାନଙ୍କୁ ସାହାଯ୍ୟ ସହଯୋଗ ଦିଆଯାଇ ପାରିବ ତା'ର ସମସ୍ତ ବନ୍ଦୋବସ୍ତ ସେ କରୁଥିଲେ। ବିଜୁବାବୁ ଯେଉଁ ସମୟରେ ଜେଲ୍‌ରେ ବ୍ରିଟିଶ ସରକାରଙ୍କ ଦ୍ୱାରା ବନ୍ଦୀ ରହିଥିଲେ। ସେ ସମୟରେ ବିଜୁବାବୁଙ୍କ ସହଧର୍ମିଣୀ ଜ୍ଞାନଦେବୀ, ନିଜର ତିନି ଶିଶୁ ସନ୍ତାନ ନବୀନ ବାବୁ, ପ୍ରେମ୍ ବାବୁ ଏବଂ ଗୀତା ମେହେଟ୍ଟାଙ୍କ ଦାୟିତ୍ୱ ନେବା ସହିତ ସ୍ୱାଧୀନତା ସଂଗ୍ରାମୀମାନଙ୍କୁ ସାହାଯ୍ୟ ସହଯୋଗର ହାତ ବଢ଼େଇଥିବା ସଂପର୍କରେ ଅନେକ ତଥ୍ୟ ମଧ୍ୟ ରହିଛି। ଗୀତା ମେହେଟ୍ଟା ମଧ୍ୟ ଏ ସଂପର୍କରେ ତାଙ୍କର ପୁସ୍ତକରେ ଉଲ୍ଲେଖ କରିଛନ୍ତି ଏବଂ ବିଜୁବାବୁଙ୍କର ଏଇ ସଂଗ୍ରାମୀ ମନୋଭାବ ଏବଂ ତାଙ୍କର ଦୁର୍ଦ୍ଧର୍ଷ କାର୍ଯ୍ୟକଳାପ ଇତିହାସର ବିଷୟ ହୋଇଛି। ସେ ଇଣ୍ଡୋନେସିଆର ଉପରାଷ୍ଟ୍ରପତି ମହମ୍ମଦ ହଟ୍ଟା ଓ ପ୍ରଧାନମନ୍ତ୍ରୀ ସୁଲତାନ ସାହାରିଅରଙ୍କୁ ନେହେରୁଙ୍କ ନିର୍ଦ୍ଦେଶରେ କିପରି ଉଦ୍ଧାର କରିଥିଲେ, ସେହି ଘଟଣା ମଧ୍ୟ ଇତିହାସରେ ଲିପିବଦ୍ଧ ହୋଇ ରହିଛି। ସେଥିପାଇଁ ବିଜୁବାବୁଙ୍କୁ ଇଣ୍ଡୋନେସିଆ ସରକାର 'ସନ୍ ଅଫ୍ ଦି ସଏଲ୍' ବା ଭୂମିପୁତ୍ର ଭାବେ

ସମ୍ମାନିତ କରିଛନ୍ତି। ଯେଉଁ ସମୟରେ ଇଣ୍ଡୋ-ଚାଇନା ଯୁଦ୍ଧ ହେଉଥିଲା ସେ ସମୟରେ କାଶ୍ମୀର ଉପତ୍ୟକାରେ ବିଜୁବାବୁଙ୍କ ଡାକୋଟା ବିମାନ ଅବତରଣ କରିବା ଏବଂ ସେନାବାହିନୀକୁ ସାହାଯ୍ୟ ସହଯୋଗ କରିବାର ଘଟଣା ମଧ୍ୟ ଇତିହାସରେ ଲିପିବଦ୍ଧ ରହିଛି। କାଶ୍ମୀରକୁ ଦଖଲ କରିବା ପାଇଁ ପାକିସ୍ତାନ ସେନାର କୁଚକ୍ରୀ ଅଭିଯାନକୁ ପଣ୍ଡ କରିବାକୁ ନିଜ ବିମାନରେ ସଶସ୍ତ୍ର ଭାରତୀୟ ସୈନିକଙ୍କୁ ନେଇ ଶ୍ରୀନଗରରେ ଅବତରଣ କରାଇଥିଲେ ସେ। ବିଜୁବାବୁ ଓଡ଼ିଶାର ଚିତ୍ରକୁ କିପରି ବିଶ୍ୱ ମାନଚିତ୍ରରେ ରଖିବେ ସେଥିପାଇଁ ଯେଉଁ କେତେଗୁଡ଼ିଏ ପଦକ୍ଷେପ ନେଇଥିଲେ, ସେଥିରୁ 'କଳିଙ୍ଗ ପୁରସ୍କାର' ଅନ୍ୟତମ। ଯାହାକି ଆଜି ମଧ୍ୟ କେବଳ ବିଜୁବାବୁ ନୁହନ୍ତି, ଓଡ଼ିଶାର ପରିଚୟ ବିଶ୍ୱ ଦରବାରରେ ରହିପାରିଛି। 'କଳିଙ୍ଗ ଫାଉଣ୍ଡେସନ୍ ଟ୍ରଷ୍ଟ' ତିଆରି କରି ମେଧାବୀ ଛାତ୍ରମାନଙ୍କୁ ଛାତ୍ରବୃତ୍ତି ଦେବା ସହିତ 'କଳିଙ୍ଗ ଫାଉଣ୍ଡେସନ୍ ଟ୍ରଷ୍ଟ' ଜରିଆରେ ଇଉନେସ୍କୋ ସହାୟତାରେ କଳିଙ୍ଗ ପୁରସ୍କାରର ବ୍ୟବସ୍ଥା କରିଥିଲେ, ବିଜୁବାବୁ ନିଜସ୍ୱ ପାଣ୍ଠିରୁ ହିଁ ମୂଳପୁଞ୍ଜିକୁ ପ୍ରଦାନ କରି ଏହି 'କଳିଙ୍ଗ ପୁରସ୍କାର' ଆରମ୍ଭ କରିଥିଲେ, ପ୍ରତ୍ୟେକ ବର୍ଷ ଆନ୍ତର୍ଜାତିକ ସ୍ତରର ଏହି ପୁରସ୍କାର ଜଣେ ବିଶିଷ୍ଟ ବୈଜ୍ଞାନିକଙ୍କୁ ପ୍ରଦାନ କରାଯାଏ। ସୌଭାଗ୍ୟର କଥା ବିଜୁବାବୁଙ୍କ ହାତଗଢ଼ା ଅନୁଷ୍ଠାନ 'କଳିଙ୍ଗ ଫାଉଣ୍ଡେସନ୍ ଟ୍ରଷ୍ଟ' ଯାହାର ସେ ଟ୍ରଷ୍ଟି ଥିଲେ ଏବଂ ଜ୍ଞାନଦେବୀ, କାମିନୀ ପଟ୍ଟନାୟକ, ଭବାନୀ ଚରଣ ପଟ୍ଟନାୟକଙ୍କ ଭଳି ବିଶିଷ୍ଟ ବ୍ୟକ୍ତିମାନେ ଯେଉଁ ଟ୍ରଷ୍ଟର ସଦସ୍ୟ ଥିଲେ, ସେହି ଟ୍ରଷ୍ଟ ଏବେ ମଧ୍ୟ ସକ୍ରିୟ ଅଛି ଏବଂ ସେହି ଟ୍ରଷ୍ଟର ଜଣେ ସଦସ୍ୟ ତଥା ସଚିବ-ସଂପାଦକ ଭାବରେ ମୁଁ ମଧ୍ୟ କାର୍ଯ୍ୟ କରୁଛି।

ବିଜୁବାବୁଙ୍କ ସଂପର୍କରେ ଯେଉଁ ରୋଚକ କାହାଣୀ ସବୁ ଅଛି, ବିରୋଧୀମାନେ ବିଜୁବାବୁଙ୍କ ଉଚ୍ଚତାକୁ ସହ୍ୟ କରି ନପାରି ରାଜନୈତିକ ଦୃଷ୍ଟିକୋଣରୁ ଅନେକ ସମାଲୋଚନା କରିଥାନ୍ତି। ତାଙ୍କର ସେହି ଦୁର୍ଦ୍ଧର୍ଷପଣକୁ ବେଳେବେଳେ ତାଙ୍କ ବିରୋଧୀମାନେ ବିପରୀତ ଢଙ୍ଗରେ ଦେଖିଥାନ୍ତି। ଗୋଟିଏ ଜାଣିଥିବା ଘଟଣା ଏଠାରେ ଅବତାରଣା କରୁଛି। ୧୯୬୫ ଜୁନ୍ ୧୫ ତାରିଖ ରାତିରେ ଭୁବନେଶ୍ୱର ବିମାନଘାଟି ଉପରେ ଗୋଟିଏ

ବିମାନ ବାଟବଣା ହୋଇ ଚକ୍କର କାଟୁଥିଲା। ବିଜୁବାବୁ ଜଣେ ଅଭିଜ୍ଞ ବୈମାନିକ ହୋଇଥିବାରୁ, ବିମାନଚାଳକ ଯେ ବିପଦରେ ପଡ଼ିଛନ୍ତି ସେକଥା ବୁଝିପାରିଥିଲେ। ସେ ନିଜେ ଗାଡ଼ି ଚଳାଇ ବିମାନବନ୍ଦର ଯାଇଥିଲେ। ସେତେବେଳେ ଭୁବନେଶ୍ୱର ବିମାନବନ୍ଦରରେ ରାତିରେ ବିମାନ ଚଳାଚଳ ପାଇଁ ଆଲୋକର ବ୍ୟବସ୍ଥା ନ ଥିଲା। ବିଜୁବାବୁ ନିରାପଦରେ ବିମାନ ଅବତରଣ କରିବା ପାଇଁ ବିମାନ ଚାଳକଙ୍କୁ ସମସ୍ତ ସାହାଯ୍ୟ ସହଯୋଗ କରିଥିଲେ। ମାତ୍ର ପରଦିନ ସେ ସମୟର ଏକ ନିର୍ଦ୍ଦିଷ୍ଟ ସମ୍ବାଦପତ୍ରରେ ପ୍ରକାଶ ପାଇଥିଲା ଯେ- "କୁଖ୍ୟାତ ଆନ୍ତର୍ଜାତିକ ଚୋରାସୁନା ବେପାରୀ ୱାଲକ୍ସ ୱାଲକଟ୍ ଗୋଟିଏ ବିମାନରେ ବିପୁଳ ପରିମାଣରେ ଚୋରାସୁନା ଆଣି ବିଜୁ ପଟ୍ଟନାୟକଙ୍କୁ ଦେବା ଫଳରେ ସୁନା ଦର କମିଗଲା, ପରେ ଅନୁସନ୍ଧାନରୁ ଜଣାପଡ଼ିଲା ଯେ ସେହି ବିମାନଟି ଆମେରିକାର ଗୋଟିଏ ଘରୋଇ କମ୍ପାନିର ଥିଲା ଏବଂ ପାଗ ଖରାପ ଯୋଗୁଁ ବାଟବଣା ହୋଇଯାଇଥିଲା। ବିମାନର ପାଇଲଟ୍‌ଙ୍କ ନାମ ଥିଲା ଡେଭିସ୍ ଓ ସେ ଆମେରିକାର ଅଧିବାସୀ।

ପାରାଦ୍ୱୀପ ହରିଦାସପୁର ରାସ୍ତା, ଏକ୍ସପ୍ରେସ୍ ରାଜପଥ ତିଆରି ସମୟରେ ବିଜୁବାବୁଙ୍କ ବିରୋଧରେ ଅନେକ କଥା ମଧ୍ୟ ସମ୍ବାଦପତ୍ରରେ ବାହାରୁଥିଲା। ବିଜୁବାବୁଙ୍କର ପ୍ରତ୍ୟେକ ପଦକ୍ଷେପ ଉନ୍ନତିମୂଳକ କାର୍ଯ୍ୟ କରିବା ପାଇଁ ଉଦ୍ଦିଷ୍ଟ ଥିଲା। ସେ ବିରୋଧୀଙ୍କ କୁତ୍ସାରଟନାକୁ ଭ୍ରୂକ୍ଷେପ ନକରି, ସ୍ପୋର୍ଟସ୍‌ମ୍ୟାନ୍ ସ୍ପିରିଟ୍‌ରେ ସବୁବେଳେ ଆଗେଇ ଯାଉଥିଲେ।

ନବୀନ ଉଦାରତାର ମହାସିନ୍ଧୁ - ଜୀବନବିନ୍ଦୁ :

ମଣିଷର କର୍ମ ତା'ର ବ୍ୟକ୍ତିତ୍ୱର ପରିଚାୟକ। ଧୀର-ସୁଚିନ୍ତିତ ପଦପାତରେ ଓଡ଼ିଶାର ରାଜନୀତିକ ପ୍ରେକ୍ଷାପଟକୁ ନିଜ ନିରବ ଆଚରଣ ଦ୍ୱାରା ଭାସ୍ୱର କରିଥିବା ଉଦାରବାଦୀ ଚିନ୍ତକ ହେଉଛନ୍ତି ନବୀନ ପଟ୍ଟନାୟକ। ମୁଁ ରାଜନୀତିରେ ତାଙ୍କ ସାନ୍ନିଧ୍ୟ ପାଇଛି ବୋଲି ଏଭଳି କହୁଛି ତାହା ନୁହେଁ, ଯେ କେହି ବି ତାଙ୍କୁ ନିକଟରୁ ଲକ୍ଷ୍ୟ କଲେ ତାଙ୍କ ମହନୀୟ ବ୍ୟକ୍ତିତ୍ୱକୁ ନିଶ୍ଚିତ ଭାବରେ ଅନୁଭବ କରିପାରିବେ।

ସେ ସମୟରେ ମୁଁ ଥାଏ ସ୍ୱାସ୍ଥ୍ୟମନ୍ତ୍ରୀ । ହଠାତ୍ ଦିନେ ଜରୁରୀ ଡାକରା ଆସିଲା ମୁଖ୍ୟମନ୍ତ୍ରୀଙ୍କ ଦପ୍ତରରୁ । ମୁଁ ସଂଗେ ସଂଗେ ମୁଖ୍ୟମନ୍ତ୍ରୀଙ୍କ ପାଖକୁ ଯାଇଥିଲି । ସେଦିନର 'ଇଣ୍ଡିଆନ୍ ଏକ୍ସପ୍ରେସ୍'ରେ ବାହାରିଥିବା ଏକ ଖବର ପଢ଼ିବା ପାଇଁ ଖବରକାଗଜ ଖଣ୍ଡକ ମୋ ହାତକୁ ସେ ବଢ଼ାଇଦେଲେ । ରକ୍ତ ଅଭାବରୁ ଗୋଟିଏ ବ୍ୟକ୍ତିର ମୃତ୍ୟୁ ସମ୍ପର୍କିତ ଶିରୋନାମା ଚର୍ଚ୍ଚାର ବିଷୟ ପାଲଟିଥିଲା । ମୁଁ ଖବରଟି ପଢ଼ିବା ଆରମ୍ଭ କରୁ କରୁ ମୁଖ୍ୟମନ୍ତ୍ରୀ ଗମ୍ଭୀର ସ୍ୱରରେ କହିଲେ- ଏଭଳି ଘଟଣା ଯଦି ଘଟୁଥାଏ, ତେବେ ଆଗାମୀ ଦିନରେ ଆଉ ଘଟିବାକୁ ଯେମିତି ଦିଆଯିବ ନାହିଁ, ସେ ଦାୟିତ୍ୱ ତୁମର ।

ଏହାପରେ ମୁଁ ରକ୍ତ ଅଭାବ ଜନିତ ସମସ୍ୟା ସଂପର୍କରେ ସ୍ୱାସ୍ଥ୍ୟ ସଚିବ ଶ୍ରୀମତୀ ଆରତୀ ଆହୁଜାଙ୍କ ସହିତ ଆଲୋଚନା କଲି । ରକ୍ତ ଅଭାବ ସମସ୍ୟା ସଂପର୍କରେ ନବୀନବାବୁଙ୍କ ଉଦ୍‌ବେଗକୁ ମୁଁ ବେଶ୍ ଅନୁଭବ କରିଥିଲି । ଏହି ସମସ୍ୟାର ଆଶୁ ସମାଧାନ ପାଇଁ ତୁରନ୍ତ ବାଟ ବାହାର କରିବାକୁ ଆମକୁ ପରାମର୍ଶ ଦିଆଯାଇଥିଲା । ଏଥିପାଇଁ ଅର୍ଥର ଅଭାବ ରହିବ ନାହିଁ ବୋଲି କୁହାଯାଇଥିଲା । ମୁଖ୍ୟମନ୍ତ୍ରୀଙ୍କ ଉଦ୍‌ବେଗର ବସ୍ତୁନିଷ୍ଠତା ଓ ନିଖୁଣ ଅନ୍ତରଙ୍ଗତା ଆମକୁ ଉଦ୍‌ବୁଦ୍ଧ କରିଥିଲା ।

ସ୍ୱାସ୍ଥ୍ୟ ସଚିବ ଓ ଅନ୍ୟାନ୍ୟ ପଦସ୍ଥ ଅଧିକାରୀମାନଙ୍କ ସହ ଜରୁରୀ ବୈଠକ କରି ଏ ସଂପର୍କରେ କେତେକ ଗୁରୁତ୍ୱପୂର୍ଣ୍ଣ ସିଦ୍ଧାନ୍ତ ନେଇଥିଲି । ରକ୍ତ ଅଭାବ ଜନିତ ସମସ୍ୟାକୁ ଦୂର କରିବା ପାଇଁ କେତେକ ସ୍ୱଳ୍ପକାଳୀନ ପ୍ରସ୍ତାବ ଓ ଦୀର୍ଘକାଳୀନ ପ୍ରସ୍ତାବ ଗୃହୀତ କରାଇ, ଏଥିପାଇଁ ଆବଶ୍ୟକ ବଜେଟ୍‌ର ମଧ୍ୟ ଆକଳନ କଲୁ । ଦୁଇଦିନ ଭିତରେ ଏସବୁର ନିଷ୍ପତ୍ତି ମୁଖ୍ୟମନ୍ତ୍ରୀଙ୍କ ଦପ୍ତରକୁ ଜଣାଇବା ପରେ ବେସରକାରୀ ସ୍ତରରେ ରକ୍ତ ଅଭାବକୁ ପୂରଣ କରିବା ପାଇଁ ଏକ ବ୍ୟବସ୍ଥା ଗଠନ କରିବା ପାଇଁ ପରାମର୍ଶ ମିଳିଲା । ରକ୍ତ ସଂଗ୍ରହ ଅଭିଯାନ ପାଇଁ ବିଭାଗ ଯେତିକି ଅର୍ଥ ଆବଶ୍ୟକ କରିଥିଲା ସଂଗେ ସଂଗେ ଯୁଦ୍ଧକାଳୀନ ଭିତ୍ତିରେ ତାହା ମିଳିଗଲା ଏବଂ ଓଡ଼ିଶାରେ ଜନ୍ମ ନେଲା 'ଜୀବନବିନ୍ଦୁ' ନାମକ ଏକ ରକ୍ତ ସଂଗ୍ରହ ଅନୁଷ୍ଠାନ । ଦୀର୍ଘ ୧୦ ବର୍ଷରୁ ଊର୍ଦ୍ଧ୍ୱ ସମୟ ଧରି ରକ୍ତ ସଂଗ୍ରହ କ୍ଷେତ୍ରରେ ଏହା ପ୍ରମୁଖ

ସ୍ଥାନ ଅଧିକାର କରିଛି । ଓଡ଼ିଶାର ହଜାର ହଜାର ରକ୍ତଦାତା 'ଜୀବନବିନ୍ଦୁ' ଜରିଆରେ ରକ୍ତଦାନ କରୁଥିବାବେଳେ ରକ୍ତ ଅଭାବର ସମ୍ମୁଖୀନ ହେଉଥିବା ଲୋକମାନେ ରକ୍ତ ପାଇପାରୁଛନ୍ତି । ଏପରିକି ମହାମାରୀ କୋଭିଡ୍ ସମୟରେ 'ଜୀବନବିନ୍ଦୁ' ହିଁ ଅନେକ ଲୋକଙ୍କ ଜୀବନରକ୍ଷା କରିପାରିଛି । ଆଜି 'ଜୀବନବିନ୍ଦୁ' ସହିତ ଯୋଡ଼ିହୋଇଛି 'ଓଡ଼ିଶା ମୋ ପରିବାର' । ମାନ୍ୟବର ନବୀନ ପଟ୍ଟନାୟକଙ୍କ ଭାଷାରେ ଓଡ଼ିଶାର ସାଢ଼େ ଚାରିକୋଟି ଜନସାଧାରଣ 'ମୋ ପରିବାର'ର ସଦସ୍ୟ । କେବଳ ରକ୍ତସଂଗ୍ରହ ନୁହେଁ, ଦେଶ-ବିଦେଶରେ ସ୍ୱାସ୍ଥ୍ୟଜନିତ ସମସ୍ୟା ଓ ଆକସ୍ମିକ ମୃତ୍ୟୁବରଣ କରୁଥିବା ବ୍ୟକ୍ତିଙ୍କୁ ସହାୟତାର ହାତ ବଢ଼ାଇଛି 'ଓଡ଼ିଶା ମୋ ପରିବାର' ଅନୁଷ୍ଠାନ । ଏହି ଅନୁଷ୍ଠାନକୁ ଜୀବନ୍ୟାସ ଦେବା ଓ ଏହାକୁ ବଞ୍ଚାଇ ରଖିବାରେ ମାନ୍ୟବର ପୂର୍ବତନ ମୁଖ୍ୟମନ୍ତ୍ରୀଙ୍କ ଆଶୀର୍ବାଦ ଓ ମାର୍ଗଦର୍ଶନକୁ ମୁଁ ମର୍ମେ ମର୍ମେ ଅନୁଭବ କରିଛି । ରକ୍ତସଂଗ୍ରହ ବ୍ୟବସ୍ଥାକୁ ଦୃଢ଼ କରିବାରେ ନବୀନବାବୁଙ୍କ ବ୍ୟକ୍ତିଗତ ସଚିବ ଶ୍ରୀ କାର୍ତ୍ତିକେୟନ୍ ପାଣ୍ଡିଆନ୍, ତତ୍କାଳୀନ ସ୍ୱାସ୍ଥ୍ୟ ସଚିବ ଶ୍ରୀମତୀ ଆରତୀ ଆହୁଜା, ଜାତୀୟ ସ୍ୱାସ୍ଥ୍ୟ ମିଶନ ନିର୍ଦ୍ଦେଶିକାଙ୍କ ତ୍ୱରିତ ପଦକ୍ଷେପ ଏଠାରେ ଉଲ୍ଲେଖଯୋଗ୍ୟ । ବମ୍ବେର ଅବସରପ୍ରାପ୍ତ ପୋଲିସ୍ କମିଶନର ଶ୍ରୀ ଅରୂପ ପଟ୍ଟନାୟକଙ୍କ ଉପରେ ଏହି ଗୁରୁତ୍ୱପୂର୍ଣ୍ଣ ଦାୟିତ୍ୱ ନ୍ୟସ୍ତ ହୋଇଥିଲା । ସ୍ୱାସ୍ଥ୍ୟମନ୍ତ୍ରୀ ଭାବରେ ସାରା ଭାରତବର୍ଷର ସ୍ୱାସ୍ଥ୍ୟ ବ୍ୟବସ୍ଥାକୁ ବିଶେଷ ଭାବରେ ଦେଖିବାର ମୁଁ ସୁଯୋଗ ପାଇଥିଲି । କିନ୍ତୁ ରକ୍ତସଂଗ୍ରହ ଅଭିଯାନ କ୍ଷେତ୍ରରେ 'ଜୀବନବିନ୍ଦୁ', 'ଓଡ଼ିଶା ମୋ ପରିବାର' ଏକ ସ୍ୱତନ୍ତ୍ର ବ୍ୟବସ୍ଥା । 'ଜୀବନବିନ୍ଦୁ' ରକ୍ତଦାତାକୁ ସମ୍ବର୍ଦ୍ଧିତ କରିବାବେଳେ ମାନ୍ୟବର ନବୀନବାବୁଙ୍କ ମୁଖମଣ୍ଡଳ ଅଦ୍ଭୁତ ଔଜ୍ଜ୍ୱଲ୍ୟରେ ପୂରିଉଠିବା ମୁଁ ଅନୁଭବ କରିଛି । ସେ ଯେଉଁ କେତୋଟି ସମସ୍ୟାକୁ ଗୁରୁତ୍ୱ ଦେଇଛନ୍ତି ତା' ଭିତରେ ରହିଛି ଓଡ଼ିଶାବାସୀଙ୍କ ସ୍ୱାସ୍ଥ୍ୟସେବା ବ୍ୟବସ୍ଥାକୁ ସଜାଡ଼ିବା । ସମ୍ବଲପୁରର ଏକ ଡାକ୍ତରଖାନା ଉଦ୍‌ଘାଟନ ସମୟରେ ତାଙ୍କ ପାଖରେ ମୁଁ ଉପସ୍ଥିତ ଥିଲି, ଉଦ୍‌ଘାଟନ କରିବା ପରେ ରୋଗୀମାନଙ୍କ ଅବସ୍ଥା ଦେଖିବାକୁ ସେ ଡାକ୍ତରଖାନା ଭିତରକୁ ଯାଇଥିଲେ । କିନ୍ତୁ ଡାକ୍ତରଖାନାରେ ରୋଗୀମାନଙ୍କ ପାଇଁ ଯେଉଁ ବ୍ୟବସ୍ଥା ଥିଲା, ତାହା ତାଙ୍କୁ ବ୍ୟଥିତ କରିଥିଲା ।

ଗାଡ଼ି ଭିତରକୁ ଆସିଲା ପରେ ବେଶ୍ କଡ଼ା ଭାଷାରେ ମୋତେ ଦୁଇପଦ କହି ଏସବୁରେ ସଂସ୍କାର ଆଣିବାକୁ ନିର୍ଦ୍ଦେଶ ଦେଇଥିଲେ। ଆଜି ମୁଁ ସ୍ୱାସ୍ଥ୍ୟ ବିଭାଗରେ ନାହିଁ ସତ, କିନ୍ତୁ ସେଦିନର ମୁଖ୍ୟମନ୍ତ୍ରୀଙ୍କ ମନର ଭାଷା ମୋ ପାଇଁ ଅବୁଝା ନ ଥିଲା। ତିନିଟି ମେଡିକାଲ୍ କଲେଜରୁ ଆଜି ୧୭ ମେଡିକାଲ୍ କଲେଜ ଓ ୨୦୨୪ ବେଳକୁ ଓଡ଼ିଶା ଗୋଟେ ଡାକ୍ତରବଳକା ରାଜ୍ୟରେ ପରିଣତ ହେବାକୁ ଯାଇଛି। କେବଳ ସେତିକି ନୁହେଁ, ଗାଁଠାରୁ ସହର ପର୍ଯ୍ୟନ୍ତ ପ୍ରତ୍ୟେକ ଡାକ୍ତରଖାନା ଆଜି ଦିଲ୍ଲୀ-ବମ୍ବେର ବେସରକାରୀ ହାସପାତାଳ ଠାରୁ କୌଣସି ଗୁଣରେ କମ୍ ନୁହେଁ। କୋଭିଡ୍ ସମୟରେ ଅନ୍ୟ ରାଜ୍ୟକୁ ଅକ୍ସିଜେନ୍ ଯୋଗାଇବାରେ ଓଡ଼ିଶା ଯେଉଁ ଗୁରୁତ୍ୱପୂର୍ଣ୍ଣ ଭୂମିକା ନେଇଥିଲା ସେଥିରୁ ଓଡ଼ିଶାର ନେତା ନବୀନବାବୁଙ୍କ ସ୍ୱାସ୍ଥ୍ୟ ସଚେତନତାର ପ୍ରମାଣ ମିଳୁଛି।

ବିଜୁ ଜନତା ଦଳର ଶୀର୍ଷାରୋହଣ :

କ୍ରାନ୍ତିକାରୀ ରାଜନେତା ବିଜୁ ପଟ୍ଟନାୟକଙ୍କ ଦେହାନ୍ତ ପରେ ୧୯୯୭ ମସିହା ଡିସେମ୍ବର ୨୬ ତାରିଖରେ ନବୀନବାବୁଙ୍କ ସଭାପତିତ୍ୱରେ ବିଜୁ ଜନତା ଦଳ ଗଢ଼ିଉଠିଲା। ଦୀର୍ଘ ବର୍ଷର କ୍ରମାଗତ ରାଜନୀତିକ ସଫଳତାର ଅଧିନାୟକ ଭାବରେ ଦଳର ସୁପ୍ରିମୋ ନବୀନ ପଟ୍ଟନାୟକ ଜଣେ ଯଶସ୍ୱୀ ରାଜନୀତିଜ୍ଞ ହେବାର ସିଦ୍ଧି ହାସଲ କରିଛନ୍ତି, ବିଜେଡି ଆଞ୍ଚଳିକ ଦଳ ଭାବରେ ଯୁଗାନ୍ତକାରୀ କୀର୍ତ୍ତିମାନ ସ୍ଥାପନ କରିପାରିଛି।

ଯେତେବେଳେ ରାଜ୍ୟରେ ରାଜନୀତିକ କ୍ଷମତାରେ କଂଗ୍ରେସ ସରକାର କ୍ଷମତାସୀନ ଥିଲା, ସେତେବେଳେ କଂଗ୍ରେସ ବିରୋଧରେ ବିଜେଡିର ସାରଥୀ ସାଜିଥିଲେ ନବୀନବାବୁ। ଓଡ଼ିଶାର ଗ୍ରାମୀଣ ସମାଜ, ବେକାରୀ ସମସ୍ୟା, ସ୍ୱାସ୍ଥ୍ୟ, ଶିକ୍ଷା, ଶିଳ୍ପ, ବିଜ୍ଞାନ, ସଂସ୍କୃତି ଓ କଳାକୁ ନେଇ ବିଜୁ ପଟ୍ଟନାୟକଙ୍କ ଯେଉଁ ସ୍ୱପ୍ନ ଥିଲା ତାହାକୁ ନବୀନ ପଟ୍ଟନାୟକ ସାକାର କରିବାକୁ ଚେଷ୍ଟା କରିଆସିଛନ୍ତି। ପିତାଙ୍କ ସ୍ୱପ୍ନକୁ ସାକାର କରି ଓଡ଼ିଶାକୁ ଶୀର୍ଷାରୋହଣ କରାଇବା ତାଙ୍କର ଲକ୍ଷ୍ୟ। ତାଙ୍କର ଏଇ ଦୀର୍ଘବର୍ଷର ଅବିଶ୍ରାନ୍ତ

ପ୍ରୟାସ ଆଞ୍ଚଳିକ ଦଳ ଭାବରେ ବିଜୁ ଜନତା ଦଳକୁ ଲୋକପ୍ରିୟତାର ଶୀର୍ଷରେ ପହଞ୍ଚାଇଛି। ସାଧାରଣ ଜନତାର ସେବାରେ ସମର୍ପିତ ବିଜେଡି ସଫଳତାର ସହିତ ତା'ର ସୁଦୀର୍ଘ ଯାତ୍ରାପଥ ଅତିକ୍ରମ କରିଛି।

ବେଲ୍‌ଜିୟମ୍‌ରେ ନବୀନ ଓ ଓଡ଼ିଶା କଥା :

ଗୋଟିଏ ଜାତି ତା'ର ସାଂସ୍କୃତିକ ରୂପରେଖକୁ ନେଇ ପ୍ରତିଷ୍ଠା ଅର୍ଜନ କରେ। ସଂସ୍କୃତି ଭିତରେ କଳା, ସାହିତ୍ୟ, କ୍ରୀଡ଼ା, ନୃତ୍ୟ ଏବଂ ଦର୍ଶନ ମଧ୍ୟ ମୁଖ୍ୟ ଭୂମିକା ବହନ କରନ୍ତି। ଏକଦା ଓଡ଼ିଶା ଭୂଗୋଳର ମାନଚିତ୍ରରେ ଗୋଟିଏ ଛୋଟ ରାଜ୍ୟ ଭାବରେ ରହିଥିଲା। ସମୟାନୁକ୍ରମେ ଆମ ରାଜ୍ୟ ଓଡ଼ିଶା ବିଶେଷଣରେ ଭରା ଏକ ରାଜ୍ୟରେ ପରିଣତ ହୋଇଯାଇଛି। ଏ ଅନୁଭବ ମୋ ପାଇଁ କେବଳ ନୁହେଁ, ସମଗ୍ର ଓଡ଼ିଶାବାସୀଙ୍କ ମନରେ ମଧ୍ୟ ଆତ୍ମବିଶ୍ୱାସର ବୀଜ ବପନ କରିସାରିଛି। ଦେଶ-ବିଦେଶରେ ଓଡ଼ିଶା ନାଁଟି ଆଉ ଅଜଣା-ଅଶୁଣା ହୋଇ ନାହିଁ।

ଗତ କିଛିମାସ ତଳେ ମୁଁ ସମବାୟ ବିଭାଗର ଏକ କାର୍ଯ୍ୟକ୍ରମରେ ବେଲ୍‌ଜିୟମ୍ ଯାଇଥିଲି। ବେଲ୍‌ଜିୟମ୍ ଠାରେ ଥିବା ଲୁଭେନ୍ ବିଶ୍ୱବିଦ୍ୟାଳୟରେ ମୋର ଭାଷଣ ଦେବାର କାର୍ଯ୍ୟକ୍ରମ ଥିଲା। ସେହି କାର୍ଯ୍ୟକ୍ରମରେ ଇଉରୋପ ଓ ଆଖପାଖ ଅଞ୍ଚଳର ବହୁ ବିଶିଷ୍ଟ ଶିକ୍ଷାବିତ୍ ଏବଂ ବୁଦ୍ଧିଜୀବୀ ଉପସ୍ଥିତ ଥିଲେ। ମୁଖ୍ୟତଃ ପ୍ରାୟ ସମସ୍ତେ ଇଉରୋପ ମହାଦେଶର ଥିଲେ। ନିଜର ପରିଚୟ ଦେବା ପୂର୍ବରୁ ମୁଁ ପଚାରିଥିଲି- ଆପଣମାନେ ନିଶ୍ଚିତ ଜାଣିଥିବେ ମୁଁ କେଉଁଠୁ ଆସିଛି !

ସେଥିରୁ ଜଣେ ଦୁଇଜଣ ସିଧାସଳଖ କହିଲେ- ଆପଣ ଭାରତରୁ ଆସିଛନ୍ତି।

ମୁଁ ତା'ପରେ ଟିକେ ଅଧିକ ଅନୁସନ୍ଧିତ୍ସୁ ହୋଇ ପଚାରିଥିଲି- ଭାରତରୁ ଆସିଛି କହିବା ଠିକ୍ ଅଛି। କିନ୍ତୁ ମୁଁ ଭାରତର କେଉଁ ରାଜ୍ୟରୁ ଆସିଛି ଆପଣଙ୍କ ପାଖରେ କିଛି ଖବର ଅଛି ?

ଜଣେ ମହିଳା ପ୍ରଫେସର ଉତ୍ତର ଦେଇଥିଲେ- ହଁ ଆମେ ଜାଣିଛୁ ଆପଣ ଯେଉଁ ସ୍ଥାନରୁ ଆସିଛନ୍ତି। ସେଠାରୁ ଆମ ଦେଶ ବେଲ୍‌ଜିୟମ୍ ୨୦୧୮ ମସିହାରେ ହକି ବିଶ୍ୱକପ୍ ପୁରସ୍କାର ଆଣିକି ଆସିଛି।

ଏତିକି କହିବା ସହିତ ସେ ମଧ୍ୟ ଯୋଡ଼ିଥିଲେ ଯେ ହକି ଖେଳ ପାଇଁ ବେଲ୍‌ଜିୟମ୍ ପ୍ରସିଦ୍ଧି ଲାଭ କରିଛି। ଆମେ ହକି ଖେଳକୁ ଅଧିକ ଭଲପାଉ ଏବଂ ବିଶ୍ୱର ସବୁଠାରୁ ବଡ଼ ହକି ଷ୍ଟାଡିୟମ୍ ଆପଣଙ୍କ ରାଜ୍ୟରେ ଅଛି।

ଏହା ଥିଲା ଜଣେ ବିଦେଶୀ ମହିଳା ପ୍ରଫେସରଙ୍କ ମନ୍ତବ୍ୟ। ଏ କଥା ପଦକ ଶୁଣି ମୋ ଛାତି କୁଣ୍ଢେମୋଟ ହୋଇଯାଇଥିଲା। ଦିନ ଥିଲା ଯେତେବେଳେ ଆମେ ଓଡ଼ିଶା ଛାଡୁଥିଲୁ, ଦିଲ୍ଲୀକୁ ଆସୁଥିଲୁ ବା ବମ୍ବେକୁ ଯାଉଥିଲୁ, ଓଡ଼ିଶା କେଉଁଠି ବୋଲି ଲୋକେ ଆମକୁ ପଚାରୁଥିଲେ। କିନ୍ତୁ ଆଜି ଦିନ ଏଭଳି ସ୍ଥିତିରେ ପହଞ୍ଚିଛି ଯେ, ଭାରତ ବାହାରେ ଇଉରୋପ ମହାଦେଶରେ ମଧ୍ୟ ଓଡ଼ିଶା ତା'ର ପରିଚୟକୁ ପ୍ରତିଷ୍ଠିତ କରାଇଛି। କେବଳ ସେତିକି ନୁହେଁ, ଅନେକ ବିଦେଶୀ ପ୍ରଫେସର ଓ ସେଠାରେ ଉପସ୍ଥିତ ଥିବା ବ୍ୟକ୍ତି ଓଡ଼ିଶାର ମୁଖ୍ୟମନ୍ତ୍ରୀ ନବୀନ ପଟ୍ଟନାୟକଙ୍କୁ ଜାଣନ୍ତି ଜଣେ ଭଲ ଲେଖକ, ଭଲ ପ୍ରଶାସକ ଏବଂ ରାଜ୍ୟ ମୁଖ୍ୟ ହିସାବରେ। ତାହା ଆମର ଗୌରବର କଥା।

ଦ୍ୱିତୀୟ କଥାଟି ହେଲା- ଇତିମଧ୍ୟରେ ଗତ ଦୁଇବର୍ଷ ଭିତରେ ଦୁବାଇ ଯାଇଛି। ନବୀନବାବୁଙ୍କ ସହିତ ଗୋଟିଏ କାର୍ଯ୍ୟକ୍ରମରେ ଦୁବାଇରେ ମୁଁ ଯୋଗ ଦେଇଥିଲି। ଓଡ଼ିଆମାନଙ୍କ ସମ୍ମିଳନୀ ହୋଇଥିଲା। ମୁଁ ଲକ୍ଷ୍ୟ କରିଥିଲି ଦୁବାଇରେ ରହୁଥିବା ଓଡ଼ିଶାର ଲୋକମାନେ କେବଳ ନୁହନ୍ତି, ସେଠାରେ ରହୁଥିବା ବିଦେଶୀମାନଙ୍କର ମଧ୍ୟ ଥିଲା ନବୀନବାବୁଙ୍କ ପ୍ରତି ପ୍ରଗାଢ଼ ଭଲପାଇବା, ତାଙ୍କ ସହିତ ମୁହୂର୍ତ୍ତଟିଏ ସାକ୍ଷାତ କରିବା ପାଇଁ ସେମାନଙ୍କ ଭିତରେ ଅନ୍ତରଙ୍ଗ ଉତ୍ସୁକତା ରହିଥିଲା। ତାହା ମୋତେ ଚକିତ କରିଥିଲା।

ଦିନ ଥିଲା ଅଶୀ ଦଶକରେ ଓଡ଼ିଶାର ପରିଚୟ ବିଦେଶୀ ଗଣମାଧ୍ୟମରେ ଏକ ଦରିଦ୍ର ରାଜ୍ୟ ହିସାବରେ ରହିଥିଲା। ଓଡ଼ିଶା ଗୋଟେ ଭୋକିଲା ଲୋକଙ୍କ ରାଜ୍ୟ, ଏଠି କଳାହାଣ୍ଡି ଭଳି ଅଞ୍ଚଳ ଅଛି, ଯେଉଁଠି ଲୋକ ଖାଇବାକୁ ପାଆନ୍ତିନି। ଏହିଭଳି ଖବର ଅନେକଥର ବିଦେଶୀ ପତ୍ରପତ୍ରିକାରେ ପ୍ରକାଶିତ ହୋଇଛି। ସେହି ସମୟରେ ଛାତ୍ର ଅବସ୍ଥାରେ ମଧ୍ୟ ଏହି ଘଟଣାକୁ ମୁଁ ଅନୁଧ୍ୟାନ କରିଛି। ଅଥଚ ଆଜି ମୁଁ ଅନୁଭବ କରୁଛି,

କେବଳ ଭାରତବର୍ଷ ନୁହେଁ, ଭାରତବର୍ଷ ବାହାରେ ମଧ୍ୟ ଓଡ଼ିଶା ଏକ ଖାଦ୍ୟବଳକା ରାଜ୍ୟରେ ପରିଗଣିତ ହେଉଛି । ଖାଦ୍ୟ ସୁରକ୍ଷା ଅଭିଯାନରେ ଏହା ଅନ୍ୟ ରାଜ୍ୟକୁ ବେଶ୍ ପଛରେ ପକାଇ ଭାରତବର୍ଷରେ ଆଗରେ ରହିଥିବା କଥାକୁ ଜାତିସଂଘ ମଧ୍ୟ ସ୍ୱୀକାର କରିଛି । ଗତ ଦୁଇବର୍ଷ ତଳେ ମାନ୍ୟବର ତତ୍କାଳୀନ ମୁଖ୍ୟମନ୍ତ୍ରୀ ଇଟାଲୀ ଗସ୍ତରେ ଥିଲେ । ବିଶ୍ୱ ଖାଦ୍ୟ ଯୋଜନା (World Food Programme) ତରଫରୁ ରାଜ୍ୟର ଖାଦ୍ୟ ସୁରକ୍ଷା ଯୋଜନା କାର୍ଯ୍ୟକ୍ରମ ପାଇଁ ତାଙ୍କୁ ସମ୍ବର୍ଦ୍ଧିତ କରାଯାଇଥିଲା । ସେତେବେଳେ ଏହି ବିଭାଗର ମନ୍ତ୍ରୀ ହୋଇଥିବାରୁ ନିଶ୍ଚିତ ଭାବରେ ମୁଁ ତ ଗର୍ବ ଅନୁଭବ କରିଥିଲି । ଓଡ଼ିଶାକୁ ଖାଦ୍ୟଶସ୍ୟ କ୍ଷେତ୍ରରେ ବଳକା ରାଜ୍ୟରେ ପରିଣତ ହେବାର ଯେଉଁ ସଫଳତା ମିଳିଛି ଓ ଓଡ଼ିଶାର ଚାଉଳ, ଓଡ଼ିଶାର ଖାଦ୍ୟଶସ୍ୟ; ଭାରତବର୍ଷର କିଛି ଅଭାବୀ ଅଞ୍ଚଳକୁ ମଧ୍ୟ ଯାଇପାରୁଛି, ତାହା କିଛି ସାମାନ୍ୟ ସଫଳତା ନୁହେଁ । କେବଳ ଖାଦ୍ୟ ସୁରକ୍ଷା ଯୋଜନା କ୍ଷେତ୍ରରେ ନୁହେଁ, ମୁଖ୍ୟମନ୍ତ୍ରୀ ଭାବେ ନବୀନ ପଟ୍ଟନାୟକଙ୍କର ଯେଉଁ ଜନାଭିମୁଖୀ କାର୍ଯ୍ୟକ୍ରମ ରହିଥିଲା ସେଇ କାର୍ଯ୍ୟକ୍ରମ ଓଡ଼ିଶାର ପରିଚୟକୁ ନିଶ୍ଚିତ ଭାବରେ ଆଗରେ ରଖିଛି । ଦିନ ଥିଲା- ବାତ୍ୟା, ବନ୍ୟା ହେବା ମାତ୍ରେ ଶହ ଶହ ଲୋକ ମୃତ୍ୟୁବରଣ କରୁଥିଲେ । ୧୯୭୧ ମସିହାରେ ଯେଉଁ ମହାବାତ୍ୟା ହୋଇଥିଲା, ସେ ସମୟରେ ଦଶ ହଜାର ଲୋକ କେନ୍ଦ୍ରାପଡ଼ା ଜିଲ୍ଲାରେ, ରାଜନଗର ଅଞ୍ଚଳରେ ମୃତ୍ୟୁବରଣ କରିଥିଲେ । ସ୍ୱର୍ଗତ ବିଜୁ ପଟ୍ଟନାୟକ ସେ ଅଞ୍ଚଳର ଜମ୍ବୁଦ୍ୱୀପରେ ପହଞ୍ଚି କହିଥିଲେ- ଦଶହଜାର ଲୋକ ମୃତ୍ୟୁବରଣ କଲେ, କିନ୍ତୁ ଆଉ ଗୋଟିଏ ଲୋକକୁ ମରିବାକୁ ବିଜୁ ପଟ୍ଟନାୟକ ଦେବନାହିଁ । ଏକଥା ମୁଁ ପୂର୍ବରୁ ଉଲ୍ଲେଖ କରିଛି ।

ବିଜୁବାବୁ ସେଦିନ ଯେଉଁ ସଂକଳ୍ପ ନେଇଥିଲେ, ମୁଖ୍ୟମନ୍ତ୍ରୀ ଭାବେ ନବୀନ ପଟ୍ଟନାୟକ ତାହାକୁ ଫଳପ୍ରସୂ କରାଇଛନ୍ତି । ବିଗତ ଦିନରେ ଅନେକ ବାତ୍ୟା ସଂଘଟିତ ହୋଇଛି, ଫାଇଲିନ୍‌ଠାରୁ ଆରମ୍ଭ କରି ହୁଡ୍‌ହୁଡ୍ ପର୍ଯ୍ୟନ୍ତ । କିନ୍ତୁ ନବୀନବାବୁଙ୍କ ଜିରୋ କାଜୁଆଲ୍‌ଟି ନିର୍ଦ୍ଦେଶ କାର୍ଯ୍ୟକାରୀ ହୋଇଛି । ଏଥିପାଇଁ ଜାତିସଂଘ ମଧ୍ୟ Disaster Management ନିମନ୍ତେ ଓଡ଼ିଶାକୁ

ସମ୍ବର୍ଦ୍ଧିତ କରିଛନ୍ତି। ସ୍ୱାସ୍ଥ୍ୟକ୍ଷେତ୍ରଠାରୁ ଆରମ୍ଭ କରି ଯୋଗାଯୋଗ ପର୍ଯ୍ୟନ୍ତ ପ୍ରତ୍ୟେକ କ୍ଷେତ୍ରରେ ଓଡ଼ିଶାର ଯେଉଁ ରୂପାନ୍ତରଣ ହୋଇଛି, ତାହା ନିଶ୍ଚିତ ଭାବରେ ନବୀନବାବୁଙ୍କ ଅତୁଳନୀୟ ନେତୃତ୍ୱର ପ୍ରମାଣ ପ୍ରଦାନ କରେ।

ରୂପାନ୍ତରିତ ଓଡ଼ିଶା :

ଆଉ ମାତ୍ର ୧୨ବର୍ଷ ପରେ ସ୍ୱତନ୍ତ୍ର ଭାଷାଭିତ୍ତିକ ରାଜ୍ୟ 'ଓଡ଼ିଶା' ଗଠନକୁ ଶହେବର୍ଷ ପୂରିବ। ୨୦୩୬ ମସିହା ସୁଦ୍ଧା 'ବିକଶିତ ଓଡ଼ିଶା' ଗଠନର ସ୍ୱପ୍ନକୁ ସାକାର କରାଇବାକୁ ସତରେ କ'ଣ ଆମେ ସକ୍ଷମ ? ଅତୀତରେ ଏଭଳି ପ୍ରଶ୍ନ କାହିଁ କେଜାଣି ବେଳେବେଳେ ମୋ ମନକୁ ଆନ୍ଦୋଳିତ କରୁଥିଲା ? ସାମ୍ବାଦିକତା କରିବାବେଳେ ହେଉ ଅବା ପୁଣି ନୂଆ ନୂଆ ରାଜନୀତିରେ ପାଦ ଦେଇ ବିଧାୟକଟିଏ ହେଲାପରେ ବି। କିନ୍ତୁ କେବେ ମନର କଥାକୁ ପରିପ୍ରକାଶର ସୁଯୋଗ ପାଇ ନଥିଲି। ଭୟ ଥିଲା କେହି କାଳେ ଏହି କଥାକୁ ଅନ୍ୟ ଅର୍ଥରେ ନେବେ। ପିଲାଦିନେ ବାପାମା'ଙ୍କୁ ଦେଖିଛି। ସମାଜ ଓ ସାଧାରଣ ଲୋକଙ୍କ ପାଇଁ କିଛି କରିବାକୁ ସେମାନଙ୍କ ଭିତରେ ଥିବା ବ୍ୟାକୁଳତାକୁ ବି ଅନୁଭବ କରିଛି।

କଲେଜ ପାଠପଢ଼ା ସରିବାପରେ ସାମ୍ବାଦିକତାକୁ ବୃତ୍ତି କଲି, ଆଉ ସେହି ସମୟରେ ଯୁବସୁଲଭତା ମଧ୍ୟରେ ଏହି ପ୍ରଶ୍ନଗୁଡ଼ିକ ମନକୁ ଆନ୍ଦୋଳିତ କରୁଥିଲା। ବିଜୁବାବୁଙ୍କ ଦ୍ୱାରା ଆମ କେନ୍ଦ୍ରାପଡ଼ାକୁ ନୂଆ ଜିଲ୍ଲା ଗଠନର ଖୁସି ଦେଖିଛି, ୧୯୯୯ ମହାବାତ୍ୟାର ଧ୍ୱଂସବିଧ୍ୱସ୍ତ କେନ୍ଦ୍ରାପଡ଼ାକୁ ବି ଦେଖିଛି। ଆମ ଜିଲ୍ଲାକୁ ଭଲ ରାସ୍ତାଟିଏ କେବେ ମିଳିବ ? ଆମ ଗାଁ ପାଖରେ ଭଲ ବ୍ରିଜ୍‌ଟିଏ ହେବ କେବେ ? ଆମ ଜିଲ୍ଲାରେ ବଡ଼ ବଡ଼ ଶିଳ୍ପ ହୁଅନ୍ତା ନାହିଁ ? ଯଦି ଏସବୁ ମୋ ଜିଲ୍ଲାରେ ହେଉନି ତା'ହେଲେ ଆମ ରାଜ୍ୟ ଯେତେବେଳେ ପ୍ରଦେଶ ଗଠନର ଶହେବର୍ଷ ପୂର୍ତ୍ତି ପାଳିବ, କାହାକୁ ନେଇ ଆମେ ଗର୍ବ କରିବା ? ଅବଶ୍ୟ ରାଜ୍ୟ ଓ ସମାଜର ମଙ୍ଗଳ ପାଇଁ ଚିନ୍ତା କରୁଥିବା ପ୍ରତ୍ୟେକ ଯୁବବର୍ଗଙ୍କ ଭିତରେ ଏଭଳି ପ୍ରଶ୍ନ ଆନ୍ଦୋଳିତ ହେବା ସ୍ୱାଭାବିକ।

ସବୁକଥାକୁ ବସ୍ତୁନିଷ୍ଠ ଭାବରେ ସଂପୂର୍ଣ୍ଣ ନିରପେକ୍ଷ ଅନୁଶୀଳନ କରି ମୁଁ ଆଶ୍ୱସ୍ତ ହୋଇଥିଲି ଯେ ମୋ ଓଡ଼ିଶା ସଠିକ୍ ମାର୍ଗରେ ଯାଉଛି, ଏହାର ନେତୃତ୍ୱ ଯୋଗ୍ୟତମ ବ୍ୟକ୍ତିଙ୍କ ହାତରେ ଥିଲା। ବିକାଶର ରଥକୁ

ଲକ୍ଷ୍ୟସ୍ଥଳରେ ପହଞ୍ଚାଇବା ଥିଲା ଯାହାଙ୍କର ଏକମାତ୍ର ଧ୍ୟେୟ। ଯେଉଁ ରୂପାନ୍ତର ମାର୍ଗକୁ ସେ ସୁଗମ କରିଥିଲେ ସେଥିରେ ବିକଶିତ ଓଡ଼ିଶା ଗଠନର ସଂକଳ୍ପ ଯେ ସିଦ୍ଧ ହୋଇଥାନ୍ତା ସେଥିରେ ତିଳାର୍ଦ୍ଧ ଦ୍ୱିଧାର କିଛି ଅବକାଶ ହିଁ ନଥିଲା !

ମୁଁ ରାଜ୍ୟ ସରକାରଙ୍କ ଅଂଶବିଶେଷ କି ଶାସକ ଦଳର ବିଧାୟକଟିଏ ଥିଲି ବୋଲି ଏକଥା କହୁନି। ଏଭଳି କିଛି ଉଦାହରଣ ବା ପ୍ରମାଣ ଆମ ସମସ୍ତ ଓଡ଼ିଶାବାସୀଙ୍କ ସାମ୍ନାରେ ରହିଛି ଯାହା ମୋ ଭିତରେ ଦୃଢ଼ ଆତ୍ମବିଶ୍ୱାସ ସୃଷ୍ଟି କରିପାରିଛି।

ଏଭଳି କିଛି ଘଟଣାକ୍ରମ ଆମେ ଦେଖିପାରିବା:

- ଝାଡ଼ଖଣ୍ଡ ସରକାର ନିଜର ଅକ୍ଷମତା ପ୍ରକାଶ କଲେ ଓ ଆମ ଓଡ଼ିଶା ସରକାର ମାତ୍ର ୯୦ ଦିନ ମଧ୍ୟରେ ୨୦୧୭ ଜୁଲାଇ ମାସରେ ଏସିଆନ୍ ଆଥଲେଟିକ୍ ଚାମ୍ପିଅନସିପ୍ ପ୍ରତିଯୋଗିତାର ସଫଳ ଆୟୋଜନ କଲେ।
- ୨୦୧୮ ଓ ୨୦୨୩ ମସିହାରେ ପୁରୁଷ ବିଶ୍ୱକପ୍ ହକି ମ୍ୟାଚ୍ ସଫଳ ଭବ୍ୟ ଆୟୋଜନ ସମ୍ଭବପର ହେଲା।
- ୨୦୧୯ ଫନି ବାତ୍ୟା ବେଳେ ନିର୍ଦ୍ଧାରିତ ସମୟସୀମା ଭିତରେ ଲକ୍ଷ ଲକ୍ଷ ଲୋକଙ୍କୁ ସୁରକ୍ଷିତ ସ୍ଥାନକୁ ସ୍ଥାନାନ୍ତର କରି 'ଜିରୋ କାଜୁଆଲିଟି' ପାଇଁ ଜାତିସଂଘର ପ୍ରଶଂସାପତ୍ର ମିଳିଲା।
- ଚାଷୀଙ୍କ ପାଇଁ 'କାଳିଆ' ଯୋଜନାକୁ ୧୫ ଦିନ ମଧ୍ୟରେ କାର୍ଯ୍ୟକ୍ଷମ ଓ ସମସ୍ତଙ୍କୁ ମାଗଣା ସ୍ୱାସ୍ଥ୍ୟ ଯୋଜନା 'ବିଜୁ ସ୍ୱାସ୍ଥ୍ୟ କଲ୍ୟାଣ ଯୋଜନା'କୁ ୩୦ ଦିନ ମଧ୍ୟରେ ବାସ୍ତବ ରୂପ ଦେଇପାରିଲେ ଆମ ସରକାର।
- ମାତ୍ର ୧୫ ମାସ ମଧ୍ୟରେ ବିଶ୍ୱର ସର୍ବବୃହତ୍ ହକି ଷ୍ଟାଡିୟମ ରାଉରକେଲାରେ ନିର୍ମାଣ ସମ୍ଭବପର ହୋଇପାରିଲା।
- ଶତାବ୍ଦୀର ସବୁଠୁ ଭୟାବହ ମହାମାରୀ 'କରୋନା'ର ମୁକାବିଲା ପାଇଁ ସମସ୍ତଙ୍କୁ ନିର୍ଦ୍ଧାରିତ ଅବଧି ମଧ୍ୟରେ ମାଗଣା

ପ୍ରତିଷେଧକ ଟିକା ଓ ବିଭିନ୍ନ ରାଜ୍ୟକୁ ମାଗଣାରେ ଅକ୍ସିଜେନ୍ ଯୋଗାଣ ।

- ସମ୍ବଲପୁରର ଅଧିଷ୍ଠାତ୍ରୀ ଦେବୀ ମା' ସମଲେଇଙ୍କ ମନ୍ଦିର ଓ ଗଞ୍ଜାମର ତାରାତାରିଣୀ ମନ୍ଦିର ଭିତ୍ତିଭୂମିର ରୂପାନ୍ତର ବି ହୋଇଛି ।
- ଭୁବନେଶ୍ୱର ସହରରେ ମେଟ୍ରୋ ଟ୍ରେନ୍ ଚାଲିବା ପାଇଁ ମୂଳଦୁଆ ପଡ଼ିସାରିଛି ।
- ଦୁର୍ଗମ ମାଲକାନଗିରିରେ ଏବେ ବିମାନ ବନ୍ଦର ନିର୍ମାଣ ସରିଛି ।

କେହି କ'ଣ କେବେ ସ୍ୱପ୍ନରେ ଭାବିଥିଲେ ପୁରୀ ମହାପ୍ରଭୁ ଶ୍ରୀଜଗନ୍ନାଥଙ୍କ ମନ୍ଦିର ଚାରିପଟେ ଏଭଳି ପ୍ରଶସ୍ତ ମାର୍ଗ ଖୋଲିବ ? ଆଉ ଓଡ଼ିଶାର କଳାସଂସ୍କୃତିକୁ ବହନ କରୁଥିବା କୀର୍ତ୍ତିରାଜି ଝଲସିବ ? ଯିଏ ପୁରୀ ଶ୍ରୀମନ୍ଦିର ଦର୍ଶନରେ ଯିବ ସିଏ ଶ୍ରୀମନ୍ଦିର ପରିକ୍ରମା ପ୍ରକଳ୍ପକୁ ପ୍ରଶଂସା ନକରି ରହିପାରିବନି ।

ବାଉନବଜାର ତେପନଗଳି କଟକ ସହରର ତାଳଦଣ୍ଡା କେନାଲ କେବେ ପର୍ଯ୍ୟଟକଙ୍କ ପସନ୍ଦର ସ୍ଥାନ ପାଲଟିବ ?

କଟକର ବସ୍‌ଷ୍ଟାଣ୍ଡର ରୂପ ଆଧୁନିକ ବିମାନବନ୍ଦର ଭଳି ହେବ ?

ଆଉ କଟକ ବଡ଼ମେଡିକାଲରେ ଅତ୍ୟାଧୁନିକ ଚିକିତ୍ସା ଭିତ୍ତିଭୂମି ଓ ଚିକିତ୍ସା ସୁବିଧା ମିଳିବ ?

କିନ୍ତୁ ଏସବୁ ଏବେ ବାସ୍ତବ ରୂପ ନେଇସାରିଛି । ୨୦୧୯ ମସିହା ପରଠୁ 'ରୂପାନ୍ତର ଓ ସଶକ୍ତ ଓଡ଼ିଶା' ଅନ୍ୟମାନଙ୍କ ପାଇଁ ଉଦାହରଣ ପାଲଟିଛି ।

ମାନ୍ୟବର ନବୀନବାବୁ ଓଡ଼ିଶାର ଶାସନ ବ୍ୟବସ୍ଥାରେ ଏକ ବୈପ୍ଲବିକ ପରିବର୍ତ୍ତନ ଆଣିଛନ୍ତି । ଏଭଳି ଏକ ମଡେଲ୍ ଯାହା ସାଧାରଣ ଜନଜୀବନରେ ଶୀଘ୍ର ଅନୁଭୂତ ହେଉଛି । ଲୋକଙ୍କ ଭରସା ବଢ଼ିଛି, ନିର୍ଦ୍ଦିଷ୍ଟ ସମୟସୀମା ଭିତରେ ରାଜ୍ୟର ଭିତ୍ତିଭୂମି ବିକାଶ ତ୍ୱରାନ୍ୱିତ ହେଉଛି । ଆଉ ଏହି ମଡେଲ୍‌କୁ ଦେଶର ସର୍ବୋତ୍କୃଷ୍ଟ ପ୍ରଶାସନିକ ମଡେଲ୍ କୁହାଯାଉଛି । ଯାହା ଏବେ କେବଳ ଓଡ଼ିଶାରେ ନୁହେଁ, ସମଗ୍ର ଦେଶରେ ବେଶ୍ ପରିଚିତ ।

ନୂଆ ସଶକ୍ତ ଓ ବିକଶିତ ଓଡ଼ିଶା ଗଠନ ପାଇଁ ମାନ୍ୟବର ନବୀନ ପଟ୍ଟନାୟକଙ୍କ ଏହି ଦୂରଦୃଷ୍ଟିସମ୍ପନ୍ନ ପ୍ରଶାସନିକ ସଂସ୍କାର ଓଡ଼ିଶାରେ ରୂପାନ୍ତରର ନୂଆ ଅଧ୍ୟାୟମାନ ଲେଖିଚାଲିଛି - ଏତାକୁ କେହି ଅସ୍ୱୀକାର କରିପାରିବେ ନାହିଁ।

ଓଡ଼ିଶା ବିକାଶର ମାର୍ଗକୁ ଅଧିକ କ୍ରିୟାଶୀଳ କରିବାକୁ ମାନ୍ୟବର ନବୀନ ପଟ୍ଟନାୟକ ସମଷ୍ଟିଗତ ଉଦ୍ୟମ, ବୈଷୟିକ ନିପୁଣତା, ସ୍ୱଚ୍ଛତା, ସମୟାନୁବର୍ତ୍ତିତା ଓ ରୂପାନ୍ତରୀକରଣକୁ ଅଧିକ ଗୁରୁତ୍ୱ ଦେଉଥିଲେ। ଓଡ଼ିଶା ବିକାଶ ପାଇଁ ଏହା ହିଁ ଥିଲା ତାଙ୍କର ପଞ୍ଚମନ୍ତ୍ର ! ଏଥିରେ ତାଙ୍କର ମନ୍ତ୍ରୀମଣ୍ଡଳର ସମସ୍ତ ସଦସ୍ୟ ଓ ତାଙ୍କର ବ୍ୟକ୍ତିଗତ ସଚିବ ଭି. କାର୍ତ୍ତିକେୟନ୍ ପାଣ୍ଡିଆନ୍ ସମର୍ପିତ ଭାବରେ ନିଜକୁ ନିୟୋଜିତ କରିଥିଲେ। ମୋ ମତରେ, ପଞ୍ଚମନ୍ତ୍ର ଇନିସିଏଟିଭ୍ ବିନା ରୂପାନ୍ତରିତ ଓଡ଼ିଶାକୁ ନିର୍ଦ୍ଦିଷ୍ଟ ସମୟସୀମା ମଧ୍ୟରେ ବାସ୍ତବ ରୂପ ଦେବା ସମ୍ଭବ ହୋଇ ନଥାନ୍ତା। ଏହି ପଞ୍ଚମନ୍ତ୍ର ଅଭୁତପୂର୍ବ ଭାବେ ସଫଳ ହୋଇଥିଲା।

କେବଳ ଭିତ୍ତିଭୂମିରେ ସୁଧାର ବା ଉନ୍ନତି ଆସିନି, ଲୋକଙ୍କ ସେବା କ୍ଷେତ୍ରରେ ବି ଆସିଛି ଅକଳ୍ପନୀୟ ପରିବର୍ତ୍ତନ। ସ୍ୱାସ୍ଥ୍ୟ ଓ ଶିକ୍ଷା ଭିତ୍ତିଭୂମିରେ ଆଖିଦୃଶିଆ ସୁଧାର ଆସିଛି। ଓଡ଼ିଶା ହୋଇଛି ଡାକ୍ତର ଆବଶ୍ୟକତାରେ ବଳକା ରାଜ୍ୟ, ରାଜସ୍ୱ ବଳକାରେ ଓଡ଼ିଶା ଦେଶରେ ଏକ ନମ୍ବର ରାଜ୍ୟ। ଜାତୀୟ ଖାଦ୍ୟ ସୁରକ୍ଷା ଯୋଜନାକୁ ଚାଉଳ ଯୋଗାଣରେ ଓଡ଼ିଶା ହୋଇଛି ତୃତୀୟ ସର୍ବବୃହତ୍ ଭାଗୀଦାର ରାଜ୍ୟ। ପୁଞ୍ଜିନିବେଶକୁ ଆକୃଷ୍ଟ କରିବାରେ ପ୍ରଥମ ୩ଟି ରାଜ୍ୟ ଭିତରେ ରହିଛି ଓଡ଼ିଶା। 'ବିଜୁ ସ୍ମାର୍ଟ କାର୍ଡ' ମାଧ୍ୟମରେ ରାଜ୍ୟର ସାଢ଼େ ୯୬ ଲକ୍ଷ ପରିବାରକୁ ଦେଶର ଆଗଧାଡ଼ିର ଘରୋଇ ହସ୍‌ପିଟାଲ୍‌ରେ ମାଗଣା ୧୦ ଲକ୍ଷ ଟଙ୍କା ପର୍ଯ୍ୟନ୍ତ ଚିକିତ୍ସା ସୁବିଧା ମିଳିପାରିଛି, ଯାହାକି ଦେଶର ଅନ୍ୟତମ ଶ୍ରେଷ୍ଠ ମଡେଲ୍। ସ୍କୁଲ୍ ଓ କଲେଜ ଭିତ୍ତିଭୂମିରେ ସୁଧାର ଆସିଛି। 'ଲକ୍ଷ୍ମୀ' ବସ୍ ଯୋଜନାରେ ପଞ୍ଚାୟତକୁ ସ୍ୱଳ୍ପ ଦେୟରେ ବସ୍ ଚାଲିବା ସମ୍ଭବପର ହୋଇଛି। ରାଜ୍ୟର ବିକାଶକୁ ମାନ୍ୟବର ନବୀନ ପଟ୍ଟନାୟକଙ୍କ ପଞ୍ଚମନ୍ତ୍ର ହିଁ ଅଧିକ ଗତିଶୀଳ କରାଇଛି। ମୋ କେନ୍ଦ୍ରାପଡ଼ା

ଜିଲ୍ଲାରେ ବିଶ୍ୱର ଅନ୍ୟତମ ଇସ୍ପାତ କମ୍ପାନୀ ଆର୍ସେଲର ମିତ୍ତଲ ନିପ୍ପନ ନିଜର ମେଗା ଇସ୍ପାତ ପ୍ରକଳ୍ପ ପାଇଁ କାମ ଆରମ୍ଭ କରିସାରିଛି । ସବୁ କ୍ଷେତ୍ରରେ ରାଜ୍ୟରେ ସାମଗ୍ରିକ ବିକାଶ ସମ୍ଭବପର ହୋଇପାରିଛି ।

୧୯୯୯ ମହାବାତ୍ୟା ପରର ଧ୍ୱସ୍ତବିଧ୍ୱସ୍ତ ସ୍ଥିତିକୁ ରାଜକୋଷ ଖାଲି । ନିତିଦିନିଆ ଖର୍ଚ୍ଚ ପାଇଁ ସରକାରଙ୍କୁ ରିଜର୍ଭ ବ୍ୟାଙ୍କ ଉପରେ ନିର୍ଭର କରିବାକୁ ପଡୁଥିଲା । ଓଭରଡ୍ରାଫ୍‌ଟରେ ଚାଲୁଥିଲା ରାଜ୍ୟ । ବନ୍ୟା-ବାତ୍ୟା ସାଙ୍ଗକୁ ଶିକ୍ଷା, ସ୍ୱାସ୍ଥ୍ୟ, କୃଷି, ଜଳସେଚନ ସବୁ କ୍ଷେତ୍ରରେ ପଛୁଆ ହୋଇ ରହିଥିଲା ଓଡ଼ିଶା । ୨୦୦୦ ମସିହାରେ ଏଭଳି ଭୟାନକ ସ୍ଥିତିରେ ଓଡ଼ିଶାର ଦାୟିତ୍ୱ ନେଇଥିଲେ ନବୀନ ପଟ୍ଟନାୟକ । ତାଙ୍କର ବଳିଷ୍ଠ ନେତୃତ୍ୱ, ଦୂରଦୃଷ୍ଟି ଓ ପ୍ରଶାସନିକ ସଂସ୍କାର ସହ ପ୍ରତ୍ୟେକ କାର୍ଯ୍ୟ ସାଧାରଣ ଲୋକଙ୍କ ସ୍ୱାର୍ଥ ପାଇଁ ସମର୍ପିତ ଥିଲା । ସେହି ଆଭିମୁଖ୍ୟ ଓଡ଼ିଶାକୁ ବିକାଶମାର୍ଗରେ ଆଗକୁ ନେଇଚାଲିଛି । ମାନବ୍ୟର ନବୀନ ପଟ୍ଟନାୟକଙ୍କ ପ୍ରତି ଲୋକମାନଙ୍କର ଆସ୍ଥା ଓ ଭଲପାଇବା ହିଁ 'ରୂପାନ୍ତର ଓଡ଼ିଶା'କୁ 'ବିକଶିତ ଓଡ଼ିଶା'ରେ ପରିଣତ କରାଇବାର ମୂଳସୂତ୍ର ଥିଲା ।

ମୁହୂର୍ତ୍ତସର୍ବସ୍ୱ ବର୍ତ୍ତମାନ

ମଣିଷର ବର୍ତ୍ତମାନ ଉପରେ ହିଁ ଅକ୍ତିଆର ଥାଏ। ଆଜିର ଏହି କ୍ଷଣ ତା'ଠାରୁ କ'ଣ ଚାହେଁ ଓ ସେ କ'ଣ କରିବା ଉଚିତ, ତାହା ଯଦି ଜଣେ ବୁଝିନିଏ, ତେବେ ଏହି ବର୍ତ୍ତମାନଟି ହିଁ ହୋଇଥାଏ ମୂଲ୍ୟବାନ। ମୋର ଜୀବନ ମୁହୂର୍ତ୍ତ-ମୁହୂର୍ତ୍ତମାନଙ୍କର କର୍ମମୁଖର ଗତିଶୀଳତାକୁ ନେଇ ଖୁବ୍ ଉଚ୍ଛଳ। ରାଜନୀତି ମୋ ବୃତ୍ତି ନୁହେଁ, ଏ ଜାତି ଉଦ୍ଦେଶ୍ୟରେ ମୋ ଧର୍ମରକ୍ଷାର ଏକ ସାଧନା ପୀଠ। ରାଜନୀତି ମୋ ପାଇଁ ଉପାସନା। ଆଜି ପାଇଁ, ଏଇ ମୁହୂର୍ତ୍ତ ପାଇଁ ଯାହା ଅତି ଜରୁରୀ, ତାହାକୁ ମୁଁ ସର୍ବାଧିକ ଗୁରୁତ୍ୱ ଦେଇଥାଏ।

ମୋ ଦୃଷ୍ଟିରେ 'ନବୀନ ଏକ ଅନୁଷ୍ଠାନ' :

ରାଜନୀତିକ ପ୍ରେକ୍ଷାପଟ ଯେତିକି ସହଜ ମନେହୁଏ ପ୍ରକୃତପକ୍ଷେ ତାହା ସେତିକି ସହଜ ନ ଥାଏ। କୌଣସି ମଣିଷ ରାଜନୀତିକୁ ନିଜର ବୃତ୍ତି କରିବାକୁ ହୁଏତ ପଦକ୍ଷେପ ନେଇପାରେ ମାତ୍ର ତାକୁ ନେଇ ସ୍ଥିର ରହିବା ଖୁବ୍ ଚ୍ୟାଲେଞ୍ଜିଂ। ଏହି ମର୍ମରେ ନବୀନବାବୁଙ୍କ ସମ୍ପର୍କରେ କୁହାଯାଇପାରିବ ଯେ ଏସବୁର ଉର୍ଦ୍ଧ୍ୱରେ ନିଜେ ସେ ଏକ ରାଜନୀତିକ ଅନୁଷ୍ଠାନ ପାଲଟି ଯାଇଛନ୍ତି, ସ୍ୱଚ୍ଛତାର ଏକ ଅପ୍ରତିମ ରୂପକଳ୍ପ ଭାବରେ ପରିଗଣିତ ହେଉଛନ୍ତି। ୱିଲିୟମ୍ ବଏଜ୍ ସ୍କୁଲ୍ - ଡେରାଡୁନ୍, ଦିଲ୍ଲୀ ବିଶ୍ୱବିଦ୍ୟାଳୟ ତଥା ଆମେରିକାରେ ଶିକ୍ଷାପ୍ରାପ୍ତ ନବୀନଙ୍କ ଆତ୍ମାରେ ଓଡ଼ିଶାର ଜନତା ସ୍ୱତନ୍ତ୍ର ଆସନରେ ବିରାଜିତ। ଓଡ଼ିଶାର ଜନସମାଜ ତାଙ୍କର ବିଚାରର ସ୍ୱାତନ୍ତ୍ର୍ୟ ଓ କାର୍ଯ୍ୟ କରିବାର ପ୍ରଣାଳୀକୁ ଅନୁଭବ କରିସାରିଛନ୍ତି। ବିରୋଧୀ ଦଳର ନକାରାତ୍ମକ ପ୍ରଚାର ତାଙ୍କର ବ୍ୟକ୍ତିତ୍ୱର ଔଜ୍ଜ୍ୱଲ୍ୟକୁ ସାମାନ୍ୟ ଭାବେ ମ୍ଳାନ କରିପାରିନି। ଦୁଃସ୍ଥ-ଅସହାୟ ଜନତାଙ୍କର ସୁରକ୍ଷା ପ୍ରଦାନକାରୀ ଆଶ୍ରୟର

ଏକ ରୂପକଳ୍ପ ଭାବରେ ତାଙ୍କର ଯେଉଁ ଛବି ସୃଷ୍ଟି ହୋଇଛି - ତାହାକୁ କେହି ଲିଭାଇ ପାରିବେ ନାହିଁ।

ନବୀନବାବୁ ଜଣେ ଶିଳ୍ପୀ, ସାହିତ୍ୟିକ ଓ ଐତିହାସିକ ମଧ୍ୟ। ମୋର ପ୍ରିୟ - "ସେକେଣ୍ଡ ପାରାଡାଇଜ୍" (୧୯୮୫), "ଡେଜର୍ଟ କିଙ୍ଗ୍‌ଡମ୍" (୧୯୯୦) ଓ "ଦି ଗାର୍ଡେନ୍ ଅଫ୍ ଲାଇଫ୍" (୧୯୯୩) ଭଳି ତିନିଟି ଉଚ୍ଚକୋଟୀର ପୁସ୍ତକର ସେ ସ୍ରଷ୍ଟା। ନବୀନବାବୁ ଚାହିଁଥିଲେ ତାଙ୍କର ଜୀବନକୁ ପ୍ରାଚୁର୍ଯ୍ୟପୂର୍ଣ୍ଣ ଢଙ୍ଗରେ ବଞ୍ଚିପାରିଥାନ୍ତେ, ମାତ୍ର 'ସର୍ବଜନ ହିତାୟ ଓ ସର୍ବଜନ ସୁଖାୟ' ଦୀକ୍ଷାରେ ଦୀକ୍ଷିତ ସେ।

ନବୀନଙ୍କ ଦୃଷ୍ଟି-ଦର୍ଶନ-ଦୀକ୍ଷା :

ଶାଣିତ ବିଚାର ନିପୁଣ, ଦୂରଦୃଷ୍ଟିସଂପନ୍ନ ନବୀନବାବୁ ଜଣେ ସଚେତନ ବିଦ୍ୱାନ୍। ଯଦିଓ ରାଜନୀତି ପ୍ରତି ତାଙ୍କର ଆକର୍ଷଣ ନ ଥିଲା, ସେ ଓଡ଼ିଶାର ଜନତାଙ୍କର ପ୍ରତିନିଧିତ୍ୱକାରୀ ଅଗ୍ରଦୂତ, ବିଜୁ ପଟ୍ଟନାୟକଙ୍କ ଆଦର୍ଶର ସେ ଯଥାର୍ଥ ବାହକ। ବିଜୁବାବୁଙ୍କ ଦୃଷ୍ଟି-ଦର୍ଶନ (vision)କୁ ରାଜ୍ୟବାସୀଙ୍କ କଲ୍ୟାଣ ନିମନ୍ତେ ପରୀକ୍ଷା ଏବଂ ପ୍ରୟୋଗ କରିଛନ୍ତି ସେ। ତାଙ୍କ ଶବ୍ଦରେ- " We should take his vision to our state well into the next century." ତାଙ୍କର ଦୃଷ୍ଟି ନିବଦ୍ଧ ଓଡ଼ିଶାର ପ୍ରଗତି ଉପରେ, ତାଙ୍କର ଦର୍ଶନ ଲୋକସେବା ଓ ଜନମଙ୍ଗଳ ଏବଂ ତାଙ୍କର ଦୀକ୍ଷା ଆତ୍ମସ୍ୱାର୍ଥ ତ୍ୟାଗ। ୨୦୦୦ରୁ ୨୦୨୩ ମସିହାର ଏହି ୨୩ ବର୍ଷରେ ନବୀନବାବୁ ଓଡ଼ିଶାର ମାନ୍ୟବର ମୁଖ୍ୟମନ୍ତ୍ରୀ ଭାବରେ ତାଙ୍କର ଜୟଯାତ୍ରାରେ ଓଡ଼ିଶାର ରାଜନୀତିକ ପରିମଣ୍ଡଳକୁ ଏକ ନୂତନ ଉଚ୍ଚତା ପ୍ରଦାନ କରିଛନ୍ତି। ସିକ୍କିମ୍‌ର ମୁଖ୍ୟମନ୍ତ୍ରୀ ପୱନ କୁମାର, ବଙ୍ଗଳାର ମୁଖ୍ୟମନ୍ତ୍ରୀ ଜ୍ୟୋତି ବସୁଙ୍କ ପରେ ନବୀନ ପଟ୍ଟନାୟକଙ୍କ ରାଜନୀତିକ ଭୂମିକା ବହୁଚର୍ଚ୍ଚିତ। ନବୀନଙ୍କୁ ଅନ୍ତର୍ମୁଖୀ ରାଜନେତା ବୋଲି କୁହାଯାଏ। ସଫେଦ୍ ପଞ୍ଜାବି ଓ ଚପଲ ପିନ୍ଧୁଥିବା ସାଦାସିଧା ମଣିଷ ସେ, ସରଳ ନିରାଡ଼ମ୍ବର ଜୀବନଚର୍ଯ୍ୟା, ଉଚ୍ଚତର ଅନୁଚିନ୍ତାର କରୁଣାର୍ଦ୍ର ବ୍ୟକ୍ତିତ୍ୱ ତାଙ୍କର। ରାଜନୀତିକ ବଳୟରେ ତାଙ୍କଠାରୁ ଅଧିକ ବିଚକ୍ଷଣ ବୁଦ୍ଧିମତା ରଖୁଥିବା କେହି ନେତା ଥିବା ମୋ

ନଜରରେ ନାହାନ୍ତି। ନିଜର ପ୍ରତିଦ୍ୱନ୍ଦ୍ୱୀଙ୍କୁ ନିଜ ସପକ୍ଷରେ କରିବା ତାଙ୍କର ଏହି ବିଚକ୍ଷଣ ବୁଦ୍ଧିମତାର ପରିଚୟ ବହନ କରେ।

ନାରୀପ୍ରତି ସମ୍ମାନବୋଧ ଓ ରୋଶ୍‌ନୀ ସିଂହ :

ତ୍ୟାଗୀପୁରୁଷ ବ୍ୟସନ ବୈରାଗୀ ନବୀନ ପଟ୍ଟନାୟକଙ୍କ ପାଇଁ ଦେଢ଼କୋଟି ଓଡ଼ିଆ ଦଳ-ଗୋଷ୍ଠୀ ନିର୍ବିଶେଷରେ ସେମାନଙ୍କ ଛାତିରେ ହାତଦେଇ କହିପାରିବେ ଯେ ନାରୀସମାଜ ପ୍ରତି ସେ କେତେ ଶ୍ରଦ୍ଧାଶୀଳ, କେତେ ସଦୟ ଏବଂ ନାରୀ ସମାଜର ନ୍ୟାଯ୍ୟ ଦାବି, ଅଧିକାର, ସଂରକ୍ଷଣ ତଥା ସମସ୍ୟା ପ୍ରତି କେତେ ସଚେତନ! ସମଗ୍ର ନାରୀ ସମାଜ ତାଙ୍କ ଦୃଷ୍ଟିରେ ମା' ଓ ଶକ୍ତିରୂପିଣୀ। ଓଡ଼ିଶାର ଅଗଣିତ ମହିଳାଙ୍କ ମର୍ଯ୍ୟାଦାର ସଚେତନ ପ୍ରହରୀ ଭାବେ ତାଙ୍କର ନାରୀ ସଶକ୍ତିକରଣର ଅନେକ ଦୃଷ୍ଟାନ୍ତ ଉଲ୍ଲେଖଯୋଗ୍ୟ। ନାରୀ ଶିକ୍ଷା ଓ ନାରୀର ସମ୍ମାନ ପ୍ରତି ସତତ ସଚେତନ ନବୀନଙ୍କର ଅନେକ ପ୍ରତ୍ୟକ୍ଷଦର୍ଶୀ ଘଟଣା ମଧ୍ୟରୁ ଏକ ଘଟଣା ମୋ ପାଇଁ ଅବିସ୍ମରଣୀୟ। ତାହା ହୁଏତ ଅନ୍ୟମାନଙ୍କ ପାଇଁ ଅତି ସାଧାରଣ ମନେ ହୋଇପାରେ; ମାତ୍ର ନବୀନଙ୍କ ଅସାଧାରଣ ବ୍ୟକ୍ତିତ୍ୱର ଆଲୋକିତ ଦିଗକୁ ତାହା ଯେ ଉଦ୍‌ଭାସିତ କରିଛି, ତାହାକୁ ମୋ ଅନ୍ତରାତ୍ମା ମାନି ନେଇଛି।

୨୦୦୦ରୁ ୨୦୦୪ ମସିହା ମଧ୍ୟରେ ଦିନକର କଥା। ସକାଳ ସମୟରେ ମୁଁ ନବୀନବାବୁଙ୍କ ସହ ନବୀନ ନିବାସରେ ବସିଥାଏ। କୋକସରାର ବିଧାୟିକା ପୂର୍ବତନ ମନ୍ତ୍ରୀ ପୁଷ୍ପେନ୍ଦ୍ର ସିଂହଦେଓଙ୍କ ମା' ରୋଶନୀ ସିଂହଦେଓ ନବୀନ ନିବାସର ବୈଠକଖାନା ଭିତରକୁ ପ୍ରବେଶ କଲେ। ଖାଲିଥିବା ଚେୟାରଗୁଡ଼ିକ ଭିତରୁ ଗୋଟିଏରେ ମୁଁ ଚିରାଚରିତ ଢଙ୍ଗରେ ବସିଥିବା ଅବସ୍ଥାରେ ତାଙ୍କୁ ନମସ୍କାର ଜଣାଇଥିଲି ଓ ସେ ମଧ୍ୟ ପ୍ରତିନମସ୍କାର ଜଣାଇଥିଲେ। ମା' ରୋଶନୀ ଦେବୀ କେଇପଦ କଥା ହୋଇ ଓ ତାଙ୍କ ସମସ୍ୟା ଜଣାଇ ବାହାରି ଯାଇଥିଲେ।

ସେ ଯିବା ପରେ ନବୀନବାବୁ ମୋତେ ପଚାରିଥିଲେ, "ତୁମେ ଏହି ମହିଳାଙ୍କୁ ଜାଣିଛ ?"

ମୁଁ ତତ୍‌କ୍ଷଣାତ୍ ସ୍ୱଭାବସୁଲଭ ଭାବରେ ଉତ୍ତର ଦେଲି- "ସେ ରୋଶ୍‌ନୀ ଦେବୀ।"

କିନ୍ତୁ ସେ ମୋ ଉତ୍ତରରେ ସନ୍ତୁଷ୍ଟ ନ ଥିଲା ପରି ମନେ ହେଉଥିଲେ। ଗମ୍ଭୀର ସ୍ୱରରେ ମୋତେ କହିଲେ- "ଜଣେ ବରିଷ୍ଠ ମହିଳା ନେତ୍ରୀଙ୍କୁ କିଭଳି ସମ୍ମାନ ଦିଆଯାଏ, ତାହା ତମେ ଜାଣିବା ଦରକାର।"

ଏହି ଗୋଟିଏ ଧାଡ଼ିରୁ ମୁଁ ବୁଝିଥିଲି ରୋଶନୀ ଦେବୀ ଆସିବା ସମୟରେ ତାଙ୍କୁ ଛିଡ଼ାହୋଇ ସମ୍ମାନ ଜଣାଇବା ଉଚିତ ଥିଲା।

ସେଦିନ 'ସରି ସାର୍' କହି ତଳକୁ ମୁଣ୍ଡପୋତି ଚାଲି ଆସିଥିଲି, କିନ୍ତୁ ଏହି ଘଟଣାର ପୁନରାବୃତ୍ତି ମୁଁ ଅନ୍ୟ କୌଣସିଠାରେ ହେବାକୁ ଦେଇନାହିଁ। କେବଳ ରାଜନୀତିକ ନେତା ଭାବରେ ନୁହେଁ, ଜଣେ ଅଭିଭାବକ-ମୁରବି ଭାବରେ ଆମ୍ଭମାନଙ୍କ ଭଳି ଯୁବକମାନଙ୍କୁ ଅନେକ ଦିଗରେ ସେ ପରାମର୍ଶ ଦେଇଥାନ୍ତି।

ଏହି ମର୍ମରେ ଆଉ ଗୋଟିଏ ଘଟଣା ମୋର ମନେପଡ଼େ। ଜଣେ ଯୁବ ବିଧାୟକ ଗୋଟିଏ ରଙ୍ଗିନ ଟି-ସାର୍ଟ ପିନ୍ଧି ବିଧାନସଭାକୁ ଆସିଥିଲେ। ସେହି ବିଧାୟକଙ୍କ ସହ ମୋର ନିବିଡ଼ ସଂପର୍କ। ମୋତେ ଡାକି ନବୀନବାବୁ କହିଥିଲେ- "ଅମୁକ ବାବୁଙ୍କୁ କୁହ ସେ ଲୋକପ୍ରତିନିଧି। ବିଧାନସଭାରେ ମାର୍ଜିତ ଓ ରୁଚିପୂର୍ଣ୍ଣ ଢଙ୍ଗରେ ପୋଷାକ ପରିଧାନ କରିବା ଦରକାର।"

ଏଭଳି ଅନେକ ଘଟଣାର ନଜିର ମୋ ମନରେ ରହିଛି।

ବିଜୁବାବୁଙ୍କ ଭଳି ନବୀନବାବୁ ମଧ୍ୟ ମା'ମାନଙ୍କୁ ଆନ୍ତରିକ ସମ୍ମାନ ଦିଅନ୍ତି। ସେ ସମୟରେ ଏକ ସାଧାରଣ ସଭାରେ ତାଙ୍କ ସହ ମୁଁ ଥିଲି। ପୂର୍ବରୁ ଗାଁ ଗଣ୍ଡାରେ ସଭା-ସମିତି ହେଲେ ମଞ୍ଚ ତଳେ ଦରି, ପାଲ ପଡ଼ିଥାଏ ଏବଂ ସେଥିରେ ମା' ଓ ପିଲାମାନେ ପ୍ରାୟ ବସିଥାନ୍ତି, ଚେୟାରଗୁଡ଼ିକରେ ପୁରୁଷମାନେ ବସନ୍ତି। ସେଦିନର ସଭାରେ ମୋତେ କହିଥିଲେ- ଏସବୁ ହେବା ଠିକ୍ ନୁହେଁ। ମା'ମାନଙ୍କୁ ସମ୍ମାନ ଦେବାର ବ୍ୟବସ୍ଥା ରହିବା ଦରକାର।

ଏହି ଘଟଣା ଅନ୍ୟମାନଙ୍କ ପାଇଁ ଗୁରୁତ୍ୱହୀନ ହୋଇଥାଇପାରେ; ମାତ୍ର ନବୀନବାବୁଙ୍କ ପାଇଁ ବେଶ୍ ଗୁରୁତ୍ୱପୂର୍ଣ୍ଣ ଥିଲା। ମହିଳାମାନଙ୍କୁ ସମ୍ମାନ

ଓ ସ୍ୱାବଲମ୍ବୀ କରିବା ଦିଗରେ ନବୀନବାବୁଙ୍କ ଅନ୍ତରଙ୍ଗ ଆଗ୍ରହ ଫଳରେ ଆଜି ରାଜ୍ୟର ୭୦ ଲକ୍ଷ ମହିଳା ମିଶନ ଶକ୍ତି ମାଧ୍ୟମରେ ସଶକ୍ତ ହୋଇପାରିଛନ୍ତି ।

ନିରପେକ୍ଷ କର୍ମଯୋଗୀ :

'ଯଦି ତୋର୍ ଡାକ୍ ଶୁନେ କେଉ ନା ଆସେ ତବେ ଏକ୍‌ଲା ଚଲୋରେ'ର ଆହ୍ୱାନରେ ବିଶ୍ୱାସୀ ଶ୍ରୀ ନବୀନ ପଟ୍ଟନାୟକ ଜଣେ ଅସାଧାରଣ ରାଜନୀତିଜ୍ଞ ଏବଂ ତାଙ୍କର ରାଜନୀତିକ ତତ୍ତ୍ୱ ସ୍ୱତନ୍ତ୍ର । ମୋର ସୌଭାଗ୍ୟ, ମୁଁ ତାଙ୍କ ନିକଟ-ସାନ୍ନିଧ୍ୟ ପାଇପାରିଛି । ଯେତିକି କହିବାକୁ ଥାଏ ସେ ସେତିକି କହନ୍ତି । କଥା ଅପେକ୍ଷା ସେ କାର୍ଯ୍ୟରେ ବିଶ୍ୱାସୀ । ତାଙ୍କ ମତରେ- "କର୍ମର କୌଣସି ବିକଳ୍ପ ନାହିଁ ।"

ଦିନ-ରାତି ପ୍ରତ୍ୟେକଟି ମୁହୂର୍ତ୍ତ ଓଡ଼ିଶାର ଜନତାଙ୍କ ପାଇଁ ତାଙ୍କ ହୃଦୟ କାନ୍ଦେ । ଓଡ଼ିଶାର ପ୍ରତିକୂଳ ସ୍ଥିତିରେ ଅସହାୟଙ୍କ ପାଇଁ ତାଙ୍କର ମର୍ମବେଦନାକୁ ତାଙ୍କ ପାଖେ ପାଖେ ଥାଇ ମୁଁ ଅନୁଭବ କରିଛି । ଗାନ୍ଧୀଜୀଙ୍କ ପରି ୨୪ ଘଣ୍ଟାର ପ୍ରତି କ୍ଷଣ ନିଜ ସ୍ୱାର୍ଥ ପାଇଁ ନୁହେଁ; ବରଂ ସମାଜ ପାଇଁ ଅଭିପ୍ରେତ ହେବା ଉଚିତ ବୋଲି ସେ ମନେ କରନ୍ତି । ଓଡ଼ିଶାର ଅସ୍ମିତାକୁ ପ୍ରତିଷ୍ଠା ଦେବା ହିଁ ତାଙ୍କର ପ୍ରମୁଖ ଲକ୍ଷ୍ୟ ।

ନବୀନବାବୁଙ୍କ ସ୍ୱଚ୍ଛ କାର୍ଯ୍ୟପ୍ରଣାଳୀ ହିଁ ତାଙ୍କ ବ୍ୟକ୍ତିତ୍ୱର ସ୍ୱାତନ୍ତ୍ର୍ୟକୁ ଆହୁରି ଗରିମାମୟ କରିଛି । ତାଙ୍କ ନିରପେକ୍ଷ କର୍ମଯୋଗ ମୋ ଭଳି ଅନେକଙ୍କୁ ଅନୁପ୍ରାଣିତ କରିଛି । ଯିଏ ତାଙ୍କୁ ପାଖରୁ ଦେଖିଛନ୍ତି ସେ ନିଜେ ତାଙ୍କ ବିଶାଳ ବ୍ୟକ୍ତିତ୍ୱକୁ ଉପଲବ୍ଧି କରିପାରିଥିବେ । ଜୟ ପରାଜୟକୁ କେବେ ହେଁ ଉଲ୍ଲସିତ ବା ଉଦ୍‌ବିଗ୍ନ ହେଉ ନ ଥିବା ଏହି ଅନନ୍ୟ ଭାବପୁରୁଷ ଓଡ଼ିଶାବାସୀଙ୍କ ହୃଦୟରେ ସର୍ବଦା ବିଜୟୀ ବୀର ଭାବରେ ପ୍ରତିଭାତ ହେବେ !

ଚବିଶ ବର୍ଷର ରାଜନୀତିକ ଯାତ୍ରା :

ମୋର ରାଜନୀତିକ ଜୀବନ ଆରମ୍ଭ, କେଉଁଠୁ କିପରି ହେଲା ଓ ଏହାର ପୂର୍ବାପର ସଂଯୋଗ ସଂପର୍କରେ ପୂର୍ବରୁ ଏହି ବିଷୟରେ ମୁଁ କିଛି

କିଛି ସୂଚନା ଦେଇଛି। କିନ୍ତୁ ମୋଟାମୋଟି କହିବାକୁ ଗଲେ ୨୦୦୦ ମସିହାରେ ଆନୁଷ୍ଠାନିକ ଭାବରେ ମୁଁ ବିଜୁ ଜନତା ଦଳରେ ସାମିଲ ହୋଇଥିଲି, ଆଉ କାହା ଡାକରାରେ ନୁହେଁ, ଆଉ କାହା ପ୍ରରୋଚନାରେ ନୁହେଁ ବା ନିଜ ଭିତରୁ କିମ୍ବା ପରିବାର ଭିତରୁ କାହାର ପରାମର୍ଶ ନ ଥିଲା ସକ୍ରିୟ ରାଜନୀତିରେ ଯୋଗଦେବାକୁ। ନବୀନ ପଟ୍ଟନାୟକ ମୋର ପ୍ରିୟ ନେତା। ତାଙ୍କରି ଡାକରାରେ ରାଜନୀତିରେ ଯୋଗ ଦେଇଥିଲି। ଦିନେ ସକାଳୁ ନବୀନ ବାବୁ ମୋତେ ଆମ ଘର ଲ୍ୟାଣ୍ଡଫୋନ୍‌ରେ ଫୋନ୍ କରିଥିଲେ, ସେ ମୋତେ ସେହି ଟେଲିଫୋନ୍‌ରେ କହିଥିଲେ- "ତୁମକୁ ରାଜନୀତିରେ ଯୋଗଦେବାକୁ ପଡ଼ିବ।"

ମୁଁ ତାଙ୍କୁ ଭେଟି କହିଥିଲି ଯେ "ମାନସିକ ଭାବେ ମୁଁ ପ୍ରସ୍ତୁତ ନାହିଁ ରାଜନୀତିରେ ଯୋଗ ଦେବା ପାଇଁ, ମୁଁ ରାଜନୀତିରେ ଯୋଗ ଦିଏ ବୋଲି ମୋ ପରିବାର ମଧ୍ୟ ଚାହୁଁନାହାନ୍ତି। ବାପା ମା' କେହି ଆଗ୍ରହୀ ନୁହନ୍ତି। ମୁଁ ମଧ୍ୟ ରାଜନୀତିରେ ରହିବା ପାଇଁ ନିଷ୍ପତ୍ତି ଏତେ ଶୀଘ୍ର ନେଇପାରିବିନି।"

ଏସବୁ କଥାକୁ କର୍ଣ୍ଣପାତ ନକରି ସେ ସିଧାସଳଖ କହିଲେ- "ତୁମେ ଆସ ଏବଂ ବିଜୁ ଜନତା ଦଳରେ ଯୋଗ ଦିଅ।"

ତା'ପରେ ମୋର ଦ୍ୱିଧାର ସବୁ ଅବକାଶ ଦୂର ହୋଇଗଲା। ମୋର ରାଜନୀତି ଜୀବନର ସିଦ୍ଧାନ୍ତ ନବୀନବାବୁ ନେଇ ସାରିଥିଲେ ଓ ତାହା ଥିଲା ମୋର ଶିରୋଧାର୍ଯ୍ୟ। ରାଜନୀତି ବିଶାରଦମାନେ ସେଇ ସମୟରେ ଅଙ୍କ କଷିଥିଲେ ଯେ ଆଗାମୀ ଦିନରେ ଅତନୁ ସବ୍ୟସାଚୀ କେତେଟା ପାହାଚକୁ ଅତିକ୍ରମ କରିବା ସହଜସାଧ୍ୟ ହୋଇପାରିବ। ୨୦୦୪ ନିର୍ବାଚନ କେବଳ ଓଡ଼ିଶା ପାଇଁ ନୁହେଁ, ଭାରତବର୍ଷ ପାଇଁ ଚର୍ଚ୍ଚାର ବିଷୟ ଥିଲା। କେବଳ ଭାରତବର୍ଷ ନୁହେଁ, ଓଡ଼ିଶାର ଅନେକ ଗଣମାଧ୍ୟମ ପ୍ରତିନିଧିମାନେ ଡେରା ପକାଇଥିଲେ ଏ ନିର୍ବାଚନର ଫଳାଫଳ କ'ଣ ହେବ। ବିଜୟ ମହାପାତ୍ର ସିଧାସଳଖ ଭାବରେ ମୋ ସହିତ ନିର୍ବାଚନ ଲଢୁଥିଲେ, ଅନେକ ଆକଳନ କରିଥିଲେ ଯେ ମୋ ବିରୋଧୀ ପକ୍ଷ ଜିତାପଟ୍ ନେଇପାରନ୍ତି। ଲଢ଼େଇ ବେଶ୍ ଜୋର୍‌ଦାର ଥିଲା। ୨୦୦୦-୨୦୦୪ ମୁଁ କେବଳ

ନବୀନବାବୁଙ୍କ ଆଦେଶକୁ ପାଳନ କରିବା ସହିତ ମୋ ଗାଡ଼ିଟା ହିଁ ମୋର ସବୁକିଛି ଥିଲା । ପ୍ରତ୍ୟେକ ପାଟକୁରାବାସୀଙ୍କର ପ୍ରତ୍ୟେକ ଘରକୁ ଯାଇଥିଲି ଏବଂ ଭଲମନ୍ଦ ସମସ୍ୟା ସହିତ ଯୋଡ଼ିହୋଇଥିଲି । ଦୁଇଟି ଭୟାବହ ବନ୍ୟା ପରିସ୍ଥିତି ଦେଖା ଦେଇଥିଲା । ବନ୍ୟା ପରିସ୍ଥିତିରୁ କିଭଳି ଭାବରେ ସାଧାରଣ ଜନତାଙ୍କୁ ସେବା ଦିଆଯାଇପାରିବ, ତାହାର ସୁଯୋଗ ମଧ୍ୟ ମୁଁ ସୃଷ୍ଟି କରିଥିଲି । ୨୦୦୪ ନିର୍ବାଚନର ଫଳାଫଳକୁ ଯେତେବେଳେ ଓଡ଼ିଶାବାସୀ ଅନେଇଥିଲେ, ସେ ସମୟରେ ଅତନୁ ସବ୍ୟସାଚୀ ବିଜୟ ଲାଭ କରିଥିଲା କିନ୍ତୁ ମୋ ବାପାଙ୍କ ନିର୍ଦ୍ଦେଶ ଏବଂ ନବୀନବାବୁଙ୍କ ଆଦେଶ ଏସବୁ ନେଇକରି ମୁଁ ଜିତାପଟ୍‌କୁ ନମ୍ରତାର ସହିତ ଗ୍ରହଣ କରିଥିଲି । ଏହି ଜିତାପଟ୍ ପାଟକୁରାବାସୀଙ୍କର ସତ୍ୟର ବିଜୟ ବୋଲି ମୁଁ ଗଣମାଧ୍ୟମରେ ସୂଚନା ଦେଇଥିଲି । ଅନେକ ବନ୍ଧୁ ମୋତେ କହିଥିଲେ ଏତେ ବଡ଼ ବିଜୟକୁ ନିର୍ବାଚନ ମଣ୍ଡଳୀରେ ଧୁମ୍‌ଧାମ୍‌ରେ ପାଳନ କରିବା ଦରକାର । କିନ୍ତୁ ମୁଁ ରାଲି କରି ନଥିଲି, କିମ୍ୱା ଫୋଟକା ଫୁଟେଇ ନଥିଲି, କିମ୍ୱା ଲୋକଙ୍କ ପାଖକୁ ଯାଇ ଫୁଲମାଳ ପିନ୍ଧି ନଥିଲି । ବରଂ ଯେତେ ନିର୍ବାଚନରେ ମୁଁ ବିଜୟ ଲାଭ କରିଛି, ତାହାର ଶ୍ରେୟ ପ୍ରଭୁଙ୍କର । ମୋର ଗୁରୁଦେବ, ମହାପ୍ରଭୁ ଶ୍ରୀଜଗନ୍ନାଥ ଓ ମା' ଶାରଳା, ବଳଦେବଜୀଉଙ୍କ ଆଶୀର୍ବାଦ ଏବଂ ତା' ସହିତ ପାଟକୁରାବାସୀଙ୍କ ଶୁଭେଚ୍ଛା ଯୋଗୁଁ ଏହା ସମ୍ଭବପର ହୋଇଛି ବୋଲି ମୁଁ ଅନୁଭବ କରିଛି । ସେହି ଅନୁଭବକୁ ନେଇ ରାଲି କିମ୍ୱା ବିଜୟ ଶୋଭାଯାତ୍ରା ମୁଁ ମୋ ରାଜନୀତିକ ଜୀବନରେ କେବେ କରିନି, ବରଂ ଯେଉଁ କର୍ମୀମାନଙ୍କ ଅକ୍ଲାନ୍ତ ପରିଶ୍ରମ ଯୋଗୁଁ ମୁଁ ଜିତିଥାଏ ସେମାନଙ୍କୁ ଫୁଲମାଳ ପିନ୍ଧାଇ ସମ୍ବର୍ଦ୍ଧିତ କରିଥାଏ ନିର୍ବାଚନ ପରେ ପରେ ।

ଅନେକ ଗଣମାଧ୍ୟମ ମୋତେ ଜାଏଣ୍ଟ୍ କିଲର ବୋଲି ଉଲ୍ଲେଖ କରିଥିଲେ । କିନ୍ତୁ ମୋର ଗୋଟିଏ କାର୍ଯ୍ୟ ଥିଲା, ଆଜି ପର୍ଯ୍ୟନ୍ତ ଲାଗିଛି ଯେ ଓଡ଼ିଶାବାସୀଙ୍କର ସେବା ଓ ପାଟକୁରାବାସୀ, ମହାକାଳପଡ଼ାବାସୀଙ୍କ ସେବା ସହିତ କିଭଳି ଭାବରେ ମୋ ନେତାଙ୍କ ନିର୍ଦ୍ଦେଶକୁ କାର୍ଯ୍ୟକାରୀ କରିବି । ମୋର ମନେପଡ଼େ ସବୁବେଳେ ନବୀନବାବୁ ଗୋଟିଏ କଥା ଆମକୁ କହିଛନ୍ତି ଯେ ନିର୍ବାଚନ ହେଉଛି ଗୋଟେ ମାଧ୍ୟମ ମାତ୍ର, କିନ୍ତୁ

ଆମକୁ ଲୋକଙ୍କ ସେବା କରିବାକୁ ପଡ଼ିବ। ଆମେମାନେ ହେଉଛନ୍ତି ସମସ୍ତେ ସେବକ। ଏକଥା ନବୀନବାବୁଙ୍କ ନିର୍ଦ୍ଦେଶ ଥିଲା। ସରଳ ଜୀବନଯାପନ କରିବା, ଲୋକଙ୍କ ପାଖରେ ରହିବା, ଏହା ଆମର ମାଧ୍ୟମ - ଯାହାକୁ ପାଥେୟ କରି ୨୦୦୯ ମସିହାରେ ମହାକାଳପଡ଼ା ନିର୍ବାଚନ ମଣ୍ଡଳୀରୁ ମୁଁ ପୁନର୍ବାର ନିର୍ବାଚିତ ହୋଇଥିଲି ଏବଂ ନବୀନବାବୁଙ୍କ ଆଶୀର୍ବାଦ କ୍ରମେ ଶକ୍ତି ବିଭାଗର ମନ୍ତ୍ରୀ ଭାବରେ ମଧ୍ୟ ଦାୟିତ୍ୱ ଗ୍ରହଣ କରିଥିଲି। ପରବର୍ତ୍ତୀ ପର୍ଯ୍ୟାୟରେ ମୁଁ ୨୦୧୪ରେ ପୁନର୍ବାର ନିର୍ବାଚିତ ହୋଇ ସ୍ୱାସ୍ଥ୍ୟ ଓ ଲୋକସଂପର୍କ ବିଭାଗର ମନ୍ତ୍ରୀ ମଧ୍ୟ ରହିଥିଲି। ୨୦୧୯ ନିର୍ବାଚନରେ ବିଜୟୀ ହୋଇ ତିନିଟି ଗୁରୁତ୍ୱପୂର୍ଣ୍ଣ ବିଭାଗର ମନ୍ତ୍ରୀ ଥିଲି। ରାଜ୍ୟର ବିକାଶମୂଳକ କାର୍ଯ୍ୟକ୍ରମକୁ ମୁଁ ମନ୍ତ୍ରୀ ଭାବରେ ସଂପାଦିତ କରିବା ପାଇଁ ଚେଷ୍ଟା କରିଛି ଏବଂ ବିଶେଷକରି ଯେଉଁମାନଙ୍କ ଆଶୀର୍ବାଦ ଯୋଗୁଁ ଏ ଆସନ ପାଇଛି, ମହାକାଳପଡ଼ାବାସୀ, ମାର୍ଶାଘାଇବାସୀ ଏବଂ ବିଶେଷକରି କେନ୍ଦ୍ରାପଡ଼ାବାସୀଙ୍କର, ସେମାନଙ୍କର ସେବା କରିବା ମୋର ପ୍ରାଥମିକତା ହୋଇ ସବୁବେଳେ ରହିଛି ଏବଂ ରହିଥିବ। ବିଜୁ ଜନତା ଦଳର ଜଣେ ସୈନିକ ଭାବରେ ବିଭିନ୍ନ ସମୟରେ ନବୀନବାବୁଙ୍କ ଆଶୀର୍ବାଦକ୍ରମେ ମୁଁ ଦଳର ବିଭିନ୍ନ ସାଂଗଠନିକ ପଦବିରେ ରହି ଦଳକୁ କିଭଳି ଭାବରେ ମଜଭୁତ କରାଯାଇପାରିବ, ଲୋକଙ୍କୁ ସେବାରେ ସାମିଲ କରାଯାଇପାରିବ ସେଥିରେ ମନଯୋଗ ସହକାରେ ନିଜକୁ ନିୟୋଜିତ କରିଛି।

ଆଗକୁ ପଡ଼ିଛି ପଥ ବହୁ ଦୂର :

କେହି ଜଣେ କହିଥିଲେ- 'ଗତିଶୀଳତା ହିଁ ଜୀବନ'। ମୁଁ ତାହାହିଁ ସ୍ୱୀକାର କରେ। ରାଧାନାଥଙ୍କ ଉକ୍ତି ମଧ୍ୟ ମନେପଡ଼େ-

"ବଡ଼ କ୍ରୂର କାଳ ବଡ଼ ଅବିଶ୍ୱାସୀ
ହାବୋଡ଼ି ଯିବ ସେ ଆଚମ୍ବିତେ ଆସି।"

ଯଦି କ୍ଷୟଶୀଳତା ହିଁ ସତ୍ୟ, ତେବେ ଏ ପଦ-ପଦବି, ତାରୁଣ୍ୟ-ଯୌବନ, ସାମର୍ଥ୍ୟ ଓ ପ୍ରତିଷ୍ଠା ଲୋଭର ଅର୍ଥ କ'ଣ ? କେବଳ କ୍ଷୟଶୀଳତା

ନୁହେଁ କି ? ସବୁକିଛି ପରିବର୍ତ୍ତନୀୟ - ସବୁକିଛି କ୍ଷଣିକ ଭିତରେ ଅବର୍ତ୍ତମାନ ହୋଇପାରେ ! ତଥାପି ଅଦୃଷ୍ଟର ଇଚ୍ଛା ଓ ନିର୍ଦ୍ଦେଶ ଭିତରେ ଆମର କର୍ମଯୋଗ ଏକମାତ୍ର କରଣୀୟ । ଜୀବନ ଶେଷ ହେବାର ଶେଷ ବିନ୍ଦୁ ପର୍ଯ୍ୟନ୍ତ ଅପେକ୍ଷା ହିଁ ତ ଜୀବନ ଉପଲବ୍ଧିର ଶେଷ ସତ୍ୟ, ଏହା କର୍ମମୟ ଜୀବଦ୍ଦଶା ଓ ଅନୁଭବମୟ ପ୍ରବଣତାର ଶେଷ ବିନ୍ଦୁ ଯାଏ ଜୀବନ୍ମୟ ହୋଇ ରହିବ ।

୧୯୯୭ ମସିହାରେ ବିଜୁ ଜନତା ଦଳ ଗଠନ ହୋଇଥିଲା । ଆଞ୍ଚଳିକ ଦଳ ଦ୍ୱାରା ହିଁ ଓଡ଼ିଶାର ଉନ୍ନତି ସମ୍ଭବ ହେବ । ଏ ନିଷ୍ପତ୍ତି ଦଳ ଗଠନର ମୂଳ ମଞ୍ଜିକଥା । କେବଳ ଏହି କଥା ୧୯୯୭ ମସିହାରେ ବିଜୁ ଜନତା ଦଳର ବିଜୁବାବୁଙ୍କୁ ଭଲପାଉଥିବା ନେତୃବୃନ୍ଦଙ୍କ ନିଷ୍ପତ୍ତି ନ ଥିଲା, ବିଜୁବାବୁ ସତୁରି ଦଶକରେ 'ଉତ୍କଳ କଂଗ୍ରେସ ଆଞ୍ଚଳିକ ଦଳ' ଗଠନ କରିଥିଲେ ଓ ବିଜୁବାବୁ ଜାଣିଥିଲେ ସେ ସମୟରେ ଯେ ଓଡ଼ିଶାର ଉନ୍ନତି ପାଇଁ ଗୋଟେ ଆଞ୍ଚଳିକ ଦଳର ଆବଶ୍ୟକତା ରହିଛି । କେତେ ବାଟ ଉତ୍କଳ କଂଗ୍ରେସ ଗଲା, କେଉଁଠି ଅଟକିଲା, ତାହାର ରାଜନୈତିକ ବିଶ୍ଳେଷଣ ବା ସେ ବିଷୟରେ ମୁଁ ଏଠି ଚର୍ଚ୍ଚା କରିବାକୁ ଚାହୁଁନି, ଇତିହାସରେ ସବୁକଥା ଲିପିବଦ୍ଧ ହୋଇ ରହିଛି । କିନ୍ତୁ ବିଜୁବାବୁ ହିଁ ଗୋଟିଏ ବ୍ୟକ୍ତି, ଯିଏ କି ସାମଗ୍ରିକ ଓଡ଼ିଶାର ଉନ୍ନତି ପାଇଁ ଗୋଟେ ସଂକଳ୍ପ ନେଇଥିଲେ । ଏଠାରେ ଉଲ୍ଲେଖ କରିବା ପାଇଁ ଚାହୁଁଛି ଯେ କେବଳ 'ଉତ୍କଳ କଂଗ୍ରେସ ଆଞ୍ଚଳିକ ଦଳ' ନୁହେଁ, ଗୋଟେ ରାଜନୈତିକ ଶକ୍ତିଶାଳୀ ଶକ୍ତି ମାଧ୍ୟମରେ ଓଡ଼ିଶାର ଉନ୍ନତି କରିବା ପାଇଁ ସେ ତାଙ୍କର ଦିଲ୍ଲୀର କୋଠାଘର ବିକ୍ରି କରିବାଠାରୁ ଆରମ୍ଭ କରି ସବୁ ଅର୍ଥ ଖର୍ଚ୍ଚ କରିଥିଲେ । ସେ ଯଦି ଚାହିଁଥାଆନ୍ତେ ତେବେ ସେଇ ପୁଞ୍ଜି ବିନିଯୋଗ କରି ବିରାଟ ଶିଳ୍ପପତି ହୋଇପାରିଥାଆନ୍ତେ । କିନ୍ତୁ ସେ ସେପରି କରି ନଥିଲେ । ଆଜି ଯେଉଁ ବିଜୁ ଜନତା ଦଳ ବିଜୁବାବୁଙ୍କ ଆଶୀର୍ବାଦରୁ, ବିଜୁବାବୁଙ୍କ ନାଆଁକୁ ନେଇ, ବିଜୁବାବୁଙ୍କ ସ୍ୱପ୍ନକୁ କାର୍ଯ୍ୟକାରୀ କରିବା ପାଇଁ ଗଠନ ହୋଇଥିଲା, ସେହି ଗଠନ ଦିନରେ ବିଜୁବାବୁ ନ ଥିଲେ । ବିଜୁବାବୁଙ୍କ ଅବର୍ତ୍ତମାନରେ ବିଜୁ ଜନତା ଦଳ ଗଠନ ହୋଇଥିଲା, ନବୀନବାବୁ ହିଁ ତାହାର ମଙ୍ଗ ଧରିଥିଲେ । ସେଥିରେ ଆଶୀର୍ବାଦ ଥିଲା

ଜ୍ଞାନଦେବୀଙ୍କର। ଏ ସଂପର୍କରେ ଅନ୍ୟତ୍ର ସୂଚନା ଦେଇଛି, କିନ୍ତୁ ମୁଁ ଆଉ ଥରେ ଉଲ୍ଲେଖ କରିବା ପାଇଁ ଚାହୁଁଛି ଯେ, ବିଜୁ ଜନତା ଦଳ ଆଞ୍ଚଳିକ ଦଳ ଭାବେ ଭାରତବର୍ଷରେ ବୋଧହୁଏ ସବୁଠୁ ଶକ୍ତିଶାଳୀ ଆଞ୍ଚଳିକ ଦଳ। ଏହା ସାମାନ୍ୟ ସଫଳତା ନୁହେଁ। ୨୦୦୨ର ରେଢ଼ାଖୋଲ ଉପନିର୍ବାଚନଠାରୁ ଆରମ୍ଭ କରି ଆଜି ୨୦୨୩ର ପଦ୍ମପୁର, ଝାରସୁଗୁଡ଼ା ଏବଂ ତା' ପୂର୍ବରୁ ପିପିଲି, ଭଦ୍ରକ ଇତ୍ୟାଦି ଉପନିର୍ବାଚନ ପର୍ଯ୍ୟନ୍ତ - ପ୍ରାୟ ମୋଟାମୋଟି ଦେଖିଲେ, ସବୁ ଉପନିର୍ବାଚନରେ ବା ଅଧିକାଂଶ ଉପନିର୍ବାଚନରେ ବିଜୁ ଜନତା ଦଳର ପ୍ରାର୍ଥୀମାନେ ବିଜୟୀ ହୋଇଛନ୍ତି। ଏଥି ସହିତ ମ୍ୟୁନିସିପାଲିଟି ନିର୍ବାଚନ, ବିଜ୍ଞପିତ ଅଞ୍ଚଳ ପରିଷଦ ନିର୍ବାଚନ, ପଞ୍ଚାୟତ ନିର୍ବାଚନ ଏବଂ ସମବାୟ ନିର୍ବାଚନ - ଏପରି ଯେତେ ନିର୍ବାଚନ ବିଗତ ଦିନରେ ଦୀର୍ଘ ବର୍ଷ ଭିତରେ ଅନୁଷ୍ଠିତ ହୋଇଛି, ସବୁଥିରେ ବିଜୁ ଜନତା ଦଳ ଆଗରେ ରହିଛି। ବିଜୁ ଜନତା ଦଳ ଗଠନ ହୋଇଛି ବିଜୁବାବୁଙ୍କ ସ୍ୱପ୍ନ-ଆଦର୍ଶକୁ ନେଇ। ଆଞ୍ଚଳିକ ଦଳ ଭାବରେ ବିଜୁ ଜନତା ଦଳ କେବଳ ଆଞ୍ଚଳିକ ପରିଭାଷାକୁ ନେଇ ଗଢ଼ି ଉଠିନାହିଁ; ବରଂ ଏହା ଗୋଟେ ପରିବାରରେ ରୂପାନ୍ତରିତ ହୋଇ ରହିଛି। ନବୀନବାବୁ ସବୁବେଳେ କହିଆସିଛନ୍ତି ଓଡ଼ିଶା ଲୋକ ହେଉଛନ୍ତି ମୋ ପରିବାର। ସାଢ଼େ ଚାରିକୋଟି ଓଡ଼ିଆ ଲୋକ ହେଉଛନ୍ତି ମୋ ପରିବାରର ସଦସ୍ୟ। ସେମାନଙ୍କ ସେବା କରିବା ମୋର ଧର୍ମ ଏବଂ ରାଜନୀତି ବା ଭୋଟ୍ ହେଉଛି ଏକ ମାଧ୍ୟମ ମାତ୍ର। ତାଙ୍କ ନେତୃତ୍ୱରେ ବିଜୁ ଜନତା ଦଳ କେବଳ ମାତ୍ର ଏକ ରାଜନୈତିକ ଦଳ ହୋଇ ରହିନାହିଁ; ବରଂ ଏକ ସାମାଜିକ ଆନ୍ଦୋଳନରେ ପରିଣତ ହୋଇଛି। ଆଜି ମନେପଡ଼ିଯାଉଛି- "ଚାଲିବି ଚାଲିବି ନ ପଡ଼ିବି ଥକି..." ଗୀତ ପଦଟି। ନବୀନବାବୁଙ୍କ କ୍ଷେତ୍ରରେ ଏହା ପ୍ରଯୁଜ୍ୟ।

ବିଜୁବାବୁଙ୍କ ରାଜନୈତିକ ଅମାନତକୁ ଗୌରବ ମଣ୍ଡିତ କରି ରଖିବାକୁ ରାଜନୀତି ମୈଦାନକୁ ଓହ୍ଲାଇଥିବା ନବୀନବାବୁ କେବେ ଥକିପଡ଼ିନାହାନ୍ତି। ତାଙ୍କରି ଅଦ୍ଭୁତ ପ୍ରେରଣା ମୋ ଭିତରେ ମଧ୍ୟ ସୃଷ୍ଟି କରିଛି କଦାଚିତ ଅବଶ ନ ହେବାର ଅନନ୍ତ ଉଦ୍ଦୀପନା।

ବେଳେବେଳେ ରାଜନୀତିକ ବାତାବରଣ ବୁଦ୍ଧିମାନ ମଣିଷକୁ ମଧ୍ୟ ଅସ୍ଥିର କରିଦିଏ। ବିଜୁବାବୁ, ମୋ ବାପା ଓ ନବୀନବାବୁଙ୍କ ରାଜନୀତିର ଏହି ବଳୟ ଭିତରେ ଅନେକ ସ୍ୱପ୍ନ, ଆକାଂକ୍ଷା ଓ ଦୁର୍ବାର ଇଚ୍ଛାଶକ୍ତି ନେଇ ମୁଁ ସଂକଳ୍ପର ସୈନିକ ହୋଇଯାଇଛି, ବିବିଧ ପ୍ରତିକୂଳ ଅବସ୍ଥାର ସମ୍ମୁଖୀନ ହୋଇଛି, ମାତ୍ର ମୁଁ ଭାଙ୍ଗିପଡ଼ିନାହିଁ, ସେଇ ଗୋଟିଏ ମନ୍ତ୍ର ମୋ ଅନ୍ତରରେ ଗୁଞ୍ଜରିତ ହୋଇଛି 'ଆଗକୁ ପଡ଼ିଛି ପଥ ବହୁଦୂର ଆହୁରି କେତେ ଯେ ବାକି, ଚାଲିଚି ଚାଲିବି ନପଡ଼ିବି ଥକି ମୁଦିବା ଆଗରୁ ଆଖି!'

ପରିଶିଷ୍ଟ | ଫଟୋଚିତ୍ର

ମୋ ଜୀବନର ଅଂଶବିଶେଷ

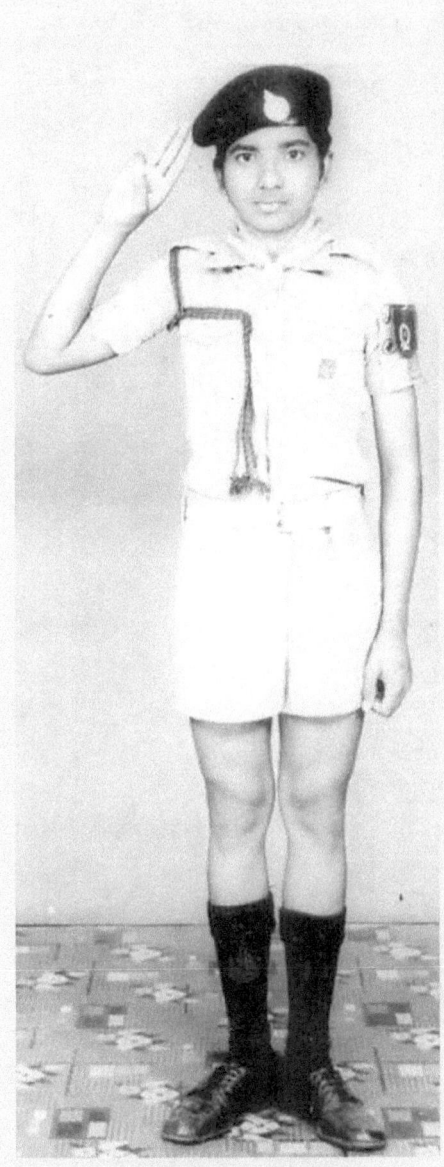

କୈଶୋରର ସ୍କାଉଟ୍ ଗାଇଡ୍

ବିଜୁବାବୁଙ୍କ ସହ

ପିତା ହିଁ ପରମ ଧର୍ମ

ମୋ ଜୀବନ : ମୋ ସମୟ | ୧୬୫

ସକଳ ତୀର୍ଥ ତୋ ଚରଣେ

"ପାଟକୁରା ନିର୍ବାଚନ ମଣ୍ଡଳୀ ପାଇଁ ବିଜୁ ଜନତା ଦଳ ପ୍ରାର୍ଥୀ
ଅତନୁ ସବ୍ୟସାଚୀ ଙ୍କୁ ଜୟଯୁକ୍ତ କରାନ୍ତୁ"

ମୋର ପ୍ରଥମ ପାଟକୁରା ନିର୍ବାଚନ

ମୋର ପ୍ରଥମ ନିର୍ବାଚନ ପୋଷ୍ଟର ଫଟୋ

ବିଜେଡି ଗଠନର ପ୍ରଥମ ଦିନରୁ ସାମ୍ବାଦିକ ଭାବେ
ନବୀନ ପଟ୍ଟନାୟକଙ୍କ ସହିତ

ରାଜନୀତିକ ବିଚାର ବିମର୍ଶରେ ନବୀନବାବୁଙ୍କ ଭରସାର ପାତ୍ର

ଜନ୍ମ ଓ ଭାଗ୍ୟର ଦୁଇ ଉଜ୍ଜ୍ୱଳ ତାରକା

ବନ୍ୟାଦୁର୍ଗତଙ୍କ ସେବା : ନବୀନବାବୁଙ୍କ ସହିତ

କରୁଣାର ମୂର୍ତ୍ତିମନ୍ତ ସ୍ୱରୂପ : ପାଟକୁରା ବନ୍ୟାଦୁର୍ଗତଙ୍କୁ ଭୋଜନ ପରଷୁଛନ୍ତି ତତ୍କାଳୀନ ମୁଖ୍ୟମନ୍ତ୍ରୀ

ଜାନକୀବଲ୍ଲଭ ପଟ୍ଟନାୟକଙ୍କ ସହିତ ବିଶେଷ ମୁହୂର୍ତ୍ତରେ

ପ୍ରଜ୍ଞାପୁରୁଷ ମନୋଜ ଦାସଙ୍କ ସହିତ ସାହିତ୍ୟ ଆଲୋଚନାର ବିଶେଷ ମୁହୂର୍ତ୍ତରେ

ମୋର ପ୍ରଥମ ନିର୍ବାଚନୀ ସଭା : ମୁଖ୍ୟମନ୍ତ୍ରୀ ଓ ଆନ୍ଧ୍ର ମୁଖ୍ୟମନ୍ତ୍ରୀ ଚନ୍ଦ୍ରବାବୁ ନାଇଡୁଙ୍କ ପ୍ରଚାର

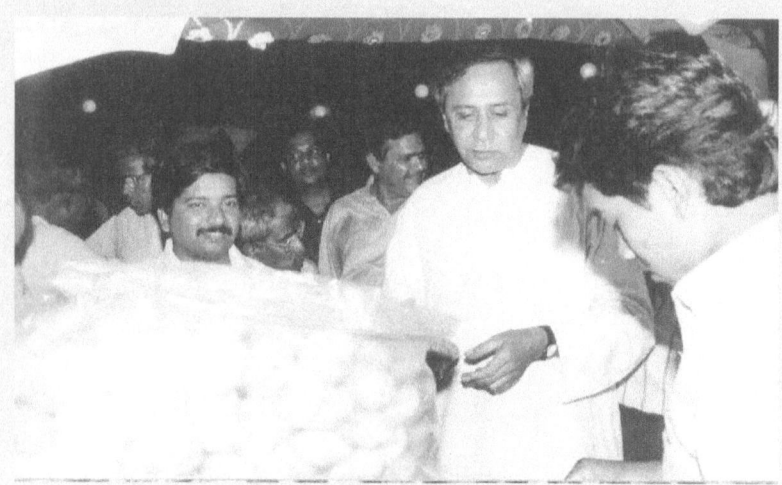

ସାଧାରଣ ମଣିଷ କିନ୍ତୁ ଅସାଧାରଣ ଜୀବନଯାତ୍ରା

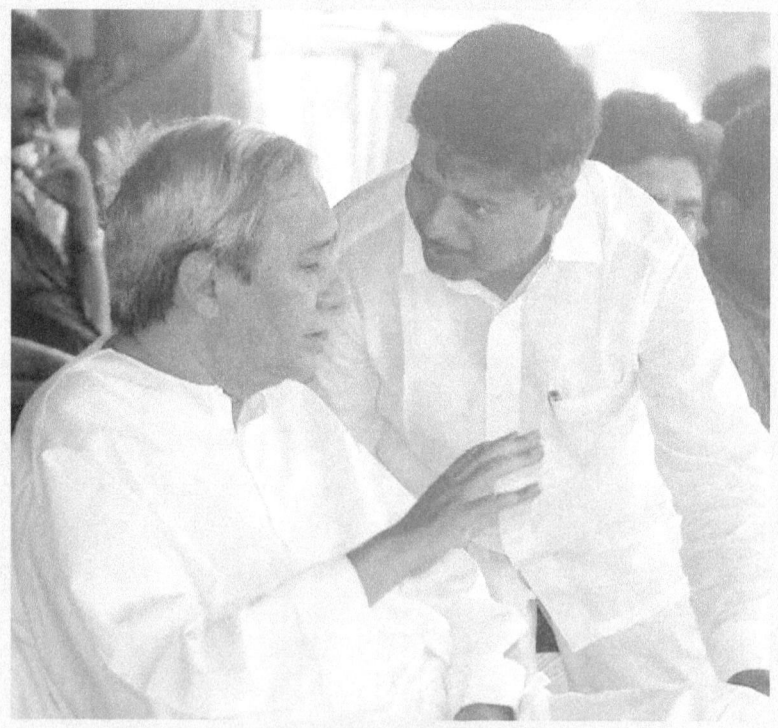

ପ୍ରିୟ ନେତାଙ୍କ ଅନ୍ତରଙ୍ଗ ସାନ୍ନିଧ

ସ୍ନେହର ଅନ୍ତରଙ୍ଗ ସାନ୍ନିଧ : ହୋଲିରେ ତତ୍କାଳୀନ ମୁଖ୍ୟମନ୍ତ୍ରୀଙ୍କ ସହିତ

ମୋ ହାତରୁ ହସି ହସି ପୁଷ୍ପଗୁଚ୍ଛ ଗ୍ରହଣ କରୁଛନ୍ତି ମୋର ପ୍ରିୟ ନେତା

ମହାକାଳପଡ଼ାର ପ୍ରସ୍ତାବିତ ଇସ୍ପାତ ପ୍ରକଳ୍ପ ସର୍ବେକ୍ଷଣ: ଶ୍ରୀ ଭି.କେ. ପାଣ୍ଡିଆନ ଓ ତତ୍କାଳୀନ ଜିଲ୍ଲାପାଳଙ୍କ ସହ

ଶ୍ରୀମତୀ ମାନେକା ଗାନ୍ଧୀଙ୍କ ସହ

ଗୋରକ୍ଷଣୀରେ ଆମ କାହ୍ନା

ଆଗକୁ ପଡ଼ିଛି ପଥ ବହୁଦୂର

BLACK EAGLE BOOKS

www.blackeaglebooks.org
info@blackeaglebooks.org

Black Eagle Books, an independent publisher, was founded as a nonprofit organization in April, 2019. It is our mission to connect and engage the Indian diaspora and the world at large with the best of works of world literature published on a collaborative platform, with special emphasis on foregrounding Contemporary Classics and New Writing.

www.ingramcontent.com/pod-product-compliance
Lightning Source LLC
Chambersburg PA
CBHW060608080526
44585CB00013B/727
* 9 7 8 1 6 4 5 6 0 5 2 2 5 *